RÈGLEMENT

GÉNÉRAL

DE POLICE DE LA VILLE DE ROUEN,

Arrêté le 27 Janvier 1869.

RÈGLEMENT GÉNÉRAL

DE POLICE

DE LA VILLE DE ROUEN,

ARRÊTÉ

SUR LA PROPOSITION ET LE RAPPORT

DE M. THUBEUF,

ADJOINT AU MAIRE DE CETTE VILLE, CHEVALIER DE LA LÉGION D'HONNEUR,

Le 27 Janvier 1869,

VISÉ SANS OPPOSITION

PAR M. LE SÉNATEUR-PRÉFET DE LA SEINE-INFÉRIEURE,

Le 1ᵉʳ Février même année.

Lois, Ordonnances et Décrets en vertu desquels ce Règlement a été fait. — Règlements de Police sur les rivières de Robec et d'Aubette. — Usages locaux pour les locations dans la ville et l'arrondissement de Rouen. — Table chronologique des Lois, Ordonnances et Décrets imprimés en note dans ce Règlement ou à la suite.

ROUEN
J. LECERF, Éditeur, Imprimeur de la Cour Impériale et de la Mairie,
rue des Bons-Enfants, 46-48.
1869

ORDRE DES MATIÈRES.

Nota. — *Les chiffres indiquent le numéro de l'article où commence chaque Chapitre ou chaque Section.*

LIVRE Ier.

CHAPITRES		ARTICLES
Ier.	Des autorisations préliminaires pour construire ou réparer, et des alignements et nivellements.	1
II.	Des fondations et des caves.	15
III.	Des façades, des couvertures et des gouttières.	18
IV.	De l'inscription du nom des rues et des numéros des maisons.	33
V.	Des murs mitoyens et d'encadrement et des planchers.	35
VI.	Des cheminées.	42
VII.	De la hauteur des étages et des constructions.	58
VIII.	Des fosses d'aisances et des latrines.	
	SECTION 1re. Conditions d'établissement.	67
	— 2. Latrines sur les rivières.	81
IX.	Des saillies.	
	SECTION 1re. Dimension des saillies.	82
	— 2. Des tendelets.	83
	— 3. Défenses et restrictions pour les saillies.	89
X.	Des trottoirs.	
	SECTION 1re. De leur construction.	102
	— 2. De leur entretien.	113
XI.	De l'entretien des chaussées et des travaux à exécuter aux frais des propriétaires.	114
XII.	Des bornes	121
XIII.	De l'exécution des travaux de construction ou de réparation le long de la voie publique, des échafaudages et des précautions à prendre.	125
XIV.	Des réparations et des travaux aux anciennes constructions et des consolidations défendues.	137

CHAPITRES		ARTICLES
XV.	Des cas de démolition des constructions compromettant la sûreté publique.	157
XVI.	Prescriptions pour la démolition des bâtiments au point de vue de la sûreté et de la salubrité publiques.	166
XVII.	De la salubrité des logements et de leurs dépendances.	181
XVIII.	Des rues à ouvrir sur des terrains particuliers et de celles ouvertes sans autorisation.	184
XIX.	De la clôture des terrains longeant les voies publiques.	196
XX.	De l'écoulement des eaux.	
	SECTION 1re. Eaux pluviales et ménagères sous les trottoirs et dans les ruisseaux.	206
	— 2. Dans les égouts	210
	— 3. Dans les rivières considérées comme égouts.	220
	— 4. Eaux des fabriques de colle, corroyeries, tanneries.	222
	— 5. Eaux des machines à vapeur	226
XXI.	Des mesures relatives à la conservation des égouts et canaux de la ville.	227
XXII.	Des droits de voirie.	234

LIVRE II.

I.	Du balayage, de l'enlèvement des boues, de la propreté des voies publiques et de diverses mesures de salubrité	246
II.	De l'obligation d'enfouir ou de faire enlever les animaux morts.	270
III.	Des neiges et glaces.	273
IV.	De l'arrosement des voies publiques.	279
V.	De la vidange des fosses d'aisances.	282
VI.	Des mesures pour assurer la sûreté, la commodité et la liberté du passage sur les voies publiques.	
	SECTION 1re. Dispositions pour éviter la chute des matériaux.	314
	— 2. Jardinets sur les fenêtres.	316
	— 3. Fermeture des volets.	319
	— — Jeux dangereux ou incommodes.	320
	— — Embarras de voirie.	321
	— 4. Feux d'artifice.	324
	— 5. Conduite des chevaux.	328
	— 6. Conduite des bestiaux allant au marché.	330
	— 7. Mauvais traitements envers les animaux domestiques, divagation des animaux féroces et combats d'animaux.	331

CHAPITRES				ARTICLES
	SECTION	8.	Vélocipèdes.	332
	—	9.	Dispositions relatives aux chiens.	333
	—	10.	Arbres et haies bordant les voies publiques.	340
VII.	Des mesures pour assurer la commodité et la sûreté de la circulation sur les trottoirs.			346
VIII.	De la circulation des brouettes et des voitures à bras.			350
IX.	De la circulation des voitures.			
	SECTION	1re.	Dispositions applicables à toutes les voitures.	354
	—	2.	Dispositions applicables aux voitures qui ne sont pas destinées au transport des personnes	373
	—	3.	Dispositions applicables aux diligences et aux voitures de messageries.	381
	—	4.	Dispositions concernant les omnibus.	385
	—	5.	Prescriptions pour les voitures de place et de remise.	453
X.	De la police des gares des chemins de fer.			555
XI.	De la police des boulevards, places et promenades publiques.			556
XII.	De la police des jardins publics.			564

LIVRE III.

I.	De divers établissements dangereux.			
	SECTION	1re.	Des chaudières à vapeur.	580
	—	2.	Des dépôts de pétrole, etc.	582
	—	3.	Des dépôts d'allumettes chimiques.	587
	—	4.	Des écoles et établissements de tir.	591
	—	5.	De l'exploitation des carrières.	595
II.	Des forges, fours, fourneaux, calorifères, sécheries, des chantiers de bois de chauffage et des dépôts de charbons de bois.			
	SECTION	1re.	Dispositions générales.	604
	—	2.	Prescriptions pour les forges.	613
	—	3.	Fours de boulanger et de pâtissier et fourneaux.	614
	—	4.	Calorifères.	618
	—	5.	Sécheries à air chaud.	619
	—	6.	Chantiers de bois de chauffage.	621
	—	7.	Dépôts de charbon de bois.	623
III	Des autres établissements dangereux, insalubres ou incommodes.			

CHAPITRES			ARTICLES
	Section 1re.	Leur désignation.	624
	— 2.	Dispositions applicables à tous les établissements de ce genre.	626
IV.	De la vente des substances vénéneuses.		630
V.	De la coloration des bonbons et de diverses mesures sanitaires.		
	Section 1re.	Coloration des bonbons et des enveloppes des comestibles.	637
	— 2.	Mesures prises pour prévenir l'insalubrité des ustensiles employés pour la préparation et le débit des boissons et des denrées alimentaires.	638
VI.	Des aubergistes, des cabarets, etc.		
	Section 1re.	Obligations imposées aux aubergistes et logeurs.	643
	— 2.	Prescriptions concernant les cafés, cabarets, débits de boissons, restaurants, bals publics, etc.	644
	— 3.	Mesures concernant les individus trouvés en état d'ivresse sur la voie publique.	655
VII.	Section 1re.	Des industries et professions à marteau, des instruments, chants et cris bruyants.	657
	— 2.	Des joueurs d'orgue, chanteurs ambulants et saltimbanques.	661
VIII.	Des bains dans les rivières, des promenades en bateau et des patineurs.		664
IX.	Des mesures prescrites pour combattre et prévenir les incendies.		
	Section 1re.	Ramonage et réparation des cheminées.	681
	— 2.	Prescriptions et interdictions diverses relatives aux incendies.	689
	— 3.	Mesures spéciales relatives aux théâtres.	696
	— 4.	Peines pour infractions aux règlements en matière d'incendie.	708
	— 5.	Secours à porter dans les incendies.	709
X.	Des marchés et des foires et de la vente des denrées alimentaires.		717
XI.	Du marché aux bestiaux.		831
XII.	Dispositions concernant la vente à la criée de diverses denrées alimentaires.		869
XIII.	Des bouchers et des charcutiers forains.		909
XIV.	Dispositions applicables à tous les bouchers et charcutiers sédentaires et forains.		925

CHAPITRES		ARTICLES
XV.	De la vente de la viande de cheval.	946
XVI.	Des boulangers et de la vente du pain.	955
XVII.	Du commerce des engrais.	969
XVIII.	Des ventes mobilières par autorité de justice.	982
XIX.	SECTION 1re. De la régie des poids et mesures.	983
	— 2. Du dépotoir public.	985
XX.	Des objets perdus et trouvés.	986
XXI.	Des bateliers.	995
XXII.	Des brocanteurs, crieurs de rue et des chiffonniers ambulants.	1003
XXIII.	Des bureaux de placement.	1019
XXIV.	Des commissionnaires.	1033

LIVRE IV.

1er.	De la police des théâtres.	1043
II.	Des mesures relatives aux déguisements.	1097
III.	De la Bibliothèque publique.	1105
IV.	Du Musée de peinture.	1116
V.	Du Muséum d'histoire naturelle.	1123
VI.	Des bureaux et de l'hôtel de la direction de l'Octroi.	1127
VII.	De la fermeture des portes le soir et de diverses autres mesures de sûreté pour la nuit.	1131
VIII.	Des jeux de hasard.	1134
IX.	De la mendicité et du vagabondage.	1137
X.	Des filles soumises et des maisons de tolérance.	1138
XI.	Du curage des fossés.	1164
XII.	De l'échenillage.	1167
XIII.	De la visite annuelle des chevaux et des animaux atteints de maladies contagieuses	1170
XIV.	Du logement militaire.	1173
XV.	Des afficheurs, de l'affichage et de la conservation des affiches.	1183
XVI.	Des cimetières	
	SECTION 1re. Police de tous les cimetières.	1187
	— 2. Concessions de terrain pour sépultures dans le Cimetière monumental.	1198
XVII.	Dispositions générales.	1199

NOTA. — *Voir la table alphabétique à la fin du volume.*

APPENDICE

Sentences, — Arrêts, — Déclarations, — Édits,
Ordonnances, — Décrets et Lois
visés dans le Règlement général de Police
ci-après.

———

Règlements concernant la police des rivières d'Aubette
et de Robec.

———

Usages locaux pour les Locations.

MAIRIE DE ROUEN

RÈGLEMENT GÉNÉRAL DE POLICE

DE LA VILLE DE ROUEN

Nous, Premier Adjoint, remplissant les fonctions de Maire de Rouen, *Chevalier de la Légion d'honneur*,

Sur la proposition et le rapport qui nous ont été faits par M. Thubeuf, chevalier du même ordre, notre collègue,

Vu :

Les lois sur les attributions municipales, des 14 décembre 1789, — 16-24 août 1790, — 19-22 juillet 1791, — 18 juillet 1837, — et l'article 23 de la loi du 24 juillet 1867, qui abroge l'article 50 de celle des 5 et 9 mai 1855,

L'édit du mois de décembre 1607, et les ordonnances des 16 juin 1693 et 29 mars 1754 sur la voirie,

Les déclarations du Roi, concernant les bâtiments menaçant ruine, en date des 18 juillet 1729 et 18 août 1730,

L'ordonnance du 27 juin 1760 accordant, à l'entrepreneur des pavages, le droit exclusif de faire les travaux sur les voies publiques,

Les délibérations du Conseil municipal de Rouen des 21 décembre 1836, 6 novembre 1838 et 4 février 1839, établissant les usages locaux pour la répartition des frais du premier pavage des rues, l'avis du Conseil d'Etat du 25 mars 1807 et l'article 8 du décret du 26 mars 1852, qui maintiennent les règles existant à cet égard,

La déclaration du Roi, du 10 avril 1783 qui défend d'ouvrir des rues nouvelles, sans autorisation,

Le titre XI de la loi du 16 septembre 1807, sur les alignements,

L'ordonnance royale du 29 avril 1839 approbative des plans généraux d'alignement des rues de la ville de Rouen, et les ordonnances, décrets et arrêtés postérieurs qui les ont modifiés dans quelques parties,

Les décrets des 26 mars 1852, 12 mars 1853 et 27 juillet 1859, sur la voirie, les nivellements, les constructions, les plans à fournir pour bâtir, l'écoulement des eaux et les aqueducs,

La loi du 7 juin 1845 et le décret des 5 janvier-1ᵉʳ février 1853, sur la construction et l'entretien des trottoirs,

Le décret du 10 août 1852 sur la conduite des voitures,

La loi des 13-22 avril 1850 sur les logements insalubres,

Les décrets et ordonnances des 15 octobre 1810, 14 janvier 1815, 9 février 1829 et 31 décembre 1866, sur les établissements dangereux, insalubres ou incommodes,

Le décret du 15 février 1853, sur l'exploitation des carrières dans le département de la Seine-Inférieure,

L'article 614 de la coutume de Normandie, sur la construction des forges, fours et fourneaux, maintenu par l'art. 674 du Code Napoléon,

Le décret du 6 janvier 1864 qui oblige les Directeurs des Théâtres à se conformer aux règlements concernant l'ordre, la sécurité et la salubrité publics,

L'arrêté des consuls du 7 brumaire an IX sur le pesage public et l'emplacement des marchés,

La loi du 27 mars 1851 sur la fraude dans la vente des marchandises,

Le décret du 25 mars 1852 sur les bureaux de placement,

Le livre IV du Code pénal sur les contraventions de police et les autres lois, décrets et ordonnances qui seront mentionnés dans le cours du présent règlement (1) ;

Considérant que les lois de 1789, 1790, 1791, 1837 et autres donnent aux maires la mission de prendre des arrêtés et de faire des règlements :

1° Pour assurer la commodité, la liberté et la sûreté du passage

---

(1) Un certain nombre des lois visées ci-dessus seront insérées à la suite des matières qu'elles concernent. Les autres seront reproduites à la suite de la table alphabétique.

dans les rues, quais, places et voies publiques, ce qui comprend le nettoiement, l'éclairage, l'enlèvement des décombres, la démolition ou la réparation des bâtiments menaçant ruine, l'interdiction de rien exposer aux fenêtres, celle de rien jeter qui pourrait blesser ou endommager les passants ou causer des exhalaisons insalubres ;

2° Pour empêcher qu'il ne soit rien fait qui puisse retarder l'exécution des plans d'alignement régulièrement approuvés, afin que, comme le porte l'édit de décembre 1607, *les rues s'embellissent et élargissent au mieux que faire se pourra ;*

3° Pour prescrire les dispositions propres à assurer la salubrité et la solidité des constructions ;

4° Pour empêcher les bruits nocturnes capables de troubler le repos des habitants ;

5° Pour qu'il soit veillé à la salubrité des denrées, boissons, comestibles et autres marchandises mises en vente publique et à la fidélité de leur débit ;

6° Pour prévenir et faire cesser les accidents et fléaux calamiteux, tels que les incendies, les épidémies, les épizooties, les inondations ;

7° Pour obvier ou remédier aux événements fâcheux qui pourraient être occasionnés par les insensés ou les furieux laissés en liberté ;

8° Et enfin sur divers autres sujets de police locale ;

Considérant qu'il a été pris, par nos prédécesseurs et par nous, un grand nombre d'arrêtés concernant les matières ci-dessus énoncées, mais que quelques-uns de ces règlements sont incomplets, que la publication de beaucoup d'entre eux remonte à des époques reculées ; qu'il est nécessaire de modifier certaines dispositions, et qu'enfin il existe des lacunes à combler pour réglementer toutes les matières qui comportent une réglementation ;

Considérant qu'il est du devoir de l'Autorité publique d'éclairer les citoyens sur les obligations qui leur sont imposées dans l'intérêt général, et qu'une promulgation nouvelle des règlements municipaux, révisés et complétés, sous la forme d'un règlement général, ne sera pas moins favorable à l'administration de la police locale qu'à l'action de la justice ;

ARRÊTONS CE QUI SUIT :

LIVRE Ier.

Des Alignements et Nivellements.	Des Démolitions.
Des Constructions et Réparations.	De la Salubrité des Logements.
Des Fosses d'Aisances.	Des Rues à ouvrir sur des Terrains particuliers.
Des Ouvrages en saillie et des Tendelets.	Des Clôtures.
	Des Égouts et de l'écoulement des Eaux.
Des Trottoirs et des Bornes.	
Des Travaux sur la voie publique.	Des Droits de Voirie.

CHAPITRE Ier.

DES AUTORISATIONS PRÉLIMINAIRES ET DES ALIGNEMENTS ET NIVELLEMENTS.

ARTICLE 1er. — A l'avenir, nul ne pourra édifier aucune construction sur un terrain joignant immédiatement la voie publique, réparer ou modifier le mur de face de bâtiments existant le long de ladite voie, ou placés sur un terrain destiné à en faire partie par suite d'élargissement des anciennes rues, sans en avoir obtenu l'autorisation de l'Autorité compétente (1).

ARTICLE 2. — Les demandes préalables aux autorisations exigées par l'article précédent, ainsi que celles relatives à tous autres travaux à faire sur ou longeant les voies publiques, lorsqu'il s'agira des rues, places et dépendances de la petite voirie, devront être adressées au Maire, en double expédition, dont une sur papier timbré (2), porter la date de la remise, et être signées par le pétitionnaire ou son mandataire.

---

(1) Édit de décembre 1607; — Déclaration du 16 juin 1693; — Ordonnance du 29 mars 1754; — Loi du 16 septembre 1807; — Conseil d'Etat, 16 janvier 1828.

(2) Loi du 13 brumaire an VII, sur le timbre.

Elles devront indiquer :

1° Les noms et demeure du propriétaire et de son mandataire, si le propriétaire en a un ;

2° La situation exacte de l'immeuble ;

3° La nature de la construction, de la réparation ou du travail à faire ;

4° La longueur, en façade, sur la voie publique, s'il s'agit de la construction d'un mur, d'une claire-voie ou d'une clôture ;

5° La dimension, en longueur, des saillies que le propriétaire se proposera de faire établir sur la voie publique, pour les corniches d'entablement et les grands balcons ;

6° Le nombre des croisées qui devront être garnies de banquettes d'appui, et le nombre des tuyaux de descente pour éviers ;

7° La longueur des tentes et des enseignes devant former tableau, et le nombre des écussons, panonceaux, lanternes, transparents, que les pétitionnaires se proposeront de faire établir ou poser ;

8° Le nombre d'étages en sus du rez-de-chaussée, pour les anciennes constructions que les pétitionnaires demanderaient à être autorisés à décorer en plâtre, ragréer ou peindre ;

9° La longueur en façade des boutiques dont l'ouverture serait demandée dans des constructions anciennes.

ARTICLE 3. — Toute demande présentée à l'effet d'obtenir l'autorisation d'élever de nouvelles constructions ou d'en exhausser d'anciennes devra être accompagnée d'un plan (1) avec coupe transversale, indiquant d'une manière précise la hauteur de chaque étage entre le sol ou le plancher et le plafond, qu'il s'agisse de bâtiments à construire ou seulement à exhausser.

En outre, dans l'un et l'autre cas, la hauteur totale de la construction à édifier ou à surélever, devra être indiquée sur le même plan.

ARTICLE 4. — Tous les plans, coupes et élévations exigés devront être signés, comme la pétition, et contenir une note légende indiquant sommairement les travaux à exécuter.

ARTICLE 5. — Les autorisations délivrées indiqueront les alignements et les nivellements à suivre par les permissionnaires, qui seront tenus de s'y conformer.

ARTICLE 6. — Les alignements seront indiqués conformément aux plans de la Ville régulièrement approuvés.

A défaut de plan approuvé pour une partie quelconque de la voirie urbaine, les alignements à suivre seront arrêtés par le Maire, en vertu des pouvoirs que la loi lui confère à cet égard (2).

---

(1) Décret du 26 mars 1852.
(2) Cassation 6 et 18 septembre 1828, 18 juin 1831.

Article **7**. — Les arrêtés autorisant les constructions ou travaux de toute nature, seront pris, autant que possible, dans le délai de dix jours, à partir de celui où la demande régulière aura été déposée à la Mairie.

Article **8**. — Tout propriétaire ou toute autre personne qui voudra construire des bâtiments destinés à l'habitation ou des ateliers, même en arrière de l'alignement des voies publiques classées, ou sur des terrains longeant des rues, impasses ou passages non classés, et pour ces dernières voies n'importe dans quelles conditions d'alignement lesdites constructions devraient être placées, sera tenue de nous adresser, avant de se mettre à l'œuvre, un plan et des coupes cotés des constructions projetées, avec un profil indiquant le nivellement des terrains et la manière dont s'écouleront les eaux desdites constructions, et le constructeur devra se soumettre aux prescriptions qui lui seront faites, dans l'intérêt de la sûreté et de la salubrité (1).

Article **9**. — Il est expressément défendu de commencer les constructions mentionnées en l'article précédent avant d'avoir reçu la réponse du Maire à la communication des pièces exigées ; cependant, vingt jours après le dépôt, au secrétariat de la Mairie, des plans, coupes et nivellements indiqués ci-dessus, le constructeur pourra commencer ses travaux, d'après ses plans, s'il ne lui a été notifié aucune injonction.

Tout constructeur qui ne se conformerait pas à l'injonction qui lui serait faite de modifier ses plans ou les moyens indiqués par lui pour l'écoulement des eaux, y sera contraint par toutes les voies de droit et sera en outre poursuivi conformément à la loi.

Article **10**. — Deux jours avant de commencer les travaux, ceux qui auront obtenu des autorisations devront les faire viser par le Commissaire de Police de l'arrondissement de la situation de l'immeuble, et prévenir les Architectes attachés à la Mairie.

Article **11**. — Les autorisations qui seront accordées pour un travail quelconque, à faire sur la voie publique, ne seront valables que pour un an, et seront périmées de plein droit s'il n'en a pas été fait usage avant l'expiration de ce délai (2).

Article **12**. — Aucun travail auquel serait appliqué un droit de voirie, ne pourra être commencé avant le paiement de ce droit.

Article **13**. — Les arrêtés préfectoraux, rendus en matière d'alignement pour les parties de la Ville dépendant de la grande voirie, qui seront remis aux intéressés par notre intermédiaire, seront enregistrés au Secrétariat de la Mairie, afin qu'il nous soit possible de signaler à M. le Préfet les infractions qui seraient commises auxdits arrêtés.

---

(1) Décret du 26 mars 1852.
(2) Lettres patentes du 22 octobre 1783.

Dans aucun cas, ces arrêtés ne pourront dispenser les pétitionnaires de produire leurs plans à l'Autorité municipale, conformément aux prescriptions du présent règlement et au décret du 26 mars 1852.

Article **14**. — Toutes les autorisations qui seront accordées devront rester déposées dans les bâtiments ou chantiers où s'exécuteront les travaux, pour être représentées, à toute réquisition, aux Agents de l'Autorité.

CHAPITRE II.

DES FONDATIONS ET DES CAVES.

Article **15**. — Les fondations des maisons devront être établies dans des conditions de parfaite solidité. Elles seront continues et sans interruption, même dans les parties correspondant aux baies de toute nature qui seraient pratiquées au rez-de-chaussée.

Elles devront toujours avoir un empatement de dix centimètres au moins sur chacun des parements du mur ou du refend qu'elles devront supporter.

Le même empatement devra exister à tous les murs de cave ou de soubassement (1).

Article **16**. — Aucun mur de soubassement supportant des constructions supérieures ne pourra servir de paroi pour une fosse d'aisance, ou pour une citerne; le cas échéant, il sera fait un contre-mur, ainsi qu'il est prescrit ci-après, au chapitre relatif aux fosses d'aisances, article 70 (2).

Article **17**. — Il ne pourra être fait d'entrée ou de soupirail de cave à l'extérieur, en saillie sur la voie publique (3).

CHAPITRE III.

DES FAÇADES, DES COUVERTURES ET DES GOUTTIÈRES.

Article **18**. — Les propriétaires qui feront construire, devront, dans l'intérêt de la sûreté publique et sous leur responsabilité, établir les épaisseurs

---

(1) Lois de 1790-1791 et de 1857; — Décret du 26 mars 1852, art. 4.
(2) Lois de 1790, 1791, 1837; — Décret de 1852, art. 4, et art. 674 du Code Napoléon.
(3) Edit de 1607, art. 5.

des murs en raison de la hauteur de leur construction et du poids à supporter (1).

Article 19. — Le maximum de saillie des corniches et des plafonds de revers en plâtre, sur charpente et lattes, est fixé à quarante centimètres.

La saillie des corniches d'entablement en pierre ne devra jamais excéder l'épaisseur du mur de face à sa sommité, et chacun des morceaux dont cette corniche sera composée formera parpaing avec le parement intérieur de ce même mur.

Les corniches en briques ne pourront avoir plus de quatorze centimètres de saillie (2).

Article 20. — Les corniches en plâtre, les modillons, consoles et autres ornements qui y seront ajoutés, devront être très-solidement fixés à la façade et à cet effet être établis sur des morceaux de bois d'épaisseur suffisante, lesquels seront scellés et attachés dans l'épaisseur des murs (1).

Article 21. — L'aissantage en bois, ardoises ou feuilles de métal, est interdit pour les façades des maisons longeant la voie publique (1).

Article 22. — Les constructions nouvelles ne pourront former pignon sur rue, encorbellement, porte-à-faux, ni saillies contraires aux règlements.

Article 23. — Les toitures des bâtiments formant l'encoignure de deux rues devront être établies en arêtier sur l'angle formé par ces rues (1).

Article 24. — Il est interdit, de la manière la plus formelle, de couvrir aucun bâtiment, quelles qu'en soient la nature et la destination, ainsi qu'aucun mur de clôture ou de division, dans toute l'étendue du territoire de Rouen, soit en paille, soit en bois, soit avec tous autres matériaux combustibles (3).

Toute espèce de réparation est interdite aux couvertures de cette nature qui existent encore aujourd'hui.

Article 25. — Tous les bois qui seront employés dans la construction des façades devront être recouverts en plâtre, à moins que ces bois ne soient taillés, sculptés et ornementés, en vue d'une décoration extérieure, ce que l'Administration municipale appréciera d'après les plans qui lui seront produits (4).

Article 26. — Lorsque les briques employées dans la construction des

---

(1) Lois de 1790 et 1791 et décret du 26 mars 1852.
(2) Édit de 1607, arrêt de février 1755 et décret de 1852.
(3) Arrêt de règlement du 6 août 1765, Loi de 1790.
(4) Ordonnance du 18 août 1767; — loi de 1790; — décret de 1852.

façades des maisons ne seront pas recouvertes de plâtre, elles devront être peintes, sans que la peinture puisse en aucun cas être remplacée par un frottis au briqueton (1).

Article 27. — Les façades des maisons seront constamment tenues en bon état de propreté; elles seront grattées, repeintes ou badigeonnées, au moins une fois tous les dix ans, sur l'injonction qui sera faite aux propriétaires, usufruitiers ou autres intéressés, par l'Autorité municipale.

En cas de refus ou d'inexécution, les contrevenants seront poursuivis conformément à la loi (1).

Article 28. — Défense expresse est faite de salir ou de dégrader, d'une manière quelconque, les murs et façades des propriétés bordant les voies publiques, ainsi que d'écrire, crayonner, dessiner, charbonner, etc., sur les dits murs et façades (2).

Les parents et tuteurs seront civilement responsables des contraventions au présent article, commises par les enfants mineurs demeurant avec eux.

Article 29. — Les constructions qui seront édifiées à l'avenir, ainsi que les constructions déjà existantes, aux façades desquelles il sera fait des travaux d'une nature quelconque, devront être munies de gouttières pour recevoir les eaux des toits donnant vers les voies publiques, et les diriger jusqu'au sol de la rue, par un tuyau de descente, qui ne devra jamais s'arrêter à plus de cinq centimètres au-dessus du sol (1).

Article 30. — Afin d'éviter les accidents qui pourraient résulter de la chute, sur les voies publiques, des matériaux composant les couvertures des bâtiments, et de celle des neiges provenant des toits, les gouttières des constructions qui seront édifiées à l'avenir, ainsi que celles qui seront posées à d'anciens bâtiments, dont la toiture serait modifiée, devront, vers les rues et places, être établies à équerre, en plomb ou zinc, sur entablement fixe et fond solide (1).

Les gouttières qui seront posées à d'anciennes constructions dont la toiture ne sera pas modifiée, pourront être placées sous le larmier de la couverture.

Article 31. — Les tuyaux de descente et les gouttières placés vers les voies publiques, devront toujours être entretenus en bon état (1).

Article 32. — Les prescriptions relatives au mode d'écoulement, sur les voies publiques, des eaux à provenir des propriétés particulières, seront indiquées ci-après au chapitre de l'écoulement des eaux (art. 206 et suivants).

---

(1) Loi de 1790 et Décret de 1852.
(2) Décret du 26 mars 1852.

CHAPITRE IV.

DE L'INSCRIPTION DU NOM DES RUES ET DU NUMÉRO DES MAISONS (1).

Article 33. — Toutes les fois que, par un travail quelconque, l'inscription du nom d'une rue ou du numéro d'une propriété aura été détruite ou altérée, ceux qui auront fait exécuter ce travail devront faire rétablir, à leurs frais, lesdites inscriptions et leurs cartouches, et cela d'une manière uniforme sur fond bleu cobalt, avec filets d'encadrement, lettres et chiffres blancs.

Article 34. — Chaque propriétaire est tenu de laisser toujours visible l'inscription du numéro de sa propriété, sans pouvoir le masquer sous quelque prétexte que ce soit.

La même obligation incombe aux propriétaires des immeubles portant l'inscription du nom d'une voie publique, en ce qui concerne ladite inscription.

Les propriétaires sont en outre obligés d'entretenir toujours en bon état l'inscription des numéros de leurs propriétés et de la faire renouveler chaque fois qu'elle ne sera plus suffisamment apparente.

CHAPITRE V.

DES MURS MITOYENS ET D'ENCADREMENT, ET DES PLANCHERS (2).

Article 35. — A partir de la publication du présent arrêté, toute per-personne qui fera construire à neuf, dans la ville de Rouen, des bâtiments, quelles qu'en soient d'ailleurs la hauteur, l'étendue, la destination et la situation, qu'ils soient sur la voie publique ou non, sera tenue de faire en maçonnerie de fond en comble, avec longrines en fer et non en bois, à chaque étage, les murs d'encadrement, à l'exception des murs de face, pour lesquels il pourra être employé d'autres matériaux.

---

(1) Décrets des 4 février 1805 et 23 mai 1806 et ordonnance du 23 avril 1823.
(2) Loi de 1790 et décret de 1852.

CHAPITRE V.

Article 36. — Les mêmes obligations sont imposées aux propriétaires d'anciens bâtiments, qui les feraient réédifier en partie, lorsque leurs murs d'encadrement en charpente ne pourront être conservés sans y faire des réparations confortatives ou remplacements de pièces de bois quelconques.

Article 37. — Tout pan de bois formant la limite d'une construction vers une propriété voisine, qui aura été endommagé par le feu, lors même que l'incendie aurait été communiqué par un bâtiment limitrophe, ne pourra être réparé de quelque manière que ce soit, et, s'il ne peut être conservé tel qu'il sera, il devra être démoli et ne pourra être remplacé que par un mur en maçonnerie, afin d'arrêter l'étendue de nouveaux incendies.

Article 38. — Le propriétaire qui, ayant démoli un bâtiment, voudra reconstruire sur son emplacement, ne pourra s'affranchir de l'obligation imposée par les articles précédents, quant à la confection des murs d'encadrement en maçonnerie, en rattachant sa nouvelle construction à la muraille voisine dont il aurait acheté la mitoyenneté, à moins que la dite muraille ne soit entièrement en maçonnerie.

Article 39. — Toute addition à une construction ancienne devra être séparée de celle-ci par un mur d'encadrement en maçonnerie, toutes les fois que les deux constructions devront être louées ou occupées d'une manière distincte.

Article 40. — Lorsqu'un propriétaire aura demandé et obtenu l'autorisation de surélever un bâtiment, il ne pourra exhausser qu'en maçonnerie, les murs qui seront en maçonnerie; il lui sera facultatif de les surélever en charpente, lorsqu'ils seront en charpente, mais en tant que les uns comme les autres seront en état de supporter l'exhaussement, et que ceux en bois n'auront pas besoin d'être réparés d'une manière confortative, ni même dérasés.

Article 41. — Les planchers des bâtiments devront être solidement établis et reliés tant aux façades et refends qu'aux murs d'encadrement; les bois ou les fers qui y seront employés devront avoir une force suffisante pour les portées qu'ils auront.

Il est interdit de garnir lesdits planchers, soit en paille, foin ou sciure de bois, soit avec d'autres matériaux combustibles.

CHAPITRE VI.

DES CHEMINÉES (1).

Article **42**. — Toutes les cheminées et tous les tuyaux d'appareils de chauffage, qui seront construits à l'avenir dans la ville de Rouen, devront être établis et disposés de manière à éviter les dangers d'incendie et à pouvoir être facilement ramonés et nettoyés.

Article **43**. — Les foyers de cheminées ne pourront être posés que sur des voûtes en maçonnerie ou sur des trémies en matériaux incombustibles.

La longueur des voûtes sera au moins égale à la largeur des cheminées, y compris toute l'épaisseur des jambages.

Leur largeur sera d'un mètre au moins, à partir du fond du foyer jusqu'au chevêtre.

Article **44**. — Il ne devra jamais être employé de bois dans la construction des cheminées, le manteau et les languettes ne pourront être supportés que par des barres de fer ou autre métal.

Article **45**. — Il est interdit de poser les bois des combles et des planchers à moins de huit centimètres de toute face extérieure des tuyaux de cheminées et autres foyers.

Article **46**. — Dans les constructions neuves, il ne pourra être établi de cheminée contre un mur en charpente d'intérieur ou de distribution, à moins que toutes les parties de ce mur, contre lesquelles on voudra adosser la cheminée, ne soient faites en maçonnerie.

Article **47**. — Les tuyaux des cheminées qui seront construites à l'avenir dans d'anciens bâtiments ne pourront être posés contre des pans ou des pièces de bois; toutes les faces extérieures desdites cheminées devront toujours être isolées d'au moins huit centimètres de tout bois.

Article **48**. — Le propriétaire qui aura été autorisé à surhausser d'anciens pans de bois, ne pourra conserver les anciennes cheminées qui auraient été construites en plâtras ou en plâtre ; elles seront démolies de fond en comble, et ne pourront être reconstruites que conformément au présent arrêté.

Article **49**. — Les tuyaux de cheminées qui seront construits à l'avenir, sauf les exceptions dont il sera parlé ci-après, ne pourront être édifiés qu'en briques ordinaires ou en pierres de taille.

---

(1) Loi de 1790 et décret de 1852.

Le vide intérieur ne pourra jamais avoir moins de soixante-cinq centimètres de largeur, et vingt-deux centimètres de profondeur.

Leurs parois devront avoir au moins onze centimètres d'épaisseur, pour le fond ou contre-cœur; les languettes latérales et de devant pourront être construites en briques à champ et plâtre, mais elles devront alors être enduites aussi en plâtre, tant à l'intérieur qu'à l'extérieur.

Article 50. — Les cheminées qui ne seront pas construites en briques ordinaires, d'après les dimensions indiquées en l'article précédent, devront avoir des tuyaux d'un diamètre intérieur qui ne pourra avoir moins de vingt-deux centimètres, ni plus de trente-deux centimètres.

Article 51. — Les tuyaux de cheminées ayant un diamètre de vingt-deux à trente-deux centimètres, ne pourront être construits que de l'une des manières suivantes :

1° En briques circulaires, dites à la Gourlier ;
2° En terre cuite ou poterie de la provenance de Vaugirard seulement;
Et 3° en fonte.

Ces trois sortes de tuyaux devront être de forme cylindrique ou à angles arrondis, sur un rayon de six centimètres au moins.

Les tuyaux en terre cuite ou en fonte devront toujours être enveloppés, sur toutes les faces ou pourtour, et dans toute la hauteur, de languettes en briques à champ, avec double enduit en plâtre.

Article 52. — Les tuyaux dont il est parlé dans l'article précédent, devront, autant que possible, être construits sur une ligne verticale, et, dans aucun cas, ils ne pourront en dévier de plus d'un angle de trente degrés.

Toutes les fois que ces mêmes tuyaux de cheminées ne seront pas adhérents, à leur sortie du toit, à d'autres tuyaux accessibles à l'intérieur aux ramoneurs, ils devront être rendus d'un accès facile à leur partie supérieure, au moyen d'une trappe, d'une terrasse ou d'une échelle en fer à demeure.

Article 53. — Chaque foyer de cheminée, à moins d'autorisation spéciale, devra avoir son tuyau particulier dans toute la hauteur du bâtiment.

Article 54. — Lorsque deux tuyaux de cheminée seront adossés l'un à l'autre, chacun d'eux, conformément à ce qui est prescrit ci-dessus, devra avoir une paroi de fond ou contre-cœur, d'au moins onze centimètres d'épaisseur en briques ou en pierres, de manière que ces tuyaux adossés soient séparés, dans toute leur hauteur, par une maçonnerie de vingt-deux centimètres d'épaisseur au moins.

Si les tuyaux adossés sont en terre cuite, poterie ou fonte, ils devront également être séparés par une maçonnerie de vingt-deux centimètres d'épaisseur, qui pourra être faite soit en briques, soit en pierres, soit en moellons ; mais le surplus de l'enveloppe prescrite ci-dessus, devra toujours être fait en briques qui pourront être posées à champ.

Article 55. — Les propriétaires seront tenus d'entretenir les cheminées constamment en bon état.

Ils devront aussi faire consolider, aussi souvent que besoin sera, les mîtres, tuyaux et chapeaux établis sur les cheminées de leurs bâtiments.

Article 56. — Il est expressément défendu de construire, dans Rouen, sous aucun prétexte que ce puisse être, des cheminées en plâtre, quelle qu'en soit la forme.

Celles qui ont été construites jusqu'à présent dans ces conditions, ainsi que toutes autres cheminées dans lesquelles le feu prendrait à l'avenir, et qui ne seraient pas construites conformément aux règlements ou qui seraient en mauvais état, devront être démolies à la première injonction de l'Administration municipale, notifiée au propriétaire, en la forme ordinaire, lorsqu'elle jugera, d'après les rapports de l'un des Architectes de la Ville, qu'il y aurait danger à les laisser subsister plus longtemps.

Article 57. — Les propriétaires de tuyaux de cheminée placés en dehors des bâtiments seront tenus de se conformer aux dispositions arrêtées ci-après à cet égard, au titre des saillies (art. 97).

CHAPITRE VII.

DE LA HAUTEUR DES ÉTAGES ET DES CONSTRUCTIONS (1).

Article 58. — Tous les bâtiments qui seront construits à l'avenir dans cette ville, le long ou en dehors des voies publiques, quelles qu'en soient la nature et la destination, devront présenter pour chaque étage, entre le plancher et le plafond, une hauteur libre d'au moins deux mètres soixante centimètres (2).

Cette hauteur sera mesurée dans les combles à la partie la plus élevée du rampant.

---

(1) Loi de 1790 et décret du 26 mars 1852.

(2) Décret du 27 juillet 1859, rendu en exécution de l'article 7 du décret du 26 mars 1852. — Art. 6. Dans tous les bâtiments de quelque nature qu'ils soient, il ne peut être exigé, en exécution de l'art. 4 du décret du 26 mars 1852, une hauteur d'étage de plus de 2^m 60 cent. Pour l'étage dans le comble, cette hauteur s'applique à la partie la plus élevée du rampant.

Par exception, les mansardes pourront n'avoir que deux mètres trente centimètres de hauteur, mesurés entre le plancher et les portions horizontales du plafond supérieur.

Article 59. — A partir de la publication du présent, la hauteur des façades des bâtiments bordant les voies publiques ne pourra pas excéder les dimensions suivantes :

Dans les rues dont la largeur est classée à six mètres et au-dessous . . . . 11 m 80 c

Dans celles au-dessus de six mètres, jusqu'à huit mètres inclusivement 14 60

Dans celles au-dessus de huit mètres, jusqu'à dix mètres inclusivement 17 80

Dans celles au-dessus de dix mètres, jusqu'à douze mètres inclusivement. 18 60

Dans celles au-dessus de douze mètres, et sur les places, quais et boulevards. 20 50

Cette disposition n'est point applicable aux constructions à faire sur les quais de la rive droite de la Seine, dont la hauteur a été déterminée par un arrêté préfectoral du 16 avril 1825, en conformité des ordonnances royales des 8 octobre 1815 et 20 août 1824.

Article 60. — Cette hauteur sera fixée suivant la largeur future de la rue, telle qu'elle résulte des plans d'alignement régulièrement approuvés, et non d'après sa largeur actuelle.

Article 61. — La surélévation, si elle est accordée, des bâtiments qui ne se trouveront pas sur l'alignement, sera déterminée suivant la largeur des rues au moment de la demande, prise au droit des bâtiments dont l'exhaussement sera réclamé, lorsque, d'ailleurs, elles auront une largeur de six mètres au moins.

Dans les rues qui n'atteindront pas cette largeur, il ne sera jamais donné d'autorisation de surélever.

Article 62. — Ne sont pas compris dans les dispositions précédentes, les édifices publics, en tant qu'ils auraient un caractère monumental.

Article 63. — Lorsqu'une construction sera élevée à l'angle de deux rues ou voies publiques d'inégale largeur, la façade construite sur la plus étroite pourra être élevée à la même hauteur que celle construite sur la rue la plus large, mais seulement dans une étendue de quinze mètres au plus.

Le reste suivra la hauteur fixée pour la rue la plus étroite, à moins toutefois qu'il ne s'agisse d'une construction élevée sur un plan général, et ayant, sous certains rapports, le caractère d'un monument.

Article 64. — Lorsque la rue sera en pente, la hauteur se prendra au milieu de la façade.

Article 65. — Toutes ces mesures de hauteur seront prises du pavé ou du dessus du trottoir, soit jusques et au-dessus de l'arête supérieure de la corniche du couronnement, soit jusqu'au-dessus de celle de l'attique, soit enfin jusqu'aux brisis de la mansarde.

Article 66. — En sus de la hauteur qui aura été fixée dans la permission de construire, les bâtiments ne pourront être surmontés que d'un comble qui ne devra jamais dépasser, en élévation, la moitié de la profondeur du bâtiment, prise du nu extérieur des deux murs de face.

CHAPITRE VIII.

DES FOSSES D'AISANCES ET DES LATRINES (1).

SECTION 1re.

Conditions d'établissement des Fosses d'aisances.

Article 67. — Dans toutes les maisons qui seront construites à l'avenir, en cette ville, il devra être établi une fosse d'aisances.

Les propriétaires des maisons construites jusqu'à ce jour et qui n'ont pas encore de fosse d'aisances, devront en faire établir, pour dernier délai, dans les six mois qui suivront la publication du présent.

Les mêmes obligations sont imposées aux propriétaires de bâtiments à usage d'habitation ou d'atelier, lorsque, dans l'enclos où ils sont situés, sur le territoire de Rouen, il n'existe pas de fosse d'aisances.

Article 68. — Le délai de six mois accordé par l'article précédent, en ce qui concerne les constructions anciennes pourra être prolongé par une décision spéciale de l'Administration municipale, sur la demande des propriétaires, en cas de nécessité ou de difficultés reconnues, mais il ne pourra jamais excéder un an.

Article 69. — L'Administration aura le droit de faire vérifier si les dispositions prises pour la construction des fosses d'aisances sont celles qui conviennent le mieux à la salubrité publique, et d'exiger les modifications nécessaires, lorsque cette condition ne lui paraîtra pas remplie.

---

(1) Sentence du bailliage de Rouen du 2 avril 1573 ; — Loi de 1790 et décret de 1852, arrêts de la Cour de Cassation des 20 avril 1843, 12 mars 1855, 13 février 1857, 18 août 1860 et 28 février 1861.

Ces fosses devront être établies de manière à satisfaire aux conditions indiquées dans l'article suivant :

Article 70. — Le fond des fosses sera fait en maçonnerie de briques ou silex avec mortier de chaux et ciment ou pouzzolane.

Les murs devront avoir au moins quarante-cinq centimètres d'épaisseur, en sus de celle des murs de soubassement ; ils devront être faits en maçonnerie de silex brut hourdé et recouvert, ainsi que le fond, d'un enduit en même mortier que ledit fond. Tous les angles intérieurs seront effacés par des arrondissements de vingt-cinq centimètres de rayon.

La partie supérieure des fosses sera toujours en arc de cercle, et faite en briques d'au moins vingt-deux centimètres d'épaisseur. La flèche de la voûte ne pourra être inférieure aux deux tiers du rayon.

Le fond de la fosse sera fait en forme de cuvette.

Article 71. — Autant que les localités le permettront, les fosses d'aisances seront construites sur un plan circulaire, elliptique ou rectangulaire. Toutefois, on ne permettra aucun angle rentrant, ni pilier, ni divisions intérieures.

Article 72. — Les fosses d'aisances ne pourront, dans aucun cas, avoir moins d'un mètre quatre-vingt-dix centimètres de hauteur sous clé, un mètre cinquante centimètres en largeur et un mètre cinquante centimètres en longueur.

Article 73. — L'ouverture d'extraction des matières sera, autant que possible, placée au milieu de la voûte. La cheminée de cette ouverture ne pourra excéder un mètre cinquante centimètres de hauteur, à moins que les localités n'exigent impérieusement une plus grande élévation.

Article 74. — L'ouverture d'extraction, correspondant à une cheminée d'un mètre cinquante centimètres au plus de hauteur, ne pourra avoir moins de cinquante-cinq centimètres de longueur, sur cinquante-cinq centimètres de largeur.

Cette ouverture sera fermée au moyen d'un tampon en pierre ou en fonte, d'un seul morceau.

Article 75. — Le tuyau de chute des matières sera toujours vertical, et en fonte ou plomb. Son diamètre intérieur ne pourra avoir moins de vingt centimètres.

Article 76. — L'orifice inférieur des tuyaux de chute ne pourra descendre au-dessous des points les plus élevés dans l'intrados de la voûte.

Article 77. — S'il arrivait que le tuyau de chute ne pût correspondre directement avec la fosse, il devra y communiquer par un couloir voûté ayant au moins un mètre de largeur. Le fond de ce couloir sera établi en glacis jusqu'au fond de la fosse, sous une inclinaison d'au moins quarante-cinq degrés.

Article 78. — Toute fosse qui laisserait filtrer ses eaux par les murs ou par le fond, devra être immédiatement réparée.

Article 79. — Lorsque les cabinets d'aisances des maisons qui seront construites à l'avenir ne devront pas être en communication directe et immédiate avec l'air extérieur, il devra être placé parallèlement au tuyau de chute un tuyau d'évent de quinze centimètres de diamètre, en terre cuite, tôle, zinc, plomb ou fonte, lequel, partant de la fosse, devra monter jusqu'au-dessus du toit. Ce tuyau d'évent devra être toujours entretenu en bon état, les joints bien soudés, et sans trous, de manière à ne pas laisser les gaz se répandre dans la maison.

Article 80. — Conformément à ce qui sera dit ci-après, au chapitre relatif à la conservation des égouts et aqueducs, il est défendu de jeter, ou de laisser couler des matières fécales ou autres immondices dans les cours d'eau, canaux et aqueducs de la ville.

SECTION 2e.

De la Réglementation des Latrines sur les rivières d'Aubette et de Robec et leurs affluents.

Article 81. — L'Établissement de latrines sur les rivières d'Aubette et de Robec et sur leurs affluents, sera fait conformément à deux arrêtés pris par M. le Sénateur, Préfet de la Seine-Inférieure, qui vont être reproduits et qui sont ainsi conçus :

PREMIER ARRÊTÉ,

ordonnant, dans certaines circonstances, la suppression desdites Latrines,

Du 10 Février 1854.

« Le Préfet du département de la Seine-Inférieure, Commandeur de l'Ordre
» impérial de la Légion d'honneur, etc.,

» VU :

» Les rapports de MM. les Ingénieurs, en date des 18 septembre et 7 octo-
» bre 1853, et 2 et 8 février 1854, relatifs à l'établissement de lieux d'ai-
» sances sur les rivières d'Aubette et de Robec, et leurs affluents ;
» Le procès-verbal de la conférence des Maires des localités traversées
» par ces rivières ;

» Le décret du 22 mars 1813, qui réglemente ces cours d'eau; les lois des 20 août 1790, 6 octobre 1791; l'arrêté du Gouvernement du 9 mars 1798 (19 ventôse an VI);

» Considérant que l'existence de latrines sur les rivières d'Aubette, Robec et leurs affluents, est nuisible à la salubrité, en même temps qu'elle est une cause de corruption des eaux et un obstacle à leur libre écoulement;

» ARRÊTE :

» I. A l'avenir, il est interdit à tout propriétaire ou locataire riverain des cours d'eau de Robec, d'Aubette, ou de l'un de leurs affluents, dans toute l'étendue des communes de Fontaine-sous-Préaux, Saint-Martin-du-Vivier, Roncherolles, Saint-Aubin-Épinay, Saint-Léger-du-Bourg-Denis, Darnétal et Rouen, d'établir des latrines sur ou le long de ces cours d'eau, et d'y jeter des matières fécales ou des urines.

» II. Les latrines actuellement existantes, dont les propriétaires sont pourvus d'une autorisation régulière, pourront être conservées jusqu'à ce qu'elles soient hors de service; il est interdit à ces propriétaires de faire, soit aux bâtiments, soit à leurs dépendances, aucun travail confortatif.

» III. Celles des latrines qui existent actuellement, mais dont les propriétaires ne sont pourvus d'aucune autorisation régulière, devront disparaître dans le délai d'un an, à dater de la publication du présent arrêté.

» IV. Pour l'exécution des articles 2 et 3 qui précèdent, le Garde des eaux dressera un état détaillé, commune par commune, des latrines existantes, et chaque propriétaire sera tenu de produire à la Préfecture, dans le délai de trois mois, à dater de la publication du présent arrêté, une copie certifiée de l'acte d'autorisation. A défaut de production de cette copie, il sera fait application des dispositions de l'article 3 de cet arrêté.

» V. Tout propriétaire qui ne se conformera pas aux dispositions des articles 1, 2 et 3, sera poursuivi par toutes les voies de droit, et les latrines qu'il aurait fait construire ou réparer, ou celles qu'il n'aurait pas supprimées dans le délai voulu, seront démolies d'office, à ses frais, par les soins du Maire de la commune traversée ou par les soins des Ingénieurs du service hydraulique, sur la plainte de l'un des Maires des autres communes ou de tout propriétaire riverain inférieur.

» VI. MM. les Maires de Rouen, Darnétal, Saint-Aubin-Epinay, Roncherolles, Saint-Léger-du-Bourg-Denis, Fontaine-sous-Préaux, Saint-Martin-du-Vivier, et M. l'Ingénieur en chef des Ponts-et-Chaussées, demeurent chargés de l'exécution du présent arrêté, chacun en ce qui le concerne.

» Rouen, le 10 février 1854.

» *Le Préfet de la Seine-Inférieure,*

» Ernest LE ROY. »

DEUXIÈME ARRÊTÉ,

indiquant les conditions sous lesquelles des Latrines pourront être conservées ou établies sur les rivières d'Aubette et de Robec et leurs affluents,

Du 16 Avril 1858.

« Le Sénateur, Préfet de la Seine-Inférieure, Commandeur de l'Ordre
» impérial de la Légion d'honneur,

» VU :

» L'arrêté préfectoral du 10 février 1854, concernant la suppression des
» latrines sur les rivières d'Aubette et de Robec ;
» Les réclamations présentées contre son exécution ;
» L'avis du Conseil d'hygiène publique et de salubrité du département,
» du 5 septembre 1857, à propos de ces réclamations ;
» Celui de M. l'Ingénieur en chef des Ponts-et-Chaussées, du 9 octobre
» dernier ;
» Le décret du 22 mars 1813, qui réglemente ces cours d'eau ; les lois des
» 20 août 1790, 6 octobre 1791 ; l'arrêté du Gouvernement du 9 mars 1798
» (19 ventôse an VI) ;
» Considérant qu'il résulte des avis relatés ci-dessus, que la suppression
» prescrite par l'article 1er de l'arrêté du 10 février 1854, sus-visé, peut
» cesser d'être absolue, en raison de la situation des constructions élevées
» sur la rivière, et qu'il peut y être dérogé en imposant certaines condi-
» tions pour l'établissement des lieux d'aisances ;

» ARRÊTE :

» I. Nonobstant les prescriptions de l'arrêté préfectoral sus-visé, du 10 fé-
» vrier 1854, les propriétaires ou locataires riverains des cours d'eau de
» Robec et d'Aubette, leurs dérivations ou leurs affluents, dans les com-
» munes de Rouen, Darnétal, Saint-Aubin-Épinay, Roncherolles, Saint-
» Léger-du-Bourg-Denis, Fontaine-sous-Préaux et Saint-Martin-du-Vivier,
» pourront conserver leurs latrines, à la charge de faire descendre les
» tuyaux recevant les matières au-dessous du niveau habituel des eaux, et
» de fermer les latrines au moyen de vannes extérieures établies dans les
» conditions indiquées ci-après.

» II. La construction extérieure des conduits ne devra pas faire saillie
» sur l'alignement des cours d'eau, elle sera le moins apparente possible, et,
» dans tous les cas, établie de manière à ne laisser apparaître au dehors
» aucune trace de souillure.

» III. Les vannes seront en fonte, en fer ou en tôle, assez lourdes pour se
» refermer facilement par leur propre poids.

» IV. Les vannes seront disposées de telle sorte, que, fermées, l'ouverture
» du conduit soit entièrement dissimulée par le courant, et la ventelle plon-
» gée entièrement dans l'eau; lorsqu'on les ouvrira, la ventelle res-
» tera au-dessus de l'eau, afin que la police puisse toujours reconnaître
» avec certitude si chaque vanne est ouverte ou fermée.

» V. Le canal afférent devra se terminer par un plan dressé suivant une
» inclinaison d'au moins 45 degrés, dont l'arête inférieure sera à 0^{m}25^c au
» moins au-dessous du niveau de l'eau; l'ouverture du conduit étant d'ail-
» leurs entièrement sous l'eau, ainsi qu'il vient d'être dit.

» VI. La manœuvre des vannes devra pouvoir se faire facilement, et on
» exigerait le remplacement de celles qui ne satisferaient pas à cette pres-
» cription.

» VII. Il ne pourra être établi aucune latrine nouvelle sans une autorisa-
» tion spéciale, l'Administration se réservant de faire examiner pour chaque
» cas particulier, les mesures qu'il paraîtra le plus convenable d'adopter.

» VIII. A Rouen, les vannes ne pourront être ouvertes que le soir, de
» neuf heures à onze heures, du 1er octobre au 1er avril, et de dix heures à
» douze heures, pendant les autres mois de l'année. Dans les autres com-
» munes, l'ouverture et la fermeture des vannes auront lieu une heure
» plus tôt.

» IX. Tout propriétaire qui ne se conformera pas aux dispositions précé-
» dentes, sera poursuivi par toutes les voies de droit.

» X. Les latrines qui, dans un délai de six mois, ne seront pas pourvues
» d'une vanne établie dans les conditions prescrites, seront démolies d'office
» aux frais des intéressés, par les soins des Maires des communes ou des
» Ingénieurs du service hydraulique.

» XI. L'arrêté du 10 février 1854 est maintenu dans toutes ses autres dis-
» positions.

» XII. MM. les Maires de Rouen, Darnétal, Saint-Aubin-Épinay, Ronche-
» rolles, Saint-Léger-du-Bourg-Denis, Fontaine-sous-Préaux, Saint-Martin-
» du-Vivier, et MM. les Ingénieurs des Ponts-et-Chaussées, demeurent
» chargés de l'exécution du présent arrêté, chacun en ce qui le concerne.

» Rouen, le 16 avril 1858.

» *Le Sénateur*, *Préfet de la Seine-Inférieure*,

» Ernest LE ROY. »

CHAPITRE IX.

DES SAILLIES, DES TENDELETS ET OUVRAGES AVANÇANT SUR LA VOIE PUBLIQUE.

SECTION 1re.

Dimensions des Saillies qui peuvent être autorisées (1).

ARTICLE 82. — A l'avenir, aucune saillie ne pourra excéder les dimensions fixées par le tableau suivant, lesquelles seront mesurées à partir du nu du mur de face.

OUVRAGES EN SAILLIE.	DANS LES RUES AYANT EN LARGEUR				Sur les Places publiques et dans les Rues ayant 10m de larg. et plus.
	Dep. 6m jusq. 6m 99e.	Dep. 7m jusq. 7m 99e.	Dep. 8m jusq. 8m 99e.	Dep. 9m jusq. 9m 99e.	
Saillies fixes.	CENTIMÈTRES.				
Bandeaux, plinthes, appuis de croisées et corniches de devantures de boutiques	07	08	09	10	12
Petits balcons devant une seule croisée. . .	16	16	16	16	16
Grands balcons ne pouvant être placés que dans les rues dont la largeur ne sera pas inférieure à huit mètres.			65	65	65
Marquises, sans qu'aucune de leurs parties puisse descendre à moins de trois mètres du pavé ou du trottoir, et qui ne pourront être placées que dans les rues de huit mètres et au-dessus			80	80	80
Tentes ou tendelets (saillie égale à la largeur					

---

(1) Édit de 1607, loi de 1790, arrêt du Conseil d'État du 18 avril 1824.

CHAPITRE IX.

OUVRAGES EN SAILLIE.	DANS LES RUES AYANT EN LARGEUR				Sur les Places publiques et dans les Rues ayant 10m de larg. et plus.
	Dep. 6m jusq. 6m 99c.	Dep. 7m jusq. 7m 99c.	Dep. 8m jusq. 8m 99c.	Dep. 9m jusq. 9m 99c.	
	CENTIMÈTRES.				
fixée pour les trottoirs comme il sera dit ci-après, article 86.)					
Bornes ou chasse-roues (les bornes devront être cylindriques et ne pas avoir plus de cinquante centimètres de hauteur).	30	30	30	30	30
Jalousies, persiennes ou contrevents. . . .	10	10	10	10	10
Tuyaux de descente et d'évier.	11	11	11	11	11
Tableaux, enseignes, bustes, reliefs, montres, attributs, y compris les bordures, supports et points d'appui	12	12	12	12	12
Saillies mobiles.					
Lanternes, becs de gaz, transparents, etc., qui ne pourront être placés à moins de trois mètres au-dessus du pavé ou du trottoir, dans les rues ayant au moins six mètres de largeur. . . .	40	50	60	70	80
Lanternes ou transparents en forme d'applique, qui ne pourront être à une moindre hauteur que dessus.	22	22	22	22	22
Lanternes en saillie, éclairant extérieurement les devantures de boutiques, qui ne pourront être placées à moins de deux mètres cinquante centimètres du sol.	40	40	40	40	40

SECTION 2e.

Des Tendelets (1).

ARTICLE 83. — Nul ne peut établir de tentes, tendelets ou bannes, en saillie

---

(1) Édit de 1607, loi de 1790.

sur la voie publique, sans autorisation de l'Autorité compétente et sans acquitter les droits de voirie fixés par le tarif ci-après (1).

ARTICLE **84**. — L'autorisation d'établir des tendelets ne sera accordée que pour des rues ayant au moins 6 mètres de largeur.

ARTICLE **85**. — Ils ne pourront être faits qu'en toile, coutil ou étoffe et ils devront être placés de manière que la partie la plus basse de leurs supports, couvertures et lambrequins, soit au moins à un mètre 80 centimètres au-dessus du sol extérieur le plus élevé.

ARTICLE **86**. — La saillie des tentes ou tendelets sur la voie publique, afin d'éviter que les voitures ne les accrochent, ne devra jamais dépasser l'aplomb de l'arête intérieure des bordures des trottoirs là où il en existe, ou l'alignement déterminé pour cette arête, s'il n'existe pas de trottoir.

Dans aucun cas cette saillie ne pourra excéder 2 mètres 50 centimètres.

ARTICLE **87**. — Dans l'année de l'approbation du présent, les tendelets qui ne seraient pas placés conformément aux prescriptions qui précèdent, devront être modifiés et établis selon ces prescriptions.

ARTICLE **88**. — Pendant la pluie, les propriétaires des tentes ou tendelets devront les relever et les replier entièrement contre les murailles et devantures des maisons ou magasins, afin de faciliter le passage des personnes qui font usage de parapluies.

SECTION 3ᵉ.

Défenses et Restrictions pour certains Objets et Ouvrages en saillie (2).

ARTICLE **89**. — Aucun objet mobile ou fixe ne peut être placé en saillie sur la voie publique, même comme étalage de magasin, à moins d'une autorisation spéciale.

ARTICLE **90**. — Il est expressément interdit d'excéder le nu du socle des constructions par des pilastres, des colonnes, ou des revêtements, même en menuiserie.

ARTICLE **91**. — Il est défendu d'établir des marches, seuils, plates-bandes ou autres objets en saillie sur la voie publique.

Les soupiraux de cave et les décrottoirs ne pourront être établis que dans l'épaisseur des murs.

---

(1) Les demandes concernant les tendelets sur la grande voirie doivent être adressées à l'Autorité préfectorale qui règle les conditions des autorisations.

(2) Édit de 1607 et loi de 1790.

Ceux qui existent en ce moment, en saillie sur la voie publique, devront être supprimés à la première réquisition de l'Administration municipale.

Article 92. — Il ne sera dérogé à l'article précédent, en ce qui concerne les marches et seuils, que lorsque les localités ou des modifications de nivellement l'exigeront absolument, ce que l'Administration municipale appréciera.

Article 93. — A l'avenir, il ne pourra être établi aucun auvent aux constructions, et il ne pourra être fait aucune espèce de réparation à ceux existants.

Article 94. — La permission d'établir des balcons sera accordée dans les limites fixées par le tableau précédent, mais sans préjudice du droit des tiers.

Article 95. — Les lanternes, enseignes et écussons ne pourront être attachés ni appliqués aux balcons ; ils devront être fixés à la façade de la maison devant laquelle ils se trouveront, et de telle sorte qu'il ne puisse exister aucun danger pour le public.

Il n'est fait d'exception à cette disposition que pour les enseignes avec des lettres en métal découpées, lesquelles pourront être attachées aux balcons, à la condition de les fixer solidement.

Article 96. — Aucun tuyau de poêle ne pourra déboucher sur la voie publique.

Dans l'année de la publication du présent arrêté, les tuyaux de poêles et autres qui débouchent actuellement, contrairement à cette prescription, devront être supprimés.

Article 97. — Les tuyaux de cheminée en maçonnerie et en saillie sur la voie publique, seront démolis et supprimés, lorsqu'ils seront en mauvais état, ou que l'on fera de grosses réparations à la partie des bâtiments à laquelle ils sont adossés.

Les tuyaux de cheminée en tôle, en poterie, en grès, ou en fonte, ne pourront, sous aucun prétexte, être conservés à l'extérieur des murs de face.

Cette prohibition s'applique à tous les modes de chauffage, cheminées, poêles, fourneaux, etc., et s'étend même aux tuyaux formant saillie sur les cours et jardins.

Ceux qui peuvent exister dans les conditions indiquées aux deux paragraphes précédents, devront être supprimés dans les trois mois de la publication du présent, après injonction faite sur les rapports de l'un des architectes de la ville ou sur la réclamation des voisins.

Article 98. — Désormais, il ne pourra être établi, en saillie sur la voie publique, aucune espèce de cuvette pour l'écoulement des eaux ménagères.

Dans les maisons aujourd'hui existantes, les cuvettes en saillie seront supprimées, dans le délai d'une année, à partir de l'approbation du présent.

Article **99**. — Il est défendu de faire ouvrir, c'est-à-dire développer, aucune porte ou barrière sur la voie publique ; celles qui existent seront supprimées sans délai.

Article **100**. — Les volets, contrevents ou persiennes du rez-de-chaussée, qui ouvrent sur la voie publique, devront être établis de manière qu'ils puissent se replier facilement, sans gêner les passants au moment de leur ouverture et de leur fermeture.

Les volets, lorsqu'ils seront ouverts, devront être appliqués contre les façades des maisons, au moyen de clanches, de tourniquets, ou par tout autre moyen d'attache qui les empêche de se mouvoir et d'être dangereux pour le public.

Les feuilles desdits volets, contrevents ou persiennes, ne pourront, dans aucun cas, avoir plus de soixante-dix centimètres de largeur ; ceux qui ne seront pas conformes à ces conditions y seront ramenés à partir de la publication du présent.

Article **101**. — Lorsqu'une maison se trouvera en arrière de celles voisines, le propriétaire dont la maison sera ainsi en état d'enfoncement, ne pourra établir de barrières, grilles ou barres de fer, ni aucune lice en bois, devant sa propriété, sans une autorisation spéciale.

Aucune barrière ne peut être placée dans les angles.

Le tout sauf les mesures que l'Administration municipale croirait devoir prendre dans l'intérêt de la sûreté ou de la salubrité publiques.

CHAPITRE X.

DES TROTTOIRS, DE LEUR CONSTRUCTION ET DE LEUR ENTRETIEN.

SECTION 1re.

De la Construction des Trottoirs (1).

Article **102**. — Il ne pourra être établi de trottoir que dans les rues ayant au moins six mètres de largeur, sauf les exceptions que l'Adminis-

---

(1) Édit de 1607 ; — Ordonnance du 29 mars 1754 ; — Arrêt du 27 février 1765 et loi du 7 juin 1845, concernant les frais de construction et de réparation des trottoirs, dont suit la teneur :

I. — Dans les rues et places dont les plans d'alignement ont été arrêtés par ordonnances royales, et où, sur la demande des Conseils municipaux, l'établissement de trottoirs sera reconnu d'utilité pu-

CHAPITRE X.

tration municipale se réserve de faire pour des cas particuliers qu'elle appréciera.

Les angles des trottoirs, aux encoignures des rues, seront raccordés par des pans coupés ou parties circulaires.

ARTICLE 103. — Les trottoirs qui seront construits à l'avenir, devront être établis d'après les dispositions suivantes :

ARTICLE 104. — La largeur des trottoirs est fixée conformément au tableau ci-après :

Dans les rues de 6^m » de largeur. — 0^m 80 cent.
D° de 6 50 d° 1
D° de 7 » d° 1 20
D° de 7 50 d° 1 40
D° de 8 » d° 1 50
D° de 10 » d° 1 70
D° de 11 » d° 2 »
D° de 12 » d° 2 50
D° de 13 » d° 2 60

blique, la dépense de construction des trottoirs sera répartie entre les communes et les propriétaires riverains, dans les proportions et après l'accomplissement des formalités déterminées par les articles suivants :

II. — La délibération du Conseil municipal qui provoquera la déclaration d'utilité publique désignera en même temps les rues et places où les trottoirs seront établis, arrêtera le devis des travaux, selon les matériaux entre lesquels les propriétaires auront été autorisés à faire un choix et répartira la dépense entre la commune et les propriétaires ; la portion à la charge de la commune ne pourra être inférieure à la moitié de la dépense totale.

Il sera procédé à une enquête de commodo et incommodo.

Une ordonnance du roi statuera définitivement tant sur l'utilité publique que sur les autres objets compris dans la délibération du Conseil municipal.

III — La portion de la dépense à la charge des propriétaires sera recouvrée dans la forme déterminée par l'article 28 de la loi de finances du 25 juin 1841.

IV. — Il n'est pas dérogé aux usages en vertu desquels les frais de construction des trottoirs seraient à la charge des propriétaires riverains, soit en totalité, soit dans une proportion supérieure à la moitié de la dépense totale.

DÉCRET DES 5 JANVIER, 1er FÉVRIER 1833 SUR L'ENTRETIEN DES TROTTOIRS.

Les dépenses relatives à l'entretien des revers et des trottoirs compris entre les maisons bâties sur un port de commerce et le ruisseau de la rue latérale ne seront pas imputées sur les fonds de l'Etat.

Les revers seront entretenus, soit par les propriétaires, soit par la Ville, conformément aux usages locaux.

Les frais relatifs à l'entretien des trottoirs seront réglés conformément aux prescriptions de la loi du 7 juin 1845.

Dans les rues de 14ᵐ »ᶜ de largeur. — 2ᵐ 80 cent.
    Dᵒ   de 15 »   dᵒ   3 »
    Dᵒ   de 16 »   dᵒ   3 20
    Dᵒ   de 17 »   dᵒ   3 50
    Dᵒ   de 18 »   dᵒ   4 »
    Dᵒ   de 19 »   dᵒ   4 »
    Dᵒ   de 20 »   dᵒ   4 20

Le tout mesuré à partir du nu des socles.

ARTICLE **105**. — La pente transversale des trottoirs, toujours dirigée vers le milieu de la voie, sera de vingt à quarante millimètres par mètre.

ARTICLE **106**. — La partie extérieure sera formée par une bordure en granit posée sur un massif en maçonnerie.

Il est interdit d'arrondir l'arête extérieure de la bordure pour faciliter le passage des brouettes ou des voitures.

ARTICLE **107**. — L'intervalle existant entre la bordure en granit dont il vient d'être parlé et le pied des maisons, devra être rempli par un pavage en grès smillé posé en ciment, ou par un dallage en granit, ou par une aire en asphalte.

Dans toute l'étendue des passages conduisant aux portes-cochères, et même sur une largeur de trente centimètres en plus de chaque côté, le remplissage des trottoirs dont il vient d'être parlé ne pourra être fait qu'en grès smillé posé en ciment.

Conformément à une délibération du Conseil municipal du 26 janvier 1866, ci-après reproduite, les trottoirs qui seront construits à l'avenir, avec dallage en asphalte, seront entretenus aux frais des propriétaires riverains, jusqu'à ce que le dallage ait été remplacé par un pavage en grès et ciment.

ARTICLE **108**. — Toutes les fois qu'un trottoir sera isolé, les extrémités de ce trottoir devront être établies en pente sur au moins soixante centimètres de longueur, de manière à venir se raccorder avec le sol de la rue. Ces pentes disparaîtront aussitôt que de nouveaux trottoirs viendront former le prolongement du premier; les frais à faire seront supportés par le dernier constructeur.

ARTICLE **109**. — L'écoulement des eaux, dans la largeur des trottoirs, aura lieu sous le dallage, au moyen de gargouilles, conduits ou caniveaux en fonte, conformément à ce qui sera prescrit ci-après au chapitre spécial relatif à l'écoulement des eaux.

L'Administration municipale pourra permettre l'emploi de rigoles en granit, lorsque la disposition des lieux l'exigera.

ARTICLE **110**. — Des pentes de raccordement seront faites dans les trottoirs, vis-à-vis des entrées de porte-cochère ou de magasin. Ces pentes ne pourront dépasser cinq centimètres par mètre; entre ces pentes, la bordure devra être posée à six centimètres au-dessus du ruisseau.

CHAPITRE X.

Article **111**. — Tous les travaux de construction et de réparation des trottoirs seront au surplus exécutés conformément aux prescriptions de l'Administration municipale, sous la direction et la surveillance de l'Architecte-Voyer, par l'entrepreneur des pavages de la ville, à moins de permission spéciale, pour des cas particuliers, qui seront appréciés par l'Administration.

Article **112**. — Les trottoirs des quais de la rive droite, ceux des rues de l'Impératrice, de l'Hôtel-de-Ville et Lafayette étant entretenus aux frais de la Ville, il ne pourra, quoiqu'ils longent des routes impériales, y être fait aucune tranchée ni aucun travail, sans qu'au préalable, l'autorisation qui devra être accordée par l'Autorité préfectorale ait été enregistrée au Bureau de l'Architecte-Voyer de la Ville.

Il en sera de même pour les autres trottoirs longeant les traverses des routes dépendant de la grande voirie, les routes départementales et les chemins de grande communication, lorsqu'ils auront été déclarés d'utilité publique ou que l'entretien en sera à la charge de la Ville.

SECTION 2e.

De l'Entretien des Trottoirs (1).

Article **113**. — Les trottoirs des rues de la ville de Rouen seront entretenus conformément à une délibération du Conseil municipal de Rouen, en date du 26 janvier 1866, approuvée par M. le Sénateur, Préfet de la Seine-Inférieure, le 22 mars suivant, dont le dispositif est ainsi conçu et qui servira de règlement permanent à cet égard :

« 1. Les trottoirs qui existent en ce moment dans les rues et places reconnues et classées comme dépendant de la petite voirie de la ville de Rouen, et qui ont des bordures en granit, n'importe de quelle dimension, même ceux de la rue Armand-Carrel et tous autres construits dans les mêmes conditions, seront, à l'avenir, entretenus aux frais de la Caisse municipale, sauf les exceptions qui seront indiquées ci-après et dans les articles suivants.

» Il en sera de même de ceux qui seront établis à partir de ce jour, dans toutes les rues et places de la petite voirie de Rouen, mais à la condition qu'ils seront construits conformément aux prescriptions qui seront indiquées par l'Administration municipale et sous la surveillance de ses Agents.

---

(1) Voir la loi de 1845 et le décret du 1er février 1853, insérés en note, 1re section de ce chapitre.

» Malgré ce qui est dit ci-dessus, l'entretien de ceux des trottoirs de la
» rue Armand-Carrel, situés devant les terrains provenant de l'ancien Jar-
» din-des-Plantes, qui n'ont pas encore été achevés, qui n'ont pas de gar-
» gouilles pour l'écoulement des eaux, ou qui sont en mauvais état, ne sera
» à la charge de la Ville qu'au fur et à mesure que chacun des propriétaires
» aura fait achever et réparer celui ou ceux qui le concerneront.

» Dans le cas où des propriétaires de la rue Armand-Carrel, dans la partie
» qui dépendait de l'ancien Jardin-des-Plantes, auraient des trottoirs as-
» phaltés, auxquels ils seraient obligés, d'après ce qui vient d'être dit, de
» faire des réparations, avant que la Ville ne les entretienne, et consenti-
» raient à substituer à l'asphalte un pavage en grès et ciment, l'Adminis-
» tration municipale est autorisée à faire supporter par la Ville moitié de la
» dépense de ce pavage, ainsi que de la rectification de l'alignement et du
» nivellement des bordures (1).

» II. La Ville sera aussi chargée, à l'avenir, de l'entretien des trottoirs
» construits devant les propriétés situées sur le côté nord des quais de la
» rive droite, depuis et y compris le pan-coupé établi à l'angle du boulevard
» du Champ-de-Mars et du quai Napoléon, jusqu'au n° 56 inclusivement du
» quai du Mont-Riboudet, ainsi que de ceux des rues de l'Impératrice et de
» l'Hôtel-de-Ville, le tout sauf ce qui sera dit ci-après :

» Les trottoirs de ces voies publiques seront entretenus par la Ville, quoi-
» qu'elles soient classées dans les routes impériales, par cette considération
» qu'ils ont été récemment ou seront prochainement construits à neuf.

» III. Les trottoirs des rues de l'Impératrice et de l'Hôtel-de-Ville, ainsi
» que tous ceux qui doivent être établis sur d'autres points, par MM. Poncet
» et Lévy ou leurs représentants, en vertu du traité du 12 novembre 1859,
» et dont la construction n'est pas à la charge de la Ville, ne seront entre-
» tenus par elle qu'autant qu'ils auront été achevés et que la réception en
» aura été faite, soit par MM. les Ingénieurs des Ponts-et-Chaussées, soit
» par l'Administration municipale ou par ses Agents.

» IV. Les trottoirs longeant les autres parties des routes impériales et les
» places qui en dépendent, qui n'ont pas été désignés ci-dessus, ne seront
» entretenus par la Ville qu'autant qu'ils auront été reconstruits ou établis
» conformément aux prescriptions qui seront arrêtées par l'Administration
» municipale et après déclaration d'utilité publique provoquée par délibé-
» ration du Conseil.

» Ceux longeant les maisons et propriétés situées sur les boulevards ou
» les avenues, ne servant presque pas à la circulation publique et n'étant

---

(1) La construction de ces trottoirs a été mise à la charge des acquéreurs des terrains provenant de l'ancien Jardin-des-Plantes vendus par la Ville, avec condition qu'ils les entretiendraient toujours en bon état; c'est par cette raison que la délibération porte que la Ville ne sera chargée de les entretenir que lorsque les propriétaires les auront achevés et mis en bon état.

» établis par les propriétaires riverains que pour leur usage, leur agrément
» et leur commodité, seront entretenus par les dits propriétaires.

» V. Ceux longeant les rues et chemins classés comme routes départe-
» mentales ou chemins de grande communication, ne seront entretenus par
» la Ville qu'autant qu'ils auront été déclarés d'utilité publique par délibé-
» ration du Conseil municipal et conformément aux prescriptions qui seront
» arrêtées.

» VI. Ceux qui doivent être reconstruits par suite de traités faits avec la
» Ville pour retranchement de maisons sur l'alignement et qui ne l'ont pas
» encore été, ne seront entretenus par la Ville, malgré les stipulations ci-
» dessus, qu'après que les propriétaires riverains auront rempli leurs enga-
» gements à cet égard.

» Néanmoins, dans le cas où l'Administration préfèrerait que la recon-
» struction fût retardée jusqu'au moment où les dits trottoirs pourraient
» être reconstruits d'une manière définitive, la Ville resterait alors chargée
» de l'entretien de ceux qui seraient dans ces conditions.

» VII. Les trottoirs qui n'ont pas de bordures en granit, ceux qui ne sont
» que macadamisés ou qui ne sont pavés que sur forme de sable, ou qui ne
» sont dallés qu'en pierre ou brique, ne seront entretenus par la Ville
» qu'autant qu'ils auront été achevés ou reconstruits en tout ou partie aux
» frais des riverains, selon les prescriptions qui seront faites par l'Admi-
» nistration municipale, pour chacun des dits trottoirs, et avec autorisation
» à elle accordée de faire supporter une partie desdits frais par la Caisse
» municipale, lorsqu'elle jugera, d'après les circonstances, qu'il y aura
» utilité et équité.

» Dans le cas où le pavage sur forme de sable ou le macadamisage pro-
» viendrait de retard apporté *par l'Administration municipale,* dans l'exécution
» des trottoirs déclarés d'utilité publique, ou de réparations ou de modi-
» fications faites par la Ville, ceux qui seront dans ces conditions devront
» être entretenus aux frais de la Ville, toutes les fois que la dite Adminis-
» tration jugera qu'il doit en être ainsi.

» VIII. Les trottoirs dont le dallage est en asphalte, qui ont été construits
» entièrement aux frais des propriétaires riverains, avec engagement par
» eux pris par écrit, depuis la délibération du 11 août 1854, de les entretenir
» à leurs frais, ne seront entretenus par la Ville que lorsqu'ils auront été
» pavés, aux frais des dits propriétaires, en grès et ciment.

» Ceux qui seront construits à neuf, à l'avenir, avec dallage en asphalte,
» sur la demande des propriétaires, lors même qu'ils auraient été déclarés
» d'utilité publique, ne seront entretenus aux frais de la Ville que lorsqu'ils
» auront été pavés aussi en grès sur forme de ciment, aux frais des dits pro-
» priétaires.

» IX. Il n'est en rien dérogé aux conditions arrêtées entre l'Etat, le Dé-
» partement et la Ville pour l'entretien des trottoirs qui existent dans les

» rues et place qui entourent le Palais-de Justice, et qui sont énoncées dans
» une délibération du Conseil municipal du 17 juillet 1863.

» Les obligations imposées aux propriétaires des rues de Tanger et de
» Constantine, par délibérations du Conseil municipal, des 26 août et 4 no-
» vembre 1864, d'entretenir les trottoirs actuels et les revers des chaussées
» desdites rues, jusqu'à ce qu'ils aient fait construire des trottoirs selon les
» prescriptions du règlement de voirie, continueront à subsister dans toutes
» leurs dispositions.

» X. Lorsque des détériorations ou dégradations se produiront au pavage
» des trottoirs, contre les propriétés, par suite du defaut de solidité du point
» d'appui du dit pavage vers ce côté, elles devront être réparées aux frais
» des riverains, jusqu'à ce qu'ils aient fait construire des murs ou des bâti-
» ments contre lesquels le dit pavage pourra être solidement appuyé.

» Les dégâts et dégradations qui auront été faits à des trottoirs entrete-
» nus par la Ville, par suite de travaux exécutés à des propriétés voisines
» ou pour toute autre cause, devront être réparés, aux frais de ceux qui au-
» ront fait faire les dits travaux ou occasionné les dits dégâts, en se confor-
» mant aux règlements.

» Le recouvrement de la dépense de ces réparations sera poursuivi, s'il y a
» lieu, conformément à ce qui sera dit ci-après, et sans préjudicier à toutes
» poursuites pour contravention aux règlements de voirie.

» XI. Malgré les exceptions ci-dessus, desquelles il paraîtrait résulter que
» la Ville ne sera pas chargée d'entretenir certains trottoirs, il est ce-
» pendant bien entendu qu'elle entretiendra tous ceux dont l'entretien lui
» incombera, soit comme propriétaire de bâtiments ou édifices riverains,
» soit pour toute autre cause qui l'y obligera.

» XII. Lorsque la Ville aura des réparations à faire à des trottoirs, elle
» pourra y employer des matériaux d'une espèce différente de ceux qui s'y
» trouveront au moment de l'exécution des travaux.

» XIII. Les frais des réparations et remplacements qu'il est et sera néces-
» saire de faire aux gargouilles, seront supportés par les propriétaires
» riverains, attendu que ces gargouilles ne servent que pour l'écoulement
» des eaux provenant des propriétés particulières et qu'elles ne sont néces-
» saires qu'à cet usage.

» Lorsque, conformément au décret du 26 mars 1852, et aux arrêtés mu-
» nicipaux sur la matière, les propriétaires feront écouler les eaux de leurs
» propriétés dans les aqueducs, au moyen de conduits souterrains, ils seront
» obligés de faire faire à leurs frais, aux trottoirs longeant les dites pro-
» priétés, toutes les réparations qui y seront nécessitées par l'enlèvement
» des gargouilles devenues inutiles.

» XIV. Toutes les fois qu'il y aura des réparations à faire, soit à des
» trottoirs de la petite voirie, dont l'entretien ne sera pas à la charge de la
» Ville, ou dont elle ne devra pas supporter les frais, soit à des gargouilles
» de trottoirs entretenus par elle, les riverains seront tenus de les faire

» faire par l'entrepreneur des pavages des rues de Rouen, dans le délai qui
» leur sera imparti par une injonction de l'Administration municipale, en se
» conformant aux règlements sur la voirie, et à défaut par eux d'obtempérer
» à cette injonction, elles seront faites d'office et à leurs frais, sous la surveil-
» lance des Agents de la dite Administration ; le recouvrement de la dépense
» occasionnée par les dites réparations sera poursuivi contre les propriétaires
» riverains, soit par l'entrepreneur directement, sauf son recours contre la
» Ville, en cas d'insolvabilité des débiteurs, soit par la Ville elle-même.

» XV. Les dispositions qui précèdent ne pourront aucunement préjudicier
» aux droits de la Ville de poursuivre l'établissement ou la reconstruction
» de trottoirs, partout où besoin sera et quand cela sera jugé utile, après
» l'accomplissement des formalités nécessaires pour faire déclarer ces tra-
» vaux d'utilité publique.

» XVI. Les frais d'entretien et de réparation des trottoirs mis à la charge
» de la Ville seront prélevés sur le produit de l'impôt perçu annuellement
» pour l'entretien et le service de la voirie.

» XVII. Les résolutions ci-dessus pourront être révisées, modifiées et
» même rapportées par le Conseil municipal, dans le cas où la Ville cesserait
» de percevoir l'impôt des 5 centimes affecté à l'entretien de la voirie,
» ainsi que dans toutes autres circonstances où cela serait jugé utile.

» XVIII. La Ville se réserve tous ses droits contre les propriétaires, ainsi
» que tous autres, qui ont pu prendre l'obligation de faire établir des
» trottoirs et qui ne les ont pas encore fait construire, pour les contraindre
» à exécuter leurs engagements à ce sujet.

» XIX. La présente délibération sera soumise à l'approbation de M. le
» Sénateur, Préfet de la Seine-Inférieure.

» Fait à Rouen, en l'Hôtel-de-Ville, les jour, mois et an susdits.

» *(Suivent les signatures).*

» Pour extrait conforme :

» *Le Maire de Rouen,*

» *Signé* : THUBEUF, Adjoint.

« Vu et approuvé :

» Rouen, le 22 mars 1866.

» Pour le Sénateur, Préfet de la Seine-Inférieure, empêché,

» *Le Secrétaire-général délégué,*

» *Signé* : CH. NAMUROY. »

CHAPITRE XI.

ENTRETIEN DES CHAUSSÉES. — TRAVAUX DE PAVAGE, D'EMPIERREMENT ET AUTRES A EXÉCUTER AUX FRAIS DES PROPRIÉTAIRES.

Article **114**. — L'Administration municipale fait exécuter, par les entrepreneurs de la Ville (1), et sous la surveillance de ses Agents, tous les travaux de remaniement, de mise en bon état et d'entretien de tous les pavages et macadamisages des voies publiques reconnues régulièrement et classées par le Conseil municipal.

Article **115**. — Elle fait aussi exécuter, par l'entrepreneur des pavages de la ville, pour le compte des propriétaires ou habitants, tous les travaux nécessaires aux voies publiques et qui sont mis à leur charge, soit par le présent règlement, soit par des arrêtés qui les autorisent à faire des ouvrages spéciaux qui les concernent, le tout à moins de dérogation pour des circonstances particulières et en vertu d'autorisations données par écrit.

Article **116**. — La Ville n'étant obligée, pour les rues pavées, qu'à l'entretien du pavage, les terrains qui seront réunis aux voies publiques, par suite de retranchements de propriétés sur les alignements, n'importe pour quelle cause, devront être pavés une première fois aux frais des propriétaires des immeubles dont ils seront retranchés, conformément aux usages locaux qui mettent les frais de premier pavage, dans la proportion ci-après indiquée, aux frais des riverains ; la Ville sera ensuite chargée de l'entretien de ces pavages.

Les dits propriétaires ne seront cependant obligés à faire le premier pavage des dites portions de terrain, que jusqu'à concurrence d'un sixième

---

(1) Ordonnance du Bureau des Finances de Paris du 27 juin 1760. — I. Les articles 22 et 23 du Bail de l'entretien du pavé de la ville de Paris, fait au Conseil, à Pierre Outrequin, le 25 mai 1756, seront exécutés selon leur forme et teneur ; en conséquence, l'entrepreneur de l'entretien du pavé continuera de jouir du droit exclusif de faire seul les raccordements de pavé, de bornes, de seuils, de devantures de maisons, de travailler au rétablissement des trous causés par les étais dans les rues de Paris, à l'occasion des réparations à faire aux maisons, ou pour des reposoirs ou échafauds, et de rétablir les tranchées des fontaines qui ne pourront être faites que de notre ordre et permission.

II. — Le dit entrepreneur sera payé par les particuliers et propriétaires d'héritages, corps, communautés ou autres, par privilège et préférence à tous créanciers, sur les mémoires arrêtés et visés par celui de nous, commissaires du pavé de Paris, et sur le rapport de l'inspecteur général du dit pavé, le tout sans frais de quelque nature qu'ils puissent être.

de la largeur de la rue, le pavage du surplus du dit terrain, le cas échéant, devant rester à la charge de la Ville (1).

Ils peuvent faire employer, à ce pavage, des anciens pavés, pourvu qu'ils soient de bonne qualité et aient des dimensions de faces et d'épaisseur suffisantes pour faire un travail solide.

Article **117**. — Tant que les dites portions de terrain, réunies aux voies publiques, par suite de retranchements sur les alignements, n'auront pas été pavées, les propriétaires des immeubles dont elles auront été détachées, seront obligés de les entretenir en bon état de viabilité et de propreté.

Article **118**. — Il est défendu de déplacer pour quelque cause que ce soit, les pavés des rues ou des trottoirs, de faire aucune fouille sur la voie publique, et d'y exécuter aucun travail, n'importe de quelle nature, sans en avoir préalablement obtenu l'autorisation.

Article **119**. — Les montants des échafaudages nécessaires pour les constructions ou les réparations, à moins d'une permission spéciale, ne

---

(1) Extrait de trois délibérations du Conseil municipal de Rouen, établissant les usages locaux pour la répartition des frais du premier pavage des rues : — Du 21 décembre 1836. — Dans le préambule. — « D'après les usages de notre localité, qui ont force de loi devant les tribunaux, la Ville exécute, lorsqu'elle le juge à propos et à ses frais, le pavage neuf des rues dans les deux tiers de leur largeur, laissant de chaque côté un sixième à la charge des propriétaires riverains, qui aussi l'exécutent lorsque bon leur semble. »..................................
— Du 6 novembre 1838. — Dans le préambule. — « D'après les usages qui régissent notre localité, les propriétaires riverains sont assujettis à contribuer de chaque côté au sixième des frais du pavage neuf des rues. » — Du 4 février 1839. — « Considérant que, dans l'état actuel des choses, il n'y a pas lieu de renoncer aux usages consacrés à Rouen pour le pavage des rues et places publiques, usages d'après lesquels le premier pavé est supporté un tiers par les propriétaires riverains, deux tiers par la Ville. — Le Conseil délibère ce qui suit : Le pavage des rues et places publiques de Rouen continuera d'être fait, tant pour *le premier établissement* que pour l'entretien et la réparation, en vertu des usages de la localité, conformément à l'avis du Conseil d'Etat du 25 mars 1807, et d'après les règlements de police municipale qui seront publiés par l'Administration. »
Avis du Conseil d'Etat, approuvé par l'Empereur, le 25 mars 1807. — « Estime que la loi du 11 frimaire an VII, en distinguant la partie du pavé des villes à la charge de l'Etat de celle à la charge des villes, n'a point entendu régler de quelle manière cette dépense serait acquittée dans chaque ville, et qu'on doit continuer à suivre à ce sujet l'usage établi pour chaque localité, jusqu'à ce qu'il ait été statué par un règlement général sur cette partie de la police publique. — En conséquence, que dans les villes où les revenus ordinaires ne suffisent pas à *l'établissement*, restauration ou entretien du pavé, les Préfets peuvent en autoriser la dépense, à la charge des propriétaires, ainsi qu'il s'est pratiqué avant la loi du 11 frimaire an VII. »
Article 8 du décret du 26 mars 1852, rendu applicable à la ville de Rouen le 12 mars 1853. — Les propriétaires riverains des voies publiques empierrées, supporteront les frais de premier établissement des travaux, d'après les règles qui existent à l'égard des propriétaires riverains des rues pavées. »

doivent jamais être engagés dans le sol des voies publiques; ils doivent être scellés en dessus au moyen de massifs en blocage et plâtre, ou de toute autre manière, offrant une solidité au moins égale.

Article **120**. — Lorsqu'il sera nécessaire de faire un travail quelconque entraînant une fouille ou une tranchée sur la voie publique, l'Administration municipale statuera sur les demandes qui lui seront adressées à cet effet, et, en cas d'autorisation, elle prescrira les obligations qui seront imposées aux pétitionnaires, lesquels seront toujours tenus de faire réparer les voies publiques où il sera travaillé, pendant le temps, sur l'étendue et sous les autres conditions qui seront fixés par l'Autorité administrative, selon les circonstances.

CHAPITRE XII.

DES BORNES (1).

Article **121**. — Aucune borne ne sera tolérée dans les rues où des trottoirs seront établis; toutes celles qui existent seront enlevées, par les propriétaires des maisons, et à leurs frais, même devant les propriétés où il ne serait pas établi de trottoirs.

Article **122**. — Tout ce qui est placé en saillie sur la voie publique, en dehors des constructions, même en vertu d'une autorisation, n'y subsistant qu'à titre de tolérance, les propriétaires des bornes placées dans des rues où il n'existera pas de trottoirs, seront aussi obligés de les faire enlever, à la première réquisition de l'Administration municipale, lorsque celle-ci jugera qu'il y aura inconvénient à les laisser subsister plus longtemps.

Article **123**. — Dans le cas où les propriétaires ne se soumettraient pas à l'injonction qui leur serait adressée, en vertu des deux articles précédents, il serait procédé, conformément à la loi, pour faire enlever les dites bornes d'office et à leurs frais.

Article **124**. — Aucune borne nouvelle ne sera placée sans autorisation. Cette autorisation ne sera donnée que sous la réserve de faire disparaitre les dites bornes, lorsque l'Administration municipale le jugera convenable.

---

(1) Edit de 1607; — Conseil d'Etat, 31 août 1826; — Cassation, 4 juin 1826 et 9 février 1833.

CHAPITRE XIII.

DE L'EXÉCUTION DES TRAVAUX DE CONSTRUCTION OU DE RÉPARATION
LE LONG DE LA VOIE PUBLIQUE.
DES ÉCHAFAUDAGES ET DES PRÉCAUTIONS A PRENDRE (1).

Article **125**. — Le dépôt des matériaux pour la construction ou la réparation des maisons, bâtiments ou murs, ne pourra se faire sur la voie publique, en dehors des clôtures, sans une permission de l'Administration municipale.

Article **126**. — Lorsque ce dépôt de matériaux sera permis, il devra toujours s'effectuer de manière à ne point interrompre l'écoulement des eaux sur la voie publique, ni gêner la circulation.

Article **127**. — Les terres, provenant de déblais de construction, ne pourront séjourner sur la voie publique ; elles devront être enlevées au fur et à mesure de leur extraction.

Article **128**. — Le propriétaire autorisé à construire, fera exécuter, à ses frais, au pavage ou à l'empierrement de la rue, et cela par les Agents et entrepreneurs de l'Administration municipale, les réparations rendues nécessaires, soit par le dépôt, soit par l'apport des matériaux ou des terres employées, et ce aussitôt que la clôture provisoire, dont il sera ci-après parlé, sera enlevée.

A défaut par le propriétaire de faire faire ces réparations dans les 15 jours qui suivront l'enlèvement de la dite clôture ou des matériaux, il sera procédé conformément à la loi pour les faire exécuter d'office et à ses frais.

Le recouvrement de la dépense sera poursuivi dans les formes prescrites par la loi.

Article **129**. — Aucun travail relatif aux constructions ou grosses réparations, lorsqu'il y aura nécessité de faire une fouille longeant la voie publique ou que des matériaux pourraient tomber sur les passants, ne pourra être commencé sans qu'il ait été préalablement établi une clôture en planches ayant au moins deux mètres de hauteur, placée en avant des travaux.

Article **130**. — Tous entrepreneurs, maçons, plâtriers, couvreurs, fumistes, peintres, plombiers, menuisiers et autres, exécutant ou faisant exécuter

---

(1) Edit de 1607. — Loi de 1790.

aux maisons et bâtiments, riverains de la voie publique, des ouvrages pouvant faire craindre des accidents ou susceptibles d'incommoder les passants, seront tenus, s'il n'y a point de clôtures ou barrières au-devant des dites constructions, de faire stationner dans la rue, pendant l'exécution des travaux présentant du danger, un ou deux ouvriers âgés de 15 ans au moins, munis d'une règle de 2 mètres de longueur, pour avertir et éloigner les passants.

S'il ne s'agit que de légères réparations, les entrepreneurs et ouvriers pourront être dispensés de la prescription précédente, en plaçant aux deux extrémités de la propriété, et à un mètre environ en avant sur la voie publique, deux lattes en croix suspendues de deux à deux mètres cinquante du sol.

Article 131. — Les clôtures provisoires et les échafaudages extérieurs, pour la construction ou la réparation des maisons ou autres bâtiments, ne pourront être placés sans une autorisation préalable de l'Autorité compétente.

Article 132. — La saillie des clôtures provisoires sera déterminée dans les autorisations, et, à défaut d'indication spéciale à cet égard, elle ne devra pas dépasser la largeur fixée pour les trottoirs.

Les portes ou barrières des clôtures ne pourront ouvrir en dehors, et elles devront être solidement fermées tous les soirs à l'heure de la cessation des travaux.

Article 133. — Les échafaudages ne pourront partir du sol dans les rues n'ayant pas quatre mètres de largeur; ils devront être établis au moyen de traverses ou supports solides, placés au plus bas à deux mètres cinquante centimètres du sol de la rue, et, à moins d'une permission spéciale, leurs montants ne pourront être engagés dans le sol, ainsi que cela a été prescrit au chapitre précédent.

Ils devront encore être établis avec solidité et disposés de manière à prévenir la chute des matériaux et gravois sur la voie publique.

Article 134. — Aussitôt que les nouvelles constructions seront couvertes et que le décor ou le ragréement de la façade sera terminé, la clôture provisoire sera enlevée et le propriétaire sera tenu de faire immédiatement niveler le terrain et de faire clore, dans la hauteur de deux mètres au-dessus du sol, toutes les ouvertures du rez-de-chaussée, afin que les bâtiments ne puissent, la nuit, servir de refuge et nuire à l'action de la police.

La même obligation est imposée, lorsqu'il y aura lieu, à l'égard des bâtiments en réparation.

Article 135. — Ceux qui feront exécuter des travaux seront tenus de faire éclairer, à leurs frais, au moyen d'un nombre suffisant de lanternes appliquées, les clôtures, barrières, dépôts de matériaux, échafaudages, et enfin tout encombrement ou dépôt sur la voie publique.

Ces lanternes devront être tenues constamment allumées depuis le coucher du soleil jusqu'à son lever.

La pose et l'allumage de ces appliques seront de rigueur, même dans le voisinage des réverbères ou des lanternes à gaz.

Article **136**. — Les propriétaires et entrepreneurs seront en outre obligés de se conformer à toutes les autres prescriptions qui pourront leur être imposées pour placer leurs échafaudages, clôtures et dépôts de matériaux, ainsi qu'à toutes autres mesures qui seraient prises, même après les autorisations accordées, dans l'intérêt de la sûreté et de la circulation publiques.

Enfin ils devront, sous leur responsabilité personnelle, prendre toutes les dispositions et précautions convenables et nécessaires pour éviter et prévenir les accidents.

CHAPITRE XIV.

DES RÉPARATIONS ET DES TRAVAUX AUX ANCIENNES CONSTRUCTIONS ET DES CONSOLIDATIONS DÉFENDUES (1).

Article **137**. — Toute réparation quelconque est permise aux maisons qui se trouvent sur l'alignement fixé par les plans approuvés, pourvu que la solidité des dites maisons ait été préalablement constatée, et à la charge, toutefois, d'en demander l'autorisation au Maire, afin qu'il puisse prescrire les mesures de police que les travaux pourraient exiger.

Article **138**. — Il ne pourra être fait, aux maisons construites en encorbellement, que de simples travaux de repiquage et de peinture, lors même qu'elles se trouveraient à leur base sur la ligne de redressement.

On pourra cependant établir des devantures de boutiques à ces maisons, après en avoir obtenu l'autorisation, mais à la charge de se conformer à ce qui sera prescrit ci-après pour les devantures de boutiques qui pourront être permises aux maisons situées en avant de l'alignement.

Article **139**. — A l'égard des maisons sujettes à reculement et dont la solidité aura été constatée, il ne sera autorisé que les travaux qui ne pourraient les consolider.

Article **140**. — Les travaux dont il est parlé dans l'article précédent, et

---

(1) Edit de 1607 et loi de 1790.

qui concernent les devantures des boutiques, ne seront autorisés qu'aux conditions suivantes :

1° Il ne pourra être employé aux dites devantures, soit comme huisseries de portes, bâtis, montants, etc., que des bois de huit centimètres d'équarrissage ou de section équivalente, espacés au moins d'un mètre de milieu en milieu entre eux, ou de tous piliers, jambes-étrières ou poteaux de la façade.

2° Sont interdits, de la manière la plus formelle, la pose ou le simple remplacement, après déplacement, de poteaux, colonnes et supports en fer, fonte ou bois.

3° Il ne pourra être rien posé formant saillie au-delà du nu du socle, et, dans le cas où il serait employé des revêtements, ils devront toujours être incrustés dans le dit socle, de manière à ne jamais le désaffleurer.

4° Les revêtements, soit en marbre, soit en pierre, soit en bois, ne devront jamais avoir plus de quinze millimètres d'épaisseur, afin qu'on ne puisse trouver dans leur emploi aucun moyen de consolidation.

Ces revêtements pourront être interdits dans le cas où l'Administration municipale jugerait qu'il est nécessaire de laisser apparents les socles, piliers ou poteaux, afin que leur état de solidité puisse toujours être apprécié ; auquel cas l'emploi de la peinture sera seul toléré.

5° Les jointoiements et raccordements ne pourront être faits qu'en plâtre.

Article **141**. — Pour les étages supérieurs, les prescriptions sont les mêmes que celles indiquées en l'article précédent, pour les rez-de-chaussées, à l'exception des huisseries qui pourront être posées à cinquante centimètres d'écartement.

Article **142**. — A partir des fondations jusqu'au comble, tout dérasement est prohibé, pour les constructions sujettes à reculement ; rien ne pourra être élevé ni posé sur un mur qui aura été dérasé malgré cette défense. On pourra même poursuivre la démolition d'un mur dérasé, lorsqu'il résultera de ce dérasement une consolidation ; sera réputée telle la démolition partielle ou totale d'un ou de plusieurs étages (1).

Article **143**. — Tout propriétaire autorisé à percer, déboucher, ou exhausser des baies de portes ou de croisées, dans un mur frappé d'alignement, ne pourra, sous aucun prétexte, restaurer les pieds droits, jambages ou trumeaux ; les bois qu'il emploiera pour les montants ou bâtis de ces portes ou croisées, ne devront être raccordés et scellés qu'avec du plâtre contre le restant de l'ancienne construction, et ils ne pourront avoir plus de huit centimètres d'équarrissage, ou de section équivalente, comme il est dit plus haut pour les devantures de boutiques.

---

(1) Arrêt du Conseil d'État, du 2 septembre 1829.

Les linteaux des baies de portes ou fenêtres à ouvrir, dans les dits murs, seront en bois ; leur épaisseur dans le plan vertical n'excèdera pas seize centimètres, ni leur portée sur les points d'appui vingt centimètres.

Article **144**. — Les baies de portes ou de croisées existant dans un mur ou une façade de bâtiment, frappés d'alignement, ne pourront être raccourcies, rétrécies et à plus forte raison bouchées, qu'autant que ces constructions seront en bon état.

Ces baies, dans le cas où il serait permis de les fermer, ne pourront être bouchées que par une simple maçonnerie de seize centimètres au plus d'épaisseur ou par des planches de vingt-sept millimètres aussi d'épaisseur, et avec condition que ces fermetures affleureront le nu intérieur du mur de face, et que le surplus du vide restera apparent à l'extérieur.

Article **145**. — Il est défendu de convertir en façade d'habitation, ou bâtiment, un mur de clôture frappé d'alignement, attendu que ce travail tendrait à prolonger la durée du dit mur en le rattachant à des charpentes, planchers ou autres constructions adhérentes.

Article **146**.— Il ne pourra être accordé d'autorisation de décorer en plâtre les maisons sujettes à retranchement, qu'à la charge :

1° De ne rapporter contre la façade aucune fourrure ni répaississement quelconque, comme aussi de ne former aucuns porte-à-faux ni saillies contraires aux règlements ;

2° De ne faire aux piliers, socles ou poteaux aucuns remplacements, revêtements ou travaux confortatifs quelconques, et de n'employer absolument que du plâtre pour les jointoiements et raccordements qui pourraient être faits.

Article **147**.— Tout décor ou revêtement en bois est interdit.

Sont exceptés les revêtements en bois de quinze millimètres d'épaisseur, qui, dans la hauteur du rez-de-chaussée, feraient partie de la devanture de boutique.

Article **148**.— Aucune construction ne pourra être exhaussée qu'après que l'édifice aura été reconnu en état de supporter la surcharge projetée.

Article **149**.— Lorsqu'un propriétaire aura été autorisé à surélever un bâtiment, il devra se conformer, pour la façade de ce bâtiment, à tout ce qui est prescrit au présent règlement pour les façades des constructions neuves.

Article **150**. — Dans le cas où les constructions, pour lesquelles l'on demanderait l'autorisation de faire une ou plusieurs des réparations permises par le présent règlement, seraient dans un tel état de vétusté, constaté par expertise, que ces travaux, quelque légers qu'ils fussent, seraient cependant un moyen de consolidation, le Maire pourra refuser tout ou partie des autorisations demandées.

Article 151. — Lorsque, dans les façades des maisons, bâtiments ou murs, frappés d'alignement et en mauvais état, il se produira un trou ou un vide quelconque, les propriétaires ne pourront être autorisés à les fermer qu'avec des planches de vingt-sept millimètres d'épaisseur posées à l'intérieur.

Article 152. — Dans aucun cas, l'on ne peut consolider ni directement ni indirectement les murs ou parties de murs en maçonnerie ou charpente, lorsqu'ils font partie d'une construction qui doit reculer ou être démolie par suite d'alignement.

Article 153. — Un mur mitoyen ou non, mis à découvert, par suite du reculement d'une construction voisine, lorsqu'il est sujet à retranchement, est soumis aux mêmes règles que toute façade en saillie, pour la partie retranchable du dit mur.

Article 154. — Sont réputés travaux confortatifs, notamment toute construction faite à l'intérieur ou à l'extérieur pouvant consolider le mur de face ou les fondations; la pose d'ancres, tirants et plates-bandes en fer, le redressement d'un mur en charpente, qu'il soit en fruit ou en surplomb, la réparation de son socle, le remplacement ou la consolidation, d'une manière quelconque, de toute pièce de charpente composant ce mur, enfin la pose de plapots destinés à servir de portée aux poutres et solives qu'on voudrait appuyer sur le dit mur, parce que ces dernières devront y être portées sans addition d'aucun support vertical, de quelque nature qu'il soit.

Sont aussi réputés travaux confortatifs et comme tels défendus, les colonnes, supports ou poteaux, posés même au-delà de la partie retranchable, lorsqu'ils auront pour but ou pour effet de consolider soit le mur de face, soit la partie retranchable, encore bien que cette consolidation n'ait lieu que d'une manière indirecte.

Article 155. — Toute liaison entre les anciennes et les nouvelles maçonneries, tendant à consolider les premières, lorsqu'elles sont sujettes à reculement, est formellement interdite.

Article 156. — Lorsqu'une construction sujette à retranchement sur deux rues, ou sur une rue et une place publique, ne menacera pas ruine, et que le propriétaire proposera à l'Administration municipale de retrancher sa construction sur l'alignement de l'une des deux voies, sans autre indemnité que la valeur du terrain qui devra être cédé à la voie publique, à la condition de ne pas retrancher en même temps sur l'autre voie, le Maire, s'il le juge avantageux pour la circulation et l'intérêt public, pourra permettre ce retranchement d'un seul côté.

En ce cas, le propriétaire, en construisant sa nouvelle façade pour la partie retranchée, pourra être autorisé à se clore sur la partie retranchable de l'autre voie, à fermer toute baie de portes ou de croisées sur cette dernière voie, et à en ouvrir d'autres, à la condition de ne pas consolider la façade qui ne sera pas retranchée sur l'alignement.

CHAPITRE XV.

DES CAS DE DÉMOLITION DES CONSTRUCTIONS COMPROMETTANT
LA SURETÉ PUBLIQUE (1).

Article **157**. — Toute réparation, quelle qu'elle soit, est formellement interdite aux maisons, bâtiments ou autres constructions, sujets à retranchement, pour élargissement des voies publiques, d'après les alignements arrêtés et dont la démolition est ou peut être poursuivie pour cause de vétusté ou de sûreté publique.

Article **158**. — Sont réputés cas de démolition :
1° Le mauvais état d'un ou plusieurs trumeaux, pieds-droits, poteaux ou jambes-étrières ;
2° Le surplomb ou fruit de la moitié de l'épaisseur des murs de face ;
Un bouclement égal au fruit ou surplomb ;
Ces deux cas sont plus particulièrement applicables aux murs en maçonnerie ;
3° Le défaut de solidité des fondations, soit par vétusté, vices de construction ou autres causes.

Article **159**. — Lorsqu'un bâtiment menacera ruine et compromettra la sûreté publique, le Commissaire de police et l'un des Architectes attachés à la Mairie, dresseront et nous remettront un rapport circonstancié des dégradations existantes.

Ce rapport sera dénoncé, en entier ou sommairement, au propriétaire du bâtiment menaçant ruine, avec injonction, faite à la requête du Maire, de démolir la construction dans un délai déterminé en l'arrêté qui sera pris à cet effet, ou de la faire réparer, si elle n'est pas sujette à retranchement pour l'exécution des plans d'alignement de la Ville.

Article **160**. — L'Autorité municipale pourra, d'ailleurs, ordonner provisoirement tout ce qu'elle jugera convenable dans l'intérêt de la sûreté publique.

Article **161**. — Si le propriétaire refuse d'obtempérer à l'injonction de démolir, faite au nom du Maire, il sera tenu de lui faire connaître, dans un délai de huit jours, l'expert dont il aura fait choix, pour procéder contradictoirement avec l'expert nommé par le Maire, à une reconnaissance exacte de sa maison, à l'effet de savoir si elle se trouve dans l'un des cas prévus ci-dessus, et si elle compromet la sûreté publique.

---

(1) Edit de 1607. — Déclarations du Roi de 1729 et 1730. — Loi de 1790; art. 471 Code pénal.

Dans le cas où le propriétaire ne ferait pas connaître son expert, dans le délai déterminé, l'expert désigné par l'Administration municipale procèdera seul à l'examen des constructions signalées comme menaçant ruine, et déclarera si elles peuvent subsister plus longtemps sans danger.

Article **162**. — Soit que le propriétaire ait désigné son expert, soit qu'il n'en ait pas désigné, il sera appelé par l'expert de la Ville, au moyen d'une lettre chargée qui lui sera adressée par celui-ci, ou qui lui sera notifiée administrativement, au domicile ci-après indiqué et quatre jours à l'avance, pour être présent, s'il le juge convenable, à la visite et à l'examen de ses bâtiments, conformément à ce qui a été dit en l'article précédent, et il sera ensuite procédé à la dite opération, en son absence comme en sa présence; mais le procès-verbal constatera si le propriétaire s'est présenté ou s'il a fait défaut.

Article **163**. — En cas de désaccord entre les deux experts, il en sera référé à M. le Préfet de la Seine-Inférieure pour la nomination d'un tiers-expert.

Si le tiers-expert émet l'avis que les constructions ne peuvent subsister plus longtemps sans danger, une nouvelle injonction de les démolir, dans un délai déterminé, sera notifiée administrativement au propriétaire.

Dans le cas où le propriétaire n'obéirait pas à cette nouvelle injonction de démolir, ou ne ferait pas réparer les constructions compromettant la sûreté publique, qui, étant sur l'alignement, pourraient être réparées, le tout dans les délais fixés, il en serait dressé procès-verbal, et le propriétaire serait traduit devant le Tribunal de simple police pour application des peines portées en l'article 471, n° 5, du Code pénal.

Article **164**. — En cas d'urgence, pour cause de péril imminent, le Maire pourra ordonner d'office la démolition immédiate de toute construction menaçant ruine et compromettant la sûreté publique.

Article **165**. — Toutes les notifications et injonctions à faire par suite des dispositions qui précèdent, auront lieu au domicile du propriétaire, si ce domicile est connu et s'il est situé sur le territoire de Rouen; dans le cas contraire, elles pourront être faites à la maison où se trouvera le péril, en parlant au principal locataire ou à l'un des locataires, s'il n'y en a pas de principal, ou encore au domicile du régisseur ou du représentant du propriétaire, s'il habite Rouen et qu'il soit connu, et, d'après les dispositions des déclarations du Roi des 18 juillet 1729 et 18 août 1730, les dites notifications, faites dans ces dernières conditions, seront valables, comme si elles avaient été délivrées aux propriétaires.

CHAPITRE XVI.

PRESCRIPTIONS POUR LA DÉMOLITION DES BATIMENTS, AU POINT DE VUE DE LA SÉCURITÉ ET DE LA SALUBRITÉ PUBLIQUES (1).

ARTICLE 166. — Toutes les fois qu'une fosse d'aisances, dépendant d'une maison à démolir, ne devra pas être conservée, elle devra être entièrement purgée des matières qu'elle contiendra, avant que l'on puisse commencer la démolition.

ARTICLE 167. — Le propriétaire de la maison à démolir ou l'acquéreur des matériaux ne pourra faire commencer la démolition qu'après avoir déposé, au bureau des Architectes de la Ville, un certificat d'un entrepreneur de vidanges constatant que la purge de la fosse d'aisances de la dite maison aura été entièrement faite, et qu'après avoir obtenu de l'Architecte en chef de la Mairie la permission de commencer la démolition.

L'Architecte en chef ne devra remettre ce permis qu'après avoir vérifié l'exactitude du certificat délivré par l'entrepreneur de vidanges.

ARTICLE 168. — Lorsqu'une cave d'aisances aura été purgée, la clé de la cheminée devra être immédiatement remise à sa place, jusqu'au moment où la voûte sera effondrée.

Toutes les fois que les tuyaux de descente d'une cave d'aisances qui doit être conservée, seront démolis, l'orifice de ces tuyaux devra être immédiatement et solidement bouché, à la hauteur du sol, jusqu'au moment où d'autres tuyaux seront posés pour remplacer ceux qui auront été enlevés.

ARTICLE 169. — Les tuyaux de descente de lieux d'aisances, qui seront en pierre ou en poterie, devront être enlevés immédiatement après leur démolition ou être brisés en menus morceaux et mis comme remblais dans le fond des caves. Dans aucun cas ils ne devront être réemployés au même usage sur le territoire de Rouen.

ARTICLE 170. — Les accès de cave devront rester fermés ou être couverts de planches, jusqu'au moment où les voûtes seront effondrées.

ARTICLE 171. — Les propriétaires et entrepreneurs de démolitions, avant de remblayer les caves d'aisances et les caves ordinaires, devront effondrer entièrement les voûtes.

ARTICLE 172. — Les caves dont les voûtes auront été effondrées, devront, pendant la nuit, être séparées de la voie publique ou des terrains non clos,

---

(1) Loi de 1790.

par un barrage ou une clôture en planches, jusqu'au moment où elles seront entièrement comblées.

Article **173**. — Les terres et autres matériaux qui seront employés pour remblayer les parties de caves qui passeront à la voie publique, devront être solidement tassés et pilonnés par couches de trente centimètres d'épaisseur au maximum.

Article **174**. — Les margelles et couvercles des puits et citernes, qui devront être comblés, ne devront être enlevés qu'au moment d'exécuter ce travail, et, lorsqu'il sera interrompu, ces excavations devront être immédiatement recouvertes de planches solides, jusqu'au moment où le remblai sera arrivé à la hauteur du sol.

Article **175**. — Autant que possible, les démolitions des bâtiments longeant les voies publiques, devront s'opérer au marteau, sans abattage et en faisant tomber les matériaux dans l'intérieur des cours ou bâtiments.

Article **176**. — Les entrepreneurs devront, pendant la démolition des parties de bâtiments longeant les voies publiques, faire stationner, à environ deux mètres en avant de chaque extrémité de ces bâtiments sur la rue, un ouvrier âgé de 15 ans au moins, muni d'une règle de deux mètres de longueur, posée de manière à éloigner les passants du danger.

Article **177**. — Lorsque des démolitions devront s'opérer simultanément des deux côtés d'une rue, à des distances rapprochées, ou lorsque les rues dans lesquelles il y aura des démolitions à opérer auront moins de 4 mètres de largeur, les propriétaires et entrepreneurs pourront être autorisés par nous à barrer ces rues.

En cas d'urgence, ces autorisations pourront être accordées par les Commissaires de police ou par les Architectes attachés à la Mairie, lesquels pourront même faire barrer les dites rues, mais à la charge par eux de nous référer du tout immédiatement, afin qu'il soit pris telles mesures que les circonstances pourront exiger.

Article **178**. — Il est expressément défendu de laisser séjourner aucuns matériaux de démolition ou de construction sur les voies publiques conservées ou sur celles qui doivent être supprimées, tant qu'il y aura dans ces dernières des maisons habitées.

Article **179**. — Lorsqu'une rue qui doit être supprimée, aura cessé d'avoir des maisons habitées, elle devra être close à ses extrémités par les propriétaires du sol de l'ancienne voie publique joignant les rues conservées ou à ouvrir.

Article **180**. — Les propriétaires des maisons à démolir et les entrepreneurs de démolitions devront, outre les prescriptions ci-dessus, prendre toutes les mesures nécessaires pour éviter les accidents.

CHAPITRE XVII.

DE LA SALUBRITÉ DES LOGEMENTS ET DE LEURS DÉPENDANCES (1).

Article **181**. — Les propriétaires et usufruitiers sont tenus de prendre toutes les dispositions nécessaires pour que les logements par eux mis en location, ainsi que leurs dépendances, soient toujours dans des conditions salubres.

A cet effet, ils doivent notamment veiller à ce que le pavage des cours et allées soit toujours en bon état, afin que les eaux s'écoulent facilement, que les murs soient propres et secs, que les latrines soient nettoyées et vidées aussi souvent que cela est nécessaire, que l'eau des puits et citernes ne soit pas corrompue par des infiltrations malsaines, etc., etc.

Article **182**. — A défaut par les dits propriétaires et usufruitiers de se conformer à l'article précédent, ils pourront y être contraints conformément aux prescriptions de la loi des 13-22 avril 1850, sur les logements insalubres et être condamnés aux amendes y indiquées.

Article **183**. — L'interdiction provisoire ou absolue de louer, à usage d'habitation, des locaux reconnus insalubres, pourra même être prononcée, le cas échéant, et selon les circonstances, après l'accomplissement des formalités prescrites par la loi sus-énoncée.

CHAPITRE XVIII.

DES RUES A OUVRIR SUR DES TERRAINS PARTICULIERS ET DE CELLES OUVERTES SANS AUTORISATION (2).

SECTION 1re.

Ouverture de nouvelles Voies de communication par des particuliers.

Article **184**. — Il est défendu d'ouvrir, sur le territoire de la ville de Rouen, aucune nouvelle rue, impasse ou voie de communication quelconque,

---

(1) Loi des 13-22 avril 1850.

(2) Ordonnance du Roi, du 10 avril 1783. — Arrêts du Conseil d'Etat des 10 janvier 1845, 18 mai 1846, 14 décembre 1850 et 7 juin 1851. — Arrêts de la Cour de Cassation, des 13 mai et 27 juillet 1834.

sans en avoir préalablement obtenu la permission de l'Autorité compétente, après l'accomplissement des formalités prescrites par la loi et par le présent arrêté (1).

ARTICLE **185**. — Tout propriétaire qui voudra désormais ouvrir sur son terrain une rue, une impasse ou un passage aboutissant aux voies publiques classées, devra, avant tout, se pourvoir, par une pétition régulière, auprès de l'Administration municipale, qui donnera à sa demande la suite dont elle sera susceptible.

ARTICLE **186**. — S'il s'agit d'une rue, la demande devra contenir l'obligation souscrite par le propriétaire :

1° De faire à la Ville l'abandon, gratuit et libre de toutes charges et hypothèques, du terrain à occuper par la dite rue, dans la limite des alignements et pans coupés qui pourront être jugés nécessaires ;

2° De donner à la rue qu'il s'agira d'ouvrir, une largeur de dix mètres au moins ;

3° D'établir, de chaque côté, des trottoirs, conformes aux prescriptions qui lui seront faites et d'en supporter toute la dépense ;

4° De faire exécuter à ses frais, suivant les nivellements qui seront arrêtés par l'Administration municipale, sous la surveillance de ses Agents et avec de bons matériaux, la première mise en état de viabilité de la rue, soit en pavé neuf, tel que la Ville l'emploie, et le premier relevé à bout de ce pavé, soit, si l'Administration l'autorise, en bon macadam avec ruisseaux pavés de chacun quatre-vingt-dix centimètres de largeur au moins ;

5° De faire exécuter, en outre et aussi à ses frais, tous les travaux qui pourront être reconnus nécessaires pour l'écoulement des eaux ;

6° De supporter les frais de premier établissement des appareils d'éclairage, dans les conditions qui seront prescrites par l'Administration ;

7° De se conformer enfin à tous les règlements applicables à la voirie urbaine.

A cette demande devra être joint un plan du terrain et du nivellement de la rue projetée et de celles circonvoisines ; ce plan, qui devra être fait en triple expédition, sera à l'échelle de deux millimètres pour mètre.

---

(1) Déclaration du Roi du 10 avril 1783.

I. — Ordonnons qu'à l'avenir et à compter du jour de l'enregistrement de la présente déclaration, il ne puisse être, sous aucun prétexte que ce soit, ouvert et formé en la ville et faubourg de Paris, aucune rue nouvelle qu'en vertu de lettres patentes que nous aurons accordées à cet effet, et que les dites rues nouvelles ne puissent avoir moins de 30 pieds de largeur.

VII. — Ceux qui contreviendront à l'exécution de la présente déclaration, soit en perçant quelques rues nouvelles, soit.....etc.... seront condamnés, quant aux propriétaires, à 3000 livres d'amende, applicable à l'Hôpital général, les ouvrages démolis, ...etc., et à l'égard des maîtres maçons, charpentiers et autres ouvriers, en 1000 livres d'amende applicables comme dessus.

Article 187. — Après le dépôt de l'engagement et des pièces exigés par l'article précédent, il sera procédé, par les soins de l'Administration municipale, à l'accomplissement des formalités prescrites par les lois et règlements pour faire classer, s'il y a lieu, la dite rue au nombre des voies publiques de la ville.

SECTION 2e.

Voies de communication ouvertes sans autorisation et non classées.

Article 188. — Les rues, passages ou impasses, ouverts par des particuliers, sans autorisation, devront être constamment entretenus en bon état de viabilité, avec les dispositions nécessaires pour assurer l'écoulement des eaux, aux frais et par les soins des propriétaires des terrains ou des bâtiments les bordant, chacun au droit de sa propriété et pour chacun moitié de la largeur de la rue.

Les herbes qui pourront pousser dans ces rues, seront arrachées au moins trois fois par an (1), dans les mois d'avril, juin et août, par les soins et aux frais des habitants, locataires ou propriétaires, chacun au droit des maisons, bâtiments et terrains par eux occupés ou possédés et aussi chacun sur la moitié de la largeur de la rue.

Toutes les dites rues devront être tenues en bon état de propreté, et les immondices et balayures enlevées par les soins et aux frais des habitants ou propriétaires, dans les limites qui viennent d'être indiquées.

Article 189. — Lorsque, dans des rues ou passages non classés, il se trouvera des propriétés qui les borderont en tout ou en partie, et qui ne dépendaient pas, au moment de cette ouverture, des immeubles sur lesquels ces voies ont été pratiquées et qui n'auront aucun accès, ni ouverture sur icelles, les propriétaires ne seront pas assujettis à l'entretien ni à aucune des charges ci-dessus énoncées; en conséquence, toutes ces charges, au droit des dites propriétés, seront supportées par les propriétaires des immeubles qui se trouveront en face et pour toute la largeur de la rue ou voie; mais à partir du moment où une propriété, quoique d'origine différente, aura accès sur les dites voies, elle sera astreinte aux mêmes charges et obligations que les autres propriétés qui faisaient partie des immeubles sur lesquels les dites rues auront été ouvertes.

Article 190. — Les eaux provenant des rues ouvertes sans autorisation ne pourront être déversées sur les voies publiques classées, sans une permission spéciale de l'Administration municipale.

---

(1) Cassation, 17 décembre 1824.

Article **191**. — Le présent arrêté ne préjudicie en rien au droit que se réserve expressément l'Autorité municipale, de faire clore, par mesure de police et de sûreté publique, toutes rues, impasses ou voies de communication ouvertes sans autorisation.

Article **192**. — L'Administration municipale aura le droit de prescrire aux propriétaires riverains de faire éclairer à leurs frais, par un nombre suffisant de réverbères, les rues ou voies de communication ouvertes sans autorisation et non classées, qui ne seraient pas closes aux extrémités et qui présenteraient, pendant la nuit, du danger pour la sûreté ou la circulation, ou des inconvénients pour la morale publique.

SECTION 3e.

Dispositions communes à toutes Rues et Voies non classées existantes, ainsi qu'à celles qui pourraient être ouvertes, à l'avenir, sans autorisation.

Article **193**. — Les cinq derniers articles qui précèdent seront applicables tant aux rues, impasses et voies de communication qui ont été ouvertes jusqu'à ce jour et qui ne sont pas encore classées comme voies publiques de la ville, qu'à celles qui seraient ouvertes à l'avenir sans autorisation.

Article **194**. — Dans le cas où, au nombre des rues ouvertes jusqu'à ce jour sans autorisation ou de celles que des particuliers ouvriraient à l'avenir, il s'en trouverait dont l'utilité publique serait reconnue, elles pourront être acceptées, après l'accomplissement des formalités prescrites par la loi, sans que les propriétaires soient obligés à l'exécution de toutes les charges comprises au présent règlement.

Article **195** (1). — Toute personne qui voudra faire construire des bâtiments à usage d'habitation ou d'atelier, sur des terrains longeant des rues ou passages particuliers, non classés, lors même que ces constructions devraient être édifiées en arrière des alignements projetés, devra se conformer, avant de commencer les travaux, aux obligations imposées dans le chapitre 1er du présent livre (2), en ce qui concerne les indications à fournir sur la manière dont les eaux de ces bâtiments s'écouleront, et exécuter toutes les prescriptions qui lui seront faites à cet égard.

---

(1) Décret de 1852.
(2) Voir art. 8 et 9.

CHAPITRE XIX.

DE LA CLOTURE DES TERRAINS LONGEANT LES VOIES PUBLIQUES (1).

Article **196**. — Tous les terrains situés dans la partie urbaine de Rouen, doivent être clos le long des voies publiques, par les soins et aux frais des propriétaires ou détenteurs d'iceux.

Article **197**. — Dans l'intérieur de la ville, les clôtures doivent être en maçonnerie ou en pans de bois et galandage, ou en grilles de fer et avoir au moins trois mètres vingt centimètres de haut.

Article **198**. — Dans les autres parties de la voirie urbaine, les clôtures pourront avoir lieu, soit en planches, soit en haies vives, soit en treillis, ayant au moins un mètre cinquante centimètres de hauteur.

Dans le cas où il existerait des fossés, ces fossés eux-mêmes devront être garnis, sur le bord intérieur, d'une clôture en planches, haie vive ou treillis.

Lorsqu'il sera planté des haies, elles devront être protégées par des treillis, jusqu'à ce qu'elles puissent présenter une clôture suffisante.

En tout temps, les haies devront être fortes et bien liées, et sans aucune brèche, de manière à ce qu'elles ne puissent, nulle part, permettre le passage.

Article **199**. — Lorsqu'un terrain, même à l'intérieur de la ville, sera destiné à la construction, il pourra être permis, par l'Administration municipale et par tolérance, d'y placer une clôture provisoire en planches.

La permission spéciale qui sera accordée à cet effet déterminera, selon les circonstances, le temps pendant lequel la clôture provisoire pourra être tolérée.

A l'expiration du délai qui sera fixé, et qui ne pourra excéder trois ans, le propriétaire sera tenu de se clore en maçonnerie, en pans de bois et galandage ou avec une grille en fer, sur une hauteur de trois mètres vingt centimètres au moins, si le terrain est situé dans l'intérieur de la ville.

Article **200**. — Dans le cas où il pourrait être établi des clôtures en planches dans l'intérieur de la ville, ces planches ne pourront être posées avec un écartement de plus de huit centimètres; elles devront avoir au moins vingt-sept millimètres d'épaisseur et deux mètres cinquante centi-

---

(1) Lois de 1790, 1791 et 1837.

mètres de hauteur, être soutenues par deux traverses, l'une en haut et l'autre en bas, être fixées sur de forts poteaux d'au moins quatorze centimètres carrés, posés à une distance qui ne pourra excéder trois mètres. Ces poteaux devront être solidement assemblés sur des semelles et des liens et être engagés d'au moins quatre-vingts centimètres dans le sol.

Article 201. — Les clôtures en treillis, admises pour les terrains non destinés à la construction, devront être fixées sur des poteaux, et être assez fortes pour former un obstacle non franchissable et capable d'opposer une résistance convenable.

Article 202. — Quelle que soit la nature de la clôture, elle devra être entretenue en bon état, de manière à former un obstacle toujours efficace à toute introduction et à tout passage sur le terrain clos.

Article 203. — Avant d'établir des clôtures, les propriétaires devront demander des alignements à l'Autorité compétente; si les voies font partie de la voirie urbaine, la demande d'alignement, adressée au Maire, devra indiquer le mode de clôture proposé par le propriétaire. Dans le cas où l'alignement ne devrait pas être donné par l'Autorité municipale, le propriétaire devra s'adresser à celle-ci, pour faire connaître le mode de clôture qu'il propose.

L'arrêté rendu par le Maire, sur ces demandes, indiquera le mode de clôture définitive ou provisoire qui devra être exécuté.

Article 204. — A défaut, par les propriétaires ou détenteurs de terrains non clos, de se conformer aux dispositions du présent, ils seront poursuivis conformément à la loi, et les clôtures prescrites suivant les lieux pourront être établies d'office et à leurs frais, par des entrepreneurs et ouvriers qui seront proposés à cet effet par l'Autorité municipale.

Les mémoires des entrepreneurs, après avoir été arrêtés par l'Architecte de la Ville et visés par nous, seront payés par le Receveur municipal sur les fonds mis à notre disposition pour dépenses imprévues, et le recouvrement en sera ensuite poursuivi contre les propriétaires ou détenteurs des terrains qui auront été clos d'office, sur un état qui sera préalablement présenté à M. le Préfet, pour être rendu exécutoire, conformément à la loi.

Article 205. — Les dispositions du présent seront applicables, même aux terrains situés sur des rues non classées, à moins que ces voies ne soient fermées par des barrières ou portes constamment closes, même le jour, au point où elles débouchent sur des voies publiques régulièrement classées.

CHAPITRE XX.

DE L'ÉCOULEMENT DES EAUX PLUVIALES, MÉNAGÈRES ET INDUSTRIELLES SUR LES VOIES PUBLIQUES ET DANS LES ÉGOUTS (1).

SECTION 1re.

Écoulement des Eaux pluviales et ménagères dans les Ruisseaux et sous les Trottoirs.

ARTICLE 206. — Il est défendu, à moins d'y avoir été régulièrement autorisé par l'Administration municipale :

1° De faire aucun travail, ayant pour but ou entraînant une modification quelconque, dans la manière dont les eaux des voies publiques s'écoulent, soit sur les dites voies, soit dans les propriétés particulières ;

Et 2° de placer des matériaux dans un ruisseau pour amasser l'eau, même momentanément.

ARTICLE 207. — Les eaux pluviales et ménagères doivent être conduites aux ruisseaux principaux ou aux égouts, conformément aux prescriptions suivantes :

ARTICLE 208. — Les tuyaux de descente des gouttières et des éviers, des propriétés non bordées de trottoirs, ne devront pas s'arrêter à plus de cinq centimètres au-dessus du sol, et les eaux devront ensuite être dirigées jusqu'au ruisseau de la rue, au moyen d'un autre ruisseau transversal en pavés de grès, d'au moins soixante centimètres de largeur, qui devra être établi aux frais des propriétaires riverains.

Cette disposition est applicable, tant aux constructions existantes en ce moment, qu'à celles qui seront édifiées à l'avenir.

ARTICLE 209. — Lorsqu'il y aura un trottoir devant une propriété, l'écoulement des eaux devra avoir lieu sous le dallage de ce trottoir et dans toute sa largeur, au moyen de gargouilles droites en fonte, dans lesquelles les tuyaux de descente devront être emboîtés contre le socle des murs.

A droite et à gauche des portes cochères, les gargouilles pourront être disposées en S, ou placées obliquement si elles sont droites.

---

(1) Lois de 1790, 1791 et 1837, et décret de 1852.

L'emploi des rigoles en granit, pour remplacer les gargouilles, ne pourra avoir lieu que lorsque l'Administration municipale reconnaîtra que la disposition des lieux l'exigera impérieusement.

SECTION 2°.

Ecoulement des Eaux dans les Égouts (1).

Article. 210. Tout propriétaire d'immeuble situé dans une rue ou sur une place publique pourvue d'égout, sera tenu, dans les dix jours qui suivront l'injonction administrative qui lui en sera faite, de faire établir à ses frais autant de conduits souterrains qu'il sera nécessaire pour l'écoulement des eaux ménagères et pluviales de sa propriété dans l'égout longeant cet immeuble.

Article. 211. — Ces conduits devront être établis de l'une des manières suivantes :

Soit en tuyaux de fonte de forme cylindrique, ayant au moins dix millimètres d'épaisseur et vingt centimètres de diamètre intérieur, bien emboîtés et entourés d'une maçonnerie de béton ;

Soit en maçonnerie de briques grésées de première qualité, de onze centimètres d'épaisseur, placées à champ et bien reliées avec mortier de pouzzolane et chaux, posées sur une couche de bon béton.

Construits dans ces dernières conditions, les dits conduits devront avoir également la forme cylindrique, présenter trente centimètres de diamètre intérieur et être entièrement recouverts d'une chape de trois centimètres d'épaisseur en mortier de pouzzolane et chaux.

Dans les deux cas, ces conduits devront descendre verticalement le long du socle des maisons ou des murs jusqu'à un mètre en contre-bas du sol ; de ce point, ils iront, en suivant une ligne droite et une pente régulière, déboucher à trente centimètres au-dessus du fond du radier de l'égout.

Chaque propriétaire devra avoir entièrement terminé son travail dans les huit jours qui suivront celui où il l'aura commencé.

Article 212. — L'entretien en bon état de ces conduits restera perpétuellement à la charge des propriétaires des immeubles dont ils recevront les eaux.

Article 213. — Les parties de chaussée, de pavage et de trottoir, qu'il

---

(1) Décret du 26 mars 1852, rendu applicable à la ville de Rouen par un autre décret du 12 mars 1853.

sera utile d'enlever pour l'exécution de ces travaux, ainsi que pour les réparations à faire aux dits conduits, seront rétablies, sur l'ordre de l'Administration municipale, et à sa diligence, par des entrepreneurs de son choix, et les frais en seront payés par les propriétaires des immeubles devant lesquels les conduits auront été exécutés, après règlement des mémoires par l'Architecte-Voyer de la Ville.

Les réparations qui seront à faire au pavage et au sol des voies publiques, aux endroits où ces conduits seront établis, resteront à la charge des propriétaires et entrepreneurs pendant les deux années qui suivront l'achèvement des travaux.

ARTICLE 214. — Aucun propriétaire ne pourra commencer les dits travaux qu'après en avoir reçu l'injonction administrative; et vingt-quatre heures avant de les entreprendre, il devra en prévenir l'Architecte-Voyer de la Ville, par écrit, à son bureau à la Mairie, pour que ce dernier puisse en surveiller l'exécution.

ARTICLE 215. — Afin d'éviter, autant que possible, les difficultés qui pourraient naître à l'occasion des raccords des dits conduits avec les égouts, tous les travaux nécessaires à l'établissement ou à l'installation de ces conduits devront être exécutés par l'entrepreneur des pavages de la ville, sous la surveillance des Agents de l'Administration municipale, comme constituant un travail sur la voie publique.

ARTICLE 216. — Les propriétaires des immeubles bordant la grande voirie ne seront pas tenus d'employer l'entrepreneur des pavages de la ville pour les travaux à faire sur les routes impériales; mais, avant de commencer ces travaux, ils devront se pourvoir auprès de l'Autorité supérieure pour y être autorisés, et ils devront se conformer aux prescriptions et obligations qui pourront leur être imposées à cet égard.

Les branchements d'égouts sur ceux entretenus aux frais de la Ville sous les routes impériales auront lieu sous la surveillance de l'Architecte-Voyer de l'Administration municipale.

ARTICLE 217. — A défaut par les propriétaires auxquels injonction sera faite d'établir les conduits ci-dessus prescrits, de satisfaire à la dite injonction, et de se conformer aux dispositions qui précèdent, ils seront poursuivis conformément à la loi, et les travaux nécessaires pour conduire les eaux de leurs immeubles dans les égouts de la ville seront exécutés d'office et à leurs frais.

ARTICLE 218. — Tous les propriétaires qui feront déverser les eaux de leurs immeubles dans les égouts, devront, à toute époque, se conformer aux règlements d'administration et de police présents et à venir sur cet objet; ils seront en outre tenus, sur une simple réquisition, de laisser visiter les ouvrages qui se rattacheront à cet écoulement, et même en cas de besoin de l'interrompre.

Article 219. — Dans le cas où le Conseil municipal, avec l'approbation de l'Autorité supérieure, mettrait, à une époque quelconque, une partie des frais de curage des égouts, à la charge des propriétaires riverains qui y font ou feront déverser leurs eaux, ces propriétaires devront se conformer aux décisions qui seront prises à cet égard.

SECTION 3e.

Écoulement des Eaux pluviales et ménagères dans les Cours d'eau considérés comme égouts (1).

Article 220. — Les eaux pluviales et ménagères des immeubles situés dans les rues longées par un cours d'eau, leur servant d'égout, comme cela a lieu notamment pour les rues Eau-de-Robec et Préfontaine, devront être déversées dans ces cours d'eau au moyen de tuyaux souterrains, en fonte ou en maçonnerie, que les propriétaires seront obligés de faire établir à leurs frais dans le mois de l'injonction qui leur en sera adressée par l'Administration municipale.

Article 221. — Ces tuyaux auront les dimensions et seront posés sur les nivellements qui seront indiqués dans les injonctions, et les propriétaires seront obligés de se soumettre à toutes les prescriptions ci-dessus indiquées à la 2e section du présent chapitre, et en outre à toutes autres qu'il paraîtrait utile de leur imposer ultérieurement, ainsi qu'à toutes celles qui pourraient être faites par l'Autorité supérieure.

SECTION 4e.

Écoulement des Eaux provenant des Fabriques de colle et de gélatine, des Corroieries, Tanneries, etc. (2).

Article 222. — Il est enjoint aux fabricants de colle forte et à ceux de gélatine, destinées à la préparation des étoffes, aux tanneurs et corroyeurs, ainsi qu'à tous autres industriels, dont les établissements présentent les mêmes inconvénients, de faire couler les eaux industrielles de leurs manu-

---

(1) Décret de 1852.
(2) Lois de 1790 et 1837.

factures et établissements, jusqu'aux égouts de la ville, ou jusqu'aux rivières au moyen de conduits placés sous les voies publiques.

Les dits industriels ne pourront envoyer les eaux de leurs établissements dans une rivière, qu'après en avoir obtenu l'autorisation de M. le Préfet.

Article 223. — L'établissement des dites conduites devra être fait sur l'indication et sous la surveillance de MM. les ingénieurs désignés par M. le Préfet, lorsqu'il s'agira de travaux à exécuter sous les routes impériales, ou aux talus des rivières, et sous la surveillance de l'Architecte-Voyer de la Ville pour les travaux à faire sous la voirie urbaine et aux aqueducs et trottoirs entretenus aux frais de la Caisse municipale.

Article 224. — Aussitôt après la publication du présent, les propriétaires ou exploitants des établissements que ce règlement concerne, devront présenter une demande à l'Autorité compétente, selon le classement des voies publiques où les travaux devront être exécutés, afin d'obtenir les autorisations d'établir les ouvrages et conduits nécessaires à l'écoulement de leurs eaux.

Article 225. — Un mois après cette publication, les fabricants de colle forte et ceux de gélatine, destinées à la préparation des étoffes, les tanneurs, corroyeurs et autres exploitants d'établissements présentant les mêmes inconvénients, ne devront plus laisser couler, sur la voie publique, les eaux industrielles de leurs manufactures, attendu que cet écoulement n'a été souffert jusqu'à présent qu'à titre de tolérance.

SECTION 5°.

Écoulement des Eaux des Machines à vapeur (1).

Article 226. — L'écoulement des eaux provenant des machines à vapeur, n'aura lieu, sur les voies publiques, qu'à titre de tolérance et seulement tant que l'Administration municipale n'y verra pas d'inconvénient; car, dans le cas contraire, les propriétaires ou locataires des dites machines devront, à la première injonction qui leur en sera faite, absorber les dites eaux chez eux, ou les conduire, s'ils en obtiennent l'autorisation, au moyen d'aqueducs ou de tuyaux souterrains, soit à la rivière, soit dans les égouts de la ville, et ce aux charges, clauses et conditions qui leur seront imposées.

---

(1) Lois de 1790 et 1837.

CHAPITRE XXI.

DES MESURES RELATIVES A LA CONSERVATION DES ÉGOUTS ET CANAUX DE LA VILLE (1).

ARTICLE **227**. — Il est expressément défendu aux propriétaires des maisons situées sur les canaux (Ruissel et autres), sur les tuyaux et sur les égouts de la ville, ou de celles qui sont contiguës à tous ces aqueducs ou canaux, ainsi qu'à toute autre personne, d'y envoyer, jeter ou déposer des matières fécales, eaux vannes, immondices, animaux morts ou vivants, viandes ou poissons corrompus, eaux acidulées, et généralement tous les corps qui pourraient obstruer, infecter ou détériorer les dits canaux, tuyaux ou égouts.

ARTICLE **228**. — Les propriétaires de maisons dans lesquelles auraient été établies des ouvertures destinées à conduire ces matières dans les canaux, tuyaux et égouts, devront les supprimer immédiatement, les fermer et murer solidement, et enfin faire disparaitre les conduits et caniveaux qui auraient été posés à cet effet.

Il est expressément défendu de pratiquer à l'avenir aucun ouvrage de cette nature.

ARTICLE **229**. — Il n'est fait exception aux dispositions du présent que pour les cours d'eau de Robec et d'Aubette, leurs bras et leurs affluents, qui continueront à être régis, sous ce rapport, par l'arrêté préfectoral du 16 avril 1858, en ce qui concerne les latrines établies sur ces cours d'eau conformément à cet arrêté (voir page 26).

ARTICLE **230**. — Toute personne qui aura envoyé, jeté ou déposé des immondices, corps ou matières susceptibles d'obstruer, infecter ou détériorer les égouts ou canaux de la ville, sera poursuivie, pour contravention au présent règlement, conformément à la loi, et, en outre, elle sera passible de tous les frais qui seront occasionnés pour l'enlèvement de ces immondices ou pour la réparation des dégradations qui auront été commises aux dits canaux et égouts.

---

(1) Lois de 1790 et 1857.

CHAPITRE XXII.

DES DROITS DE VOIRIE.

Article 231. — Les droits de voirie votés par délibération du Conseil municipal de Rouen, du 15 décembre 1858, et par celle additionnelle, du 27 avril 1866, en vertu des articles 31 et 43 de la loi du 18 juillet 1837, et dont la perception a été autorisée par deux arrêtés de M. le Sénateur, Préfet de la Seine-Inférieure, des 15 janvier 1859 et 17 mai 1866, continueront à être perçus conformément au tarif ci-après reproduit.

Ces droits sont dus, tant pour les constructions riveraines de la voirie urbaine, que pour celles longeant les traverses des routes impériales, sur le territoire de Rouen, de même que pour toutes les tranchées qui ont lieu, soit pour le gaz, soit pour les eaux, et pour tous ouvrages formant saillie sur ces diverses voies.

Article 232. — Ils doivent être payés à la Caisse municipale avant le commencement des travaux qui y donneront lieu.

Sauf la taxe relative aux tentes ou tendelets, dont il sera parlé ci-après, tous les droits de voirie ne seront perçus qu'une seule fois pour tout le temps que dureront les ouvrages pour lesquels des autorisations seront accordées.

Les constructions et ouvrages actuellement existants (à l'exception des tentes), ne donneront lieu à aucune perception, tant qu'il n'y sera pas fait d'additions ou augmentations sujettes aux droits de voirie.

Article 233. — Toute demande pour être autorisé à faire un travail quelconque auquel est appliqué un droit de voirie, doit être adressée au Maire et contenir tous les renseignements indiqués dans l'article 2 du présent règlement.

Article 234. — Le pétitionnaire, s'il le juge convenable, pourra suppléer aux détails indiqués dans le dit article 2, en remettant, à l'appui de sa pétition, un plan signé et certifié conforme, figurant le nombre et la longueur des divers ouvrages soumis aux droits de voirie.

Ce plan, à défaut de cotes, devra avoir une échelle de proportion ; il sera annexé à la pétition et restera déposé à la Mairie.

Article 235. — Toute pétition ou demande non signée, incomplète ou sans précision, sera renvoyée à son auteur avec invitation de la régulariser.

Article 236. — Lorsqu'un propriétaire, locataire ou constructeur, pendant l'exécution des travaux, voudra y donner de l'extension, ou lorsqu'il aura omis, sur sa demande, quelques-uns des ouvrages soumis à la taxe, il devra, avant de les exécuter ou de les poser, se pourvoir d'une autorisation supplémentaire et acquitter les droits auxquels ils sont soumis.

Article **237**. — Sur le vu de chaque demande régulièrement établie, un de MM. les Architectes attachés à la Mairie, dressera un bordereau indicatif des ouvrages donnant lieu aux droits de voirie, et de la somme à payer pour leur acquit ; ce bordereau sera remis au pétitionnaire ou à son représentant, afin que le montant en soit versé à la Caisse municipale, et, sur la représentation du bordereau portant le numéro de l'encaissement dans un timbre appliqué spécialement à cet effet, l'autorisation réclamée sera délivrée.

Cette disposition ne modifie en rien les règlements sur la comptabilité communale.

Article **238**. — Toutes les autorisations concernant la grande voirie et qui seront soumises au visa du Maire, seront enregistrées au bureau de MM. les Architectes attachés à la Mairie, et, lorsqu'elles donneront lieu à l'application du tarif, le décompte des droits à payer sera établi, et ces droits devront être acquittés comme il est dit ci-dessus.

Article **239**. — Comme moyen de contrôle de la perception, MM. les Architectes tiendront, pour les autorisations que chacun d'eux est chargé de préparer ou d'enregistrer, selon ses attributions, un registre divisé en huit colonnes, qui contiendront les renseignements suivants :

1° Numéros d'ordre des autorisations ;
2° Dates ;
3° Noms des pétitionnaires ;
4° Désignation des immeubles ;
5° Nature des ouvrages à exécuter ;
6° Sommes totales à payer ;
7° Numéros des encaissements des droits par M. le Receveur municipal ;
8° Observations.

Article **240**. — MM. les Architectes de la Ville devront remplir, sur leur registre, avant de remettre les autorisations, le numéro indiqué pour la septième colonne de ce registre.

Article **241**. — Les personnes qui voudront conserver des tentes ou tendelets, après l'expiration d'une des périodes de trois ans, dont il est parlé dans le tarif, devront, dans les deux mois qui précéderont l'expiration de cette période, acquitter de nouveau le droit de voirie dû pour ces tendelets, pour trois nouvelles années.

Cependant, lorsque des possesseurs de tendelets, au commencement d'une période de trois ans, déclareront qu'ils devront changer de domicile dans la première ou la seconde année, ils ne paieront le droit que pour un ou deux ans, selon le temps pendant lequel ils devront conserver leurs tendelets. Mais s'ils les conservaient un temps plus long que leur déclaration ne l'indiquera, ils devraient payer un supplément, sous peine d'être poursuivis conformément aux lois et règlements. Les fractions d'années seront comptées, comme il est dit au tarif, à l'occasion des autorisations obtenues dans le cours d'une période.

Article 242. — Il est expressément défendu :

1° De conserver des tentes ou tendelets après l'expiration de la période pour laquelle l'autorisation aura été accordée et le droit de voirie acquitté, sans payer le dit droit pour une nouvelle période.

Et 2° de commencer ou d'exécuter aucun travail sur ou longeant la voie publique, sans avoir préalablement retiré l'autorisation nécessaire et sans avoir acquitté les droits de voirie.

Article 243.

TARIF des Droits de Voirie votés par les deux Délibérations énoncées ci-dessus.

DÉSIGNATION DES OBJETS IMPOSÉS.	DROITS Fixes. fr. c.	DROITS Proportionnels. fr. c.	OBSERVATIONS. *La fraction du mètre comptera comme un entier.*	
ALIGNEMENT ou autorisation pour la construction d'un bâtiment quelconque............	» »	5 »	Le mètre linéaire de façade.	Dans les rues classées à 8 mètres et au-dessus, et sur les quais, places et boulevards.
Idem idem......	» »	3 »	Le mètre linéaire de façade.	Dans les rues classées au-dessous de 8 m. et dans les impasses.
ALIGNEMENT ou autorisation pour la construction d'un mur de clôture ou claire-voie......	» »	1 »	Le mètre linéaire de façade.	Quelle que soit la largeur de la rue.
ALIGNEMENT ou autorisation pour la construction d'une clôture en planches............	» »	» 50	Le mètre linéaire de façade.	Idem. — Ces clôtures ne seront tolérées dans l'intérieur de la ville que pendant les trois années qui suivront leur construction.
BALCONS (grands), 65 c. de saillie et au-dessous.........	» »	6 »	Le mètre courant, en sus du droit d'alignement.	Ils ne seront autorisés que dans les rues classées à 8 m. et au-dessus.

DÉSIGNATION DES OBJETS IMPOSÉS.	DROITS		OBSERVATIONS. *La fraction du mètre comptera comme un entier.*	
	Fixes.	Proportionnels.		
	fr. c.	fr. c.		
BALCONS (petits) ou banquettes d'appui de croisée formant saillie............	4 »	» »	Chaque ouverture, en sus du droit d'alignement.	16 cent. de saillie et au-dessous. Les banquettes ayant plus de 16 cent. de saillie seront classées comme les grands balcons.
BANQUETTES D'APPUI (Voyez balcons petits)............	» »	» »	»	»
BORNES ou CHASSE-ROUE, en saillie sur la voie publique.	3 »	» »	Chacune.	L'Administration aura le droit de les faire enlever à sa première réquisition.
BOUTIQUES, ouverture d'une baie et pose de la menuiserie, à une construction existante.	» »	2 »	Le mètre linéaire de la devanture de boutique.	»
CLAIRES-VOIES. Pose d'une claire-voie dans un ancien mur aligné.	» »	1 »	Le mètre linéaire.	»
CHASSE-ROUE (Voyez bornes)..	» »	» »	»	»
CORNICHE D'ENTABLEMENT à une construction neuve ou à une construction ancienne et à laquelle il n'en existait pas.	» »	1 »	Le mètre linéaire de façade.	En sus du droit d'alignement.
CROISÉES. Ouverture d'une baie de croisée, sans distinction d'étage, à une ancienne construction.	2 »	» »	Chacune.	»
DÉCORS en plâtre, peinture ou ragréement d'une construction ancienne.	» »	» 50	Le mètre linéaire de façade pour le rez-de-chaussée.	La peinture faite immédiatement après le décor ou le ragréement ne paiera pas de droit.
	» »	» 25	Le mètre linéaire pour chaque étage en sus.	
ÉCUSSONS, PANONCEAUX ou ATTRIBUTS en saillie sur la voie publique.	5 »	» »	Chacun.	Ils ne pourront avoir plus de 12 centimètres de saillie.

CHAPITRE XXII.

DÉSIGNATION DES OBJETS IMPOSÉS.	DROITS Fixes.	DROITS Proportionnels.	OBSERVATIONS. *La fraction du mètre comptera comme un entier.*	
	fr. c.	fr. c.		
ENSEIGNES sur murs de face ou devantures de boutiques.	2 »	» »	Chacune.	»
ENSEIGNES formant tableau et indépendantes de la devanture de boutique.	» »	2 »	Le mètre linéaire	»
EXHAUSSEMENT d'un bâtiment aligné..................	» »	2 »	Le mètre linéaire de façade dans les rues classées à 8 m. et au-dessus, et sur les quais, places et boulevards.	En se renfermant dans les termes des arrêtés municipaux.
Idem idem.	» »	1 »	Le mètre linéaire de façade dans les rues au-dessous de 8 m. et dans les impasses.	
EXHAUSSEMENT d'un bâtiment non aligné...............	» »	3 »	Le mètre linéaire de façade, quelle que soit la largeur de la rue ou de la voie.	
FORGES.................	5 »	» »	Pour chaque autorisation.	»
FOURS pour la cuisson d'aliments..................	5 »	» »	Pour chaque autorisation.	»
FOURS et FOURNEAUX industriels..................	10 »	» »	Pour chaque autorisation.	»
LANTERNES ou TRANSPARENTS avec potences en saillie sur la voie publique.	5 »	» »	Chaque.	Ne seront autorisés que dans les rues de 6 m. et au-dessus.
MARCHES. Remplacement de celles existantes et formant saillie.	2 »	» »	Chacune.	L'Administration fixera les saillies suivant la localité.
MARQUISES	» »	15 »	Le mètre linéaire.	En sus du droit d'alignement.

DÉSIGNATION DES OBJETS IMPOSÉS.	DROITS		OBSERVATIONS.	
	Fixes. fr. c.	Proportionnels. fr. c.	*La fraction du mètre comptera comme un entier.*	
MURS de CLOTURE (Voyez alignement)................	» »	» »	»	»
PANONCEAUX (Voyez écussons).	» »	» »	»	»
PEINTURE DE FAÇADE (Voyez décors)................	» »	» »	»	»
PORTES-COCHÈRES. Ouverture d'une baie de porte-cochère à une construction existante.	10 »	» »	Chacune.	»
PORTES ORDINAIRES. Ouverture d'une baie de porte à une ancienne construction.	2 »	» »	Chacune.	»
RAGRÉEMENT (Voyez décors)..	» »	» »	»	»
SOUPIRAIL DE CAVE. Ouverture d'un soupirail dans une ancienne construction.	1 »	» »	Chaque ouverture.	»
TENTES ou TENDELETS en saillie sur la façade des maisons .... Il est défendu de conserver aucune tente dont la taxe n'a pas été payée par avance.	» »	5 »	Le mètre courant et pour trois ans, payables d'une seule fois, en se conformant aux arrêtés municipaux pour les hauteurs et les saillies. Ces droits sont exigibles tous les trois ans, et ont commencé à courir le 1er avril 1859. Ceux qui obtiendront des autorisations dans une période de trois ans, devront payer un franc par année et par chaque mètre courant, jusqu'à l'expiration de la période dans laquelle on sera alors. — Une fraction d'année de moins de trois mois ne sera pas comptée. Toute fraction de trois mois et au-dessus sera comptée comme année entière.	
TRANCHÉES pour prendre le gaz ou l'eau.................	5 »	» »	Chacune.	Addition en ce qui concerne l'eau, en vertu d'une délibération du 27 avril 1836.
TRANCHÉES pour rechercher une fuite de gaz ou d'eau......	2 »	» »	Chacune.	

DÉSIGNATION DES OBJETS IMPOSÉS.	DROITS		OBSERVATIONS. *La fraction du mètre comptera comme un entier.*
	Fixes.	Proportionnels.	
	fr. c.	fr. c.	
TUYAUX de descente pour éviers.	3 »	» »	Chacun, en sus du droit d'alignement. Ces tuyaux ne devront jamais avoir de cuvette apparente sur la voie publique.

CHAPITRE XXIII.

DES TRAVAUX FAITS SANS AUTORISATION ET DES ENTREPRENEURS.

Article **244**. — Les prescriptions contenues au présent règlement sont obligatoires, tant pour les propriétaires que pour les divers entrepreneurs qui concourront aux constructions et aux réparations.

En conséquence, ceux de ces entrepreneurs qui auront contrevenu à ce règlement, seront poursuivis, ainsi que les propriétaires qui les auront employés, devant le Tribunal de simple police, conformément à l'ordonnance du 29 mars 1754, à l'arrêt du 27 février 1765 et à la déclaration du Roi du 10 avril 1783.

Article **245**. — Dans le cas où des travaux seraient faits sans avoir été régulièrement autorisés, le Maire en poursuivra la démolition, s'il y a lieu, en vertu de l'édit du mois de décembre 1607, sans préjudice, contre les contrevenants, de l'amende portée en l'article 471 du Code pénal.

LIVRE II.

De la Propreté et de la Salubrité des Rues et Places.

De la Sûreté, de la Commodité et de la Liberté du passage sur les Voies publiques.

De la Circulation des Voitures.

Des Gares des Chemins de Fer.

Des Boulevards, Promenades et Jardins publics.

CHAPITRE Ier.

DU BALAYAGE, — DE L'ENLÈVEMENT DES BOUES, — DE LA PROPRETÉ DES VOIES PUBLIQUES ET DE DIVERSES MESURES DE SALUBRITÉ (1).

ARTICLE 246. — Tous les habitants de la ville et des faubourgs de Rouen devront balayer ou faire balayer tous les jours devant leurs maisons, magasins, ateliers, boutiques et murs de clôture, dans toute leur longueur, du 1er avril au 30 septembre, avant sept heures du matin, et le surplus de l'année avant huit heures.

ARTICLE 247. — Dans les rues à un seul ruisseau, le balayage sera fait à partir du milieu du ruisseau, en remontant vers les maisons; les boues et immondices seront mises en tas auprès des bornes, et de manière qu'elles ne puissent être foulées par les passants.

Dans les rues à deux ruisseaux, le balayage sera fait depuis le milieu de la chaussée; les boues et immondices seront également mises en tas auprès des bornes.

Dans les rues où il existe des trottoirs, le balayage sera également fait, à partir du milieu de la chaussée, et les ordures du trottoir et de la chaussée seront mises en tas, en avant du trottoir, sans qu'elles puissent gêner l'écoulement des eaux du ruisseau.

---

(1) Lois de 1790 et 1837, et art. 471 et suivants du Code pénal.

Article 248. — Sur les quais, le balayage sera fait par les habitants, sur toute l'étendue comprise entre les propriétés et le ruisseau le plus rapproché ; quand le ruisseau est contre la bordure du trottoir, les balayures du trottoir seront placées sur la chaussée, à cinquante centimètres de cette bordure, et, si le ruisseau ne touche pas aux bordures, les boues et ordures seront mises en tas au pied du trottoir.

Dans les parties des quais où il n'y a pas de trottoirs, les immondices, provenant du balayage, seront déposées contre les maisons ou constructions.

Article 249. — Sur les boulevards et les places publiques, les chaussées sont balayées par des ouvriers préposés par la Ville ; mais les habitants restent chargés de balayer devant leurs habitations, en ce qui concerne les boulevards, jusqu'aux contre-allées, en déposant les balayures sur le bord de la chaussée ; quant aux places publiques, le balayage doit être fait par les riverains dans la largeur des trottoirs, et, là où il n'y en pas, jusqu'au ruisseau le plus rapproché des maisons, ou sur une largeur de quatre mètres, dans le cas où ce ruisseau serait à une distance plus grande des bâtiments ou murs.

Article 250. — Nul ne pourra pousser les boues ou immondices devant les propriétés de ses voisins, ni dans les ruisseaux.

Article 251. — Dans les rues, ruelles, impasses, allées et cours communes, où les voitures de nettoiement ne peuvent pénétrer, les habitants devront, chaque jour, pousser les boues, ordures, immondices, jusque dans la rue où passent les banneaux, et les mettre en tas, près de la borne la plus voisine.

Article 252. — Les étalagistes, autorisés à occuper des places sur les marchés, sont tenus de les balayer soir et matin et de mettre les immondices et ordures en tas, afin que les banneliers puissent les enlever commodément à leur passage journalier.

Les étalagistes devront en outre laver leur place à grande eau, après le balayage, et faire disparaître également toutes traces de boues et ordures des endroits où elles auront été mises en tas. Les contrevenants pourront être expulsés des marchés.

Les marchands de poisson auront des vases, seaux ou baquets, pour recevoir les débris et résidus de nettoyage de leurs poissons. — Les eaux employées à cet usage ne pourront être jetées sur la voie publique, mais elles pourront être vidées dans l'égout le plus rapproché.

Quant aux débris et résidus de poisson, ils devront être mis dans les banneaux qui enlèvent les boues, sans qu'il soit jamais permis de les jeter dans les aqueducs ou de les déposer sur la voie publique.

Article 253. — Il est défendu aux colporteurs de poissons de jeter ou déposer, pendant le jour, sur les voies publiques, les vidanges ou débris de poissons.

Article 254. — Il est enjoint, aux cochers de place, de balayer, deux fois par jour, les lieux où les voitures stationnent, et de mettre les boues et les fumiers en tas, afin que les banneliers puissent les enlever à leur passage.

Les cochers seront tenus, en outre, de laver à grande eau, après le balayage, les places qu'ils occupent.

Article **255**. — Les occupants ou propriétaires des immeubles devant lesquels se trouvent des bouches ou grilles d'égout, sont tenus de faire dégager ces ouvrages de toutes pailles et ordures qui pourraient les obstruer et empêcher l'écoulement des eaux.

Ces ordures, vu l'urgence, seront déposées, à quelque heure que ce soit, aux endroits indiqués ci-dessus pour les balayures.

Article **256**. — Indépendamment du balayage du matin, les habitants seront encore tenus de balayer les ruisseaux longeant les propriétés par eux occupées, au moment où les préposés de l'Administration y feront couler l'eau des bouches de lavage installées pour les nettoyer.

Article **257**. — Les voitures de nettoiement entreront en charge tous les jours, à sept heures du matin, depuis le 1er avril jusqu'au 1er octobre, et à huit heures, depuis le 1er octobre jusqu'au 1er avril. Elles devront avoir terminé l'enlèvement en cinq heures.

Dans les marchés, l'enlèvement des immondices, herbages et résidus quelconques, commencera à huit heures du matin.

Il pourra avoir lieu deux fois par jour, lorsque le Maire l'ordonnera; dans ce cas, le second enlèvement se ferait à cinq heures du soir, et comprendrait les rues adjacentes au marché, où la vente de denrées aurait eu lieu.

Il est défendu à tous cultivateurs et autres personnes, non sous-bailleurs directs ou indirects des adjudicataires, d'enlever aucuns fumiers, boues, ordures, pailles, écailles d'huîtres, ni enfin aucuns objets de même nature abandonnés sur la voie publique.

Article **258**. — Un balayeur sera préposé par la Ville, à la suite de chaque voiture de nettoiement, à l'effet d'aider le bannelier pour que l'enlèvement soit complet.

Article **259**. — Il est expressément défendu de déposer, dans les rues et sur les voies publiques, des ordures ou immondices de toutes sortes, provenant de l'intérieur des maisons, après le passage des voitures de nettoiement; les propriétaires ou locataires doivent jeter la quantité d'eau nécessaire, lorsque les dites voitures ont fini leur chargement, pour faire disparaître la trace des tas de boue.

Article **260**. — Les banneaux, tombereaux, voitures et brouettes employés au transport des fumiers, balayures des rues, gravats, décombres, terre, sable et autres matériaux devront toujours être construits, entretenus et chargés de manière à ce qu'aucune partie de leur contenu ne puisse, pendant le trajet, se répandre sur les voies publiques, et les charretiers (autres que ceux chargés de l'enlèvement du balayage public) devront, aussitôt après avoir fait leur chargement, balayer et nettoyer les rues et places à l'endroit où ils auront pris les dits matériaux.

Article **261**. — Il est défendu :

1° D'apporter, de jeter, de déposer ou de faire des immondices et d'uriner, de jour ou de nuit, contre les églises, fontaines, parapets des ponts, piédestaux des statues et autres monuments et contre leurs clôtures ;

2° D'uriner contre les constructions ou les clôtures où des inscriptions apparentes l'interdisent, ainsi que sur les trottoirs, à moins que ce ne soit dans des pissoirs, baquets ou tonneaux établis à cet effet ;

3° De vider, de jour ou de nuit, des baquets ou des vases contenant des urines ou autres immondices, sur les voies publiques ou dans les égouts ;

4° Aux bouchers, charcutiers et tripiers, de jeter les issues d'animaux sur les voies publiques et de laisser couler des eaux rousses dans les ruisseaux ;

5° De déposer sur les voies publiques les ratissures des jardins, contenant des pierres, du sable ou de la terre ; les débris de poteries, les décombres, les recoupes, plâtras, tuiles, ardoises, résidus de forge et d'usine et autres résidus de matériaux, les marcs de pommes ou de poires, de groseilles et autres fruits ;

6° De secouer les tapis et paillassons par les fenêtres donnant sur les voies publiques, et de rien jeter, par ces fenêtres, même de l'eau propre, qui puisse blesser ou incommoder les passants ;

7° De noircir, salir et charbonner les murailles et la propriété d'autrui, et d'en altérer d'une manière quelconque les peintures et la propreté, ainsi que cela a déjà été dit au livre Ier ;

8° Aux brasseurs, cabaretiers et à toutes autres personnes, de rincer de jour leurs barriques sur la voie publique, d'y laisser écouler des lies de cidre et toutes autres de nature à incommoder les habitants ; ce travail ne pourra avoir lieu avant dix heures du soir, et il devra être suivi d'une projection d'eau fraîche, assez abondante, pour qu'il n'en reste aucune trace ni odeur ;

9° D'étendre, à l'aide de perches ou autrement, aux fenêtres donnant sur la voie publique, des linges ou vêtements mouillés, ou des chiffons ;

10° De laver, depuis neuf heures du matin jusqu'à neuf heures du soir, les devantures de boutiques, magasins et habitations, et de faire écouler pendant le même temps, sur les trottoirs, l'eau provenant des lavages intérieurs ;

11° De laver ou éponger, sur la voie publique et aux abords des fontaines, les voitures et chevaux.

Toutefois, l'Administration municipale se réserve la faculté d'accorder des exceptions à cette prescription à ceux qui lui adresseraient à cet effet une demande régulière et à la charge par eux de se conformer aux prescriptions et aux mesures qu'elle jugera convenable de leur imposer.

12° De laver, savonner et lessiver aucuns linges et vêtements sur la voie publique, aux fontaines, bassins, puisards et abreuvoirs publics, non plus qu'aux ruisseaux de la rue.

La même défense s'applique aux degrés pratiqués sur les quais pour faciliter le puisage de l'eau à la rivière.

Article 262. — Par mesure de salubrité et de décence publiques, les cafetiers, cabaretiers, aubergistes et autres personnes exerçant des professions analogues seront tenues de se conformer aux prescriptions qui leur seront imposées relativement aux baquets, urinoirs et lieux d'aisances qu'ils devront tenir à la disposition des personnes qui fréquentent leurs établissements, ainsi qu'il sera plus spécialement ordonné au livre III° du présent règlement (voir art. 651).

Article 263. — Chaque habitant ou propriétaire, dans les rues, impasses et passages classés ou non classés, est obligé de tenir le devant de la propriété par lui habitée ou inoccupée, sur la moitié de la largeur de la voie publique ou commune, constamment en état de propreté, et de faire arracher les herbes au moins trois fois par an, dans le courant des mois d'avril, juin et août, conformément à ce qui a déjà été dit au livre Ier, chapitre des rues ouvertes sans autorisation (voir article 188).

Les herbes provenant des rues classées seront enlevées par les banneliers, mais celles des rues et passages particuliers non classés devront être enlevées par les soins des occupants ou propriétaires.

Article 264. — Dans le cas où des dépôts de décombres ou de débris auraient été faits contre, le long, ou devant des immeubles longeant la voie publique, les propriétaires ou occupants de ces immeubles devront, aussitôt qu'ils en auront connaissance, en prévenir le Commissaire de police de leur quartier et lui indiquer les auteurs de ces dépôts, s'ils sont connus, à peine d'être eux-mêmes réputés auteurs de la contravention et poursuivis comme tels.

Article 265. — Il est défendu aux aubergistes et à toutes personnes possédant ou logeant des chevaux, bestiaux et bêtes de somme, de conserver les fumiers plus de deux jours, soit dans les cours publiques ou communes, soit dans des cours particulières; ils devront les faire enlever ou les remettre aux voitures du nettoiement au moment de leur passage, sans pouvoir les laisser séjourner sur les voies publiques.

Article 266. — Défense expresse est faite, à tous les habitants de cette ville et des faubourgs, d'élever ou de nourrir chez eux aucuns animaux nuisibles, incommodes ou occasionnant des odeurs désagréables, tels que boucs, chèvres, porcs, truies, tunquins, poulets, dindons, oies, canards, lapins, pigeons, etc. Néanmoins, lorsque les circonstances, la position et l'éloignement des centres populeux le permettront, l'Autorité municipale pourra accorder des permissions spéciales à ceux qui en feront la demande, mais ces permissions seront toujours révocables, si l'usage qu'on en ferait donnait lieu à des inconvénients, à des réclamations ou à des plaintes.

Ceux des dits animaux qui seraient trouvés dans les rues, sur les places et promenades publiques et seraient susceptibles d'être mis en fourrière, seront saisis et retenus, aux frais des propriétaires, jusqu'à ce que le Tribunal de police, auquel la contravention sera déférée, ait statué.

Article 267. — Il est interdit aux bouchers, charcutiers et tous autres habitants de conserver chez eux et dans leurs cours, magasins, caves ou autres dépendances, sans une autorisation spéciale, des peaux fraîches, des os et des débris ou détritus d'animaux d'aucune sorte.

Article 268. — Dans le cas où un propriétaire, ou un locataire, ne satisferait pas aux obligations qui lui incombent, sous le rapport du balayage, du nettoiement, du dégagement de la voie publique, de l'arrosement, etc., le Commissaire de police du quartier, s'il y a nécessité, y fera procéder d'office, pour le compte et aux frais du contrevenant, autant de fois qu'il n'y aura pas pourvu ; le rapport en fera mention, et le remboursement des frais faits à cette occasion sera poursuivi, en même temps que la condamnation à l'amende.

Article 269. — Tout propriétaire est responsable de la négligence de ses locataires, en fait de balayage et de nettoiement de la voie publique, sauf recours contre ceux-ci, s'il y a lieu.

CHAPITRE II.

DE L'OBLIGATION D'ENFOUIR OU DE FAIRE ENLEVER LES ANIMAUX MORTS (1).

Article 270. — Pour prévenir les accidents provenant de piqûres d'insectes qui ont posé sur des cadavres d'animaux en putréfaction et éviter les exhalaisons putrides susceptibles de porter atteinte à la salubrité, il est défendu de laisser dans les habitations, après le délai ci-après fixé, et de déposer ou jeter dans les cours, jardins, sur les voies publiques, sur les promenades, ainsi que dans les égouts, et enfin sur quelque partie que ce soit du territoire de Rouen, aucun animal mort, de quelque espèce qu'il soit, même les

---

(1) Arrêt du Conseil du 10 avril 1714 ; — Lois de 1790 et 1857 ; — article 471 du Code pénal.

rongeurs et les oiseaux, il n'est fait d'exception que pour les animaux destinés et propres à l'alimentation.

Article 271. — Tous les dits animaux, non destinés à l'alimentation, devront, dans les vingt-quatre heures au plus tard, qui suivront leur mort, être enfouis dans la terre à une profondeur suffisante pour qu'ils ne puissent être atteints par les insectes ou autres animaux, ni même laisser échapper de mauvaises odeurs.

Cette obligation incombe aux propriétaires des dits animaux et à ceux qui les ont tués ou fait tuer, et, dans le cas où leur habitation ne leur permettrait pas de les enfouir, ils devront les déposer ou faire déposer dans les tombereaux des boueurs, au moment de leur passage, sans jamais les jeter ou déposer sur les voies publiques.

Article 272. — Toute personne qui ne se sera pas conformée aux dispositions ci-dessus ou qui aura jeté, déposé ou laissé séjourner, sur une partie quelconque du territoire de Rouen, un animal mort, susceptible, par sa décomposition, d'occasionner les accidents ci-dessus indiqués, sera poursuivie, pour contravention au présent règlement, conformément à la loi.

CHAPITRE III.

DES NEIGES ET GLACES (1).

Article 273. — Dans les temps de gelée et de neige, et sauf ce qui sera prescrit ci-après pour les trottoirs, les habitants et propriétaires, avant de faire procéder au cassage de la glace et à sa mise en tas, de même qu'à l'amoncellement de la neige, ainsi qu'ils y sont obligés, doivent attendre qu'ils en aient reçu l'avertissement des Commissaires de police ou de leurs Agents, qui, à cet effet, prendront les ordres de l'Administration municipale; après cet avertissement, la mesure prescrite pour faciliter la circulation devra être immédiatement exécutée.

Article 274. — En temps de neige, les habitants ou propriétaires des immeubles devant lesquels il y a des trottoirs, devront balayer, plusieurs fois par jour, si cela est nécessaire, la neige tombée sur ces trottoirs et l'étendre

---

(1) Lois de 1790 et 1837; — article 471 du Code pénal.

par couches sur la chaussée, afin d'éviter qu'elle ne durcisse et pour que cette partie de la voie publique présente toujours un parcours sûr et facile aux piétons.

Les dits habitants ne devront jamais amonceler la neige contre la bordure des trottoirs; ils devront, au contraire, avoir soin d'entretenir le ruisseau toujours libre et dégagé, afin que les eaux puissent facilement s'écouler au moment de la fonte des neiges.

ARTICLE 275. — Il est enjoint aux habitants ou propriétaires d'immeubles longeant les voies publiques, même sur les quais et places et dans les rues où la Ville fait balayer les chaussées, de tenir, en tout temps et surtout au moment de la fonte des neiges, chacun au droit de sa propriété, les ruisseaux constamment libres et dégagés; cependant, au moment des gelées, les ruisseaux ne devront être déglacés que lorsque les Commissaires de police le prescriront, conformément aux dispositions ci-dessus.

ARTICLE 276. — Il est défendu :

1° De déposer sur la voie publique les neiges et glaces provenant des cours ou de l'intérieur des bâtiments ;

2° De déposer des immondices ou des boues sur les amoncellements de neige ou de glace formés par ordre de l'Administration municipale.

Celles qui seraient déposées contrairement à cette disposition seront enlevées d'office aux frais des contrevenants, sans préjudice de la répression de la contravention.

ARTICLE 277. — Il est interdit aux fabricants, teinturiers, blanchisseurs, dégraisseurs, entrepreneurs de bains et autres qui emploient beaucoup d'eau, de laisser couler, sur la voie publique, pendant les gelées, les eaux provenant de leurs établissements.

ARTICLE 278. — En cas de verglas, les habitants devront jeter, devant les immeubles par eux occupés, une légère couche de cendres, de sable ou de sciure de bois.

CHAPITRE IV.

DE L'ARROSEMENT DES VOIES PUBLIQUES (1).

ARTICLE 279. — Dans la saison des chaleurs et pendant tout le temps que durera la sécheresse, les habitants ou propriétaires seront tenus de faire

---

(1) Lois de 1790 et 1857 ; — article 471 du Code pénal.

arroser le devant de leurs maisons, boutiques, magasins ou clôtures, au moins deux fois par jour, le matin à huit heures et l'après midi à deux heures.

Article 280. — Cet arrosement devra avoir lieu sur toute l'étendue de la voie publique où le balayage est à la charge des riverains, et il devra être fait de manière à ce que la dite voie soit tenue fraîche et humide.

Il ne pourra être employé, à cet arrosement, que de l'eau propre de puits, de citerne, de fontaine ou de rivière; il est expressément défendu de se servir, pour cet usage, de l'eau des ruisseaux ou des eaux ménagères et autres de même nature.

Article 281. — Les personnes chargées de faire l'arrosement prescrit, sont invitées à employer, de préférence, des arrosoirs pour répandre l'eau; mais, quel que soit le mode d'arrosage employé, il doit toujours y être procédé de manière à ne donner lieu à aucune plainte de la part des passants.

CHAPITRE V.

DE LA VIDANGE DES FOSSES D'AISANCES (1).

Article 282. — Il est enjoint aux propriétaires et au besoin aux occupants des maisons, dans l'intérêt de la salubrité publique, de faire vider les fosses d'aisances de leurs immeubles aussitôt qu'elles sont pleines.

Lorsqu'un propriétaire ou occupant aura laissé engorger sa fosse d'aisances, il en sera dressé procès-verbal, et, s'il y a urgence, il sera procédé d'office et aux frais de qui de droit, à la vidange, sans préjudice des poursuites à exercer pour la contravention.

Article 283. — Vingt-quatre heures au moins avant de commencer la vidange d'une fosse d'aisances, l'entrepreneur, chargé de ce travail, devra en faire la déclaration au Commissaire de police du quartier de la situation de l'immeuble.

Article 284. — Nul ne pourra exercer la profession d'entrepreneur de vidanges dans la ville de Rouen, sans avoir préalablement justifié à la mairie :

---

1) Lois de 1790 et 1837.

1° Qu'il possède un lieu de dépôt pour les matières extraites, régulièrement autorisé par M. le Préfet;

2° Qu'il est muni d'appareils de désinfection;

3° Qu'il est pourvu de voitures, chevaux, tinettes, tonneaux, et enfin de tout le matériel nécessaire pour effectuer le travail de la façon la moins incommode et pour le prompt enlèvement des vidanges.

Article 285. — Le matériel du service des vidanges ne pourra être employé qu'après avoir été visité par l'Agent qui aura reçu cette mission et agréé, sur le rapport de ce dernier, par l'Autorité municipale, qui, après cette vérification et, s'il y a lieu, délivrera à l'entrepreneur un certificat constatant qu'il a rempli les conditions prescrites pour exercer sa profession.

Article 286. — Si l'entrepreneur emploie un contre-maître, il devra préalablement en faire la déclaration au bureau de Police de la Mairie; cette déclaration indiquera les nom, prénoms, âge et domicile du représentant.

Article 287. — Aucune fosse d'aisances ne devra être ouverte qu'en présence d'un entrepreneur de vidanges ou de son contre-maître.

Dans le cas où l'on ne trouverait pas la clé de la voûte, cette voûte ne pourra être crevée qu'en présence du Commissaire de police du quartier et sur l'avis d'un architecte agréé par lui.

Article 288. — La vidange des fosses d'aisances ne devra être commencée que douze heures au moins après leur ouverture; pendant le temps qu'elle sera ouverte, l'entrepreneur s'assurera de l'état de la dite fosse et des tuyaux, et prendra toutes les précautions et dispositions nécessaires pour éviter des accidents, et pour ne pas compromettre la salubrité.

Article 289. — Les matières seront désinfectées au moment de la vidange, et elles ne devront être enlevées qu'après leur désinfection complète, au moyen du charbon, de la couperose, de l'acide muriatique, en quantité suffisante, ou par la poudre désinfectante de *Paulet et Courtois*, ou par tout autre procédé qui atteindrait le même but d'une manière efficace, de telle sorte qu'aucune émanation infecte ne soit à craindre pendant l'opération ou le transvasement.

Les appareils mobiles seront aussi désinfectés, ainsi que la surface des matières qu'ils contiendront, afin de prévenir toute exhalaison incommode pendant le transport.

Article 290. — Le travail de l'extraction des matières et la circulation, dans la ville et les faubourgs de Rouen, des voitures de vidanges chargées ou non chargées, ne pourront commencer qu'à partir de onze heures du soir en toute saison, et ils devront cesser, au plus tard, à cinq heures du matin, du 1er avril au 30 septembre, et à six heures du matin, du 1er octobre au 31 mars.

Les jours de représentation au Théâtre-des-Arts, et en raison de la grande circulation qui a lieu dans les environs, les voitures de la vidange, chargées ou non chargées, ne pourront circuler avant minuit, dans les rues Grand-Pont, de la Savonnerie et des Charrettes jusqu'à la rue de l'Impératrice.

Article **291**. — Les ustensiles nécessaires à la vidange et au transport des matières, ne pourront être apportés dans l'immeuble où devra avoir lieu le travail plus d'une heure avant de le commencer.

Ils devront être placés dans l'enceinte de la propriété, et, s'il y a impossibilité, ils devront être rangés devant les bâtiments, de manière à ne nuire que le moins possible à la circulation publique.

Les conducteurs des voitures servant au transport se tiendront constamment à portée de leurs chevaux pour les surveiller.

Article **292**. — Au fur et à mesure que les matières seront extraites des fosses d'aisances, elles devront être immédiatement déposées dans des tonneaux ou tinettes qui auront été placées à l'avance près de l'ouverture de la fosse.

Aussitôt que chaque tinette ou tonneau sera plein, il devra être solidement bouché et hermétiquement scellé avec du plâtre et immédiatement lavé et chargé sur la voiture.

Article **293**. — Si l'emplacement des fosses ne permet pas de déposer les tinettes sur le bord, elles seront placées, pour être remplies, aussi près que possible de l'ouverture des dites fosses.

Article **294**. — Il est défendu aux entrepreneurs d'employer à l'extraction des matières et eaux-vannes, aucun ouvrier en état d'ivresse, et ils ne pourront faire descendre dans les fosses, pour quelque cause que ce soit, que des ouvriers ceints d'un bridage dont la corde sera tenue par un autre ouvrier placé à l'extérieur de la fosse.

Article **295**. — Lorsqu'un ouvrier aura été frappé du plomb ou atteint d'asphyxie, la vidange devra être suspendue et l'entrepreneur devra en faire la déclaration, dans le jour, au bureau du Commissaire de police du quartier.

Le travail ne pourra être repris qu'avec les précautions et les mesures qui seront indiquées, selon les circonstances.

Article **296**. — Dans le cas où il serait trouvé, dans une fosse d'aisances, soit un cadavre ou quelque partie du corps humain, soit des objets d'or ou d'argent ou autres bijoux ou des effets, les ouvriers qui les auront trouvés devront les retirer et en faire de suite la déclaration au Commissaire de police du quartier, qui en dressera procès-verbal.

Il sera accordé, s'il y a lieu, une récompense aux ouvriers.

Article **297**. — Lorsque, avant ou pendant la vidange d'une fosse d'aisances, il aura été déclaré à l'entrepreneur que des objets y seraient tombés, celui-ci ou son préposé surveillera les ouvriers pour assurer la restitution des dits objets.

Toute infidélité à cet égard sera poursuivie et punie conformément à la loi.

Article 298. — Toute fosse ouverte devra être vidée en entier, et non pas seulement allégée ; le propriétaire ou l'occupant de la maison ne pourra donner un ordre contraire, et il est défendu en tous cas aux vidangeurs d'y déférer.

Article 299. — L'entrepreneur sera tenu de faire placer une lanterne allumée à la porte des bâtiments donnant sur la rue où se fera le travail, et de l'y laisser tout le temps que ce travail durera et qu'il y aura des appareils déposés sur la voie publique.

Cette lanterne devra avoir au moins 35 centimètres de haut sur 25 centimètres de large ; les verres devront être de couleur jaune.

Article 300. — Les tinettes et tonneaux, à l'usage de la vidange, devront toujours être entretenus en bon état, de manière à ce que les matières ne puissent s'écouler pendant le transport.

L'entrepreneur devra les faire nettoyer aussitôt qu'ils auront été vidés.

Article 301. — Les voitures réservoirs, dont il pourrait être fait usage pour remplacer les tinettes, ne devront porter aucun tube de nature à former syphon.

L'ouverture supérieure sera, ainsi que l'ouverture de décharge, fermée hermétiquement et très-solidement.

Article 302. — Il est expressément défendu aux vidangeurs, ainsi qu'à leurs ouvriers et charretiers :

1° De salir les portes, croisées et murs des bâtiments ;

2° De laisser couler, de jeter ou déposer aucunes matières ou eaux provenant des fosses d'aisances sur les voies publiques, dans les égouts ou dans les rivières ;

Et 3° de puiser de l'eau dans des puits ou citernes avec des seaux, éponges ou autres ustensiles servant à la purge des fosses d'aisances.

Article 303. — Il est également défendu à tous ouvriers vidangeurs et charretiers, d'entrer chez les habitants des maisons où ils travailleront pour y demander de l'argent, de l'eau-de-vie, de la chandelle ou tous autres objets ; l'entrepreneur devra les pourvoir de tout ce qui est nécessaire à leur travail, de manière à ce qu'il ne puisse être rien réclamé aux propriétaires ou occupants, sous quelque prétexte que ce soit.

Article 304. — Les voitures destinées au transport des matières et des appareils devront toujours être entretenues en bon état de propreté et de solidité, et être garnies de trois traverses à l'avant et de trois autres à l'arrière, de manière à prévenir la chute des tinettes.

Elles porteront le nom de l'entrepreneur, inscrit d'une manière apparente, et un numéro d'ordre, si le même entrepreneur a plusieurs voitures.

Chaque voiture sera munie de deux lanternes allumées et attachées chacune sur un côté ; ces lanternes seront conformes au modèle ci-dessus indiqué pour celles qui doivent être placées aux portes des habitations où aura lieu la vidange (art. 299).

Le charretier de chaque voiture sera tenu d'avoir un maillet pour refermer les tinettes qui pourraient se desceller pendant le transport.

Article 305. — Aussitôt que le travail de chaque jour aura cessé et immédiatement après le départ de la dernière voiture, qui devra emporter avec elle tous les ustensiles apportés sur place, l'entrepreneur qui sera chargé de la vidange, devra faire laver à grandes eaux la voie publique à l'endroit où le chargement aura été fait, ainsi que les cours et emplacements où les tinettes auront séjourné ou passé.

Il se servira à cet effet de vases et objets propres et qui n'auront pas été employés à la vidange.

A défaut par l'entrepreneur d'obtempérer à cette prescription, des ouvriers seront préposés d'office pour faire ce travail à ses frais, sur les voies publiques, sans préjudice des poursuites à exercer pour la contravention.

Article 306. — Les matières provenant de la purge des fosses d'aisances devront être transportées en dehors de la ville, sur des emplacements désignés à cet effet par l'Autorité, conformément au décret du 15 octobre 1810 et à l'ordonnance du 14 janvier 1815.

Les charretiers, chargés de conduire les voitures de la vidange, devront suivre les voies publiques conduisant le plus directement aux dépôts, et ne pourront s'en écarter à moins de force majeure.

L'Administration municipale pourra cependant, dans l'intérêt de la circulation publique, leur prescrire un autre itinéraire qu'ils seront alors obligés de suivre.

Article 307. — Si l'entrepreneur de la vidange d'une fosse d'aisances se trouvait dans la nécessité d'interrompre son travail, il devrait en passer la déclaration, dans la journée, au Commissaire de police du quartier, et prendre toutes les dispositions nécessaires pour éviter les accidents et notamment faire replacer la clé sur la cheminée d'extraction.

L'entrepreneur, après avoir passé la déclaration dont il vient d'être parlé, ne sera pas, par ce fait, déchargé des dommages-intérêts dont il pourrait, selon les circonstances, être passible envers les propriétaires et locataires.

Article 308. — Les vidangeurs qui auront troublé la tranquillité publique par des bruits inutiles à l'exécution de leur travail, ou par des rixes ou tapages injurieux, des cris ou des chants, seront poursuivis et punis conformément à la loi, sans préjudice de la responsabilité de l'entrepreneur.

Article 309. — Chaque année, dans le mois de janvier, les entrepreneurs de vidanges déposeront, au bureau de Police de la Mairie, un état indiquant avec détail tous les appareils de leur service, afin que la vérification puisse en être faite.

ARTICLE 310. — Tous les ustensiles reconnus en mauvais état seront supprimés.

L'Administration pourra même prescrire en tous temps l'emploi de tous procédés et appareils nouveaux dont les avantages auraient été constatés.

Dans le cas où le matériel serait reconnu incomplet ou en mauvais état, il en sera dressé procès-verbal, et l'entrepreneur devra le compléter ou faire réparer, selon les circonstances, dans les quinze jours qui suivront la visite.

ARTICLE 311. — Les propriétaires ou occupants des maisons dont les fosses d'aisances doivent être vidées, ne pourront s'opposer à l'emploi des moyens et procédés prescrits par le présent règlement.

ARTICLE 312. — Toute personne qui voudra établir sur le territoire de Rouen un dépôt de matières provenant de la purge des fosses d'aisances, d'immondices ou de poudrette, devra préalablement remplir les formalités prescrites par le décret de 1810, et l'ordonnance de 1815, ci-dessus énoncés, et se conformer aux obligations qui lui seront imposées.

ARTICLE 313. — Les entrepreneurs de vidanges seront tenus, indépendamment des prescriptions ci-dessus, de se conformer à toutes les autres mesures d'ordre et de salubrité publique, que l'Administration municipale jugerait convenable de leur prescrire par la suite.

CHAPITRE VI.

DES MESURES POUR ASSURER LA SURETÉ, LA COMMODITÉ ET LA LIBERTÉ DU PASSAGE SUR LES VOIES PUBLIQUES (1).

SECTION 1re.

Dispositions pour éviter la chute des Matériaux.

ARTICLE 314. — Tout propriétaire de bâtiments ou clôtures longeant les voies publiques, est tenu de prendre toutes les précautions et dispositions nécessaires, pour éviter que la chute totale ou partielle de ses constructions

---

(1) Tout le chapitre : lois de 1790 et de 1837 et articles 471, 475 et 479 du Code pénal.

n'occasionne des accidents ou des blessures ; il doit, à cet effet, les faire entretenir, réparer ou réédifier en temps utile, en se conformant aux prescriptions nécessaires pour y être autorisé, dans les cas où l'autorisation est exigée par les règlements.

Si tout ou partie des dits édifices menace ruine et ne peut être réparé, le propriétaire doit démolir, même avant d'en avoir reçu l'injonction, tout ce qui compromet la sûreté publique, à peine d'être poursuivi conformément à la loi.

Les propriétaires des bâtiments situés en arrière des voies publiques, sont aussi obligés, sous peine d'être personnellement poursuivis, de veiller à ce qu'il n'arrive aucun accident par la vétusté, la dégradation, le défaut d'entretien et de réparation de leurs maisons et édifices.

ARTICLE 315. — Indépendamment des obligations imposées dans le Livre Ier, aux entrepreneurs et ouvriers de toute espèce, travaillant aux étages supérieurs des maisons et bâtiments, il leur est enjoint d'indiquer, aux passants, le danger qu'offrent leurs travaux, en suspendant, à environ deux mètres du sol, deux lattes ou planchettes en croix.

SECTION 2e.

Des Jardinets sur les Fenêtres.

ARTICLE 316. — Il est défendu d'établir sur les fenêtres, au-dessus du rez-de-chaussée, ou sur les balcons longeant les voies publiques, des jardinets, et de poser des caisses ou des vases contenant des arbustes, des fleurs ou des plantes, sur des planches formant saillie au-delà des appuis des croisées ou des balcons. Tous ceux qui existent en ce moment, contrairement à cette disposition, devront être supprimés dans le mois de la publication du présent.

ARTICLE 317. — Les jardinets, arbustes ou plantes, placés dans des caisses ou des vases sur les fenêtres, balcons ou terrasses, ne seront tolérés qu'à la condition qu'ils ne dépasseront jamais l'appui des dites fenêtres ou les dits balcons, et qu'il existera toujours, en avant, une banquette en fer ou en fonte, ou des barres de fer assez rapprochées, et que le tout sera assez solide et scellé convenablement dans les murailles pour éviter la chute des dits objets sur la voie publique.

ARTICLE 318. — Les arbustes ou plantes, dont il vient d'être parlé, ne devront point être arrosés sur les fenêtres ou balcons; ils devront être rentrés dans l'intérieur de la propriété pour que ce travail y soit opéré, et ils ne pourront être replacés sur les fenêtres ou balcons, qu'après qu'ils auront été suffisamment égouttés.

Les habitants ne pourront se dispenser de rentrer les dits arbustes ou plantes à l'intérieur, pour les arroser, qu'à la condition de placer sous les pots ou caisses les contenant, un réservoir ou récipient, ou d'employer tout autre moyen pour éviter qu'aucune partie de l'eau qui aura servi à l'arrosement puisse tomber sur la voie publique.

SECTION 3e.

De la Fermeture des Volets, — des Jeux dangereux ou incommodes pour la circulation, — des Embarras de Voirie et de diverses causes qui s'y rattachent.

Article **319**. — Les volets servant à fermer les boutiques, magasins ou maisons, ne devront être transportés, pour les placer ou déplacer, qu'en les prenant séparément et en les tenant verticalement ou droits, à moins qu'ils ne soient portés par deux personnes, placées une à chacune des extrémités des volets, auquel cas ils pourront être transportés horizontalement et plusieurs à la fois.

Article **320**. — L'usage des cerfs-volants, les jeux de palet, de tonneau, de quilles, de boules, de volants et tous autres jeux susceptibles de gêner la circulation, de blesser les passants, ou d'occasionner des accidents, sont interdits sur les voies et promenades et dans les jardins publics.

Tous les jeux de hasard y sont aussi interdits.

Article **321**. — Il est également défendu :

1° De se livrer, sur les voies publiques, à des jeux, luttes ou exercices d'adresse ou de force qui peuvent occasionner des rixes et des accidents, interrompre ou gêner la circulation ;

2° D'y jeter ou déposer des bouteilles et verres cassés, des clous et tous autres objets de nature à occasionner des accidents ;

3° D'y jeter ou lancer des pierres ou autres corps durs, ainsi que des boules de neige;

4° D'y pratiquer des glissoires ;

5° D'y faire des excavations ou trous, sans une autorisation spéciale ;

6° D'y tirer aucune arme à feu et aucune pièce d'artifice; la même défense s'étend à l'intérieur des habitations, cours et jardins situés dans l'enceinte de la ville et des faubourgs, sauf ce qui sera dit ci-après relativement aux feux d'artifice et aux tirs au pistolet;

7° A ceux qui en ont la garde, de laisser divaguer des fous ou des furieux ;

8° De jeter des pierres ou d'autres corps durs ou des immondices contre les édifices publics, les maisons et clôtures d'autrui ou dans les jardins ou enclos ;

9° De sonner ou frapper aux portes sans nécessité, et de rien faire qui puisse troubler, la nuit, le repos des habitants ;

10° D'embarrasser la voie publique en y déposant ou y laissant, sans nécessité, des matériaux, des brouettes, carrioles, voitures, tonneaux, baquets, perches, marchandises ou objets quelconques pouvant empêcher ou diminuer la liberté ou la sûreté du passage, à moins d'y avoir été autorisé.

Les objets qu'il est indispensable de déposer momentanément sur la voie publique, doivent être disposés de manière à n'entraver que le moins possible la circulation, et ils doivent être enlevés sans aucun retard et sans discontinuer.

Tous dépôts sur la voie publique, même ceux qui sont autorisés, doivent être éclairés, pendant toute la nuit, du jour au jour.

Article **322**. — Il est encore défendu :

1° Aux maréchaux-ferrants, charrons, serruriers, tonneliers, tapissiers et matelassiers, ainsi qu'à tous autres individus exerçant des professions de nature à gêner la circulation, de travailler sur la voie publique;

2° Aux marchands colporteurs, crieurs de fruits, poissons, légumes ou autres marchandises, de stationner dans les rues et d'y former des étalages ;

3° A toute personne d'établir sur les voies publiques, des tables, fourneaux, caisses, paniers ou d'autres objets, sans en avoir obtenu l'autorisation spéciale de l'Administration. Les décrotteurs, chaudronniers et cordonniers ambulants sont, bien entendu, compris dans cette disposition ;

4° A tous marchands, bouchers, charcutiers, d'empiéter sur la voie publique par des étalages, de quelque nature qu'ils soient ;

5° Aux charrons, ainsi qu'à toutes autres personnes, de courir en poussant ou conduisant, sur la voie publique, des roues de voiture détachées ; ils ne devront les diriger, qu'en les soutenant à l'aide d'un faux essieu passé dans le moyeu, ou de tout autre engin suffisant, pour qu'ils puissent s'en rendre maîtres et empêcher qu'elles ne se détachent et n'échappent aux conducteurs ;

6° Aux maréchaux, de tenir des chevaux attachés devant leurs ateliers et de les y ferrer, saigner, etc. Ces opérations ne doivent être faites que dans l'intérieur des ateliers, cours ou écuries ;

7° Aux épiciers, cafetiers, etc., de brûler du café dans les rues et sur les places publiques après neuf heures du matin. — Cette tolérance n'est accordée qu'à la condition de placer les brûloirs dans le sens de la longueur et parallèlement aux bâtiments, et de les enlever et rentrer au plus tard à neuf heures du matin, de manière à ne gêner, que le moins possible, la circulation, sous le rapport de l'espace et du temps.

La dite tolérance cessera pour ceux qui en abuseraient ou contre lesquels il serait porté des plaintes, et des dispositions spéciales seront arrêtées ci-après, au chapitre VII du présent livre, en ce qui concerne le brûlement du café sur les trottoirs.

Article 323. — Les rassemblements, sur la voie publique, sous prétexte de sérénades, charivaris, ou sous tout autre prétexte, qui peuvent occasionner du tumulte, entraîner des querelles, des collisions, ou entraver la circulation, sont interdits tant de jour que de nuit.

Les ouvriers, non occupés et cherchant à être embauchés, ne peuvent se réunir qu'aux endroits désignés par l'Administration municipale, pour chaque corps d'état, et ils ne doivent y occasionner aucun trouble, ni interrompre ou gêner la circulation.

SECTION 4e.

Des Feux d'artifices.

Article 324. — Toute personne qui voudra tirer un feu d'artifice, sera tenue d'en faire la déclaration vingt-quatre heures à l'avance, au Commissaire de police du quartier, lequel pourra s'y opposer si, après l'examen des lieux, il reconnaît qu'il peut en résulter du danger.

Article 325. — Les artificiers ne pourront employer pour la direction des fusées, que des baguettes faites avec des brins de bois très-léger, tel que sureau, saule, osier, etc.

Article 326. — Les baguettes destinées aux fusées de petite dimension, ne pourront avoir plus d'un centimètre de diamètre au gros bout.

Quant aux grosses fusées, tirées isolément dans les fêtes publiques, elles ne pourront porter de baguettes et devront être dirigées par des ailettes en carton ou par tout autre moyen analogue ne présentant pas plus de danger.

Article 327. — Les mortiers employés dans les feux d'artifice ne pourront être qu'en bronze ou en fonte.

Avant d'en faire usage, ils devront être enterrés jusqu'au niveau de la bouche, et entourés de terre fortement pilonnée.

SECTION 5e.

De la Conduite des Chevaux et Bêtes de trait, etc.

Article 328. — Les chevaux attelés ou non attelés, les bêtes de trait, de charge ou de monture ne doivent jamais être conduits, dans la ville de Rouen, au galop ni même au grand trot.

Il est défendu de les conduire autrement qu'au pas ou au petit trot, et en outre de les laisser libres ou attachés sur les voies publiques.

Les conducteurs de chevaux allant aux abreuvoirs et aux stations de voitures publiques, ou en revenant, ne devront jamais mener plus de trois chevaux à la fois, et ils devront, dans ces circonstances, ne les faire aller qu'au pas, s'il y a plusieurs chevaux, mais un seul cheval pourra être conduit au trot.

Ces conducteurs, s'ils ont plus de deux chevaux à conduire, devront être âgés au moins de dix-huit ans et assez forts pour bien les diriger.

S'il n'y a qu'un ou deux chevaux à conduire, il suffira que le conducteur soit âgé de seize ans révolus, pourvu qu'il soit d'une force suffisante pour les maintenir (1).

Article 329. — Il est défendu (1) :

1° De panser les chevaux sur les voies et promenades publiques ;

2° De faire trotter ou galoper ceux mis en vente, sur les dites voies publiques, en les tenant par la bride, ailleurs que sur les lieux désignés à cet effet pour les jours de foires et marchés, à moins d'en avoir obtenu l'autorisation.

SECTION 6e.

De la Conduite des Bestiaux allant au Marché des Emmurées ou en sortant (2).

Article 330. — Les conducteurs des bestiaux allant au marché des Emmurées ou en sortant, devront se conformer à toutes les prescriptions imposées ci-après, au livre IIIe, chapitre relatif à ce marché (art. 834 et suivants).

Ils devront notamment :

Suivre les itinéraires indiqués ;

Transporter les porcs et les veaux en voiture à la sortie du marché ;

Ne pas conduire plus de vingt-cinq bœufs ou vaches à la fois ;

Ne les mener qu'au pas et n'occuper qu'un des côtés des routes, en se portant autant que possible sur leur droite.

---

(1) Les prescriptions contenues dans les art. 328 et 329 sont faites en vertu des lois sur les attributions municipales, afin d'assurer la liberté, la sûreté et la commodité de la circulation sur les voies publiques.

(2) La note précédente est aussi applicable à la section 6e.

SECTION 7e.

Des mauvais Traitements envers les Animaux domestiques, — de la Divagation des Animaux féroces et des Combats d'Animaux.

ARTICLE 331. — Il défendu :

1° D'exercer publiquement et abusivement de mauvais traitements envers les animaux domestiques (1).

2° De laisser divaguer les animaux malfaisants ou féroces; leurs propriétaires ou conducteurs doivent toujours les tenir attachés ou enfermés, dans une position qui ne leur permette, dans aucune circonstance, de faire du mal à qui que ce soit (2);

3° D'exciter les animaux à se battre sur les voies publiques ou ailleurs, afin d'éviter les accidents qui pourraient résulter de ces combats (3).

SECTION 8e.

Des Vélocipèdes (3).

ARTICLE 332. — L'usage des vélocipèdes est interdit sur les trottoirs, sur les contre-allées des boulevards, sur les places et dans les jardins publics, ils ne peuvent parcourir que la chaussée destinée aux chevaux et aux voitures.

SECTION 9e.

Dispositions relatives aux Chiens (3).

ARTICLE 333. — Il est défendu de laisser des chiens errer sur la voie publique.

---

(1) Loi du 2 juillet 1850 : — ARTICLE UNIQUE. Seront punis d'une amende de 5 à 15 fr., et pourront l'être d'un à cinq jours de prison, ceux qui auront exercé publiquement et abusivement de mauvais traitements envers les animaux domestiques. — La peine de la prison sera toujours appliquée en cas de récidive. — L'article 463 du Code pénal sera toujours applicable.

(2) Code pénal, art. 475, n° 7.

(3) Lois de 1790 et 1837.

Tout chien trouvé errant sera saisi et mis en fourrière aux frais du propriétaire et abattu au bout de cinq jours, s'il n'est pas réclamé, sans préjudice des poursuites qui pourront être exercées contre les propriétaires délinquants.

Article 334. — Tous les chiens sur la voie publique devront être ou muselés ou tenus en laisse.

Ils devront en outre porter un collier garni d'une plaque en métal, sur laquelle seront gravés les noms et demeures des personnes auxquelles ils appartiennent.

Article 335. — Les muselières devront être confectionnées et placées de manière à empêcher les chiens de mordre, et il ne pourra être employé à leur confection que des matières d'une très-faible élasticité; tous les tissus de laine, de fil ou de coton et le caoutchouc, ainsi que tous autres produits analogues, ne pourront servir à cet usage.

Article 336. — Il est enjoint à ceux qui font garder leurs voitures par des chiens, de les tenir enchaînés à ces voitures, de manière à ce qu'ils ne puissent atteindre les passants.

Article 337. — Il est interdit d'atteler les chiens et de leur faire traîner des voitures.

Article 338. — Il est défendu d'exciter les chiens à attaquer ou poursuivre les passants; les propriétaires ou conducteurs de chiens doivent, au contraire, les retenir, faute de quoi ils seront poursuivis conformément à la loi, lors même qu'il n'en serait résulté aucun mal ni dommage (1).

Article 339. — Tout propriétaire de chiens est tenu de prendre les dispositions nécessaires pour éviter que ces animaux incommodent les voisins ou troublent leur repos, et la même personne ne peut élever et entretenir dans la même maison un nombre de chiens tel, que la sûreté et la salubrité des habitations voisines se trouvent compromises.

SECTION 10e.

Des Arbres et Haies bordant la Voie publique (2).

Article 340. — Tous les arbres de haute tige et ceux formant parasol, qui ont été plantés depuis l'arrêt du Parlement, du 17 août 1751, et se trou-

---

(1) Code pénal, art. 475, n° 7.

(2) Arrêt du Parlement du 17 août 1751; — Lois sur les attributions municipales; — Articles 671 et 672 du Code Napoléon.

vent à une distance moindre de deux mètres de la limite extérieure des rues; tous ceux de même nature, excrus dans les haies, devront, dans les deux mois qui suivront la publication du présent, être abattus et enlevés ou coupés en têtards, à 2 mètres 50 centimètres de hauteur, et élagués de manière à ce qu'aucune branche ne s'étende sur la voie publique.

ARTICLE 341. — Ceux appartenant à des particuliers, et qui peuvent encore exister sur le sol même de la voie publique, devront, quel que soit leur âge, être par eux abattus et enlevés, et le terrain nivelé et remis en bon état, à leurs frais, immédiatement après la publication du présent.

ARTICLE 342. — Les branches des arbres plantés dans les propriétés particulières longeant les rues ou chemins, ne doivent jamais s'étendre sur les voies publiques, et aussitôt qu'elles se trouvent dans ces conditions, les propriétaires sont obligés de les faire couper.

ARTICLE 343. — Toutes les haies vives longeant les dites voies doivent être tondues de ce côté, tous les ans, du 15 juin au 15 juillet, et même plus souvent, si cela est nécessaire, pour éviter que les pousses ne dépassent les limites des propriétés auxquelles elles servent de clôture.

ARTICLE 344 (1). — Il est défendu de réparer les haies vives ou sèches qui se trouvent en avant des lignes de redressement des voies publiques, et lorsqu'elles présentent des solutions de continuité qui permettent de s'introduire dans les propriétés, elles doivent être reculées sur les alignements arrêtés.

ARTICLE 345. — En cas de refus ou de retard dans l'exécution des prescriptions ci-dessus, les contrevenants seront poursuivis conformément à la loi, et, s'il y a lieu, il sera procédé d'office, à leurs frais, à l'exécution des travaux ordonnés par les dispositions qui précèdent.

CHAPITRE VII.

DES MESURES POUR ASSURER LA COMMODITÉ ET LA SURETÉ DE LA CIRCULATION SUR LES TROTTOIRS (2).

ARTICLE 346. — Les trottoirs sont exclusivement réservés pour la circulation des piétons.

---

(1) Édit de 1607 et lois sur les attributions municipales.
(2) Lois de 1790 et de 1837.

Lorsque plusieurs personnes se rencontrent à une distance très rapprochée sur un trottoir, chacune d'elles doit prendre sur sa droite, de manière à se faciliter mutuellement le passage.

Article 347. — Il est défendu :

1° De parcourir les trottoirs, dans le sens de leur longueur, soit avec des vélocipèdes, soit avec des voitures, charrettes ou carrioles attelées ou non attelées, des chevaux ou autres bêtes de somme, soit avec des brouettes, bards, éventaires, seaux de porteurs d'eau, sacs de farine, de chaux, de plâtre ou de charbon, soit avec des objets pouvant entraver ou gêner la circulation, tels que barriques, fûts, planches, bois, échelles, barres de fer, malles, grandes caisses et grands paniers ;

2° De laisser séjourner, sans une nécessité absolue, aucun objet sur les trottoirs ; tous ceux qu'il serait indispensable d'y poser momentanément devront être immédiatement enlevés au fur et à mesure de leur dépôt et sans aucune accumulation ;

3° D'y scier ou casser du bois, sous quelque prétexte que ce soit, même sur les bordures ; il ne devra y en être déchargé qu'à la condition de laisser un espace suffisant et commode pour le passage des piétons, et de placer ce bois à la main, sans le jeter, sur un seul rang, près le bord extérieur, en laissant tout le surplus libre ; sans l'accomplissement de ces conditions, et là où il n'y a pas possibilité de laisser un passage sûr et commode aux piétons, il est interdit de décharger le bois sur les trottoirs ;

4° D'y brûler du café, sans se conformer à ce qui a été prescrit à la section 3ᵐᵉ, chapitre VI du présent livre (1), et encore à la condition de laisser place suffisante pour le passage commode des piétons ; il est interdit à ceux qui ne pourraient se conformer à cette injonction d'user des trottoirs pour cette opération.

Article 348. — Toutes les fois que l'on voudra traverser un trottoir avec des chevaux ou bêtes de somme, des voitures, charrettes ou autres véhicules, ou enfin avec des objets désignés au n° 1ᵉʳ de l'article précédent, soit pour entrer dans une maison, dans un magasin ou dans une cour, soit pour en sortir, les personnes chargées de les conduire ou de les transporter devront traverser perpendiculairement le trottoir, en face de la porte ou de l'entrée, sans s'arrêter.

Article 349. — Les voitures, charrettes, bards ou brouettes, amenés devant un trottoir pour opérer un chargement ou un déchargement, devront être placés dans le sens de leur longueur près de la bordure, sans que le devant ou l'arrière du véhicule puisse jamais avancer sur le dit trottoir (voir art. 367).

---

(1) Article 322, n° 7.

CHAPITRE VIII.

DE LA CIRCULATION DES BROUETTES ET DES VOITURES A BRAS (1).

ARTICLE 350. — Tout individu qui voudra exercer dans la ville de Rouen la profession de commissionnaire à la brouette ou avec voiture ou carriole à bras devra préalablement se conformer aux prescriptions imposées aux commissionnaires en général et qui seront indiquées ci-après au livre III°.

ARTICLE 351. — Les brouettes et voitures à bras ne pourront circuler dans la ville sans être munies d'une plaque métallique portant lisiblement les noms et demeures des personnes ou administrations auxquelles elles appartiennent.

Cette plaque devra être solidement et ostensiblement attachée au côté droit de la voiture ou sur le devant de la brouette.

Pourront cependant, les voitures de cette nature qui porteront les mêmes indications peintes en grosses lettres sur la partie la plus apparente, être dispensées de porter cette plaque métallique.

Elles devront en outre être garnies d'une lanterne éclairée et posée d'une manière apparente, lorsqu'elles circuleront ou qu'elles stationneront sur la voie publique pendant la nuit.

ARTICLE 352. — Les commissionnaires à la brouette ou à la carriole doivent, sur les voies publiques, toujours se diriger sur leur droite et laisser la gauche libre, le tout à moins d'un obstacle, mais, aussitôt qu'il n'existe plus, ils doivent reprendre leur droite.

ARTICLE 353. — Il est défendu aux individus conduisant des brouettes ou des carrioles :

1° De courir en traînant ou poussant leurs véhicules ;

2° De conduire les voitures à bras autrement qu'en se tenant dans les brancards ou à côté du timon, et toujours en avant de leurs voitures, pour les tirer après eux ; ils pourront se faire aider, s'il le jugent convenable, par une ou plusieurs personnes poussant à l'arrière des dites voitures ;

3° De laisser stationner leurs brouettes ou carrioles sur les voies et promenades publiques, à moins d'une autorisation spéciale, et ailleurs qu'aux endroits qui leur seront indiqués ;

4° De parcourir les trottoirs et les contre-allées des boulevards, dans le sens de leur longueur, et d'y passer autrement que pour entrer dans les propriétés et de la manière la plus directe, ou pour en sortir.

---

(1) Lois de 1790 et de 1837.

CHAPITRE IX.

DE LA CIRCULATION DES VOITURES DE TOUTE ESPÈCE SUR LE TERRITOIRE DE ROUEN (1).

SECTION 1re.

Dispositions applicables à toutes les Voitures.

Article 354. — Nul ne peut conduire une voiture s'il n'est âgé de seize ans révolus et s'il n'est d'une force suffisante pour la bien diriger et pour maintenir les chevaux sans danger pour le public.

Les conducteurs de voitures publiques ou de place, servant au transport des personnes, ne pourront avoir moins de dix-huit ans, et ils devront être assez forts et avoir assez d'expérience pour bien diriger l'attelage qui leur sera confié.

Article 355. — Il est interdit à toute personne en état d'ivresse, de conduire chevaux ou voitures; en cas de contravention, les chevaux et voitures seront mis en fourrière, sans préjudice des poursuites contre l'auteur de la contravention.

Article 356. — Le fouet dont les charretiers et conducteurs sont dans l'usage de se servir, ne devra être employé qu'à la condition de ne point incommoder les passants, de ne point effrayer les chevaux des autres voitures et de ne point troubler le repos public.

Article 357. — En aucune circonstance, les voitures employées au transport des personnes ne pourront être dépourvues de conducteur.

Article 358. — Il est défendu aux conducteurs de voitures de toute espèce :

1° De se charger, sous quelque prétexte que ce soit, de conduire en même temps, plus d'une seule voiture, dans toute l'étendue du territoire de Rouen, où il y a des habitations, et de jamais en conduire plus de deux dans les endroits où il n'y a pas d'habitations; et encore, dans ce dernier cas, à la condition de n'aller qu'au pas et de ne point transporter de personnes dans la deuxième voiture;

2° De faire remorquer par une voiture attelée une ou plusieurs voitures non attelées;

---

(1) Lois de 1790 et 1837; — Loi du 30 mai 1851 et décret du 10 août 1852.

3° De quitter les rênes de leurs chevaux, soit en marche, soit même au repos, lorsqu'ils seront près d'un lieu de réunion publique;

4° De faire ou laisser galoper leurs chevaux, en quelque circonstance que ce soit; il est même enjoint aux conducteurs de leur faire prendre le pas au passage des barrières, à la descente des ponts et sur tous les points de la voie publique où il existera soit une pente rapide, soit des rassemblements ou des embarras accidentels;

5° De lutter de vitesse avec d'autres cochers ou conducteurs;

6° De débrider leurs chevaux sur la voie publique, sauf l'exception accordée ci-après aux cochers de voitures de place;

7° De couper les cortéges d'Autorités publiques, les processions, les détachements de troupes, les fêtes d'écoliers et les convois funèbres;

Cette défense est aussi faite aux piétons et aux cavaliers;

8° D'arrêter leurs voitures, sous quelque prétexte que ce soit, dans les carrefours, aux embranchements des rues ou à la descente des ponts.

Il est en outre enjoint, aux conducteurs qui auront besoin d'arrêter leurs voitures ailleurs qu'aux endroits qui viennent d'être indiqués, ou qui voudront ralentir la marche, d'élever et d'agiter préalablement leur fouet, dans le but d'avertir les conducteurs qui les suivraient.

ARTICLE 359. — Les cochers, postillons, charretiers et autres conducteurs de voitures de toute espèce, suspendues ou non suspendues, chargées ou non chargées, devront, toutes les fois qu'il n'y aura pas d'obstacle, prendre la partie de la chaussée qui se trouvera à leur droite, quand même le milieu de la rue ou de la route serait libre.

Aussitôt que l'obstacle qui les aura forcés de dévier à gauche sera dépassé, ils devront reprendre leur droite.

Ces dispositions sont aussi applicables aux voitures traînées à bras.

ARTICLE 360. — Lorsque, contrairement à l'article précédent, un roulier ou conducteur de voiture n'aura pas cédé la moitié de la chaussée à une autre voiture, le conducteur de celle-ci, qui aura à se plaindre de cette contravention, devra en faire la déclaration au Commissaire de police le plus rapproché ou au Commissaire central, en faisant connaître le nom du conducteur, d'après la plaque de sa voiture ou sur tout autre renseignement qu'il pourra se procurer.

ARTICLE 361. — Toutes les fois que cela est possible, les conducteurs doivent laisser libre, entre leurs voitures et les habitations, un passage sûr et commode pour les piétons, et en outre éviter de mettre les roues de leurs voitures dans les ruisseaux.

ARTICLE 362. — Lorsque deux voitures se rencontreront dans une rue ou portion de voie servant à la circulation publique, trop étroite pour qu'elles puissent passer l'une à côté de l'autre, la dernière entrée devra reculer pour livrer passage à l'autre.

Si cependant la première entrée est seule vide, elle devra reculer pour que la dernière entrée, mais chargée, puisse passer, à moins que celle-ci n'ait pu voir l'autre en entrant dans la voie trop étroite, auquel cas elle devra faire place à la première.

Les voitures à bras, chargées ou non chargées, devront toujours reculer pour livrer passage aux voitures attelées, dans les rues trop étroites pour le passage simultané de deux voitures qui se rencontreront.

ARTICLE 363. — Dans le cas où deux voitures marchant dans le même sens se trouveraient engagées dans une rue trop étroite pour pouvoir passer simultanément, la dernière entrée devra attendre que la première ait terminé son chargement ou son déchargement; mais celle-ci s'occupera, immédiatement et sans interruption, de ce travail, faute de quoi elle sera obligée d'avancer pour livrer passage à l'autre.

ARTICLE 364. — Une voiture vide arrêtée devant une porte où une autre voiture arrivera pour charger ou décharger, cèdera la place à cette dernière, pendant le temps nécessaire à ce travail, à moins que la première ne s'occupe immédiatement de prendre son chargement, auquel cas, la dernière arrivée devra attendre, pour avancer, que la première ait terminé, ce qui devra être fait avec toute la célérité possible.

ARTICLE 365. — Les conducteurs de voitures et charrettes, qui ont à opérer des chargements ou des déchargements de matériaux, colis, paquets, marchandises, etc., sur les voies publiques, doivent procéder à ce travail, aussitôt leur arrivée, le continuer sans désemparer, et faire enlever leur voiture immédiatement après que les chargements ou déchargements sont terminés.

ARTICLE 366. — Il est interdit de laisser stationner, sans nécessité ou sans une autorisation spéciale, sur la voie publique, aucune voiture attelée ou non attelée, sauf ce qui sera dit ci-après, pour les voitures de place et les omnibus.

ARTICLE 367. — En toute circonstance, les voitures qu'il sera nécessaire d'arrêter ou de laisser stationner sur la voie publique, pour charger ou décharger, devront être placées de manière à ne pas entraver, et même à ne gêner que le moins possible, la circulation et l'accès des propriétés.

Dans aucun cas, elles ne devront être placées en travers de la voie publique, et il est expressément défendu de placer, dans le même sens, des poulains ou autres pièces de bois pour faciliter ces travaux; il n'est permis de les poser qu'en les appuyant dans le sens de la longueur de la voiture.

ARTICLE 368. — Tout voiturier ou conducteur, doit se tenir constamment à portée de ses chevaux ou bêtes de trait et en position de les guider, sans pouvoir quitter ni abandonner les rênes, sous quelque prétexte que ce soit, quand ils sont en marche.

En cas d'arrêt, le conducteur ne pourra quitter sa voiture qu'en confiant la garde à une personne âgée d'au moins seize ans et ayant une force suffisante pour retenir les chevaux, ou qu'en enrayant, très-solidement, l'une des roues de la voiture, de manière à l'empêcher de tourner, et, s'il s'agit d'une voiture à quatre roues, les deux roues du même côté devront être enrayées ou enchaînées.

Article 369. — Lorsqu'une voiture attelée sera trouvée sur la voie publique, sans conducteur ou sans gardien, ou sans avoir une ou deux roues enchaînées, comme il est prescrit dans l'article précédent, elle sera conduite en fourrière, sans préjudice de la responsabilité incombant au propriétaire pour les dommages qui auraient été la suite de cet abandon, ainsi que des poursuites pour la répression de la contravention.

Article 370. — Toutes les voitures circulant ou stationnant avec autorisation régulière, sur la voie publique, pendant la nuit, qu'elles soient attelées ou non, devront être éclairées, savoir : celles de maître ou particulières, par deux lanternes, qui seront allumées à la chute du jour, et les autres conformément à ce qui sera prescrit ci-après pour chaque espèce de voiture.

Article 371. — Lorsqu'une voiture à brancards sera traînée par un ou plusieurs chevaux, l'un des chevaux devra toujours être placé dans les brancards.

Les voitures à timon (sauf le cas où elles seraient traînées à bras), ne pourront être conduites, sur la voie publique, qu'attelées d'au moins deux chevaux placés un de chaque côté du timon.

Article 372. — Après le chargement ou le déchargement d'une voiture, le conducteur sera tenu de faire nettoyer et balayer la voie publique, à l'endroit où ce travail aura eu lieu, s'il y reste de la paille ou d'autres résidus.

Dans le cas où le conducteur négligerait de se conformer à cette injonction, la personne pour laquelle le chargement ou le déchargement aura eu lieu sera tenue de s'y conformer immédiatement après le départ de la voiture.

SECTION 2e.

Dispositions applicables aux Voitures qui ne sont pas destinées au transport des Personnes.

Article 373. — Les voitures non suspendues ne pourront être conduites, qu'elles soient chargées ou non, qu'au pas des animaux qui les traîneront, sans pouvoir faire trotter ou galoper ces animaux tant qu'ils seront attelés aux dites voitures.

Article 374. — Celles de ces voitures qui n'auront ni siége ni banquette solidement fixés ou retenus par des courroies, ne pourront être conduites qu'à pied.

Lorsqu'il y aura un siège ou une banquette, le conducteur pourra monter dans sa voiture, pour conduire; mais il devra toujours se tenir assis, quand la voiture sera en marche, afin d'être plus à même de bien guider et diriger son cheval, défense expresse étant faite de conduire debout.

Les voitures non suspendues, attelées de plusieurs chevaux, ne sont pas comprises dans cette exception; elles ne devront être conduites qu'à pied, lors même qu'elles seraient pourvues d'une banquette ou d'un siège.

Article 375. — Seront assimilées aux voitures suspendues et pourront être conduites au trot, si elles ne sont attelées que d'un cheval et si elles ont un siège ou une banquette fixe ou retenue solidement, les voitures et carrioles dites de campagne, servant ordinairement au transport des denrées alimentaires, mais à la condition que le conducteur restera toujours assis dans sa voiture, lorsqu'elle sera en marche.

Article 376. — Tout conducteur de voiture de boucher, boulanger, charcutier, brasseur, marchand de cidre, de fer ou autre commerçant ou industriel, ou de toute autre personne, qui conduira sa voiture au galop, quoique pourvue de siège ou suspendue, sera poursuivi et puni conformément à la loi.

Article 377. — Lorsque plusieurs voitures de roulage ou charrettes marchent à la suite les unes des autres, pour la même destination, elles doivent être distribuées, dans l'intérieur de la ville, par convois de trois voitures au plus, et l'intervalle d'un convoi à l'autre ne peut être moindre de cinquante mètres.

Si l'une de ces voitures est attelée de plus d'un cheval, chaque convoi ne peut être composé que de deux voitures au plus.

Article 378. — Toutes les fois que de longues barres de fer seront chargées sur une voiture, elles devront, pour être transportées dans l'intérieur de la ville, être posées sur de la paille, du foin ou toute autre matière analogue et être séparées entre elles par des fascines faites avec l'une ou plusieurs de ces matières. La voiture ne pourra être conduite qu'au pas afin d'éviter le bruit de ces voitures, qui est incommode pour les habitants et qui est dangereux pour la circulation, parce qu'il effraie les chevaux.

Article 379. — Aucune des voitures comprises dans cette section, ne pourra circuler pendant la nuit, lors même qu'elle se trouverait à la suite d'une autre qui serait éclairée, sans être pourvue d'un falot ou d'une lanterne allumée, placée sur le devant de chaque voiture et de la manière la plus apparente possible.

Article 380. — Tout propriétaire de voiture, ne servant pas au transport des personnes, est tenu de faire placer, en avant des roues et au côté gauche de sa voiture, une plaque métallique portant en caractères apparents et lisibles, ayant au moins cinq millimètres de hauteur, ses nom, prénoms et profession, le nom de la commune, du canton et du département de son domicile.

. Sont exceptées de cette disposition, conformément à la loi du 30 mai 1851 :
1° Les voitures particulières destinées au transport des personnes, mais étrangères à un service public des messageries ;
2° Les malles-postes et autres voitures appartenant à l'Administration des postes ;
3° Les voitures d'artillerie, chariots et fourgons appartenant aux départements de la guerre et de la marine ;
4° Les voitures employées à la culture des terres, au transport des récoltes, à l'exploitation des fermes, lorsqu'elles se rendent de la ferme aux champs, ou des champs à la ferme, ou qu'elles servent au transport des objets récoltés, du lieu où ils ont été recueillis, jusqu'à celui où, pour les conserver ou les manipuler, le cultivateur les dépose ou les rassemble.

SECTION 3e.

Dispositions applicables aux Diligences et aux Voitures des Messageries (1).

Article 381. — Pendant la nuit, ces voitures seront éclairées par une lanterne à réflecteur placée à droite et à l'avant de chaque voiture.

Article 382. — Chaque voiture doit porter, à l'extérieur, dans un endroit apparent, indépendamment de l'estampille délivrée par l'Administration des Contributions indirectes, le nom et le domicile de l'entrepreneur et l'indication du nombre des places de chaque compartiment.

Article 383. — Elle doit porter à l'intérieur des compartiments :
1° Le numéro de chaque place ;
2° Le prix de la place depuis le lieu de départ jusqu'à celui d'arrivée.
L'entrepreneur ne peut admettre dans les compartiments de ses voitures un plus grand nombre de voyageurs que celui indiqué sur les panneaux.

Article 384. — Les postillons ou cochers ne pourront, sous aucun prétexte, descendre de leurs chevaux ou de leurs siéges, tant que les voitures seront en marche.
Dans les haltes, le conducteur et le postillon ne peuvent quitter en même temps la voiture, tant qu'elle restera attelée.

---

(1) Ordonnances royales des 27 septembre 1827 et 16 juillet 1828, et décret du 10 août 1852.

Avant de remonter sur son siège, le conducteur doit s'assurer que les portières sont exactement fermées.

Les postillons, cochers et conducteurs doivent observer les règlements de police concernant la circulation et le stationnement des voitures dans la ville de Rouen.

SECTION 4e.

Dispositions concernant les Voitures publiques et les Omnibus, et notamment la Compagnie LES ROUENNAISES, *par suite du Traité passé entre la Ville et cette Compagnie, les 8 mars et 3 avril 1856* (1).

TITRE Ier.

DES VOITURES PUBLIQUES ET DE MESSAGERIES.

ARTICLE 385. — Les entrepreneurs de voitures publiques, closes et destinées au transport des voyageurs et des messageries, entre la ville de Rouen et les localités extérieures, quelle que soit la distance, auront, dans la ville, un bureau avec des locaux, pour y recevoir et déposer les voitures, les voyageurs et les messageries.

Les dites voitures ne pourront stationner, en aucun cas, sur la voie publique.

ARTICLE 386. — Les entrepreneurs de ces voitures feront, à la Mairie, avant leur mise en circulation, une déclaration qui indiquera leur itinéraire sur le territoire de la ville.

Le Maire, par un arrêté spécial, approuvera cet itinéraire ou en prescrira un autre.

ARTICLE 387. — Le parcours déterminé par cet arrêté ne pourra être modifié que par une décision nouvelle, rendue en la même forme, soit d'office, soit sur la demande de l'entrepreneur.

ARTICLE 388. — Il est défendu aux conducteurs des voitures de messageries de s'écarter de l'itinéraire qui leur a été fixé, de s'arrêter sur la voie publique, dans leur trajet, depuis l'entrée du territoire de la ville jusqu'à leur bureau, ou même de ralentir leur marche, soit pour prendre, soit pour déposer des voyageurs ou des paquets.

---

(1) Lois de 1790 et 1837, et Code pénal, art. 471 et suivants.

Le chargement ou le déchargement des messageries, l'entrée et la descente des voyageurs, ne pourront avoir lieu qu'au bureau.

TITRE II.

DISPOSITIONS GÉNÉRALES CONCERNANT LES ENTREPRISES DE VOITURES DE TRANSPORT EN COMMUN, DITES OMNIBUS.

ARTICLE 389. — Il est expressément défendu de faire circuler, en stationnant et en s'arrêtant sur la voie publique, pour recevoir ou déposer des voyageurs, aucune espèce de voitures de transports en commun, gondoles, omnibus ou autres, sans une autorisation spéciale donnée par arrêté du Maire.

ARTICLE 390. — L'autorisation, si elle est accordée, prescrira la ligne que pourra exploiter le service d'omnibus, ses heures de départ et d'arrivée.

Il est expressément défendu aux cochers de voitures-omnibus, qui seraient ainsi autorisées, de s'écarter de leur itinéraire.

ARTICLE 391. — Les lignes de transports en commun ou d'omnibus devront être exploitées sans interruption.

En cas d'interruption, le service de la ligne ne pourra être repris sans une autorisation nouvelle.

ARTICLE 392. — Les voitures employées à ce service seront préalablement acceptées par le Maire, qui fera examiner si elles réunissent toutes les conditions voulues sous le rapport de la solidité et de la commodité, et qui délivrera, s'il y a lieu, un permis de circulation pour chacune d'elles.

Ces voitures seront numérotées ; l'entrepreneur maintiendra les numéros en bon état, et il est défendu de les cacher ou de les masquer.

Leur nombre sera déterminé par la décision qui autorisera le service, et il ne pourra être augmenté sans une autorisation spéciale.

ARTICLE 393. — L'autorisation de faire circuler des voitures en commun sera personnelle, et le service qui en fera l'objet ne pourra être exploité par aucun autre entrepreneur que celui qui l'aura obtenue. Ce dernier pourra cependant faire agréer un gérant.

S'il survient une mutation dans la propriété de l'entreprise, par suite de vente ou de décès, le nouvel entrepreneur devra demander une autorisation personnelle, qui lui sera donnée en la même forme que celle de son prédécesseur.

ARTICLE 394. — L'autorisation donnée sera toujours révocable, sans qu'il puisse résulter du retrait aucun droit à indemnité pour le propriétaire.

Dans le cas où le service aurait été l'objet d'une concession, le retrait ne pourrait avoir lieu que suivant les clauses de la convention arrêtée entre la Ville et le concessionnaire, et approuvée par l'Autorité supérieure.

Article **395**. — Les voitures-omnibus autorisées à circuler ne seront arrêtées dans leur trajet que le temps strictement nécessaire pour faire descendre ou monter les voyageurs.

Article **396**. — Aucune voiture, de quelque nature qu'elle soit, ne pourra s'arrêter hors du lieu qui lui sera assigné pour stationner, ni circuler à vide, ni aller de rue en rue, pour proposer des places et s'offrir aux voyageurs.

Article **397**. — Il est également défendu à tous cochers de raccoler les passants, de parcourir la voie publique au pas, de faire exécuter sur la même ligne un va-et-vient continuel, d'exercer la maraude par quelque moyen que ce soit.

Article **398**. — Il est expressément défendu de mettre en circulation des voitures qui ne seraient pas en bon état de solidité et de propreté, ainsi que d'y atteler des chevaux vicieux ou atteints de maladies qui les rendent impropres au service.

Article **399**. — Aucunes affiches, autres que les affiches autorisées par nous, ne pourront être apposées, soit à l'intérieur, soit à l'extérieur des voitures-omnibus.

Article **400**. — Les entrepreneurs de voitures en commun ou omnibus paieront le droit fixé par le tarif pour les voitures autorisées à stationner sur la voie publique.

Cette rétribution sera toujours acquittée un mois à l'avance entre les mains du Receveur municipal.

Article **401**. — En cas de contravention aux articles ci-dessus du présent titre, les voitures seront conduites en fourrière, sans préjudice des poursuites judiciaires qui pourraient être exercées et des mesures administratives qui pourraient être prises contre les entrepreneurs et cochers.

Article **402**. — Les entrepreneurs de voitures seront civilement responsables des faits des conducteurs, cochers et autres agents employés à leur service, en tant qu'ils auront agi dans l'exercice de leurs fonctions.

TITRE III.

DES OBLIGATIONS SPÉCIALEMENT IMPOSÉES A LA COMPAGNIE DES OMNIBUS-ROUENNAISES.

§ 1er. — *Des Lignes desservies; — des Correspondances et des Bureaux de station et d'attente.*

Article **403**. — La Compagnie des Omnibus-Rouennaises doit, aux termes de son traité et des autorisations qui lui ont été accordées depuis, desservir les quatre lignes suivantes :

PREMIÈRE LIGNE :

De la Place Cauchoise à Darnétal,

Avec une station sur le côté gauche de la place Cauchoise et une autre sur la place Notre-Dame, pour servir de point central de correspondance entre la 1re et la 3e ligne, ainsi que de ces deux lignes, avec le service de la place Notre-Dame à Beauvoisine.

DEUXIÈME LIGNE :

De la Place des Arts à Maromme,

Avec une station placée en dedans de la barrière du Havre et une autre à la place des Arts.

TROISIÈME LIGNE :

De la Gare du Havre et de Dieppe au Jardin-des-Plantes de Trianon,

Avec une station au carrefour formé au haut de la rue Ernest Leroy, près de l'entrée de la gare, et une autre en dehors de la barrière d'Elbeuf, sur la chaussée.

QUATRIÈME LIGNE :

De la Place Notre-Dame à la Place Beauvoisine,

Avec une station sur chacune de ces places.

Article **404**. — Les omnibus chargés de desservir ces diverses lignes devront suivre les voies publiques déterminées par l'Administration municipale, qui aura le droit d'y apporter les modifications qu'elle jugera nécessaires.

Article **405**. — L'Administration pourra également obliger la Compagnie à desservir d'autres lignes, outre celles ci-dessus désignées, si les besoins de la circulation l'exigent.

Article **406**. — Sous la réserve des droits des Autorités locales, le service des Omnibus-Rouennaises pourra s'étendre à d'autres communes contiguës à la ville de Rouen.

Dès à présent, les entrepreneurs exploitent directement les trois lignes suivantes, partant de la place des Arts, et allant :

La 1re jusqu'à Sotteville ;
La 2e jusqu'au Petit et au Grand-Quevilly ;
Et la 3e jusqu'à Bonsecours et au Mesnil-Esnard.

Article **407**. — Les entrepreneurs établiront des locaux d'attente aux points centraux, pour joindre et relier les services entre eux, ainsi qu'aux points extrêmes des lignes. Ces locaux seront munis de pendules pour les besoins du service.

Des pavillons établis sur la voie publique pourront être substitués à ces bureaux, pourvu que la circulation n'en puisse pas souffrir. L'Administration municipale sera seule juge de la possibilité d'établir ces pavillons.

Article **408**. — Aucun bureau de station, d'attente ou de correspondance ne pourra être ouvert ou fermé, aucune correspondance ne pourra être établie ou supprimée, sans l'autorisation spéciale du Maire.

Les omnibus que la Compagnie pourrait mettre à la disposition des personnes sortant du Théâtre-des-Arts, stationneront sur la place des Arts.

Article **409**. — Il est expressément défendu à la Compagnie de s'écarter des itinéraires fixés.

Ces itinéraires et les correspondances seront indiqués au public, d'une manière ostensible, tant à l'extérieur qu'à l'intérieur des voitures.

Article **410**. — Le service des Omnibus-Rouennaises commencera et finira, sur chaque ligne, aux heures fixées par nous ; la durée de l'intervalle entre chaque départ sera déterminée par la même décision.

Les voitures devront partir des stations, au plus tard, trois minutes après l'heure fixée aux prospectus arrêtés pour chaque saison.

§ 2. — *Des Voitures.*

Article **411**. — Le service de la Compagnie des Omnibus-Rouennaises sera fait par des voitures de quatorze places d'intérieur et de dix places d'impériale. La contenance de toutes ou de partie de ces voitures pourra être moins considérable, pourvu que les places d'extérieur soient à peu près dans le même rapport que celui indiqué par le paragraphe précédent avec les places d'intérieur.

Article **412**. — Les correspondances de Déville, Maromme, Sotteville et

CHAPITRE IX.

Quevilly pourront, avec notre assentiment, être d'une contenance et d'une forme différentes.

Article **413**. — Néanmoins, les entrepreneurs auront la faculté d'affecter aux services de ville les voitures servant à leur ancienne exploitation, pourvu qu'elles soient susceptibles d'être utilisées, en leur faisant subir, toutefois, les modifications nécessaires pour qu'elles soient conformes aux prescriptions de l'article précédent.

Article **414**. — Les voitures affectées au service général des omnibus devront être établies avec solidité, présenter de l'uniformité et de l'élégance, et être maintenues en état parfait de propreté et d'entretien.

Le modèle de ces voitures sera soumis à l'Administration municipale et accepté par elle. Même après leur acceptation, l'Administration pourra toujours prescrire les améliorations dont ces voitures seront reconnues susceptibles dans l'intérêt de la commodité et de la sûreté des voyageurs.

Les voitures porteront un numéro donné par l'Administration.

Article **415**. — La Compagnie sera tenue de se munir, pour chacune de ses voitures, d'un permis de circuler et de stationner indiquant le numéro et le nombre des places de la voiture.

Il est expressément défendu de transférer, d'une voiture, ni d'une ligne à l'autre, les numéros d'ordre.

Article **416**. — Toute voiture qui serait mise en circulation sans l'accomplissement des formalités et des conditions ci-dessus prescrites, qui ne serait pas numérotée ou porterait un faux numéro, qui ne serait pas en bon état de solidité et de propreté, ou enfin qui pourrait, par quelque cause que ce soit, compromettre la sûreté publique, serait mise en fourrière; et il serait pris, à l'égard de la Compagnie, telles mesures administratives qu'il appartiendrait, sans préjudice des poursuites à exercer devant les tribunaux.

Article **417**. — Chaque année, et plus souvent s'il est jugé nécessaire, il sera procédé à une visite générale des voitures de transport en commun, ainsi que des chevaux et harnais, par des délégués de l'Administration.

Un procès-verbal constatera :

1º Si la voiture présente une solidité suffisante dans toutes ses parties ;
2º Si les harnais sont en bon état ;
3º Si les chevaux sont propres au service.

Les voitures visitées seront poinçonnées sur les roues ; un timbre particulier sera apposé sur le train et sur la caisse des voitures.

Lorsqu'une voiture sera reconnue en mauvais état, la circulation en sera provisoirement interdite.

Les chevaux atteints de maladies contagieuses non contestées seront marqués pour être abattus, conformément aux règlements. En cas de contestation, il nous en sera référé, et les chevaux seront placés dans un lieu séparé.

§ 3. — *Du Tarif des Places.*

Article **418**. — Les prix des places dans les voitures Omnibus-Rouennaises, pour les parcours de ville ne dépassant pas les barrières, ont été fixés, au maximum, à 30 cent. à l'intérieur et à 20 cent. à l'impériale, par délibération du Conseil municipal des 30 décembre 1863 et 20 novembre 1868.

Les voyageurs à l'intérieur auront droit, sans augmentation de prix, à un billet de correspondance pour une ligne perpendiculaire qu'ils prendront au point de croisement; les voyageurs de l'impériale n'auront droit au même avantage qu'en payant 10 cent. de supplément.

Article **419**. — Les prix des places pour les parcours de Rouen sur différentes localités de la banlieue ont été fixés, au maximum, comme suit, par les délibérations énoncées dans l'article précédent :

De Rouen à Darnétal et Déville, 35 cent. à l'intérieur, et 25 cent. à l'impériale;

De Rouen à Maromme, 50 cent. à l'intérieur, et 35 cent. à l'impériale;

De Rouen à Sotteville, 30 cent. à l'intérieur, et 20 cent. à l'impériale;

De Rouen au Petit et au Grand-Quevilly, 50 cent. pour toutes places;

Les voyageurs, à l'intérieur, venant de Darnétal, Déville, Maromme et Sotteville, ont droit, sans augmentation de prix, à un billet de correspondance pour le Jardin-des-Plantes, les rues Verte et Beauvoisine;

Les voyageurs de l'impériale n'auront droit au même avantage qu'en payant un supplément de 10 cent., pour ceux venant de Darnétal, Déville et Sotteville, et de 15 cent. pour ceux venant de Maromme.

Quant aux voyageurs de ville qui voudraient, au point de croisement, utiliser leur billet de correspondance pour un des parcours de banlieue, ils ne pourront le faire qu'en payant au conducteur de la voiture de banlieue dans laquelle ils monteront, un supplément de 5 cent. pour Déville et Darnétal, et de 20 cent. à l'intérieur, et de 15 cent. à l'impériale pour Maromme.

Par délibération du Conseil municipal de Rouen, du 17 novembre 1858, la Compagnie des Omnibus les Rouennaises a été autorisée à percevoir un *supplément* du prix des places de 10 centimes, à partir de neuf heures du soir en hiver (d'octobre à mars inclusivement), et de dix heures du soir en été (d'avril à septembre inclusivement).

Les bulletins de correspondance peuvent être supprimés par la Compagnie des omnibus le 1er janvier et les jours d'assemblée patronale de Déville, Maromme et Darnétal, et les jours de fêtes publiques à Rouen.

Chaque jour où cette suppression aura lieu, la Compagnie sera obligée de l'indiquer au public par un avis, en lettres apparentes, qui sera appliqué sur l'arrière des omnibus.

Article **420**. — Les sous-officiers et soldats en uniforme paieront, dans les limites de la ville seulement, dix centimes aux places d'impériale et quinze centimes aux places d'intérieur.

Lorsqu'ils sortiront de la ville, ou lorsqu'ils y rentreront, ils paieront la moitié des prix du tarif, tant à l'intérieur qu'à l'extérieur.

Article **421**. — Les enfants au-dessus de quatre ans paieront place entière.

Les enfants au-dessous de cet âge seront tenus sur les genoux des personnes qui les accompagneront, à moins que leurs places ne soient payées.

Article **422**. — Des inscriptions indicatives du prix des places seront placées sur les panneaux de derrière de chaque voiture, et répétées intérieurement sur une plaque attachée à l'endroit le plus apparent de la caisse.

Le présent article et les deux articles précédents seront affichés dans l'intérieur de chaque voiture.

Article **423**. — Les prix ci-dessus fixés pourront être modifiés, mais seulement en les diminuant, et cette diminution une fois opérée, les prix ne pourraient être ramenés au taux primitif qu'un mois après l'abaissement qui en aurait été fait.

§ 4. — *Du Personnel employé par la Compagnie.*

Article **424**. — Les conducteurs et employés seront revêtus d'un costume uniforme. Cet uniforme sera entretenu dans un état convenable de propreté.

Article **425**. — La Compagnie ne pourra employer que des receveurs et des cochers porteurs d'un permis et d'un bulletin d'entrée en service délivré par le Maire, conformément à ce qui sera prescrit ci-après.

Le jour même de leur entrée en service, la Compagnie retirera à la Mairie leur permis de conduire. Quand ils quitteront la Compagnie, elle sera tenue de rapporter les permis dans les vingt-quatre heures de leur sortie.

Article **426**. — La Compagnie devra, en prenant un receveur ou un cocher, inscrire la date de son entrée en service sur le permis de conduire.

Lorsque l'un de ces agents quittera le service de la Compagnie, il sera fait mention sur son permis de la date de sa sortie.

Article **427**. — Le Maire pourra ordonner la révocation des employés de la Compagnie, à l'exception seulement des inspecteurs et des comptables, pour motifs d'inconduite ou pour infraction aux règlements.

A cet effet, il lui sera donné, tous les trois mois, un état du personnel indiquant les noms, prénoms, âges et demeures des employés.

Article **428**. — Cet état sera extrait d'un registre tenu par la Compagnie, et sur lequel elle inscrira de suite les noms, prénoms et domiciles de ses cochers, receveurs, etc., ainsi que le numéro de leur inscription à la Mairie.

Elle y inscrira aussi, chaque jour, le numéro de la voiture qui leur aura été confiée.

Elle sera tenue de représenter ce registre à toute réquisition de l'Autorité.

Article **429**. — Il est formellement défendu d'employer des cochers ou des receveurs auxquels le permis aurait été retiré.

Dans les vingt-quatre heures de l'avis qui lui sera donné du retrait, la Compagnie rapportera le permis à la Mairie.

Des Contrôleurs.

Article **430**. — Le Maire nommera, sur la présentation de la Compagnie, trois contrôleurs, qui seront payés par elle. En cas d'urgence, les concessionnaires pourront faire suppléer ces agents, pour que le service ne soit pas entravé, sauf à présenter immédiatement les remplaçants à la nomination du Maire.

Article **431**. — Les contrôleurs ajouteront aux fonctions qu'ils rempliront pour le compte de la Compagnie, celles de surveillants de la voie publique, et ils feront observer, sur les points où les appellera leur service, les règlements de voirie aux voituriers et rouliers.

A cet effet, les contrôleurs seront nommés appariteurs et assermentés.

Des Receveurs.

Article **432**. — Les receveurs maintiendront l'ordre dans les voitures, et veilleront à ce que les voyageurs se placent de manière à ne pas se gêner mutuellement.

Ils seront prévenants envers le public : toute impolitesse, tout acte de grossièreté de leur part sera sévèrement réprimé.

Article **433**. — Ils ne laisseront monter qu'un nombre de voyageurs égal à celui des places de la voiture.

Ils devront, avant de faire monter les voyageurs, leur demander le point de l'itinéraire où ils désirent s'arrêter.

Lorsque toutes les places seront occupées, ils lèveront le signal dit *complet*.

Article **434**. — Il leur est défendu :

1° De laisser monter dans les voitures des individus vêtus d'une manière nuisible ou incommode pour les voyageurs ;

2° D'y recevoir des chiens ou d'y laisser chanter, boire ou fumer ;

3° D'y recevoir des paquets qui puissent salir, gêner ou incommoder les voyageurs ;

4° De laisser aucun individu se suspendre aux voitures ou s'y tenir extérieurement, de quelque manière que ce soit ;

5° De laisser des femmes monter sur l'impériale ;

6° De laisser monter, soit dans l'intérieur, soit sur l'impériale, aucun individu en état d'ivresse.

Article 435. — Ils feront arrêter les voitures à la première réquisition des voyageurs, et ils ne donneront au cocher le signal de marcher que lorsque les voyageurs qui descendent auront quitté le marche-pied de la voiture, ou lorsque ceux qui monteront seront assis.

Ils aideront les voyageurs, et surtout les femmes et les enfants, à monter et à descendre.

Article 436. — Le receveur, avant d'arriver devant un bureau de correspondance, devra en prévenir les voyageurs, et il leur fera connaître les diverses destinations des correspondances.

Il délivrera des cartes indiquant la date du jour, ainsi que le numéro de la voiture, et avec lesquelles les voyageurs auront droit à un bulletin de correspondance.

Article 437. — Les receveurs visiteront, immédiatement après chaque course, l'intérieur et l'impériale de leurs voitures; les objets oubliés, qui n'auront pu être remis directement aux voyageurs, devront être déposés, dans les vingt-quatre heures, au bureau de police de la Mairie désigné à cet effet.

Le présent article, ainsi que les cinq autres qui le précèdent, concernant les obligations imposées aux receveurs, devront être constamment affichés dans l'intérieur de chaque voiture.

Des Cochers & Conducteurs.

Article 438. — Les cochers, postillons et conducteurs devront se conformer à toutes les prescriptions qui les concernent et qui sont indiquées ci-dessus aux 1re et 3me sections du présent chapitre, et dont quelques-unes sont reproduites ici, ainsi qu'à toutes autres obligations qui leur sont imposées par la présente section.

Ils devront notamment conduire leur voiture au pas dans les marchés, dans les rues étroites où deux voitures seulement peuvent passer de front, au passage des barrières, à la descente des ponts, et sur tous les points de la voie publique où il existera, soit une pente rapide, soit des obstacles à la circulation.

Il leur est défendu de faire galoper leurs chevaux, dans quelque circonstance que ce soit.

Article 439. — Les cochers tiendront constamment leur droite; si un obstacle les force à dévier, ils devront la reprendre aussitôt que possible.

Il leur est défendu de faire claquer leurs fouets ou de les agiter sans nécessité, de manière à atteindre les passants; de sonner de la trompette, d'appeler à haute voix les voyageurs, de troubler les habitants par quelque moyen que ce soit.

Obligations communes aux Receveurs & aux Cochers.

Article 440. — Les receveurs et cochers d'omnibus seront âgés de dix-huit ans au moins, et justifieront de leur moralité.

Ils seront pourvus d'un permis délivré par nous et d'une médaille.

Article 441. — Les individus qui voudront exercer la profession de cocher, produiront un certificat de capacité pour conduire.

Article 442. — Lorsqu'un receveur ou un cocher quittera le service, son permis de conduire restera déposé à la Mairie. Il recevra en échange un bulletin de dépôt indiquant qu'il est pourvu d'un permis de conduire.

Il sera tenu, avant de reprendre l'exercice de sa profession, d'échanger son bulletin de dépôt contre son permis.

Article 443. — Les receveurs devront être porteurs, pendant leur service :

1° Du permis de circulation et de station de la voiture ;

2° Du laissez-passer délivré par l'Administration des contributions indirectes ;

3° Du bulletin d'entrée en service et de leur médaille.

Les receveurs et les cochers représenteront ces pièces à toute réquisition des Agents de l'Autorité.

Article 444. — Lorsque les receveurs et cochers auront à prendre ou à déposer des voyageurs sur la voie publique, ils devront arrêter leurs voitures à droite des rues, conformément aux règlements.

Il leur est expressément interdit de faire arrêter leurs voitures dans les carrefours, aux embranchements des rues, à la descente des ponts, et généralement dans tous les endroits où la pente est trop rapide.

Article 445. — Les temps d'arrêt des voitures pour prendre et déposer les voyageurs devront être effectués de manière à ne pas embarrasser la voie publique, et à ne point interrompre la circulation des autres voitures.

Cet article et le précédent resteront affichés dans l'intérieur de chaque voiture.

Article 446. — Il est défendu aux receveurs et cochers de quitter leurs voitures pendant le parcours de leur itinéraire.

Toute voiture en station sur les emplacements à ce affectés devra être gardée.

Article 447. — Il leur est interdit d'ôter leurs habits, même pendant les chaleurs, ainsi que de fumer pendant le service.

Article 448. — En cas d'infraction aux règlements, de plaintes graves ou réitérées, ou pour tout autre motif qui serait de nature à compromettre la sûreté publique, le permis de conduire des receveurs et des cochers sera retiré temporairement ou définitivement.

Le receveur ou cocher à qui l'autorisation de conduire aura été retirée, sera tenu de rapporter, dans les vingt-quatre heures, à la Mairie, son bulletin d'entrée en service.

Dispositions générales.

ARTICLE 449. — Le présent règlement sera constamment affiché, à la diligence de la Compagnie, dans tous les bureaux de station, d'attente ou de correspondances.

Les articles pour lesquels cela a été indiqué ci-dessus, seront affichés dans l'intérieur de chaque voiture.

ARTICLE 450. — Les articles ci-dessus qui concernent spécialement la Compagnie des omnibus les Rouennaises, seront également applicables à toute autre entreprise d'omnibus qui pourrait être autorisée, à l'avenir, sauf les modifications qui seront ou pourront être apportées dans les autorisations, en ce qui concerne les lignes à parcourir, les prix des places, les conditions d'arrêt et de stationnement sur les voies publiques, ainsi que toutes autres dispositions qui pourront être arrêtées par l'Administration.

ARTICLE 451. — Les contraventions aux dispositions du présent seront constatées et poursuivies conformément aux lois.

Il pourra être pris envers les contrevenants telles mesures administratives qu'il appartiendra, sans préjudice des poursuites à exercer contre eux devant les tribunaux.

ARTICLE 452. — Les règlements antérieurs sur la police des voitures publiques sont rapportés, en ce qui serait contraire aux dispositions du présent.

SECTION 5e.

Prescriptions relatives aux Voitures de Place et de Remise (1).

TITRE Ier.

OBLIGATIONS IMPOSÉES AUX ENTREPRENEURS ET PROPRIÉTAIRES DE VOITURES DE PLACE, EN CE QUI CONCERNE LEURS VOITURES ET LEURS COCHERS.

§ 1er. — *Des Voitures.*

ARTICLE 453. — Il est expressément défendu de faire stationner et circuler aucune voiture de place, fiacre, citadine, cabriolet ou autre, dans la ville de Rouen, sans avoir obtenu, du Maire, une autorisation écrite.

---

(1) Lois de 1790 et 1857, et Code pénal, art. 459, 460, 471 et suivants.

Les voitures dites de remise et qui sont à la disposition journalière du public, celles qui desservent les gares des chemins de fer sont soumises à la même autorisation.

Article **454**. — Cette autorisation sera personnelle, et le droit d'exploiter une voiture de place ne pourra être transmis par vente, cession ou location de la voiture autorisée, ou de son *numéro*.

Article **455**. — Chaque voiture, ainsi que les chevaux qui y seront attelés, n'importe à qui ils appartiendront, servira de garantie pour le paiement des condamnations qui pourront être prononcées, en ce qui les concernera, pour contravention au présent règlement ou pour toute autre cause.

Article **456**. — Il est expressément défendu, à tous entrepreneurs, propriétaires et cochers de voitures, autorisées ou non, à titre de voitures de place, conformément aux dispositions du présent, de faire circuler et stationner leurs voitures à vide sur la voie publique, ou de les faire conduire et arrêter périodiquement à la porte des hôtels, pour s'offrir aux voyageurs, sans avoir été spécialement requis pour une course ; il est également interdit aux maîtres d'hôtels, cafés et autres établissements publics, ainsi qu'aux personnes attachées à ces établissements, de requérir et faire arrêter les voitures non autorisées comme voitures de place, à leurs portes, sans qu'elles aient été appelées par un voyageur.

Article **457**. — Il est défendu, aux conducteurs de voitures non autorisées à titre de voitures de place et de remise, de s'arrêter pour recevoir un voyageur qui les réclamerait au passage sur la voie publique.

Article **458**. — Les entrepreneurs ou propriétaires de voitures de place seront tenus de se pourvoir, pour chacune de leurs voitures :

1° Du permis de stationner et circuler dans la ville ;

2° D'un livret contenant les règlements et tarifs concernant les voitures de place ;

3° De cartes indiquant le numéro de la voiture et les tarifs qui lui sont applicables.

Ils remettront ces pièces et cartes à leurs cochers, afin que ceux-ci en puissent justifier, et les exhiber ou les remettre aux voyageurs.

Article **459**. — Ils devront mettre en circulation, tous les jours de l'année, sans aucune exception, les voitures pour lesquelles ils auront obtenu le permis de stationner et circuler.

Article **460**. — Les voitures de place, de remise et celles desservant les gares des chemins de fer, porteront un numéro d'ordre donné par le Maire.

Article **461**. — Ces numéros seront peints en rouge, de la forme et de la dimension prescrites par le Maire, qui en arrêtera le modèle.

Le numéro de chaque voiture, apposé sur le panneau de derrière et sur chacune des lanternes, sera répété à l'intérieur, sur une tablette en fer battu, fixée en face du voyageur.

Le numéro d'ordre des voitures de remise pourra, par exception, n'être apposé que sur l'un des panneaux de leur caisse et d'une manière inostensible.

Article 462. — Les numéros des voitures seront toujours entretenus en bon état; il est défendu de les cacher ou de les masquer. Aucune voiture ne pourra circuler, si l'un des numéros qu'elle doit porter fait défaut.

Article 463. — Aucun numéro, autre que celui donné par l'Administration municipale; aucuns avis non autorisés par le Maire ne pourront être apposés, soit à l'extérieur, soit à l'intérieur des voitures de place.

Article 464. — Toute voiture de place, pour laquelle un permis sera demandé, sera soumise à une vérification, afin de constater qu'elle est construite dans les dimensions et avec les conditions de solidité, de commodité et autres, nécessaires à sa destination.

Cette visite sera faite, à l'Hôtel-de-Ville, par les personnes que le Maire aura chargées de cette mission.

Article 465. — Le Maire délivrera ensuite, s'il y a lieu, un permis de circuler, qui indiquera le numéro et le nombre des places de la voiture.

Article 466. — Les voitures de place seront munies de deux lanternes, qui seront allumées, en toute saison, à la chute du jour, et ne devront être éteintes que lorsque la voiture sera rentrée chez le propriétaire.

Article 467. — Les voitures de place seront constamment tenues en bon état de solidité, de commodité et de propreté, tant à l'intérieur qu'à l'extérieur. Il en sera de même des harnais.

Elles seront lavées, chaque matin, avant leur sortie de l'établissement de l'entrepreneur ou du propriétaire.

Article 468. — Tous les six mois, du 1er au 15 juin et du 1er au 15 décembre, il sera fait, à l'Hôtel-de-Ville et par l'Agent que le Maire aura désigné à cet effet, une visite générale des voitures de place, de remise et de celles desservant les gares des chemins de fer et de leurs harnais, afin de constater s'ils continuent à remplir les conditions prescrites.

Il est expressément défendu de maintenir en circulation, dans l'intervalle de ces visites, les voitures et harnais qui cesseraient de répondre aux exigences du règlement.

Article 469. — Les entrepreneurs et propriétaires de voitures de place ne pourront employer, à la conduite de ces voitures, des chevaux entiers, vicieux, atteints de maladie, ou hors d'état de faire convenablement le service, pour quelque cause que ce soit.

Il est défendu de placer, sur les chevaux, des couvertures en cuir; celles qui existent seront immédiatement remplacées par des couvertures en laine, qui devront toujours être tenues en état de propreté et exemptes de déchirures apparentes.

Article **470**. — Sont assimilées aux voitures de place toutes celles qui font un service public et quotidien dans la ville de Rouen.

§ 2. — *Des Cochers.*

Article **471**. — Les entrepreneurs et propriétaires de voitures de place ne pourront employer que des cochers autorisés par le Maire à exercer cette profession.

Article **472**. — Lorsqu'ils prendront un cocher, et avant l'entrée de celui-ci en service, ils déclareront à la Mairie ses nom, prénoms, âge et lieu de naissance.

Le permis de conduire du cocher sera remis à l'entrepreneur.

Ce permis sera rapporté à la Mairie, quand le cocher quittera son service, dans les vingt-quatre heures de sa sortie. Cette pièce restera déposée, et il sera donné au cocher un bulletin de dépôt.

La date de l'entrée en service du cocher sera inscrite sur son permis, ainsi que celle de sa sortie.

Article **473**. — Les entrepreneurs ou propriétaires de voitures de place remettront, en outre, à la Mairie, le 1er de chaque mois, l'état nominatif de leurs cochers, portant les indications ci-dessus demandées et la date du permis de conduire.

Cet état sera relevé d'un registre sur lequel les entrepreneurs et propriétaires de voitures de place inscriront de suite les noms, prénoms et domiciles de leurs cochers, ainsi que le numéro de leur inscription à la Mairie.

Ils inscriront aussi, sur ce registre, les numéros des voitures confiées à chaque cocher, avec la date du jour.

Le dit registre sera représenté à toute réquisition des Agents de l'Autorité.

Article **474**. — Les entrepreneurs et propriétaires de voitures de place n'emploieront que des cochers dont la moralité leur sera connue et qui produiront des papiers de sûreté.

Ils seront civilement responsables des actes des dits cochers, en tout ce qui concerne leur service.

Ils devront faire comparaître immédiatement, devant l'Autorité compétente, le cocher prévenu de délit ou de contravention. S'ils ne le peuvent, ils en feront la déclaration dans les vingt-quatre heures, et remettront le permis de conduire à la Mairie.

Article **475**. — Aucun cocher de voiture de place ne pourra conduire, s'il n'est revêtu de la livrée suivante :

Tunique en drap bleu, pantalon couleur noisette, gilet en drap rouge, et chapeau ciré avec galon.

Toute voiture conduite par un cocher malpropre ou mal vêtu sera retirée immédiatement de la circulation, sans préjudice des poursuites à exercer contre lui pour la contravention.

Article 476. — Dans le cas où le Maire retirera à un cocher l'autorisation de conduire, le permis de ce dernier sera rendu à la Mairie par l'entrepreneur ou propriétaire de la voiture, dans les vingt-quatre heures de l'avis de cette mesure.

Article 477. — Les entrepreneurs et propriétaires de voitures observeront, en outre, toutes les dispositions du présent, en ce qui les concerne.

Les dispositions du présent § 2° sont aussi applicables aux cochers des voitures assimilées aux voitures de place par l'article 470.

TITRE II.

OBLIGATIONS SPÉCIALES IMPOSÉES AUX COCHERS DE VOITURES DE PLACE ET DE REMISE.

Article 478. — Nul ne pourra exercer la profession de cocher de voitures de place, de remise, ou desservant les gares des chemins de fer, sans en avoir obtenu, du Maire, l'autorisation.

Article 479. — Cette autorisation ne sera donnée qu'à des individus âgés de dix-huit ans au moins, et qui produiront : un certificat de capacité pour conduire, délivré par le Vétérinaire départemental; un certificat du Greffier du Tribunal civil, constatant qu'ils n'ont subi aucune condamnation judiciaire.

Article 480. — Sur la présentation de ces pièces, le Maire délivrera, s'il y a lieu, au cocher, un permis de conduire, portant le numéro d'ordre de son inscription sur un registre tenu à cet effet à la Mairie.

Article 481. — Le cocher entrant en service se pourvoira de ce permis, qui sera déposé entre les mains de l'entrepreneur dont il conduira la voiture.

Article 482. — Les cochers de voitures de place seront constamment porteurs :

1° D'un livret contenant les indications mentionnées à leur permis, ainsi que les règlements et tarifs des voitures de place;
2° Du permis de circulation et de station de la voiture;
3° Du laissez-passer de l'Administration des contributions indirectes ;
4° De cartes indiquant le numéro de la voiture et les tarifs qui lui sont applicables.

Les cochers présenteront ces pièces à toute réquisition des Agents de l'Autorité.

Ils communiqueront les règlements aux voyageurs qui le demanderont.

Ils remettront à toutes les personnes qu'ils conduiront, sans que celles-ci le demandent, et avant de fermer la portière, la carte indiquant le numéro de la voiture et les tarifs.

Les cochers des voitures de remise ne sont tenus d'être porteurs que de leur permis de conduire.

ARTICLE 483. — Le cocher, chargé de conduire une voiture, ne pourra la confier à qui que ce soit, ni se dessaisir des papiers indiqués à l'article précédent.

ARTICLE 484. — Il est rigoureusement enjoint aux cochers : de tenir leur livrée en bon état d'entretien et de propreté, de ne point conduire en blouse et de ne jamais ôter leurs habits, même durant les chaleurs.

Les entrepreneurs et propriétaires de voitures de place sont obligés de veiller à l'exécution de cette prescription.

ARTICLE 485. — Les cochers ne pourront se servir d'autre fouet, pour conduire, que de celui désigné sous le nom de *Fouet-Cravache*, à moins qu'il ne leur en soit imposé un autre par le Maire.

Il est expressément défendu aux cochers de voitures de place de manifester de l'impolitesse ou de la grossièreté envers le public.

Ils aideront les voyageurs, particulièrement les femmes et les enfants, à monter dans leurs voitures et à en descendre.

ARTICLE 486. — Les cochers demanderont aux voyageurs, lorsque ceux-ci descendront, s'ils n'ont rien oublié dans leur voiture; ils en visiteront immédiatement l'intérieur après chaque course et avant d'admettre d'autres voyageurs; ils remettront sur-le-champ, aux voyageurs, les objets que ceux-ci auraient oubliés.

Dans le cas où il leur serait impossible de le faire, ils déposeront les dits objets, dans les vingt-quatre heures, au bureau de police de la Mairie désigné à cet effet.

ARTICLE 487. — Les personnes qui auront à se plaindre d'un cocher, sont invitées à en donner connaissance au bureau de la police municipale, à la Mairie, en ayant soin d'indiquer le numéro de la voiture, ainsi que le jour, l'heure et le lieu auxquels elle aura été quittée.

ARTICLE 488. — Les cochers seront tenus d'admettre dans leurs voitures, savoir :

Dans les fiacres, six personnes;
Dans les citadines à deux bancs, quatre personnes;
Dans les coupés, trois personnes.

Deux enfants, de dix ans au plus, compteront pour une personne; les enfants de un à trois ans, portés sur les genoux, ne compteront pas.

Ils ne laisseront pas monter le public sur l'impériale.

ARTICLE **489**. — Les cochers ne seront pas tenus de recevoir des individus en état d'ivresse.

On ne pourra non plus les contraindre à laisser monter, dans leurs voitures, des animaux, ni à la charger de meubles, marchandises ou paquets d'un fort volume.

Il est fait exception pour les paquets et bagages des voyageurs, pourvu que le volume, la nature et le poids de ces objets permettent de les placer, soit dans l'intérieur, soit sur l'impériale, et ce, sans augmentation des prix du tarif.

ARTICLE **490**. — Les cochers devront relever ou abaisser les capotes de leurs voitures, sur la demande des voyageurs.

ARTICLE **491**. — Ils maintiendront l'intérieur de leurs voitures en bon état de propreté ; ils le débarrasseront, après chaque course, des ordures et de la poussière qui s'y seraient introduites.

ARTICLE **492**. — Il leur est interdit :

1° De laver leurs voitures, soit sur les lieux de station, soit sur tout autre point de la voie publique ;

2° D'accrocher leurs sacs à avoine ou musettes et leur fourrage à aucune partie extérieure de leurs voitures ; ils renfermeront ces objets dans les coffres ;

3° De conduire en état d'ivresse ;

4° De fumer, quand ils porteront des voyageurs dans leurs voitures ;

5° D'agiter leurs fouets, de manière à atteindre les passants ;

6° De dégrader les arbres des promenades et places publiques, par quelque moyen que ce soit ; d'en laisser arracher l'écorce par leurs chevaux, et enfin, de rien faire ou laisser faire qui soit nuisible à leur conservation ;

7° De passer sur les contre-allées des boulevards ni dans les parties de la voie publique interdites à la circulation des voitures en général.

ARTICLE **493**. — Les cochers prendront rang sur les places de station, et ils passeront aux avançages, au fur et à mesure et d'après l'ordre de leur arrivée.

ARTICLE **494**. — Ils seront tenus de marcher à toute réquisition du public, quel que soit le rang occupé par leurs voitures dans la file.

Ils devront également marcher, lorsqu'ils seront rencontrés à vide hors de la station et requis par un voyageur.

ARTICLE **495**. — Il leur est expressément défendu de mettre leurs voitures en double file, ou hors place ; de les faire stationner, lorsqu'elles ne sont pas gardées, sur d'autres points que les lieux de stationnement autorisés ; de gêner la circulation en se réunissant en groupes ; de troubler la tranquillité publique, soit par des disputes, cris, clameurs ou rixes, soit en faisant claquer leurs fouets.

Article **496**. — Sur les lieux de station, ils ne quitteront leurs voitures sous aucun prétexte; ils se tiendront sans cesse à la tête ou tout près de leurs chevaux. Il en sera de même lorsqu'ils attendront à la porte des particuliers ou des établissements publics.

Article **497**. — Les cochers des deux premières voitures de station ou d'avançages se tiendront sur leurs siéges.

Article **498**. — Il est permis aux cochers de faire manger et boire leurs chevaux aux lieux de stationnement.

Toutefois, cette faculté est interdite aux cochers des deux premières voitures, à moins qu'ils ne trouvent la place de station vide à leur arrivée.

Ils ne pourront le faire sur d'autres points de la voie publique et notamment aux avançages.

Néanmoins, les cochers gardés pourront faire manger l'avoine au lieu où ils attendront le voyageur. L'avoine sera, dans ce cas, contenue dans une musette attachée à la tête du cheval, que le cocher ne devra pas quitter.

Article **499**. — Ils devront se conformer au chapitre 1er du présent livre, en ce qui concerne le balayage des places de stationnement, en faisant ce balayage deux fois par jour, en mettant les boues et les fumiers en tas, afin que les banneliers puissent les enlever à leur passage, et en lavant à grande eau, après chaque balayage, les places par eux occupées.

Article **500**. — Les cochers ne devront jamais débrider entièrement leurs chevaux, lorsqu'ils leur donneront à boire ou à manger; ils leur enlèveront seulement le mors de la bouche.

Lorsqu'ils auront abreuvé leurs chevaux, ils ne pourront, dans aucune circonstance, jeter l'eau restant au fond du seau, de manière à atteindre les passants ou à nuire aux habitations riveraines; ils la verseront dans les ruisseaux.

Article **501**. — Il est défendu aux cochers de faire galoper leurs chevaux, dans quelque circonstance que ce soit;

De lutter de vitesse entre eux, ou avec d'autres cochers, lors même que les chevaux ne galoperaient pas;

De maltraiter abusivement leurs chevaux, et ce, sous les peines portées par la loi du 2 juillet 1850.

Article **502**. — Les voitures de place devront être habituellement conduites au trot, et sur le pied d'un parcours de dix kilomètres à l'heure.

Par exception, elles seront conduites au pas, dans les marchés, à la descente des ponts et généralement sur tous les points de la voie publique où il existera, soit des embarras, soit une pente rapide.

Article **503**. — Il leur est expressément défendu d'arrêter leurs voitures dans les carrefours, aux embranchements des rues et à la descente des ponts.

Lorsqu'ils s'arrêteront ou ralentiront leur marche, ils élèveront leur fouet, dans le but d'avertir les conducteurs de voitures ou de charrettes qui les suivraient.

ARTICLE 504. — Ils seront tenus de prendre respectivement la droite de la voie. Si un obstacle les en a fait dévier, ils devront reprendre ce côté, aussitôt que possible.

Toutes les fois que la largeur de la rue le permettra, ils feront marcher leurs voitures à un mètre de distance au moins des maisons ou des trottoirs.

Ils éviteront, autant que possible, de mettre les roues de leurs voitures dans le ruisseau.

Il leur est expressément défendu de faire passer les roues de leurs voitures et leurs chevaux sur les trottoirs.

ARTICLE 505. — Les cochers, dont les voitures seront retenues et stationneront dans une rue sans trottoirs, laisseront, entre leurs voitures et les maisons riveraines, un passage libre pour les piétons.

Ils ne stationneront jamais vis-à-vis d'une voiture déjà arrêtée du côté opposé, à moins que la rue n'ait douze mètres au moins de largeur, ni aux carrefours, embranchements et entrées de rues.

Lorsqu'une voiture, en arrivant devant une maison, y trouvera d'autres voitures y stationnant déjà, celles-ci devront lui faire place pour faire descendre ses voyageurs ; mais la voiture survenante ira ensuite se placer à l'arrière des autres voitures.

En toute circonstance, les cochers placeront leurs voitures de manière à ne pas entraver, et même à ne gêner que le moins possible la circulation.

Dans les rues trop étroites pour le passage simultané de deux voitures, ils ne devront rester devant les habitations que le temps nécessaire pour faire descendre ou monter leurs voyageurs, et, s'ils doivent attendre, ils iront se placer aux endroits où la largeur est plus grande.

ARTICLE 506. — Les cochers ne conduiront jamais ni ne feront stationner leurs voitures sur les contre-allées des boulevards, ni sur les parties des voies et promenades spécialement affectées aux piétons.

Ils ne pourront même traverser ces contre-allées, pour entrer dans les maisons riveraines, que sur les points où le sol de la traverse aura été disposé à cet effet.

ARTICLE 507. — Il leur est défendu de couper les convois, les processions, les détachements de troupes et les cortéges d'Autorités publiques.

ARTICLE 508. — Il est défendu aux cochers de quitter les rênes de leurs chevaux, lorsqu'ils seront aux lieux de station et d'attente, pour des réunions publiques, telles que spectacles, bals, concerts, etc., etc., soit à l'entrée, soit à la sortie.

ARTICLE 509. — Lorsqu'une cérémonie publique ou une réunion extraordinaire, de quelque nature qu'elle soit, spectacle, bal, etc., devra attirer sur le même point un certain nombre de voitures, une décision spéciale du Maire indiquera l'itinéraire et l'ordre que les cochers devront suivre.

Article 510. — Dans ces circonstances et habituellement aux abords des embarcadères des chemins de fer, des théâtres, spectacles, bals et autres lieux de divertissements publics, les cochers arriveront au pas, sur une seule file, par les rues désignées par la consigne de l'Autorité municipale.

Ils ne pourront quitter les rênes de leurs chevaux, pendant que les voyageurs descendront de leurs voitures ou qu'ils y monteront.

Ils maintiendront leurs voitures au pas et sur une seule file, jusqu'à ce qu'elles soient sorties des rues environnant les établissements ci-dessus désignés.

Il leur est expressément défendu d'interrompre ou de couper la file des voitures, à la sortie de ces mêmes établissements.

Article 511. — Les cochers de voitures de place observeront en outre toutes les dispositions qui vont suivre, en ce qui les concerne.

Article 512. — L'autorisation de conduire sera retirée par le Maire, soit temporairement, soit définitivement, aux cochers qui se rendront coupables d'impolitesse ou de grossièreté envers le public, qui auront suscité des plaintes, causé des accidents ou enfin qui auront contrevenu aux dispositions du présent.

Article 513. — En ce qui concerne les représentations ordinaires des théâtres, les cochers observeront les dispositions suivantes :

Article 514. — En aucun cas, les cochers n'arrêteront leurs voitures devant les théâtres durant les représentations.

Théâtre-des-Arts.

Article 515. — Les voitures qui amèneront des personnes au Théâtre-des-Arts, ne pourront les déposer en face du péristyle principal. Elles les feront descendre sur les trottoirs de la rue des Charrettes ou de la rue Grand-Pont. Elles éviteront, en partant, de passer devant le péristyle.

Article 516. — Les voitures destinées aux personnes qui sortent du Théâtre-des-Arts se rangeront, à compter de huit heures seulement, sur le quai longeant le cours Boïeldieu, à partir de la rue Grand-Pont jusqu'à la Bourse découverte, en laissant libre l'entrée des rues de la Comédie et Jacques Lelieur. La voiture formant tête de file restera à deux mètres de la rue Grand-Pont.

Article 517. — Les voitures entreront une à une seulement dans la rue Grand-Pont, et elles s'arrêteront avant d'arriver à l'angle de la façade de la salle; elles repartiront par la rue de la Savonnerie et pourront prendre ensuite toute direction. La voiture suivante ne pourra entrer dans la rue Grand-Pont qu'après le départ de celle qui l'aura précédée.

Article 518. — Les voitures arrivant par la rue des Charrettes, au moment où le spectacle finit, se rendront sur le quai par les rues Jacques Lelieur ou de la Comédie ; celles qui descendent par la rue Grand-Pont suivront les rues Potard ou du Fardeau. Celles de ces voitures qui seront destinées pour la sortie du spectacle, se rangeront à la file le long du cours Boïeldieu.

Article 519. — Les omnibus, attendant les personnes sortant du spectacle, stationneront sur la place des Arts.

Théâtre-Français.

Article 520. — Les voitures qui amèneront des personnes au Théâtre-Français, s'arrêteront avant d'arriver au péristyle de la salle ; elles les déposeront sur les trottoirs et repartiront sans pouvoir passer devant le théâtre.

Les voitures attendant la sortie de ce spectacle stationneront sur le côté ouest de la place du Vieux-Marché, le long des halles couvertes ; elles pourront s'avancer au départ jusqu'à la maison contiguë à la salle ; elles retourneront sur elles-mêmes, sans passer devant le théâtre.

TITRE III.

DES LIEUX DE STATION DES VOITURES DE PLACE.

Article 521. — Sont désignés, comme places de station, pour les voitures de place, les lieux ci-après :

1° Place de l'Hôtel-de-Ville ; les fiacres se tiendront sur le côté sud, et les citadines sur le côté ouest de la place ;
2° Place de la Pucelle ;
3° Place Henri IV ;
4° Quai Napoléon, le long des deux rampes du Pont de pierre, en amont et en aval ;
5° Quai d'Elbeuf, le long de la grille de la gare du chemin de fer ;
6° Place de l'église Saint-Sever ;
7° Rue de la Rochefoucauld, le long de la grille de la gare du chemin de fer ;
8° Place des Carmes, côté nord ;
9° Places Cauchoise et Beauvoisine ;

10° Quai du Mont-Riboudet, à partir du boulevard Cauchoise ;
11° Quai Napoléon, en face du corps-de-garde du Pont suspendu.

ARTICLE 522. — Le nombre des voitures qui pourront stationner aux lieux ci-dessus désignés, sera déterminé par les ordres de service du Maire, suivant les besoins de la circulation.

ARTICLE 523. — Les voitures de place pourront stationner, aux lieux indiqués, dès six heures du matin en été, et dès huit heures du matin en hiver; elles devront rester jusqu'à minuit, en toute saison, en tant qu'elles ne seront pas occupées.

ARTICLE 524. — Il est défendu à tous cochers de stationner en d'autres lieux que ceux désignés ci-dessus; d'y demeurer en plus grand nombre que celui qui leur sera prescrit; de raccoler les passants, et de marcher au pas ou de faire exécuter à leur voiture un va-et-vient dans le même but.

TITRE IV.

DU DROIT DE STATIONNEMENT.

ARTICLE 525. — Les entrepreneurs et propriétaires de voitures de place paieront à la Ville le droit de stationnement, tel qu'il est fixé par la délibération du Conseil municipal du 12 avril 1842, savoir :

1° Pour chaque fiacre, citadine ou cabriolet à deux chevaux, regardé comme occupant 12 mètres carrés de terrain, la somme de **50 francs** par an:

2° Pour chaque voiture attelée d'un seul cheval, regardée comme occupant 9 mètres carrés de terrain, la somme de **30 francs** par an.

ARTICLE 526. — Ce droit sera versé, à la caisse municipale, par trimestre et d'avance. Le trimestre commencé sera acquis en entier à la Ville, lors même que la voiture serait retirée de la circulation avant l'expiration de ce terme.

ARTICLE 527. — En cas de refus ou de retard de paiement du droit de stationner, le permis de la voiture sera retiré.

TITRE V.

TARIF DU PRIX DES COURSES DANS LES VOITURES DE PLACE.

ARTICLE 528. — Le prix du transport, dans les voitures de place, continuera provisoirement à être payé, soit à la course, soit à l'heure.

§ 1er. — **Tarif pour l'intérieur de la Ville.**

ARTICLE **529.** — Le tarif pour *l'intérieur de la ville*, c'est-à-dire pour tout le territoire compris dans les limites communales, lesquelles sont ordinairement marquées par les poteaux de l'octroi, y compris le cimetière monumental, est fixé ainsi qu'il suit :

DÉSIGNATION DES VOITURES.	DE 6 HEURES DU MATIN A MINUIT.		DE MINUIT A 6 HEURES DU MATIN.		OBSERVATIONS.
	A LA COURSE.	A L'HEURE.	A LA COURSE.	A L'HEURE.	
Grands Fiacres à six places, attelés de deux chevaux.	1 fr. 50 c.	2 fr.	3 fr.	4 fr. 1re hre. 3 fr. heures suivantes.	Il n'est rien dû au Cocher pour le retour à la station.
Coupés, petits Fiacres à quatre places, Citadines, Cabriolets à un ou deux chevaux.	1 fr. 40 c.	1 fr. 75 c. sans distinction.	2 fr. 50 c.	3 fr.	

§ 2. — **Tarif pour la Ville & la Banlieue.**

ARTICLE **530.** — Aucunes voitures de place ne seront autorisées qu'à la condition de conduire les voyageurs dans la banlieue, lorsque les cochers en seront requis. — La Banlieue comprend les localités indiquées dans le tableau ci-après :

ARTICLE **531.** — Les courses, pour aller de Rouen dans les communes de la Banlieue, seront soumises au Tarif suivant :

DÉSIGNATION DES VOITURES.	PRIX A L'HEURE pour toute la Banlieue.	PRIX DE LA COURSE (Retour à vide compris).				OBSERVATIONS.
		Sotteville, Avenue de Caen (jusqu'au Rond-Point), Petit-Quevilly, La Mi-Voie.	Mont-aux-Malades, Déville, Bapeaume, Darnétal, Boisguillaume, Bonsecours.	Quatre-Mares, Saint-Aignan, Croisset.	Mesnil-Esnard Maromme, Canteleu, Grand-Quevilly, Dieppedalle, Saint-Étienne-du-Rouvray.	
FIACRES......	2 fr. 50 c.	3 fr.	3 fr. 50 c.	4 fr.	4 fr. 50 c.	
CITADINES......	2 »	2	2 50	3	3 50	

Article **532**. — Les prix de ces tarifs ne pourront être surélevés en aucun cas, ni aucun jour de l'année, sous quelque prétexte que ce soit.

Toutefois, le prix des locations à la journée continuera d'être réglé de gré à gré, entre le public et les cochers.

Article **533**. — Le cocher pris à l'heure, pour *l'intérieur de la ville*, aura toujours droit au prix entier de la première heure. Mais le reste du temps sera payé par quarts-d'heure, suivant la durée de l'occupation de la voiture. Le quart-d'heure commencé sera acquis au cocher.

Article **534**. — Le cocher pris à l'heure, *pour la banlieue*, aura droit au prix de deux heures entières, quand il sera requis pour le Mesnil-Esnard, Maromme, Canteleu, Grand-Quevilly, Dieppedalle et Saint-Étienne-du-Rouvray, et seulement au prix d'une heure pour les autres localités. Le surplus du temps d'occupation de la voiture sera compté par quarts-d'heure, ainsi qu'il est dit ci-dessus.

Si le voyageur arrivé à destination dans la *banlieue* renvoie la voiture à vide, il paiera, pour le retour, le prix d'une demi-heure.

Article **535**. — Les cochers ne seront pas tenus de passer les limites de la ville, pour se rendre dans la *banlieue*, après dix heures du soir en été (du 1er avril au 1er octobre) et neuf heures en hiver (du 1er octobre au 1er avril). Si les cochers consentent néanmoins à conduire après ces heures, le prix sera réglé de gré à gré entre eux et les voyageurs.

Article **536**. — Le cocher requis à Rouen pour l'extérieur, recevra le prix du tarif de la banlieue pour toute la durée du service.

Si, après avoir fait des courses à l'intérieur, il est requis de se rendre dans la banlieue, il aura droit au tarif de l'intérieur pour les premières courses, et à celui de l'extérieur pour les secondes.

En conséquence, le cocher devra faire constater l'heure par le voyageur, au moment où celui-ci lui donnera l'ordre de partir pour la banlieue.

Article **537**. — Le cocher qui sera pris, soit sur une station de voitures, soit sur tout autre point de la voie publique, pour aller charger à domicile, sera tenu de marcher à la course, s'il en est requis, quel que soit l'éloignement de ce domicile.

Article **538**. — Lorsqu'un cocher aura été requis pour charger à domicile et marcher à l'heure, le prix de l'heure lui sera compté à partir de son arrivée à la porte du voyageur.

Article **539**. — Le cocher requis pour charger à domicile et marcher à la course, sera néanmoins payé à l'heure, s'il perd plus de quinze minutes pour se rendre au domicile du voyageur et l'y attendre, et le temps de service lui sera compté du moment de son arrivée à la porte de ce dernier.

Article **540**. — Le cocher appelé pour charger à domicile et qui sera renvoyé sans être utilisé, recevra, à titre d'indemnité de déplacement, le prix d'une demi-course, d'après le tarif de l'intérieur.

Article **541**. — Il est enjoint aux cochers de demander aux personnes qui prennent leurs voitures, si elles entendent être conduites à la course ou à l'heure.

Néanmoins, le voyageur qui aura pris la voiture pour marcher à la course, pourra, avant d'arriver à destination, demander à être conduit à l'heure ; dans ce cas, le cocher n'aura droit qu'à une demi-course pour le trajet déjà effectué, et au tarif de l'heure à partir du nouvel ordre donné.

Article **542**. — Les personnes qui prendront une voiture de place à l'heure, auront le droit d'indiquer l'itinéraire que le cocher devra suivre.

Le cocher pris à la course suivra le chemin le plus court ou le plus facile ; il ne pourra en être détourné qu'à la condition d'être payé à l'heure.

Mais il ne pourra refuser de prendre ou déposer, sans se détourner de son chemin, une ou plusieurs personnes, quoique payé à la course.

Article **543**. — Tout cocher pris avant minuit n'aura droit qu'aux prix du tarif de jour, quand il n'arriverait à destination qu'après minuit.

Celui qui aura été pris avant six heures du matin, et qui n'arriverait à sa destination qu'après cette heure, aura droit néanmoins aux prix du tarif de nuit.

Article **544**. — Le cocher pris avant minuit, mais qui aura été gardé pour plusieurs courses, ou pendant plusieurs heures après minuit, sera payé d'abord au tarif de jour, et ensuite au tarif de nuit, pour les courses et les heures qui commenceront après minuit.

Le cocher pris avant six heures du matin, sera payé, d'abord au tarif de nuit, et ensuite au tarif de jour, pour les courses et les heures qui commenceront après six heures.

Article **545**. — Les cochers se feront payer d'avance, lorsqu'ils conduiront des personnes aux théâtres, spectacles, bals, concerts, gares de chemins de fer et autres lieux de réunions et divertissements publics.

Ils sont autorisés à se faire payer immédiatement, si les personnes conduites descendent à l'entrée d'un jardin public, ou de tout autre lieu dont on peut sortir par plusieurs issues.

Article **546**. — Les tarifs applicables à chaque voiture seront portés sur une plaque mobile en zinc, qui devra être constamment suspendue dans l'intérieur de la voiture.

Dès que cette plaque aura subi la moindre altération, elle sera remplacée.

TITRE VI.

DISPOSITIONS TRANSITOIRES.

Article **547**. — Les autorisations de voitures de place, données depuis le 25 février 1864, sont provisoirement maintenues.

Article **548**. — Les voitures de place en activité seront préalablement visitées, afin de reconnaître si elles remplissent les conditions exigées par le présent; il ne leur sera délivré d'autorisation nouvelle qu'après qu'elles auront été reconnues en état de solidité et de propreté convenables.

Article **549**. — Il sera immédiatement procédé au renouvellement du numérotage des voitures de place, et ce, aux frais de leurs propriétaires.

Le nouveau numéro sera donné par le Maire.

Article **550**. — Les cochers de voitures de place devront se pourvoir immédiatement de permis de conduire, délivrés conformément aux dispositions du présent.

TITRE VII.

DISPOSITIONS GÉNÉRALES.

Article **551**. — Il sera placé, dans chaque voiture de place, un extrait imprimé du présent règlement, contenant toutes les dispositions qui seront indiquées par l'Administration comme intéressant le public.

Le cocher devra présenter cet extrait à toute réquisition des personnes qui feront usage de sa voiture.

Article **552**. — En cas d'infraction aux dispositions du présent, le permis de circulation et de station de la voiture de place pourra être retiré, soit temporairement, soit définitivement, ainsi que le permis de conduire du cocher.

Les voitures et les chevaux qui ne rempliraient pas les conditions prescrites par le présent seront mis en fourrière.

Article **553**. — Les contestations qui pourraient s'élever sur l'application du tarif des droits de stationnement, ou sur la quotité des droits exigés par le Receveur municipal, seront portées devant le Juge-de-Paix dans l'arrondissement duquel siège l'Administration municipale, à quelque somme que ce droit puisse s'élever, pour être par lui jugées sommairement et sans frais, soit en dernier ressort, soit à la charge de l'appel, suivant la quotité du droit réclamé.

En ce cas, l'entrepreneur ou propriétaire de la voiture sera tenu de consigner, entre les mains du Receveur, le droit exigé; il ne pourra être entendu qu'en rapportant au juge, qui devra en connaître, la quittance de la dite consignation (1).

Article **554**. — Les contraventions aux dispositions du présent seront constatées et poursuivies conformément aux lois.

---

(1) Art. 13 et 14 de la loi du 27 frimaire an VIII; — Décision de M. le Ministre de l'intérieur, du 7 janvier 1842.

Il sera d'ailleurs pris, à l'égard des contrevenants, telles autres mesures administratives qu'il appartiendra, et ce, sans mettre obstacle aux poursuites à exercer devant les tribunaux.

CHAPITRE X.

DE LA POLICE DES COURS DES GARES ET DES STATIONS DE CHEMINS DE FER.

Article 555. — Sont rappelées comme complément aux cinq sections du chapitre précédent, les dispositions du règlement arrêté par M. le Sénateur, Préfet de la Seine-Inférieure, le 21 novembre 1866, pour la police des cours des gares et stations de chemins de fer; ces dispositions sont ainsi conçues :

« *Nous, Sénateur, Préfet du département de la Seine-Inférieure, Grand-Officier de* » *l'Ordre impérial de la Légion d'honneur, etc.*

» Vu l'article 1er de l'ordonnance du 15 novembre 1846 sur la police, la sû-
» reté et l'exploitation des chemins de fer ;
» Vu la loi du 15 juillet 1845 sur la police des chemins de fer ;
» Vu la circulaire ministérielle du 19 août 1865 ;
» Vu le projet de règlement proposé par M. l'Ingénieur en chef du contrôle
» pour la police des cours dépendant des gares et stations comprises dans la
» traversée du département de la Seine-Inférieure ;
» La Compagnie entendue,

» ARRÊTONS CE QUI SUIT :

» TITRE Ier. — Gares et Stations de Voyageurs.

» I. Les cours des gares et stations seront ouvertes une demi-heure, au
» moins, avant le départ ou l'arrivée du premier train du matin. Elles
» pourront être fermées après le départ ou l'arrivée du dernier train du
» soir.
» II. Partout où cela sera jugé nécessaire, les lieux de stationnement des
» différentes sortes de voitures, telles que diligences à diverses destinations,
» voitures de messageries, omnibus, fiacres, voitures à volonté, voitures
» particulières, seront désignés par le Chef de gare, de concert avec le
» Commissaire de surveillance administrative. A défaut de concert, l'Ingé-
» nieur en chef du contrôle statuera.
» III. La mendicité et toute sollicitation importune pour l'indication
» d'hôtels, pour transport de bagages, pour offres de service, etc., sont
» interdites dans les cours des gares et stations, et, en général, dans toutes
» les dépendances du chemin de fer.

» Ceux qui troubleront l'ordre par des cris, des injures, des rixes ou par
» des attroupements gênant la circulation, seront poursuivis conformément
» aux lois.

» IV. A l'exception des voyageurs et des personnes qui les servent ou qui
» les accompagnent, les préposés de la Compagnie et les agents des services
» de correspondance agréés par elle, peuvent, seuls, prendre et porter les
» bagages des voitures à l'intérieur de la station, et de l'intérieur de la
» station aux voitures. Aucune rétribution ne devra être exigée pour ce
» service.

» Les cochers ne pourront quitter leurs chevaux, pour s'occuper des ba-
» gages, qu'en se conformant aux dispositions de l'article suivant.

» V. Les voitures qui entrent dans les cours des gares et stations doivent
» y circuler avec prudence et n'y stationner que sur les emplacements in-
» diqués. Quand plusieurs voitures arrivent ou partent en même temps,
» elles doivent prendre la file sans essayer de se dépasser.

» Il est interdit à tous charretiers, cochers ou postillons de voitures pu-
» bliques ou particulières, en stationnement dans ces cours :

» 1° De quitter leurs chevaux, à moins qu'ils ne soient solidement atta-
» chés ou tenus à la main, ou à moins que les roues de leur voiture ne
» soient maintenues au moyen d'une chaîne ou d'une forte corde les reliant
» à la caisse ;

» 2° De débrider entièrement leurs chevaux pour leur donner à boire ou à
» manger; ils peuvent seulement leur enlever le mors de la bouche, et ils
» doivent alors se tenir à leur tête.

» VI. Les diligences et les voitures de messageries porteront, sur les côtés
» extérieurs, l'inscription apparente des localités qu'elles desservent et le
» nom de leurs propriétaires.

» Il en sera de même des omnibus, qui porteront également à l'extérieur
» l'inscription de leur service.

» VII. A l'intérieur de chaque compartiment de voiture publique, seront
» inscrits, d'une manière très-apparente, le nombre de places qu'il comporte,
» le prix de chacune d'elles, ainsi que celui du transport des bagages.

» Si le transport des voyageurs ou de tout ou partie des bagages a lieu
» gratuitement, un avis constamment affiché dans la voiture doit faire con-
» naître cette gratuité aux voyageurs.

» VIII. Les cochers ou conducteurs de voitures publiques devront por-
» ter un uniforme ou tout autre signe distinctif.

» TITRE II. — GARES DE MARCHANDISES.

» IX. L'entrée des gares de marchandises n'est permise qu'aux expédi-
» teurs, destinataires et autres personnes venant pour affaires concernant
» le service du chemin de fer.

» Ne seront admises dans les cours de ces gares que les voitures venant y

» prendre ou y laisser leur chargement, et celles des personnes ci-dessus
» mentionnées.

» X. Pour le stationnement, le chargement et le déchargement, les voi-
» tures se placeront le long des quais ou des voies de débord, de la manière
» et sur les points qui seront déterminés par la Compagnie.

» XI. Les animaux, à l'arrivée ou au départ, devront entrer ou sortir par
» la barrière désignée par le Chef de gare.

» L'entrée des gares, pour les animaux, ne peut être requise, par les expé-
» diteurs, qu'une demi-heure au plus avant le moment où doit commencer
» le chargement.

» Il est interdit d'introduire, dans les gares, des animaux vicieux, dange-
» reux ou malades, qui pourraient compromettre la sécurité publique ou la
» santé des autres animaux à transporter par le chemin de fer.

» TITRE III. — DISPOSITIONS GÉNÉRALES.

» XII. Après le coucher du soleil, toutes les voitures qui entreront dans
» les gares ou stations, devront être éclairées.

» XIII. Toute infraction au présent arrêté, rendu en exécution de l'ar-
» ticle 1er sus-visé de l'ordonnance du 15 novembre 1846, sera réprimée con-
» formément à l'article 21 de la loi du 15 juillet 1845.

» XIV. Notre arrêté du 30 janvier 1850, réglant la police des cours de la
» gare du Havre, nos arrêtés des 1er septembre 1852 et 15 octobre 1853,
» réglant la police des cours des gares et stations situées dans le départe-
» ment de la Seine-Inférieure sont rapportés.

» Sont également rapportés tous arrêtés antérieurs concernant l'admission
» des voitures publiques, voitures à volonté, commissionnaires, etc., dans
» les dites cours.

» XV. Le présent arrêté sera soumis à l'approbation de Son Exc. le Mi-
» nistre de l'Agriculture, du Commerce et des Travaux publics. Il sera
» constamment affiché aux frais de la Compagnie dans les cours des gares et
» stations et dans les salles d'attente.

» XVI. Les Commissaires de surveillance administrative, les agents as-
» sermentés de la Compagnie et la gendarmerie sont chargés, chacun en ce
» qui le concerne, de l'exécution du présent arrêté, dont ampliation sera
» transmise à l'Ingénieur en chef du contrôle, au Directeur de la Compagnie
» et au Commandant de gendarmerie.

» Rouen, le 21 novembre 1856.

» *Le Sénateur, Préfet* : E. LE ROY.

Le présent arrêté a été approuvé par décision de Son Exc. le Ministre de l'Agriculture, du Commerce et des Travaux publics, en date du 6 février 1867.

CHAPITRE XI.

DE LA POLICE DES BOULEVARDS, PLACES ET PROMENADES PUBLIQUES (1).

Dispositions arrêtées pour prévenir tout ce qui pourrait porter atteinte à la sûreté des personnes qui fréquentent les Promenades publiques de cette ville et pour mettre un terme aux dégradations qui s'y commettent.

ARTICLE 556. — L'accès de toutes les parties des boulevards et promenades publiques, comprises entre la chaussée ou les accotements de cette chaussée, aux endroits où le ruisseau n'est pas placé près d'une bordure de trottoir, et les propriétés riveraines, est interdit aux voitures attelées ou conduites à bras et aux vélocipèdes, ainsi qu'aux chevaux, bêtes de somme, bestiaux et autres animaux pouvant nuire à la sécurité ou à la tranquillité des piétons.

ARTICLE 557. — Par exception à la disposition précédente :
1° Les petites voitures à bras et chaises roulantes servant à la promenade des enfants et des malades pourront suivre les contre-allées.
2° Les voitures ordinaires pourront traverser ces contre-allées pour arriver aux portes des maisons bordant les boulevards.

ARTICLE 558. — Les propriétaires ou locataires qui voudront user de l'exception portée au n° 2 de l'article précédent, devront, préalablement, faire paver ou asphalter, à leurs frais, après en avoir demandé et obtenu l'autorisation de l'Administration municipale, un passage partant de la chaussée et conduisant, perpendiculairement, à leurs portes-cochères.

L'entretien en bon état de ces passages restera à la charge des propriétaires des immeubles auxquels ils conduiront, et ils devront leur faire subir, à leurs frais, toutes les modifications de nivellement qui pourront leur être prescrites ultérieurement.

ARTICLE 559. — Il est aussi défendu :
1° De traverser dans aucun sens l'esplanade du Champ-de-Mars, même d'y pénétrer avec des voitures attelées ou traînées à bras, avec des carrioles ou des brouettes ;
2° D'attacher des chevaux, vaches ou autres animaux, aux arbres qui sont plantés sur les boulevards, promenades et places ;
3° Aux mariniers d'amarrer leurs bateaux aux arbres du Grand-Cours.

ARTICLE 560. — Défenses sont faites également de jeter des pierres, des bâtons ou autres objets dans les arbres des places, boulevards et promenades ; de monter sur ces arbres, de les secouer, d'y attacher des cordes,

---

(1) Lois de 1790 et 1837.

de les écorcer, de les couper en tout ou en partie, de les mutiler en enlevant des branches ou en faisant des incisions dans le tronc, et enfin de les dégrader ou de les détruire par quelque moyen que ce soit (1).

Article 561. — Il est interdit d'enlever, sur les promenades publiques, des fruits, du gazon, de la terre ou des pierres; de couper l'herbe ou les racines qui périssent à la surface du sol; de creuser ou détériorer en aucune manière la voie publique; de dégrader les banquettes, palissades, poteaux et écriteaux placés par ordre de l'Autorité, et de combler les fossés faits au pied des arbres nouvellement plantés.

Article 562. — Sont expressément interdits tous travaux, dépôts de terre et cailloux, qui auraient pour objet de modifier les profils des places, boulevards et promenades publiques, de combler ou former des fossés, de changer les ruisseaux et de modifier l'écoulement des eaux.

Article 563. — Il est également défendu de déposer, sur ces mêmes promenades et places, des gravois, immondices, fumiers, terres, matériaux quelconques, et d'y faire aucune ordure.

CHAPITRE XII.

DE LA POLICE DES JARDINS PUBLICS (2).

Article 564. — Les jardins appartenant à la Ville seront ouverts au public tous les jours, sans exception, savoir :

DÉSIGNATION DES JARDINS.	HEURES D'OUVERTURE	
	du 1er avril au 30 septembre.	du 1er octobre au 31 mars.
De l'Hôtel-de-Ville	6 hres du matin.	7 hres du matin.
De Sainte-Marie	6 — id.	8 — id.
De Solferino	8 — id.	9 — id.
De Saint-André	8 — id.	9 — id.
De Saint-Paul	8 — id.	9 — id.
De Trianon	7 — id.	7 — id.

(1) Arrêt de règlement du Parlement de Normandie, du 20 novembre 1691, et articles 445 et suivants du Code pénal.

(2) Lois de 1790 et 1837.

Ils ne seront fermés qu'à la chute du jour.

Le jardin de Sainte-Marie restera même ouvert jusqu'à la fermeture des cours professés dans les institutions renfermées dans son enceinte ; mais, pendant les vacances et lorsque les cours ne seront pas en activité, ce jardin sera fermé, comme les autres, à la chute du jour.

Article 565. — L'Ecole de botanique du jardin de Trianon sera ouverte au public, tous les jours non fériés : du 1er novembre à la fin de février, depuis huit heures du matin jusqu'à quatre heures du soir; pendant les mois de mars, avril, septembre et octobre, de sept heures du matin à cinq heures du soir; et pendant les mois de mai, juin, juillet et août, depuis sept heures du matin jusqu'à sept heures du soir.

Les dimanches et fêtes, elle ne sera ouverte que depuis huit heures du matin jusqu'à midi.

Article 566. — L'Ecole des arbres fruitiers du dit jardin sera ouverte tous les jours de la semaine, de sept heures du matin jusqu'à la chute du jour, lorsqu'elle arrivera avant sept heures du soir, et seulement jusqu'à sept heures, lorsque le jour se prolongera au-delà.

Les dimanches où il y aura cours d'arboriculture, elle ne sera même ouverte au public que de quatre à six heures du soir, et elle sera toujours fermée à la chute du jour, lorsque le soleil devra se coucher avant six heures.

Cette Ecole sera fermée au public à l'époque de la vente et de la récolte des fruits, et pendant ce temps, on ne pourra y entrer, pour la visiter ou y prendre les fruits achetés, qu'accompagné du jardinier spécial.

Article 567. — L'entrée dans les jardins publics, ainsi que dans les différentes écoles du jardin de Trianon, pourra être interdite d'une manière absolue, dans les jours de dégel et pendant les pluies continuelles.

Cette disposition ne sera pas applicable à la partie du jardin de Sainte-Marie qui donne accès aux différents cours professés dans son enceinte.

Article 568. — Nul ne pourra séjourner dans les dits jardins après l'heure fixée pour la fermeture, qui sera annoncée, soit par le tambour, soit par le son d'une cloche ou par tout autre mode.

Article 569. — L'entrée des jardins publics est interdite aux individus en état d'ivresse ou ayant une mise ou une tenue qui ne serait pas décente.

Elle sera refusée aux enfants âgés de moins de dix ans qui ne seraient pas accompagnés de personnes capables de les empêcher de commettre des contraventions au présent.

Article 570. — Il est défendu :

1° D'introduire des chiens dans les jardins publics, même pour les traverser seulement, à moins qu'ils ne soient muselés et conduits en laisse ;

2° D'y conduire des chevaux et des voitures et de les parcourir avec des vélocipèdes ;

3° De les traverser et même d'y pénétrer avec des paniers, fardeaux, voitures à bras, brouettes, bards, éventaires, échelles, planches, branches d'arbres et autres objets volumineux de nature à gêner la circulation dans les allées ou à incommoder les promeneurs;

Cette défense ne s'applique pas aux petits paniers, corbeilles ou sacs à usage des dames, ni aux objets destinés pour les dits jardins ou pour les personnes qui habitent leur enceinte;

4° De marcher sur les pièces de gazon, ainsi que sur les endroits cultivés;
5° De détériorer les bordures de gazon ou autres, ainsi que les allées;
6° De faire des immondices dans quelque partie que ce soit des jardins;
7° De rien jeter dans les bassins ou pièces d'eau;
8° De se livrer, dans les dits jardins, à des jeux ou exercices dont il pourrait résulter des accidents ou des avaries;
9° De monter sur les bancs ou siéges, sur les bordures en fonte, sur les murs d'appui des grilles, ainsi que sur ceux de clôture, de se suspendre à ces grilles et aux barrières, soit intérieurement soit extérieurement;
10° De déplacer les siéges fixes et de les dégrader, ainsi que tous autres objets existants dans les dits jardins;
11° De jeter, du dehors dans les jardins ou des jardins au dehors, des pierres ou autres objets capables de blesser les personnes ou de détériorer les plantes, arbres ou arbustes;
12° De détériorer les monuments et constructions qui existent dans les jardins ou qui les bordent, et de lancer, contre ces monuments, des pierres ou autres objets capables de les endommager;
13° De toucher aux arbres, de cueillir des feuilles, des fleurs, des fruits ou des graines dans les dits jardins;
14° De couper ou arracher des plantes, des semis ou des branches d'arbres ou arbustes;
15° De déranger les étiquettes placées au pied des plantes ou aux branches des arbustes, ainsi que les instruments aratoires ou autres effets des jardiniers ou des ouvriers attachés aux jardins.

ARTICLE **571**. — Il est interdit, spécialement aux élèves des cours professés à Sainte-Marie et au parc de Trianon, de pousser des cris, de chanter, de courir et de se livrer à des jeux bruyants, soit à l'entrée, soit à la sortie des cours.

ARTICLE **572**. — Les serres du jardin de Trianon pourront être visitées par le public, en s'adressant au Directeur, et en son absence, au jardinier, chef des serres.

ARTICLE **573**. — Les gardes des jardins ne laisseront emporter ni branches, ni bouquets, ni aucun objet provenant des jardins; il n'est fait d'exception que pour le jardin de Trianon, lorsqu'il y aura une permission expresse du Directeur.

Ils devront, ainsi que tous les employés des dits jardins, veiller et concourir aux mesures de conservation et ils seront personnellement responsables des dégâts, lorsqu'il aura été constaté qu'ils auraient pu les empêcher, ou qu'ils auraient abandonné la surveillance de leur service.

Article 574. — Toute personne qui contreviendrait aux dispositions ci-dessus ou qui aurait commis des dégradations ou des détériorations dans les jardins publics, serait sur-le-champ expulsée de l'établissement où la contravention aurait été commise, sans préjudice des poursuites qui pourraient être exercées contre elle, conformément à la loi.

Article 575. — Les père et mère, les tuteurs et instituteurs seront responsables des dégâts que leurs enfants, pupilles et élèves pourront occasionner.

Article 576. — Les personnes qui occuperont des chaises ou des fauteuils dans les jardins publics, paieront la rétribution accordée à ceux autorisés à les louer, conformément aux tarifs fixés à cet égard.

Article 577. — Les concierges et gardiens veilleront journellement au bon ordre, dans les jardins publics, et à l'exécution des dispositions ci-dessus; ils constateront toutes les infractions qui seront commises. Le garde du parc de Trianon en préviendra le Directeur de l'établissement, et tous, le cas échéant, devront en faire un rapport au Maire, qui fera poursuivre les délinquants.

Article 578. — S'il se commettait quelque délit d'une nature grave dans les jardins, les gardiens en préviendraient immédiatement l'Autorité municipale, et le gardien du parc de Trianon, en ce qui concerne ce jardin, en donnerait aussi connaissance au Directeur.

Article 579. — Les gardiens des jardins publics adresseront au Maire, chacun séparément, le samedi de chaque semaine, un rapport sur leur service.

Pareil rapport sera adressé, aussi chaque samedi, au Directeur du parc de Trianon, par le garde de ce parc.

LIVRE III.

Des Industries & Établissements dangereux, etc.	**De la fidélité du débit des Denrées et Comestibles & de leur salubrité.**
Des Cafés & Débits de boissons.	**De la Police des Marchés.**
De la Tranquillité publique.	**Des Objets perdus & trouvés.**
Des Mesures concernant les Incendies.	**De diverses Industries & Professions.**
Des Baigneurs & des Patineurs.	

CHAPITRE Ier.

DES CHAUDIÈRES A VAPEUR, — DES DÉPOTS DE PÉTROLE ET D'ALLUMETTES CHIMIQUES, DES ÉTABLISSEMENTS DE TIR ET DES CARRIÈRES.

SECTION 1re.

Prescriptions relatives à l'établissement des Chaudières à vapeur (1).

ARTICLE **580**. — Toute personne qui fait établir des chaudières à vapeur et en fait usage, doit se conformer, pour l'emplacement, la construction, l'exploitation et pour les dispositions à prendre à ce sujet, à toutes les obligations et prescriptions contenues dans le décret impérial du 25 janvier 1865.

ARTICLE **581**. — Les industriels qui font usage de machines et chaudières à vapeur, doivent, en outre, se conformer, pour l'écoulement des eaux de leurs établissements, à ce qui a été prescrit à ce sujet au livre Ier ci-dessus. (Article 226.)

---

(1) Lois de 1790 et 1837; — Décret du 25 janvier 1865.

SECTION 2º.

Des Dépôts de Pétrole, etc. (1).

Article 582. — Le pétrole et ses dérivés, les huiles de schiste et de goudron, les essences et autres hydrocarbures pour l'éclairage, le chauffage, la fabrication des couleurs et vernis, le dégraissage des étoffes, ou pour tout autre emploi, ne peuvent être fabriqués, emmagasinés, ou déposés chez les personnes qui en font commerce, sans qu'au préalable toutes les formalités et prescriptions indiquées au décret impérial du 18 avril 1866 aient été remplies.

Article 583. — Les marchands en détail de ces substances, à savoir :
Ceux dont l'approvisionnement est limité à cinq litres de la première catégorie indiquée au décret, laquelle comprend les matières très-inflammables émettant, à une température moindre de trente-cinq degrés du thermomètre centigrade, des vapeurs susceptibles de prendre feu au contact d'une allumette enflammée,

Et ceux dont l'approvisionnement est limité à soixante litres des substances classées dans la deuxième catégorie, comprenant celles qui n'émettent de vapeurs susceptibles de prendre feu au contact d'une allumette enflammée qu'à une température égale ou supérieure à trente-cinq degrés,

Sont tenus de se conformer aux dispositions suivantes :

1º Le local du dépôt ne peut être qu'une pièce au rez-de-chaussée ou une cave;

2º Les liquides doivent être conservés, soit dans des vases en métal munis d'un couvercle, soit dans des fûts solides et parfaitement étanches, cerclés en fer, soit dans des touries en verre ou en grès, revêtues d'une enveloppe en tresses de paille, osier ou autres matières de nature à mettre le vase à l'abri de la casse par le choc accidentel d'un corps dur; la capacité de ces touries ne doit pas dépasser la quantité de litres indiquée pour chacun des approvisionnements prévus plus haut;

3º Les vases doivent être tenus fermés et être munis de robinets; ils doivent toujours être éloignés d'au moins trois mètres de tous appareils de chauffage, tels que poêle, tuyaux, cheminée, etc.;

4º Les lumières employées pour éclairer le transvasement, doivent toujours être placées, au moment de cette opération, soit sur des comptoirs, tables, tablettes ou autres appuis fixes, et les vases doivent en rester éloignés d'au moins cinquante centimètres;

---

(1) Décret du 18 avril 1866.

5° Une quantité de sable ou de terre proportionnée à l'importance de l'approvisionnement doit être conservée dans le local servant de dépôt à cet approvisionnement, ou à proximité de ce local, afin que l'on puisse en employer pour éteindre tout commencement d'incendie qui viendrait à se déclarer.

Article **584**. — Les marchands qui ne se conformeront pas aux prescriptions ci-dessus devront cesser de débiter les dites substances à la première injonction qui leur en sera faite, sans préjudice des peines encourues pour contravention au présent règlement.

Article **585**. — Il ne peut être fait d'approvisionnements plus considérables des dites substances, que ceux ci-dessus désignés pour chaque catégorie, chez les marchands en détail, à moins qu'ils ne se soient soumis à toutes les obligations et prescriptions ordonnées par le décret du 18 avril 1866.

Article **586**. — Les dépôts qui ne satisferont pas aux conditions prescrites par le décret ci-dessus énoncé, ou qui cesseront d'y satisfaire, seront fermés sur l'injonction de l'Autorité administrative, et les contrevenants seront en outre passibles des peines de droit.

SECTION 3e.

Des Dépôts d'Allumettes chimiques et autres Objets préparés avec des matières détonnantes et fulminantes.

Dispositions arrêtées en vertu des lois sur les attributions municipales; de l'ordonnance royale du 25 juin 1823, maintenue par celle du 30 octobre 1836 et suivie d'un arrêté du Préfet de Police du 21 mai 1838, et en vertu notamment de l'article 5 de la première des dites ordonnances portant ce qui suit :

« Les marchands détaillants d'amorces pour les armes à feu à piston, et
» les marchands détaillants d'allumettes, d'étoupilles ou autres objets du
» même genre préparés avec des poudres détonnantes et fulminantes.....
» seront tenus de renfermer ces différentes préparations dans des lieux
» *sûrs et séparés, dont ils auront seuls la clé.* — Il leur est défendu de se livrer à
» ce commerce, sans en avoir préalablement fait leur déclaration par écrit,
» savoir :..... *et dans les communes, à la Mairie, afin qu'il soit vérifié si leur local est
» convenablement disposé pour cet usage.* »

Article **587**. — Il est enjoint à tous marchands détaillants d'amorces pour les armes à feu à piston, et à tous marchands détaillants d'allumettes, étoupilles et autres objets du même genre, préparés avec des poudres détonnantes et fulminantes, de se conformer aux dispositions ci-dessus reproduites de l'ordonnance du 25 juin 1823.

Les petits marchands pourront cependant conserver dans leurs magasins l'approvisionnement de deux jours.

Article 588. — Tous les marchands détaillants des dites amorces, allumettes, étoupilles et autres objets préparés avec des poudres détonnantes et fulminantes, qui n'auraient pas encore rempli cette formalité, sont mis en demeure de faire, immédiatement, *par écrit, à la Mairie, la déclaration qu'ils se livrent à ce commerce.*

Article 589. — Les dépôts des différents objets préparés avec des poudres détonnantes et fulminantes, seront renfermés dans des lieux sûrs, séparés des locaux habités, fermés à clé et convenablement disposés pour cet usage.

Ces locaux seront visités par l'Architecte de la Ville, sur l'avis duquel seront prescrites toutes les précautions propres à diminuer le danger du feu et à faire que tous les locaux soient convenablement disposés pour recevoir ces dépôts.

Article 590. — Les boîtes ou paquets de capsules et d'allumettes fulminantes, exposés en vente chez les détaillants, ne devront pas être placés indistinctement dans les diverses parties d'un magasin. Ils devront être réunis dans une caisse bien assemblée, garnie de roulettes et de poignées, afin qu'on puisse les transporter aisément au dehors, en cas d'incendie.

Ces caisses devront être tenues éloignées des poêles et foyers qui pourront se trouver dans les magasins où elles resteront déposées.

SECTION 4e.

Des Ecoles et Etablissements de Tir (1).

Article 591. — Il est défendu d'établir, sur le territoire de la commune de Rouen, aucune école de tir au pistolet, à la carabine ou au fusil, et aucun local pour essayer les armes à feu, sans en avoir demandé et préalablement obtenu l'autorisation de l'Administration municipale.

Article 592. — Toute demande, à ce sujet, devra être accompagnée d'un plan des lieux dressé à l'échelle de deux millimètres pour mètre, indiquant l'emplacement que devra occuper l'établissement et les propriétés bâties, et les voies publiques situées dans un rayon de cent mètres, avec des cotes de distance pour chaque construction.

---

(1) Loi du 24 août 1790; — Cassation, 4 août 1855.

Article 593. — Si l'autorisation est accordée, le permissionnaire devra, avant d'ouvrir son établissement, se conformer à toutes les prescriptions et conditions qui lui seront imposées, pour les dispositions préalables à prendre, et ensuite exécuter toutes les obligations qui seront prescrites pour son exploitation.

Article 594. — Ainsi que cela sera dit ci-après, dans la section contenant les dispositions relatives à tous les établissements dangereux ou incommodes, les autorisations qui seront accordées, ne pourront jamais porter préjudice aux droits des tiers, et elles seront toujours révocables en cas d'abus ou d'inconvénients reconnus par l'Administration municipale. (Art. 629.)

SECTION 5e.

De l'Exploitation des Carrières.

Formalités prescrites par le décret impérial du 15 février 1853 pour l'exploitation des carrières.

Article 595. — Tout propriétaire ou entrepreneur qui veut, sur le territoire de Rouen, continuer ou reprendre l'exploitation d'une carrière, soit à ciel ouvert, soit par galeries souterraines, en ouvrir une nouvelle ou ajouter un étage à une carrière souterraine, est tenu d'en faire la déclaration au Maire de cette ville.

Article 596. — La déclaration est faite en deux expéditions, dont une sur papier timbré.
Elle contient l'énonciation des nom, prénoms et demeure du déclarant, et la qualité en laquelle il entend exploiter la carrière ; elle fait connaître, d'une manière précise, l'emplacement de cette carrière et sa situation par rapport aux habitations, bâtiments et chemins les plus voisins ;
Elle indique la nature de la masse à extraire, l'épaisseur et la nature des terres ou bancs de roche qui la recouvrent, le mode d'exploitation, à ciel ouvert ou par galeries souterraines.

Article 597. — Si l'exploitation doit avoir lieu par galeries souterraines, il est joint à la déclaration un plan des lieux, également en deux expéditions et à l'échelle de deux millimètres par mètre.
Sur ce plan sont indiqués les désignations cadastrales et le périmètre du terrain sur lequel l'exploitant se propose d'établir des fouilles, ainsi que de ses tenants et aboutissants, les chemins, édifices, rigoles, canaux et constructions quelconques existant sur le dit terrain ou dans son voisinage,

dans un rayon de vingt-cinq mètres au moins, l'emplacement des orifices des puits ou des galeries projetées.

S'il existe des travaux souterrains déjà exécutés, ils sont figurés sur le plan en projection horizontale et en coupe verticale.

ARTICLE 598. — Si l'exploitation est entreprise par une personne étrangère à la ville de Rouen, cette personne doit faire élection de domicile dans la dite ville.

Dans le cas où l'exploitation devrait se faire pour le compte d'une société, le représentant de la société doit faire également élection de domicile dans la ville de Rouen.

Le domicile élu est, dans l'un comme dans l'autre cas, indiqué dans la déclaration.

ARTICLE 599. — La déclaration doit être faite :

1° Pour les carrières actuellement en activité et pour lesquelles cette formalité n'a pas encore été remplie, immédiatement ;

2° Pour les carrières nouvelles à ouvrir, quinze jours au moins avant le commencement des travaux.

Est considérée comme carrière nouvelle :

1° Toute carrière abandonnée et dont on veut reprendre l'exploitation ;

2° Toute carrière à ciel ouvert dans laquelle on veut introduire le mode d'exploitation par galerie souterraine ;

3° Toute galerie souterraine à laquelle il s'agit d'ajouter un nouvel étage d'exploitation.

ARTICLE 600. — Les déclarations sont classées dans les archives de la Mairie.

Une des expéditions de la déclaration et du plan qui y est joint, quand il s'agit de carrières souterraines, doit être transmise, sans délai, à M. le Préfet de la Seine-Inférieure.

ARTICLE 601. — A défaut de la déclaration ci-dessus prescrite, l'Administration peut ordonner la suppression provisoire des travaux, sans préjudice de la peine encourue pour cette contravention.

ARTICLE 602. — Tout propriétaire ou entrepreneur qui veut abandonner une carrière souterraine, est tenu d'en faire la déclaration à M. le Préfet, par l'intermédiaire du Maire.

ARTICLE 603. — Les propriétaires et exploitants des dites carrières doivent, de plus, se conformer, pour l'exploitation d'icelles, à toutes les obligations et prescriptions contenues dans le décret du 15 février 1853, qui régit la matière et doivent, en outre, dans l'intérêt de la sûreté publique et du voisinage, prendre toutes les précautions et faire exécuter tous les travaux prescrits par ce décret.

CHAPITRE II.

DES FORGES, FOURS, FOURNEAUX, CALORIFÈRES, SÉCHERIES, — DES CHANTIERS DE BOIS DE CHAUFFAGE ET DES DÉPOTS DE CHARBON DE BOIS (1).

SECTION 1re.

Prescriptions générales.

ARTICLE 604. — Tout propriétaire ou toute autre personne qui veut faire construire :
Une forge de maréchal ferrant, forgeron, serrurier, taillandier ou une forge particulière ;
Un four de boulanger, pâtissier, cuisinier, restaurateur, charcutier, ou pour la cuisson des confitures, des viandes et du pain d'épice ;
Un fourneau pour buanderie, peinture sur verre ; pour la cuisson des grains, la fabrication du chocolat et de la colle de farine ; pour confiseur, doreur sur porcelaine, gargotier, émailleur, chaudronnier, graveur sur rouleaux, étameur, ou pour toute autre industrie,
Doit préalablement en demander l'autorisation à l'Administration municipale ; et, si cette autorisation lui est accordée, le pétitionnaire doit se conformer aux conditions générales suivantes et à celles spéciales ci-après.

ARTICLE 605. — Les forges, fours et fourneaux ci-dessus désignés, ainsi que les foyers des calorifères, ne peuvent être établis que dans des locaux entièrement circonscrits par des murs en maçonnerie ou par des pans de bois, recouverts, à l'intérieur, de contre-murs en maçonnerie de briques, pierre ou moëllon de trente-trois centimètres d'épaisseur, conformément à l'article 614 de la Coutume de Normandie, maintenu par l'article 674 du Code Napoléon (2).
L'Administration municipale détermine, selon les circonstances, la hauteur et l'étendue de ces contre-murs, afin d'éviter, autant que possible, les dangers d'incendie.

---

(1) Lois de 1790 et de 1837.

(2) Article 614 de la *Coutume de Normandie*, édition de 1783 : — Qui veut faire forge, four ou fourneau contre le mur mitoyen, doit laisser demi-pied de vuide d'intervalle entre deux du mur, du four ou forge, et doit être, le dit mur, d'un pied d'épaisseur, et sera, le dit mur, de pierre, brique ou moëllon.

Le surplus des pans de bois, qui n'est pas recouvert de maçonnerie, s'il en existe encore dans le local, doit être enduit d'une couche de plâtre d'au moins deux centimètres d'épaisseur.

Le plancher haut du local, où le foyer est placé, doit être solidement plafonné en plâtre, dans toute son étendue, et s'il n'existe pas de plancher, il doit en être établi un avec plafond en plâtre.

L'aire basse doit être en terre, en pierre, en plâtre, en briques, ou en carreaux de terre cuite, en un mot, en matière incombustible.

Article **606**. — Il ne peut être employé, pour la construction des massifs des dits appareils, que de la maçonnerie, du fer ou de la fonte, et ils doivent toujours être isolés d'au moins seize centimètres de tous murs, sans que, sous aucun prétexte, cet espace puisse jamais être fermé ou rempli de quelque manière que ce soit, ni par le haut, ni sur les côtés; il doit, au contraire, toujours rester entièrement libre.

Article **607**. — Chacun des établissements ci-dessus désignés, doit avoir son tuyau spécial de cheminée.

Ce tuyau ne peut servir pour un autre foyer; il doit être construit entièrement en maçonnerie de briques d'au moins onze centimètres d'épaisseur, et présenter un vide d'une section libre ayant au moins soixante-quinze centimètres de longueur sur vingt-deux centimètres de largeur.

Article **608**. — Les cheminées des dits appareils doivent être élevées à deux mètres au moins au-dessus du faîtage des maisons les plus hautes dans un rayon de vingt-cinq mètres, et, si cela était reconnu nécessaire, dans l'intérêt du voisinage, elles devraient même être surélevées, à la première injonction de l'Administration municipale.

Toutes les conditions d'isolement des bois, et autres prescrites ci-dessus, au chapitre relatif à la construction des cheminées, doivent en outre être observées (voir art. 44, 45, 46 et 47).

Article **609**. — Lorsqu'il s'agit d'ateliers de peu d'importance et qui ne doivent servir qu'à l'usage personnel de ceux qui les font établir, l'Administration municipale peut, dans les autorisations qu'elle accorde, et en raison de ces circonstances, apporter quelques modifications aux prescriptions qui précèdent; mais, dans le cas où les dits établissements devraient, plus tard, être employés pour un commerce quelconque, ceux qui en voudront faire usage, devront, avant de s'en servir, en passer la déclaration au Maire, qui, après avoir fait examiner les conditions de leur installation, prescrira les travaux qui devront y être faits dans l'intérêt de la sûreté publique.

Article **610**. — Dans le cas où un pétitionnaire demanderait à faire usage d'une cheminée existante, l'Administration municipale, après avoir fait vérifier si elle se trouve dans de bonnes et satisfaisantes conditions, statuera sur cette demande.

Article **611**. — Il ne doit jamais être fait de dépôts de combustibles ou de matières inflammables, ni aucun autre approvisionnement que celui nécessaire pour la journée, dans le local où se trouve la forge, le four ou le fourneau.

Article **612**. — Les forges, fours, fourneaux et calorifères ne peuvent être mis en usage ou exploités, qu'après que l'un des Architectes de la Ville a constaté que toutes les conditions ci-dessus, celles spéciales ci-après indiquées et toutes autres qui pourront être prescrites dans les autorisations, ont été remplies.

Nonobstant cette constatation, l'Autorité municipale a toujours le droit de prescrire ultérieurement telles autres mesures qu'elle juge utile, dans l'intérêt de la sûreté publique, et les pétitionnaires doivent s'y conformer sans pouvoir réclamer aucune indemnité.

SECTION 2º.

Prescriptions particulières aux Forges.

Article **613**. — Au-dessus du foyer des forges, il doit toujours être établi une hotte saillante pour bien diriger la fumée dans le tuyau de la cheminée et empêcher qu'elle ne se répande dans l'atelier et de là à l'extérieur, et toutes les dispositions nécessaires pour obvier à cet inconvénient, s'il se produit, doivent être prises par les exploitants des dites forges; ils doivent même, si la nécessité en est reconnue, tenir leurs ateliers clos, au moyen de portes et châssis vitrés ou pleins, pendant tout le temps que la forge est allumée.

SECTION 3º.

Prescriptions spéciales pour les Fours de Boulanger et de Pâtissier, et pour les Fourneaux ordinaires de Cuisine.

Article **614**. — Il doit toujours exister, entre la calotte des fours et le plancher au-dessus, un vide d'au moins un mètre, qui doit rester constamment libre.

Article **615**. — Les braises sortant du four doivent être immédiatement éteintes dans des étouffoirs en métal solide, et ne peuvent ensuite être déposées que dans des locaux situés au rez-de-chaussée et entièrement circonscrits par des murs en maçonnerie et plafonnés.

Article **616**. — Toutes les autres conditions prescrites pour la construction des dits fours par l'arrêt du Parlement de Normandie, en date du 28 août 1726, doivent en outre être suivies et observées par ceux qui les feront établir (1).

Article **617**. — Les fourneaux ordinaires de cuisine ne doivent jamais être établis contre des pièces de bois ; ils doivent toujours en être séparés par une maçonnerie d'au moins huit centimètres d'épaisseur, et il ne doit jamais être employé de bois dans leur construction, soit pour soutenir les boîtes, soit pour supporter le cendrier.

---

(1) Arrêt du Parlement de Normandie, du 28 août 1726 :

« La Cour, faisant droit sur le réquisitoire du Procureur général du Roy, a ordonné et ordonne qu'à l'avenir aucun four destiné à la boulangerie ne pourra estre construit, dans la ville et faux-bourgs de cette ville, que dans une cage de neuf pieds de hauteur, dont les murs du contour seront de pierre de taille, carreau ou bloc, et faits avec mortier de chaux et de sable ; que les murs de la dite cage étant de pierre de taille, auront aux deux bouts vingt pouces d'épaisseur et trente pouces aux deux côtés ; s'ils sont de carreau ou bloc, qu'ils auront aux deux bouts vingt-quatre pouces et aux deux côtés trente-six pouces ; que la voûte de dessus sera de pierre de taille ou carreau et mortier de chaux et de sable, fermée en plein ceintre ou un peu surbaissée de dix-huit pouces d'épaisseur à l'endroit de la clef, dont le dessus ne pourra être pavé que de carreau, de pierre ou de pavé de terre cuite, et qu'à un des deux bouts de la dite cage sera fait l'ouverture d'une porte pour la commodité du travail et donner du jour à la boulangerie, autant que la disposition du lieu le permettra ; que la masse totale du four qui sera bâti dans la cage aura six pieds six pouces de hauteur, dont le massif de maçonnerie, dans tout son contour, sera à mortier de chaux et sable, et aura vingt-quatre pouces d'épaisseur au droit de celui du fond et dix-huit pouces au droit des aires du dôme du four, le tout du nud du mur de la cage auxquels ils seront joints, s'il n'y a mitoyenneté de mur qui oblige à laisser entre eux l'intervalle prescrit par l'article 614 de la *Coutume* (voir cette disposition à la note en renvoi à l'art. 605 ci-dessus) ; que le dit four sera placé dans la dite masse et construit avec tuille, tuillot, briques ou pavés de terre cuite, et maçonné avec mortier de chaux, sable et argile, et que du dessous de la couronne ou sommet du dôme du four jusqu'au dessus du pavé de la masse, il y aura au moins vingt-quatre pouces d'épaisseur, et entre le dessus du pavé de l'aire du four jusqu'au dessous du ceintre des arcades qui seront faites dans le pied de la masse pour retirer les braises, il y aura vingt pouces d'épaisseur ; que le tuyau de la cheminée qui formera le manteau sur l'entrée et ouverture du four, sera posé sur deux fortes barres de fer quarrées et ceintrées ; que l'embouchure du tuyau aura au moins, par le bas, trois pieds trois pouces de longueur sur quinze pouces de largeur, et passera au travers de la voûte, au-dessous ou dessus de laquelle il pourra être dévoyé, et montera à deux pieds au moins au-dessus du comble de la maison dans laquelle sera le four, lequel tuyau, dans toute sa hauteur, sera construit, par les deux faces et par les deux côtés, de tuilles, et maçonné avec mortier de chaux et sable ; et si le dit tuyau se trouve adossé contre quelque parroy de charpente, le dossier contre la dite parroy sera de dix pouces d'épaisseur au lieu de cinq.

» A fait défense à tous propriétaires, etc........; a pareillement fait défense aux boulangers de mettre les braises ailleurs que sous les arcades du four et de les transporter en aucuns appartements de leur maison, etc.......

» *Signé* : Camus Pont-Carré et Beaudouin de Basset. »

SECTION 4e.

Prescriptions particulières aux Calorifères.

Article **618**. — Tous les tuyaux servant à conduire la chaleur doivent être en maçonnerie, ou en terre cuite, en fonte ou en cuivre, et, dans ces trois derniers cas, ils doivent être recouverts d'un enduit en plâtre de deux centimètres d'épaisseur au moins et être toujours isolés de toute pièce de bois, de cinq centimètres au minimum.

Dans le cas où les dits tuyaux, en terre ou en métal, seraient placés dans l'épaisseur de planchers en bois, les parois des solives entre lesquelles ils passeraient, devraient être entièrement recouvertes d'une feuille de tôle.

SECTION 5e.

Des Sécheries à air chaud.

Article **619**. — Toute personne qui voudra faire construire, dans Rouen, une sécherie à air chaud, devra préalablement en demander l'autorisation au Maire, et, si cette autorisation est accordée, le pétitionnaire devra se conformer aux prescriptions de l'Administration municipale et notamment à celles qui suivent.

Article **620**. — Conformément à un arrêt de règlement du Parlement de Normandie du 12 août 1785 (1), ces sécheries ne pourront être à moins de

---

(1) Arrêt de règlement du Parlement de Normandie, du 12 août 1785 :

« Sur la remontrance faite à la Cour par le Procureur général du Roi, expositive que l'attention
» qu'elle donne à la sûreté publique et à prévenir tout ce qui pourrait occasionner des incendies
» en cette ville, l'a déterminée à rendre un arrêt de règlement, le 28 avril dernier, qui ordonne que
» les sécheries des manufactures, à l'avenir, le seront au rez-de-chaussée et dans les lieux éloignés de
» tous autres bâtiments de trente pieds au moins

» Qu'il a été représenté au ministère public que cet éloignement de 30 pieds de tous autres bâti-
» ments pourrait être nuisible au commerce, sans assurer davantage les précautions prises contre
» le danger des incendies ; que les sécheries, une fois construites et montées conformément à l'arrêt de
» la Cour, la communication du feu aux bâtiments voisins des sécheries devenait impossible et que la
» plus grande partie des manufacturiers ne pourraient se procurer des terrains assez étendus pour y
» construire des sécheries à 30 pieds de tous bâtiments voisins ; ce qui ferait un tort considérable à
» l'une des branches les plus importantes du commerce de cette ville ;

trois mètres trente centimètres de tous autres bâtiments; elles devront être entièrement construites en maçonnerie de pierres ou briques, et être voûtées aussi en maçonnerie.

Si elles ne sont pas placées au rez-de-chaussée, tout le bâtiment dans lequel elles se trouveront, devra être entièrement construit en matériaux incombustibles.

SECTION 6e.

Des Chantiers de Bois de chauffage (1).

Article **621**. — En conformité d'une ordonnance de l'un de nos prédécesseurs, du 29 août 1817, approuvée par M. le Préfet de la Seine-Inférieure le 25 septembre suivant, il est défendu d'établir, ailleurs qu'en dehors des boulevards et sur des terrains éloignés des habitations, des chantiers pour la vente du bois de chauffage.

Article **622**. — Il ne peut être établi, sur le territoire de Rouen, même en dehors des boulevards, aucun chantier de bois de chauffage, sans une autorisation de M. le Préfet, et qu'à la condition de se conformer à toutes les prescriptions qui sont imposées dans cette autorisation.

» Que ces observations ayant paru au Procureur général mériter l'attention de la Cour, il croit devoir lui proposer de subvenir au commerce et d'interpréter son arrêt de règlement du 28 avril dernier.

» Pourquoi requiert, en interprétant, en tant que besoin, l'arrêt de la Cour du 28 avril dernier, être ordonné que, conformément à icelui, les dites sécheries seront construites au rez-de-chaussée, en totalité, en briques ou pierres, chaux, sable et mortier et voûtées, et que cependant les dites sécheries pourront être établies à dix pieds au moins de tous autres bâtiments; et que l'arrêt à intervenir sera imprimé et affiché partout où besoin sera.

» Vu par la Cour ledit réquisitoire, pièce y attachée et énoncée et ouï le rapport du sieur de Ranville, conseiller rapporteur, tout considéré,

» La Cour, en interprétant, en tant que besoin, l'arrêt de la Cour du 28 avril dernier, a ordonné et ordonne que, conformément à icelui, les dites sécheries seront construites, au rez-de-chaussée, en totalité, en briques ou en pierres, chaux, sable et mortier, et voûtées, et que, cependant, les dites sécheries pourront être établies à dix pieds au moins de tous autres bâtiments, et que le présent arrêt sera imprimé et affiché partout où besoin sera.

» A Rouen, en Parlement, le 12 août 1785.

» Par la Cour, signé Bréant. »

(1) Décret du 15 octobre 1810; — Ordonnance du 14 janvier 1815, et décret du 31 décembre 1866.

SECTION 7e.

Des Dépôts de Charbon de bois (1).

Article **623**. — Toute personne qui veut faire le commerce de charbon de bois, doit en demander l'autorisation à M. le Préfet, et, si elle lui est accordée, le pétitionnaire doit remplir préalablement les conditions qui lui sont imposées pour les locaux qui serviront de dépôt pour ce charbon, et, en outre, se conformer à toutes les autres prescriptions qui lui seront faites.

CHAPITRE III.

DES AUTRES ÉTABLISSEMENTS DANGEREUX, INSALUBRES OU INCOMMODES (1).

SECTION 1re.

Article **624**.

Les établissements d'.	Artificier.
Les fabriques ou dépôts d'.	Allumettes avec poudres ou matières détonnantes ou fulminantes.
Les fabriques d'.	Amidon.
Les établissements d'.	Argenture sur métaux.
Les fabriques et dépôts de.	Benzine.
Les fabriques de	Bougies et autres objets en cire.
Les.	Brasseries.
Les.	Briqueteries.
Les.	Buanderies de blanchisseurs de profession.

---

(1) Décret du 15 octobre 1810; — Ordonnance du 14 janvier 1815, et décret du 31 décembre 1866.

Les fabriques de	Caramel.
Le travail du caoutchouc avec emploi d'huiles essentielles ou de sulfure de carbone.. . . .	Caoutchouc.
Les fabriques de.	Chandelles.
Les.	Chantiers de bois à brûler
Les dépôts de.	Charbon de bois.
Les fabriques de produits.	Chimiques.
Les fabriques de.	Chapeaux de soie et autres.
Les fours à.	Chaux et calcination des cailloux.
Les infirmeries de.	Chiens.
Les dépôts de.	Chiffons.
La fabrication du	Chlorure de chaux ou des chlorures alcalins.
Les établissements de.	Ciriers.
La fabrication du.	Coke.
Les.	Corroiries.
Les fabriques de.	Colle forte.
Les blanchisseries de.	Coton.
Les établissements de battage des.	Cuirs.
Les établissements de.	Dégraisseurs.
Les.	Distilleries.
Les établissements de.	Doreurs sur métaux.
Les fabriques d'.	Encre d'imprimerie.
Les fabriques, avec des matières animales, des. .	Engrais.
Les établissements d'.	Équarrissage d'animaux.
Les moulins à.	Farine.
Les fabriques de.	Fécules.
Les.	Fonderies de cuivre, laiton ou bronze.
Le laminage et la.	Fonte du cuivre, plomb et zinc.
Les dépôts en grand de.	Fromages.
Les établissements de production des.	Gaz de goudron, pour l'éclairage et le chauffage.
Les fabriques de	Gélatine.
Les ateliers pour l'étamage des.	Glaces.
Les fabriques de.	Goudron.
Les dépôts excédant 25,000 kilog. de.	Guano.
Les moulins à.	Huile.
La fabrication des.	Liqueurs alcooliques.
Les fonderies de.	Métaux.

Les fabriques, par revivification, du.	Noir des raffineries et des sucreries.
La fabrication, par distillation de la houille, des goudrons, etc., du.	Noir de fumée.
Les fabriques, par distillation des os, du. . . .	Noir d'ivoire ou animal.
La fabrication, par le broyage des résidus de la distillation des schistes bitumineux, du. . .	Noir minéral.
Les dépôts en grand d'.	Os frais.
La fabrication des.	Ouates.
Les fabriques de.	Papiers peints.
Les machines ou.	Perroquets pour le nettoyage du coton, de la laine et de la bourre.
Les fours à.	Plâtre.
Les fabriques de.	Potasse.
Les fabriques de.	Poterie en terre émaillée et de faïence.
Les fours à.	Pouzzolane artificielle.
Les dépôts de	Salaisons.
La préparation des viandes pour les	Salaisons.
Les fabriques de.	Savon.
Les établissements pour la préparation et la fusion du.	Soufre.
Les fabriques et raffineries de	Sucre.
Les fonderies de.	Suif.
La fabrication des.	Sulfates et sulfures.
Les fabriques de.	Taffetas vernis et cirés.
Les fabriques de.	Toiles cirées et peintes.
Les établissements de	Tanneries.
Les établissements de.	Teintureries.
Les établissements, avec fours non fumivores, de.	Tuileries.
Dans l'intérieur de la ville, les.	Vacheries.
Les fabriques de.	Vernis gras ou à l'esprit de vin.

Ainsi que tous autres établissements, non désignés ci-dessus, qui ont été classés comme dangereux, insalubres ou incommodes par le décret du 31 décembre 1866, ne peuvent être exploités ou mis en usage, qu'après l'accomplissement de toutes les formalités prescrites par le décret du 15 octobre 1810, l'ordonnance du 14 janvier 1815 et toutes autres décisions sur la matière, et qu'après que la permission en a été accordée par l'Autorité compétente, et que toutes les prescriptions, imposées dans les autorisations, ont été exécutées.

Article **625**. — L'écoulement des eaux, qui, dans certaines circonstances, peut résulter de la création ou de l'exploitation des établissements ci-dessus désignés, ne peut avoir lieu, sur la voie publique, que conformément aux prescriptions indiquées au livre 1er (art. 222 et suivants).

SECTION 2e.

Dispositions applicables à tous les Etablissements dangereux, insalubres ou incommodes, désignés ou non désignés ci-dessus.

Article **626**. — Tous ceux des dits établissements existants en ce moment dans cette ville, qui ont été créés ou construits *avant* le décret du 15 octobre 1810 ou les décisions postérieures qui les ont classés, ainsi que tous ceux qui ne sont pas classés, et qui, les uns ou les autres, par leur installation ou toute autre cause, présenteraient des dangers ou seraient insalubres ou incommodes, devront être disposés conformément aux prescriptions qui pourront être faites à ce sujet, par l'Autorité compétente, faute de quoi et s'il y a lieu, d'après les circonstances et les lois et règlements, l'Administration municipale en provoquera, auprès de qui de droit, la suppression ou la fermeture, ou l'ordonnera elle-même si l'établissement est soumis à son autorisation.

Les entrepreneurs des dits établissements pourront en outre être passibles, dans les circonstances prévues par la loi, de tous dommages-intérêts envers les voisins.

Article **627**. — L'article qui précède est applicable à tous les établissements dangereux, insalubres ou incommodes, classés ou non classés, qui ont été créés sans autorisation, n'importe à quelle époque.

Article **628**. — L'Administration municipale, pour les établissements soumis à son autorisation, a toujours le droit, même après les avoir autorisés, de prendre toutes les mesures, et d'ordonner tous les travaux que les circonstances peuvent lui suggérer, dans l'intérêt public, et les exploitants des dits établissements doivent s'y soumettre, sans indemnité, sous peine d'en voir ordonner la fermeture et sans préjudice des peines encourues, pour non exécution des mesures prescrites, le cas échéant.

Les autorisations qui seront accordées par l'Administration municipale pour les dits établissements, ne le seront qu'à titre précaire et pourront être révoquées par elle sans indemnité, si, par des raisons dont elle sera seule juge, elle reconnaissait des inconvénients à les laisser subsister.

Article **629**. — Tous les dits établissements seront d'ailleurs fondés et exploités aux risques et périls des pétitionnaires, et, dans aucune circonstance, les autorisations qui auront été accordées, ne pourront porter préjudice aux droits des tiers qui pourraient éprouver des dommages par suite du voisinage de ces établissements.

CHAPITRE IV.

DE LA VENTE DES SUBSTANCES VÉNÉNEUSES.

Dispositions prises en conformité d'une ordonnance royale du 29 octobre 1846, rendue en vertu de la loi du 19 juin 1845.

Article 630. — Quiconque veut faire le commerce d'une ou de plusieurs des substances vénéneuses comprises dans le tableau ci-après transcrit, est tenu d'en faire préalablement la déclaration au Maire, en indiquant le lieu où est situé son établissement.

Les chimistes, fabricants ou manufacturiers, employant une ou plusieurs des dites substances, sont obligés d'en faire la déclaration dans la même forme.

La dite déclaration doit être inscrite sur un registre à ce destiné, et dont un extrait est remis au déclarant; elle doit être renouvelée dans le cas de déplacement de l'établissement.

Article 631. — Il est enjoint aux personnes qui ne se sont pas encore conformées aux dispositions qui précèdent, imposées par l'article 1er de l'ordonnance du 29 octobre 1846, de passer la dite déclaration dans le mois qui suivra la publication du présent arrêté; passé ce délai, sans avoir obéi à cette injonction, elles seront passibles des poursuites et des peines indiquées par la loi.

Article 632. — Tous achats ou ventes de substances vénéneuses doivent être inscrits, en se conformant à cet égard aux prescriptions de la dite ordonnance, sur un registre spécial, coté et paraphé par le Maire ou par le Commissaire de police du canton où est situé l'établissement.

Article 633. — Les substances vénéneuses doivent toujours être tenues par les commerçants, fabricants, manufacturiers et pharmaciens, dans un endroit sûr et fermé à clé.

Article 634. — Toutes les personnes qui font le commerce des dites substances ou qui les emploient dans l'industrie, doivent, en outre, se conformer à toutes les obligations qui leur sont imposées, tant par la loi du

19 juin 1845 et l'ordonnance du 29 octobre 1846, que par toutes autres lois, décisions et règlements sur la matière.

Article **635**. — Conformément à l'article 14 de la dite ordonnance et à l'article 2 du décret du 8 juillet 1850, les Commissaires de police de la ville de Rouen, assistés, s'il y a lieu, soit d'un docteur en médecine, soit de deux professeurs de l'Ecole de pharmacie, soit d'un membre du jury médical et d'un des pharmaciens adjoints à ce jury, désignés par M. le Préfet, devront visiter, au moins une fois par an, les officines des pharmaciens, les boutiques et magasins des commerçants et manufacturiers vendant ou employant les dites substances; ils s'assureront de l'exécution des dispositions de la dite ordonnance et se conformeront, à cet égard, à tout ce qui y est prescrit.

Article **636**.

TABLEAU des substances vénéneuses annexé au décret du 8 juillet 1850, *qui, aux termes de l'article* 1er *de ce décret, remplace celui qui faisait suite à l'ordonnance du 29 octobre* 1846, *avec l'addition résultant du décret des* 1er-19 *octobre* 1864.

Acide cyanhydrique.
Alcaloïdes végétaux vénéneux et leurs sels.
Arsenic et ses préparations.
Belladone, extrait et teinture.
Cantharides entières, poudre et extrait.
Chloroforme.
Ciguë, extrait et teinture.
Coq du Levant (addition faite par le décret des 1er-19 octobre 1864).
Cyanure de mercure.
Cyanure de potassium.
Digitale, extrait et teinture.
Emétique.
Jusquiame, extrait et teinture.
Nicotiane.
Nitrate de mercure.
Opium et son extrait.
Phosphore.
Seigle ergoté.
Stramonium, extrait et teinture.
Sublimé corrosif.

CHAPITRE V.

PRESCRIPTIONS RELATIVES A LA COLORATION DES BONBONS, AUX ENVELOPPES ET USTENSILES EMPLOYÉS POUR LE DÉBIT DES BOISSONS ET DES ALIMENTS.

SECTION 1re.

De la coloration des Bonbons et des papiers servant à envelopper les Comestibles.

Article **637**. — Par les considérations indiquées dans un arrêté pris par M. le Préfet le 13 août 1856, et afin de prévenir le retour des accidents graves pouvant résulter de l'emploi de matières nuisibles à la santé, pour la coloration et la préparation des bonbons et des papiers servant à envelopper les substances alimentaires, tous ceux qui se livrent à ces industries sont obligés de se conformer aux prescriptions de cet arrêté, qui est ainsi conçu :

« *Nous, Préfet du département de la Seine-Inférieure,*

» Considérant qu'il se fait un débit considérable de liqueurs, bonbons,
» dragées et pastillages coloriés;
» Que, pour colorier ces marchandises, on emploie fréquemment des
» substances minérales qui sont vénéneuses, et que cette imprudence a
» donné lieu à des accidents graves;
» Que les mêmes accidents sont résultés de la succion de papiers blancs
» lissés ou coloriés avec des substances minérales, telles que le blanc de
» plomb, l'oxide de cuivre, le jaune de chrome, le vert de scheels ou de
» schweinfurt, le vert métis, dans lesquels les sucreries sont enveloppées
» ou coulées ;

» Vu :

» 1° La loi des 16-24 août 1790 et celle du 22 juillet 1791 ;
» 2° Le Code du 3 brumaire an IV;
» 3° Les articles 319, 320, 471, § 15, 475, § 14, et 477 du Code pénal;
» Et 4° la loi du 18 juillet 1837,

» ARRÊTONS CE QUI SUIT :

» I. Il est expressément défendu de se servir d'aucunes substances miné-
» rales, le bleu de Prusse, l'outremer, les ocres et la craie exceptés, pour
» colorier les liqueurs, bonbons, dragées, pastillages et toute espèce de
» sucreries ou pâtisseries.

» Il est également défendu d'employer, pour colorier les liqueurs, les

» bonbons, etc., des substances végétales nuisibles à la santé, notamment
» la gomme gutte et l'aconit napel.

» II. Il est défendu d'envelopper ou de couler des sucreries dans des
» papiers lissés ou coloriés avec des substances minérales, le bleu de
» Prusse, l'outremer, les ocres et la craie exceptés.

» Il est également défendu de placer des bonbons dans des boîtes garnies,
» à l'intérieur, de papier colorié par des substances prohibées et de les cou-
» vrir avec des découpures faites avec ces papiers.

» III. Les confiseurs, épiciers ou autres marchands qui vendent des liqueurs,
» bonbons ou pastillages coloriés, devront les livrer enveloppés dans un pa-
» pier portant une étiquette indiquant leur nom, profession et demeure.

» IV. Il est expressément défendu aux épiciers, charcutiers et autres
» débitants de comestibles, d'envelopper aucune substance alimentaire avec
» des papiers coloriés au moyen de substances vénéneuses, notamment
» avec celles dont l'usage est interdit aux confiseurs, pastilleurs, etc., par
» les articles 1er et 2 du présent arrêté.

» V. Les fabricants et marchands seront personnellement responsables
» des accidents qui pourraient être la suite de leur contravention aux dis-
» positions du présent arrêté.

» VI. Il sera fait annuellement des visites chez les fabricants et détail-
» lants, à l'effet de constater si les dispositions prescrites par le présent ar-
» rêté sont observées.

» VII. Les contraventions seront poursuivies conformément à la loi,
» devant les tribunaux compétents, sans préjudice des mesures administra-
» tives auxquelles elles pourraient donner lieu.

» VIII. Le présent arrêté sera publié et affiché. Les Maires, les Commis-
» saires de police et les Inspecteurs des halles et marchés sont chargés de
» son exécution.

» A Rouen, le 13 août 1856.

» *Le Préfet de la Seine-Inférieure,*

» *Signé* : E. LE ROY. »

SECTION 2°.

Mesures prises pour empêcher l'insalubrité des Tuyaux servant au débit de la Bière, et des Ustensiles employés pour la préparation et le débit des Denrées alimentaires (1).

ARTICLE **638**. — Il est défendu de faire usage, dans les débits de boissons

---

(1) Lois de 1790 et 1837.

et dans les brasseries de bière, de tuyaux en plomb, en cuivre ou en zinc, pour l'aspiration de la bière.

Les conduits de cette nature qui peuvent encore exister en ce moment devront être immédiatement remplacés.

ARTICLE 639. — Les tuyaux faisant suite aux corps de pompe à bière, devront être en caoutchouc ou en étain, ne contenant pas plus de seize pour cent de plomb, ou en toute autre matière inoffensive.

Ceux en étain seront assujettis, par les soins du fabricant, au contrôle du titre exigé pour les mesures de capacité.

ARTICLE 640. — Les mesures de capacité employées pour le débit des boissons devront être composées de matières inoffensives, et, lorsqu'elles seront en étain, elles devront être revêtues d'un contrôle constatant que ce métal ne contient pas plus de seize pour cent de plomb.

ARTICLE 641. — Les balances et mesures employées chez les charcutiers, épiciers, droguistes, marchands de comestibles, débitants de boissons, etc., devront toujours être entretenues dans un état de propreté irréprochable.

ARTICLE 642. — Les laboratoires des cuisiniers, restaurateurs et autres personnes qui préparent des comestibles pour l'usage du public, devront aussi être toujours entretenus en parfait état de propreté; les ustensiles de cuivre à leur usage devront être convenablement étamés et nettoyés, aussi souvent que besoin sera, pour éviter tout danger d'accident.

CHAPITRE VI.

DES AUBERGISTES ET LOGEURS EN GARNI, — DES CAFÉS, CABARETS ET DÉBITS DE BOISSONS, ET DES MESURES CONTRE LES GENS IVRES.

SECTION 1re.

Obligations imposées aux Hôteliers, Aubergistes et Logeurs.

ARTICLE 643. — Les aubergistes, hôteliers, logeurs et loueurs de maisons garnies, sont tenus, sous les peines fixées par la loi, de se conformer au § 2e de l'article 475 du Code pénal, ainsi conçu :

« Seront punis, etc.

» 2° Les aubergistes, hôteliers, logeurs ou loueurs de maisons garnies,

» qui auront négligé d'inscrire de suite et sans aucun blanc, sur un registre
» tenu régulièrement, les noms, qualités, domicile habituel, dates d'entrée
» et de sortie de toute personne qui aurait couché ou passé une nuit dans
» leurs maisons ; ceux d'entre eux qui auraient manqué à représenter ce
» registre aux époques déterminées par les règlements, ou lorsqu'ils en
» auraient été requis, aux Maires, Adjoints, Officiers ou Commissaires de
» de police, ou aux citoyens commis à cet effet, etc. »

SECTION 2e.

Autorisations préalables et Mesures de police concernant les Cafés, Cabarets, Débits de Boissons, Restaurants, Bals, etc.

ARTICLE **644**. — Conformément au décret impérial du 29 décembre 1851 (1), et à l'arrêté de M. le Préfet de la Seine-Inférieure du 19 janvier 1852, aucun café, cabaret ou autre débit de boissons à consommer sur place, ne peut être ouvert dans la ville de Rouen, sans une autorisation de M. le Préfet.

La demande pour solliciter cette autorisation doit être présentée sur papier timbré de 50 centimes et accompagnée : 1° de l'avis du Maire et 2° d'un certificat attestant la bonne conduite publique et privée du pétitionnaire, dans la commune ou les diverses communes qu'il a habitées depuis un an.

ARTICLE **645**. — Les contraventions à l'arrêté de M. le Préfet sont constatées et poursuivies conformément aux lois, sans préjudice, s'il y a lieu, de la fermeture absolue qui est prononcée par l'Autorité préfectorale, conformément au décret du 29 décembre 1851.

ARTICLE **646**. — Les cafés, restaurants, cabarets, estaminets, billards, guinguettes, débits de boissons et bals publics, doivent être fermés à *onze heures du soir* en toute saison.

---

(1) Décret du 29 décembre 1851.

Article 1er. — Aucun café, cabaret ou autre débit de boissons à consommer sur place, ne pourra être ouvert, à l'avenir, sans la permission préalable de l'Autorité administrative.

Article 2. — La fermeture des établissements désignés en l'article 1er, qui existent actuellement ou qui seront autorisés à l'avenir, pourra être ordonnée, par arrêté du Préfet, soit après une condamnation pour contravention aux lois et règlements qui concernent ces professions, soit par mesure de sûreté publique.

Article 3. — Tout individu qui ouvrira un café, un cabaret ou débit de boissons à consommer sur place, sans autorisation préalable ou contrairement à un arrêté de fermeture pris en vertu de l'article précédent, sera poursuivi devant les tribunaux correctionnels, et puni d'une amende de 25 francs à 500 francs et d'un emprisonnement de six jours à six mois. L'établissement sera fermé immédiatement.

Ils ne peuvent être ouverts le matin avant le jour.

ARTICLE 647. — Il est défendu, aux maîtres de ces établissements, d'y recevoir ou conserver personne, d'y donner à boire et à manger, à danser ou à jouer au-delà de l'heure fixée par l'article précédent.

ARTICLE 648. — En vertu de l'article 4 de l'arrêté préfectoral visé ci-dessus, les dits établissements pourront rester ouverts, les dimanches et fêtes, comme les autres jours, depuis le matin jusqu'à onze heures du soir.

ARTICLE 649. — Il est interdit aux chefs des dits établissements :

1° D'y recevoir des jeunes gens au-dessous de seize ans ;
2° D'y recevoir ou garder des individus en état d'ivresse, ainsi que des militaires après la retraite battue, à l'exception, pour ces derniers, de ceux porteurs de permissions, dont la justification devra être faite à toute réquisition des Agents de l'Autorité.

ARTICLE 650. — Il est défendu aux aubergistes, hôteliers, logeurs et généralement à toute personne tenant des logements garnis, réunissant ou non, avec cette profession, celle de cafetier, cabaretier, débitant de liquides, etc., de donner à coucher pendant la nuit aux sous-officiers et soldats de la garnison, à moins que ceux-ci ne justifient d'une permission écrite de leurs chefs.

ARTICLE 651. — Dans l'intérêt des mœurs et de la salubrité publiques, il est enjoint à tous les cafetiers, cabaretiers, aubergistes, logeurs, hôteliers, restaurateurs et autres tenant des maisons ouvertes au public, d'avoir, dans l'intérieur ou les dépendances de leurs établissements, des baquets, pissoirs et lieux d'aisances, en nombre suffisant pour les personnes qui fréquentent les dits établissements.

ARTICLE 652. — Il est défendu de vider, de jour ou de nuit, ces baquets ou pissoirs, dans les ruisseaux, sur les ports et quais, dans les rues, sur les places et promenades, en un mot sur quelque partie que ce soit de la voie publique.

ARTICLE 653. — En cas d'impossibilité constatée par l'Architecte-Voyer de la Ville, de se conformer à l'injonction ci-dessus, les chefs des dits établissements, lorsque le quartier, la disposition des lieux et de la voie publique le permettront, pourront être autorisés à placer, à l'extérieur, des pissoirs, en se conformant à ce qui leur sera prescrit à cet égard et en outre à la condition de les tenir toujours en bon état et bien propres, en les faisant laver aussi souvent que besoin sera, pour éviter qu'ils ne portent de l'odeur.

ARTICLE 654. — Les pissoirs qui existent en ce moment sur les voies publiques et ceux qui seront autorisés à l'avenir, ne subsisteront qu'à titre de tolérance, et les uns et les autres devront être enlevés et supprimés à la première réquisition de l'Administration.

SECTION 3e.

Mesures contre les Individus trouvés en état d'ivresse sur la voie publique.

Dispositions prises en conformité des nos 1 et 6 de l'art. 2 de la loi des 16-24 août 1790, afin de prévenir les événements fâcheux que peuvent occasionner les insensés par ivresse laissés en liberté.

ARTICLE 655. — Toute personne trouvée ivre, sur la voie publique du territoire de Rouen, sera conduite dans un local à ce destiné, dépendant de la prison municipale, pour n'en sortir qu'après avoir complètement recouvré l'usage de la raison.

Cette disposition, toute de prévoyance, pour éviter des accidents fâcheux, n'empêchera pas les poursuites, qui, le cas échéant et selon les circonstances, pourront être dirigées contre les gens ivres, pour contravention aux lois et règlements.

ARTICLE 656. — Les individus en état d'ivresse, qui ne paraîtraient pas dangereux, n'auraient commis aucun délit et seraient accompagnés de personnes connues et présentant toute garantie pour les guider, pourront être laissés à la garde de ces personnes, à la condition de les reconduire immédiatement à leur domicile.

CHAPITRE VII.

SECTION 1re.

Des Industries et Professions à marteau; — des Instruments, Chants et Cris bruyants.

ARTICLE 657. — Les serruriers, forgerons, taillandiers, charrons, ferblantiers, chaudronniers, maréchaux-ferrants, corroyeurs, maroquiniers, layetiers, menuisiers et généralement tous industriels, entrepreneurs, ouvriers ou autres exerçant, à Rouen, des professions exigeant l'emploi des marteaux, machines et appareils susceptibles d'occasionner des bruits assez intenses pour retentir hors des ateliers et troubler la tranquillité des habitants, doivent interrompre, chaque jour, leurs travaux, savoir : de dix heures du soir à cinq heures du matin, depuis le 1er avril jusqu'au 30 septembre, et de dix heures du soir à six heures du matin, du 1er octobre au 31 mars.

Article 658. — Pendant le temps ci-dessus déterminé pour chaque semestre, l'usage de tous instruments bruyants, tels que : trompette, cornet à piston, trombone et autres de même nature, capables de troubler le repos des habitants, est expressément défendu.

Il n'est fait d'exception à cette disposition que pour les cornets à piston et trombones, etc., employés dans les théâtres pendant les représentations et dans les bals particuliers ou publics, lorsque ces derniers sont autorisés.

Article 659. — Il est aussi défendu de sonner du cor dit trompe de chasse dans toute l'étendue de la ville de Rouen, à quelque heure et dans quelque lieu que ce soit.

Article 660. — Sont également défendus, depuis dix heures du soir jusqu'à six heures du matin, les chants, cris des marchands, et autres, ou vociférations, soit sur la voie publique, soit ailleurs, lorsqu'ils sont de nature à troubler le repos des habitants.

SECTION 2°.

Des Joueurs d'orgues et autres instruments; — des Chanteurs ambulants et Saltimbanques.

Article 661. — Les chanteurs avec ou sans instruments, les joueurs d'orgues, les musiciens ambulants, les bateleurs, escamoteurs, baladins et faiseurs de tours, ne pourront exercer leurs métiers sur la voie publique sans une permission du Commissaire central.

Cette permission devra être représentée à toute réquisition des Agents de police et elle pourra être retirée définitivement ou temporairement.

Article 662. — Tout musicien, chanteur ou bateleur, même autorisé, sera tenu, à toute réquisition de l'Autorité ou de la Police, de cesser de jouer, de chanter ou de faire des tours dans tout lieu public où l'injonction lui en sera faite.

Article 663. — Il est expressément défendu aux musiciens, saltimbanques et autres individus désignés ci-dessus, de s'introduire dans les cours des maisons sans la permission des habitants.

CHAPITRE VIII.

DES BAINS DANS LES RIVIÈRES, — DES PROMENADES EN BATEAU ET DES PATINEURS.

Article **664**. — Il est défendu, à qui que ce soit, de se baigner dans les abreuvoirs et devant les quais de cette ville, à partir du chantier du Pré-aux-Loups jusqu'à l'île du Petit-Guay, et depuis la chaussée des Curandiers jusqu'à l'endroit du Grand-Cours indiqué ci-après, sous peine d'être arrêté et traduit devant les tribunaux, pour y être jugé conformément aux règlements.

Cette défense est commune aux militaires de la garnison.

Article **665**. — Il est également défendu de se baigner : 1° à l'embouchure de la rivière de Bapeaume; 2° dans la Mare-du-Parc et la Mare-aux-Planches, faubourg Saint-Sever, sous les peines prononcées ci-après.

Article **666**. — Il n'est permis de se baigner dans la Seine que dans la partie communément appelée le Galet du Grand-Cours, et dans les enceintes des écoles de natation.

Article **667**. — *Les dimanches et jours de fêtes, les baigneurs ne seront admis aux bains du Galet que jusqu'à trois heures d'après midi.*

En cas de contravention, il sera rédigé procès-verbal, tant contre les baigneurs que contre le Préposé aux bains.

Article **668**. — Partout, même au Galet du Grand-Cours, il est défendu de se baigner et de paraître hors de l'eau sans être vêtu d'un caleçon. Cette défense est commune aux militaires de la garnison.

Article **669**. — Pour prévenir tout danger aux bains du Grand-Cours, un préposé et un ou plusieurs bateliers-nageurs y stationneront pendant la saison des bains.

Une boîte fumigatoire sera aussi attachée à cet établissement, pour donner des secours en cas de besoin.

Article **670**. — Les bateliers-nageurs seront uniquement chargés de surveiller les baigneurs, de leur indiquer les endroits périlleux, et se tiendront toujours prêts à les secourir.

Article **671**. — Il sera établi, au bord de la rivière dit le Galet, une enceinte disposée de manière à ce que les baigneurs soient absolument séparés du public. Le préposé à la tenue du bain sera chargé de la garde de leurs vêtements, et recevra préalablement, tant pour cette garde que pour le salaire des bateliers et autres préposés, 10 centimes par chaque baigneur; il devra se pourvoir d'un nombre suffisant de caleçons pour en fournir aux baigneurs qui en réclameraient. Il est autorisé à percevoir 5 centimes par caleçon.

Un piquet de garde suffisant sera chargé de maintenir le bon ordre, et d'arrêter les contrevenants aux prescriptions du présent règlement.

Article 672. — Tout baigneur qui se rendrait coupable d'un outrage à la pudeur, et notamment lors du passage des coches d'eau, bateaux et batelets, sera poursuivi conformément à la loi, et encourra les peines portées par l'article 330 du Code pénal, dont suit la teneur :

« Toute personne qui aura commis un outrage public à la pudeur, sera » punie d'un emprisonnement de trois mois à un an, et d'une amende de » 16 fr. à 200 fr. »

Article 673. — Il est enjoint au préposé à la tenue du bain du Grand-Cours et à ceux des écoles de natation, sous leur responsabilité personnelle, de ne pas souffrir que les baigneurs dépassent, soit en montant, soit en descendant la rivière, les limites qui auront été fixées; qu'ils aillent au-devant des bateaux ou les suivent, sous quelque prétexte que ce soit; qu'ils mettent pied à terre et se promènent sur le bord de la rivière au-delà des dites limites, ou qu'ils abordent ou entrent dans les îles.

Il leur est aussi expressément enjoint, ainsi qu'à leurs bateliers-nageurs, de ne pas désemparer, pendant les heures auxquelles le public est admis à se baigner, afin d'être toujours prêts à porter des secours où besoin serait.

En cas de contravention, les Commissaires de police et gardes-champêtres verbaliseront contre ces préposés ou bateliers et contre les baigneurs récalcitrants.

Article 674. — Les personnes qui, par raison de santé ou pour se perfectionner dans l'art de nager, voudraient se baigner en pleine rivière, ne pourront y être conduites que par les préposés à la tenue des écoles de natation ou des bains du Galet, ou par des mariniers munis de notre permission.

Article 675. — Les baigneurs devront, même dans ce cas, être pourvus de caleçons.

Les bains et les écoles de natation seront fermés depuis neuf heures du soir jusqu'au point du jour.

Il est enjoint aux directeurs des écoles de natation de placer, s'il en est besoin, autour de ces écoles et à l'intérieur, un filet assez fort, disposé convenablement pour empêcher les élèves de courir aucun danger et de passer sous les bateaux.

Article 676. — Il est défendu de laisser entrer des femmes aux bains du Galet et aux écoles de natation destinées aux hommes.

Article 677. — Il est aussi défendu à tous propriétaires de bateaux de les louer ou prêter :

1° Pour se baigner en rivière, à moins que les personnes qui voudraient se baigner ainsi, ne soient accompagnées par les préposés à la tenue des écoles de natation ou des bains du Galet, ou par des mariniers autorisés à cet effet par l'Administration municipale;

Et 2° pour des promenades en rivière, à moins qu'ils ne soient montés et dirigés par des bateliers connus de la Police.

Les syndics sont autorisés à faire arrêter et séquestrer les bateaux dont les propriétaires seraient en contravention au présent article.

ARTICLE 678. — Il est défendu de patiner sur la Seine et même de la traverser sur la glace, dans le cas où la rivière serait prise.

ARTICLE 679. — MM. les Commandants de place, dans la ville de Rouen, sont priés de vouloir bien donner, chaque année, au moment des bains froids, et lorsque la Seine est gelée, les consignes nécessaires pour l'observation des prescriptions comprises dans la présente section, en ce qui concerne les militaires de la garnison.

ARTICLE 680. — Les contrevenants aux dispositions ci-dessus, qui ne seraient pas connus, et qui refuseraient d'indiquer leurs noms et leur demeure, ou qui n'obéiraient pas à l'ordre de cesser les exercices défendus, seront conduits au bureau central de police pour que la contravention puisse être constatée et les poursuites de droit dirigées contre eux.

CHAPITRE IX.

DES MESURES PRESCRITES POUR PRÉVENIR ET COMBATTRE LES INCENDIES (1).

SECTION 1re.

Ramonage et Réparation des Cheminées.

ARTICLE 681. — Il est enjoint à tous les habitants de Rouen de faire ramoner, tous les trois mois, les cheminées où ils font habituellement du feu, ainsi que les mitres, tuyaux ou chapeaux dont elles sont surmontées.

ARTICLE 682. — Les cuisiniers, aubergistes, traiteurs, limonadiers, pâtissiers, boulangers et autres habitants ayant forge, fonderie, four ou fourneau,

---

(1) Lois de 1790 et de 1837.

sont tenus de faire ramoner leurs cheminées, au moins une fois tous les deux mois.

Article **683**. — Le ramonage des cheminées doit être fait de manière à n'y laisser aucune suie volante ou recuite.

Pour les cheminées et les parties de cheminées ordinaires où les ramoneurs peuvent monter, ils doivent employer le râcloir.

Pour les cheminées circulaires ou en tuyaux de terre cuite ou de fonte, dans lesquelles on ne peut monter, le ramonage doit être effectué à l'aide d'écouvillons en métal, ou de tout autre appareil, mu par une corde, et ayant une force suffisante pour détacher entièrement la suie et la faire tomber.

Article **684**. — Il est expressément interdit de nettoyer les cheminées en y mettant volontairement le feu pour brûler la suie.

Article **685**. — Afin de pouvoir justifier du ramonage des cheminées dans les délais prescrits, les personnes auxquelles il incombe doivent, lorsqu'il est terminé, s'en faire délivrer, par le ramoneur, un certificat qui sera représenté à toute réquisition de l'Autorité compétente.

Article **686**. — Les ramoneurs sont invités, lorsque, en exécutant leurs travaux, ils remarquent des défectuosités à une cheminée, telles que trous, lézardes, crevasses, etc., présentant quelque danger pour le feu, ou qu'ils aperçoivent quelques vices de construction :

1° A avertir de suite l'habitant ou le propriétaire de la maison, afin qu'il fasse faire, sans délai, les réparations ou rééditications nécessaires ;

Et 2° à remettre à M. le Commissaire de police attaché à la Mairie, dans les quarante-huit heures qui suivent le jour où ils ont découvert des vices aux cheminées, la désignation des maisons où elles se trouvent.

Article **687**. — Aussitôt que M. le Commissaire de la police municipale ou tout autre Commissaire de police de la ville est informé qu'il existe des défectuosités ou vices de construction dans une cheminée, il doit se transporter immédiatement dans la maison où se trouve cette cheminée, et, si besoin est, se faire accompagner d'un ramoneur, et même d'un fumiste et d'un plâtrier, à l'effet de constater la nature de la défectuosité ou du vice de construction, et, en cas de danger, il doit interdire provisoirement l'usage de la cheminée, en y apposant son scellé.

Le procès-verbal de cette interdiction doit être adressé dans les quarante-huit heures à l'Administration municipale.

Article **688**. — MM. les Commissaires de police de la ville doivent veiller à ce que les cheminées soient ramonées dans les délais prescrits.

Cette surveillance doit surtout être exercée dans les établissements et pour les industries nécessitant un feu presque permanent ou présentant des dangers d'incendie.

SECTION 2e.

Prescriptions et interdictions diverses relatives aux Incendies.

Article **689**. — Il ne pourra être pratiqué aucune cheminée ou tuyau de poêle dans les loges établies dans l'enceinte des chantiers à bois de toute espèce ou dépôts de matières faciles à enflammer, que dans le cas où ces loges seraient distantes d'au moins huit mètres des tas de bois ou des dites matières.

Les cheminées ou tuyaux de poêle, qui existent dans des loges qui ne sont pas dans ces conditions de distance, devront être immédiatement démolis.

Article **690**. — Il est expressément défendu :

1º De former ou établir des meules ou tas de paille dans l'intérieur des cours, herbages et terres ouvertes avoisinant les maisons ou bâtiments ;

2º De tirer aucune espèce d'arme à feu, ni aucuns feux d'artifice, marrons, pétards; de lancer aucunes fusées, chandelles romaines, et en général aucunes pièces d'artifice, dans les cours, maisons, jardins ou chantiers particuliers, ainsi que sur les quais et places, dans les rues ou sur les promenades publiques ;

3º D'avoir du feu, d'entrer avec une pipe ou un cigare allumé, de fumer et d'entrer avec une lampe alimentée par le pétrole ou ses dérivés, ou avec une lumière, à moins qu'elle ne soit enfermée dans une lanterne bien close, dans les écuries ou dans les autres endroits où il y a de la paille, du foin ou du charbon de bois, ainsi que dans les magasins ou caves contenant, soit des matières combustibles, soit des alcools ou autres spiritueux, soit des essences, pétroles, huiles de schiste ou leurs dérivés.

Toute lumière artificielle dont il sera fait usage dans les caves, magasins et autres endroits contenant des dépôts d'essences, alcools, spiritueux, pétroles, substances analogues et leurs dérivés, émettant des vapeurs faciles à s'enflammer, devra même être toujours renfermée dans une lanterne de sûreté, dite lampe Davy; tout autre appareil d'éclairage y est expressément interdit, sous quelque prétexte que ce soit ;

4º D'allumer aucun feu dans les marchés, sous les halles, dans les rues et sur les quais et places publiques de cette ville ;

5º De rechercher les fuites de gaz avec du feu ou de la lumière.

Article **691**. — Les lanternes de service des écuries doivent être posées à demeure fixe et toujours être tenues fermées et bien closes, lorsqu'elles contiennent de la lumière.

Article **692**. — Il est interdit, dans toute l'étendue de la ville de Rouen, afin d'éviter le retour d'incendies que cela a occasionnés dans diverses localités, de lancer des *ballons dits Montgolfières, à foyer allumé*, quelles que puissent être d'ailleurs les dimensions de ces aérostats, qu'ils soient libres ou captifs, et qu'ils portent ou non des voyageurs.

Article 693. — Les poêles et les cheminées dites à la prussienne, établis dans les appartements parquetés ou planchéiés, ne doivent point être placés seulement sur des feuilles de tôle ou de métal ; ils doivent être posés sur une pierre plate, épaisse d'au moins huit centimètres et dépassant, s'il s'agit d'un poêle, de vingt-deux centimètres, le côté où est établie la porte, et, s'il s'agit d'une cheminée prussienne, de trente centimètres, le devant du foyer.

Article 694. — Les tuyaux de poêle ne peuvent être établis à moins de seize centimètres de distance des lambris ou de toute autre pièce de bois, et conformément à ce qui a été dit au livre 1er, chapitre des saillies, ils ne peuvent déboucher sur la voie publique.

Article 695. — Les poêles et cheminées prussiennes, ainsi que leurs tuyaux, qui ne sont pas établis dans les conditions qui viennent d'être indiquées doivent être déplacés, pour être posés selon ces prescriptions ou être supprimés.

SECTION 3e.

Des Mesures spéciales pour prévenir et combattre les Incendies dans les Théâtres.

Article 696. — Le dépôt des machines mobiles et des décorations pour les théâtres continuera d'être fait dans des magasins particuliers, séparés des salles de spectacle.

Néanmoins, les décors du service journalier, les costumes et accessoires pourront être conservés dans les salles et locaux y attenant.

M. le Conservateur du Théâtre-des-Arts veillera à l'exécution de cette prescription, en ce qui concerne ce théâtre, et ordonnera, au besoin, l'enlèvement des objets qui ne devraient pas rester dans la dite salle.

Article 697. — Les directeurs et entrepreneurs de spectacles sont tenus de disposer, dans leurs salles, un réservoir toujours plein d'eau, et au moins une pompe continuellement en état d'être employée.

Autant que possible, des puits établis dans l'intérieur des salles fourniront, concurremment avec le réservoir, l'eau nécessaire à la manœuvre des pompes.

L'Autorité municipale constatera si les réservoirs, puits et pompes fournissent des moyens suffisants de combattre le feu.

Indépendamment des pompes et ustensiles contre les incendies, existant aux théâtres, les propriétaires ou directeurs de ces établissements sont tenus d'y faire placer, en nombre convenable, des perches armées d'éponges et des croissants en fer, propres à éteindre ou couper les décors enflammés que l'on ne pourrait atteindre autrement.

Article **698**. — Un poste de sapeurs-pompiers sera installé, durant toutes les représentations, de même que durant les répétitions générales avec décors et éclairage.

Il doit être composé d'un officier de ronde pour toutes les salles; de deux sapeurs-pompiers pour chaque salle, dans les cas ordinaires, et enfin, pour les répétitions et les représentations des pièces dites à feu, d'un nombre de sapeurs-pompiers proportionné aux dangers que ces pièces pourraient présenter.

Article **699**. — Le poste de garde de la troupe, placé à chaque théâtre pendant toute la durée des représentations, veillera avec les pompiers, de manière à les aider, autant que possible, à combattre tout commencement d'incendie qui pourrait se déclarer.

Article **700**. — Un poste de Sergents de ville sera également installé dans chaque théâtre et devra contribuer aussi à cette surveillance.

Article **701**. — La représentation finie, les sapeurs-pompiers de service ne quitteront le théâtre qu'après avoir fait la visite de toutes les parties de la salle, afin de s'assurer qu'il n'existe nulle part de commencement d'incendie.

A la fin des spectacles, le concierge, accompagné d'un chien de ronde, visitera aussi toutes les parties de la salle, pour s'assurer que personne ne s'est caché dans l'intérieur, et qu'il ne subsiste aucun indice qui puisse faire craindre un incendie.

Il renouvellera cette ronde au moins une fois dans la nuit.

Article **702**. — La visite, après le spectacle, se fera en présence du Commissaire de police de service, qui la constatera sur un registre tenu à cet effet par le concierge.

MM. les directeurs ou inspecteurs d'assurances pourront y assister, s'ils le jugent convenable.

Article **703**. — Les directeurs de théâtre sont obligés d'informer le Commandant de la Compagnie des sapeurs-pompiers de toutes les répétitions générales avec décors et éclairage, des représentations ordinaires et des répétitions ou représentations de pièces dites à feu, ainsi que de requérir le service utile suivant les cas.

Article **704**. — Les directeurs paieront les rémunérations déterminées par les décisions de l'Autorité municipale, pour le service de la Compagnie des pompiers et de la troupe.

Article **705**. — Il est expressément défendu à toute personne, même aux employés et aux ouvriers des théâtres, d'y fumer, soit dans les foyers, soit partout ailleurs. Il est également interdit d'y éteindre les torches, flambeaux et bougies, autrement qu'avec des mouchettes ou des éteignoirs.

Les employés des cintres doivent, pendant les représentations, être munis chacun d'un couteau en état de couper les cordages des toiles qui s'enflammeraient.

Article **706**. — Tout théâtre dans lequel les précautions et formalités ci-dessus prescrites auront été négligées ou omises, pourra être fermé par mesure de sécurité publique.

Article **707**. — M. le Commandant de la Compagnie des sapeurs-pompiers et M. le Conservateur du Théâtre-des-Arts, sont chargés de veiller, conjointement avec MM. les Commissaires de police, à l'exécution des dispositions comprises au présent chapitre.

SECTION 4e.

Peines pour infraction aux prescriptions de la Loi et des Règlements en matière d'Incendie.

Article **708**. — Il est rappelé qu'indépendamment des peines encourues pour infraction aux dispositions qui précèdent, relatives aux incendies, les contrevenants peuvent encore être punis, le cas échéant, conformément aux dispositions de l'article 458 du Code pénal, ainsi conçu :

« L'incendie des propriétés mobilières ou immobilières d'autrui, qui aura
» été causé par la vétusté ou le défaut, soit de réparation, soit de nettoyage
» des fours, cheminées, forges, maisons ou usines prochaines, ou par des
» feux allumés dans les champs à moins de cent mètres des maisons, édifices,
» forêts, bruyères, bois, vergers, plantations, haies, meules, tas de grains,
» pailles, foins, fourrages ou tout autre dépôt de matières combustibles, ou
» par des feux ou lumières portés ou laissés sans précaution suffisante, ou
» par des pièces d'artifice allumées ou tirées par négligence ou imprudence,
» sera puni d'une amende de cinquante francs au moins, de cinq cents francs
» au plus. »

SECTION 5e.

Mesures générales pour les Secours à porter dans les Incendies.

Article **709**. — Aussitôt qu'un incendie se manifeste, les premières personnes qui l'aperçoivent, habitants de la maison ou du local, voisins, passants ou autres, doivent en donner avis, sans aucun retard, soit à la station télégraphique la plus rapprochée, établie pour correspondre avec le dépôt général des pompes, soit au poste général des sapeurs-pompiers établi au rez-de-chaussée du Palais-de-Justice, dont l'entrée est située rue Boudin.

ARTICLE 710. — Les sapeurs-pompiers ne doivent faire sonner le tocsin que dans les circonstances prévues et conformément aux prescriptions contenues dans la consigne générale relative à leur service.

ARTICLE 711. — Dans le cas où il serait indispensable, pour cause de péril imminent, d'abattre tout ou partie d'une construction où existerait un incendie ou des bâtiments adjacents, le Maire ou l'un de ses Adjoints, ou toute autre autorité compétente, pourra seule, après avoir consulté l'officier commandant les sapeurs-pompiers et l'un des Ingénieurs de la Compagnie, s'il s'en trouve sur les lieux, donner l'ordre de démolir.

Procès-verbal des motifs qui auront dicté cette mesure, sera dressé par l'un de MM. les Commissaires de police présents, et signé par les personnes ci-dessus désignées.

ARTICLE 712. — Les propriétaires des puits et des citernes sont tenus de les maintenir en bon état, garnis de seaux, cordes et poulies ou de pompes, afin qu'il soit possible, en cas d'incendie, d'y puiser de l'eau sans retard.

ARTICLE 713. — Les habitants de la rue où un incendie vient à se manifester et ceux des rues voisines, doivent, à la première réquisition de MM. les Commissaires de police, ou des sapeurs-pompiers en uniforme, laisser prendre de l'eau à leurs puits, pompes ou citernes.

Ils sont également tenus de fournir tout ce qui est à leur disposition et qui peut empêcher la propagation des flammes, et de concourir à la formation de bâtardeaux.

ARTICLE 714. — Les Commissaires de police et, à leur défaut, les sapeurs-pompiers, peuvent aussi réclamer les chevaux nécessaires pour transporter, près du lieu d'un incendie, les pompes et autres ustensiles destinés à l'éteindre.

ARTICLE 715. — Toute personne requise de porter secours dans un incendie, et qui, pouvant le faire, s'y sera refusée, sera traduite devant le tribunal compétent pour application de la peine portée en l'article 475, n° 12, du Code pénal.

ARTICLE 716. — Toutes les autres dispositions contenues dans l'arrêté municipal du 2 juin 1836, relatives à la consigne générale et au service des sapeurs-pompiers, sont maintenues.

CHAPITRE X.

DES MARCHÉS ET DES FOIRES, — DU COLPORTAGE ET DE LA VENTE DU LAIT.

Dispositions pour assurer le bon ordre de la vente, la fidélité du débit et la salubrité des Marchandises offertes à la consommation (1).

TITRE Iᵉʳ.

APPROVISIONNEMENT DES MARCHÉS.

Article 717. — Toutes les denrées, de quelque nature qu'elles soient, apportées en ville pour y être vendues, seront conduites sur les marchés destinés à la vente de ces marchandises.

Cette disposition n'est pas applicable aux denrées de sa provenance, que le propriétaire fait apporter à son domicile, ni à celles achetées au dehors par un habitant de la ville, lorsque la vente préalable à leur entrée en sera constatée par le porteur, soit au moyen d'une lettre de voiture, soit par toute autre preuve équivalente.

Article 718. — Les denrées amenées pour la consommation de la ville, par des cultivateurs, jardiniers, marchands, commissionnaires ou autres personnes, seront conduites directement aux marchés, sans qu'on puisse les introduire préalablement dans aucun hôtel, auberge ou maison particulière.

Article 719. — Il est conséquemment défendu aux hôteliers, aubergistes ou particuliers, de recevoir chez eux les voitures et bêtes de somme chargées de denrées, avant qu'elles aient été conduites sur les marchés ; de permettre la vente, ou même seulement la distribution des dites marchandises à leur domicile.

Article 720. — Il est également défendu de se porter au-devant des denrées à l'entrée de la ville ; de les acheter ou de les vendre avant leur arrivée dans les halles et sur les marchés, soit sur la voie publique, soit dans les hôtels, auberges ou maisons particulières ; en un mot, d'exposer les denrées et de les vendre ou acheter autre part que dans les halles et sur les emplacements désignés à cet effet.

Article 721. — En cas de contravention aux dispositions qui précèdent, des poursuites seront dirigées contre le vendeur, l'acheteur, l'hôtelier, l'au-

---

(1) Lois de 1790, de 1837, du 7 brumaire an IX et du 27 mars 1851.

bergiste et le propriétaire ou occupant du local où les marchandises auraient été vendues ou distribuées.

Article 722. — Ces dispositions ne sont pas applicables au colportage, qui sera réglementé ci-après.

TITRE II.

DESTINATION DES MARCHÉS.

Article 723. — Les ventes en gros, à la criée et au détail, s'opéreront sur les emplacements spécialement désignés ci-après, pour chaque sorte de vente, et conformément aux dispositions arrêtées par le présent règlement.

§ 1er. — *Vente en gros.* — *Dispositions générales.*

Article 724. — La vente en gros des diverses denrées aura lieu,
Savoir :

1° Celle des grains, farines, fèves et grenailles, dans les halles aux grains ;

2° Celle des gros légumes, sur la place du Vieux-Marché, et, par extension, s'il en est besoin, au pourtour de cette place, et dans les rues de Crosne, Cauchoise et de Florence ;

3° Celle du beurre, du fromage, des œufs, du gibier, des cochons de lait, de la volaille, sur la place de la Rougemare ;

4° Celle des bestiaux, sur le marché des Emmurées ;

5° Celle des chevaux, ânes, mulets, sur la place du Boulingrin, et, dans les temps de foire, sur les places désignées à cet effet ;

6° Celle des fruits, sur la place Verdrel.

Article 725. — L'affectation de ces places pourra être modifiée, si l'expérience des besoins actuels ou des nécessités ultérieures en démontrent l'utilité.

Article 726. — Chacune de ces ventes sera régie par les dispositions spéciales qui suivent:

§ 2. — *Vente en gros des Légumes.*

Article 727. — La vente en gros des légumes aura lieu les mardi, vendredi et dimanche de chaque semaine, sur la place du Vieux-Marché, au pourtour, et, par extension, s'il en est besoin, dans les rues de Crosne, Cauchoise et de Florence.

Article 728. — Les cultivateurs et jardiniers, qui se placeront au pourtour de la place du Vieux-Marché et dans les rues de Crosne, Cauchoise et de Florence, laisseront un passage suffisant pour la circulation des voitures et des piétons.

Article 729. — Les passages réservés, sur le Vieux-Marché même, seront toujours libres, et il est défendu d'y déposer aucune marchandise pour la vente en gros.

Article 730. — Les légumes, une fois vendus, doivent être immédiatement enlevés par les acheteurs, qui ne peuvent en faire la vente en gros une seconde fois, le regrat étant absolument interdit.

Article 731. — Les étalagistes ne pourront, sous aucun prétexte que ce soit, quitter leur place pour prendre celles des cultivateurs et jardiniers.

Article 732. — Les cultivateurs et jardiniers ne pourront déposer leurs denrées sur le marché que trois heures au plus tôt avant l'ouverture de la vente.

Ils devront le faire dans le plus grand silence, afin de ne pas troubler le repos public; l'usage du fouet est interdit, durant la nuit, aux conducteurs de voitures et de bêtes de somme apportant des denrées.

Article 733. — Immédiatement après leur déchargement, les voitures seront conduites sur le boulevard Cauchoise, depuis la place de ce nom jusqu'à la rue des Charrettes prolongée.

En cas d'insuffisance, un autre lieu de stationnement sera indiqué.

Article 734. — Les chevaux seront immédiatement dételés, et les voitures seront rangées sur une file parfaitement alignée le long des bordures des trottoirs.

Article 735. — Les voitures qui ne seront pas placées suivant les dispositions ci-dessus prescrites, seront mises en fourrière, et les propriétaires seront poursuivis pour contravention.

Il est expressément défendu de déranger, sans besoin, les dites voitures, et quiconque les aura dérangées, par nécessité, devra les remettre à leur place.

Article 736. — Les voitures mises en stationnement sur le boulevard devront être enlevées avant midi. Toutefois, elles ne pourront l'être avant l'acquit du droit de place.

Article 737. — La vente en gros des légumes ouvrira à quatre heures du matin, en été, c'est-à-dire du 1er avril au 30 septembre, et à cinq heures, en hiver, c'est-à-dire du 1er octobre au 31 mars.

Elle sera terminée à sept heures du matin, en été, et à neuf heures, en hiver.

§ 3. — *Vente en gros du Beurre, du Fromage, des Œufs, du Gibier, de la Volaille et des Cochons de lait.*

Article **738**. — La vente en gros du beurre, du fromage, des œufs, du gibier, de la volaille et des cochons de lait se fera sur la place de la Rougemare, les dimanche, mardi et vendredi de chaque semaine, et, sur la place des Emmurées, sous l'abri destiné à la vente des porcs, le mercredi aussi de chaque semaine.

Article **739**. — L'ouverture de cette vente aura lieu, du 1er novembre au 28 février, à six heures du matin ; du 1er mars au 30 avril, à cinq heures ; du 1er mai au 31 août, à quatre heures ; et du 1er septembre au 31 octobre, à cinq heures. La fermeture aura lieu, en toute saison, à midi.

Article **740**. — Les voitures qui auront apporté les denrées, pour l'approvisionnement du marché de la Rougemare, seront, immédiatement après leur déchargement, conduites sur le boulevard Beauvoisine, et rangées sur le revers de la chaussée, depuis la rue de la Glacière jusqu'à la place Beauvoisine, conformément aux dispositions prescrites au § 2 ci-dessus.

Article **741**. — Il est expressément défendu de vendre ou d'acheter, dans les rues, des volailles mortes ou vivantes, ainsi que du gibier et des cochons de lait, sauf le cas où le colportage en serait autorisé.

Article **742**. — Il ne sera exposé en vente aucune pièce de gibier ou de volaille défectueuse.

Article **743**. — Il est défendu de tuer sur la place du marché, ainsi que sur toutes les autres places et rues de la ville, des cochons de lait ou des volailles.

§ 4. — *Vente en gros des Fruits.*

Article **744**. — La vente en gros des fruits aura lieu, sur la place Verdrel, tous les jours de la semaine ;
Elle ouvrira savoir :
Du 1er avril au 30 septembre, à quatre heures du matin ; et du 1er octobre au 31 mars, à six heures.
La fermeture aura lieu à neuf heures du matin, du 1er avril au 30 septembre ; et à dix heures, du 1er octobre au 31 mars.

Article **745**. — Immédiatement après leur déchargement, les voitures d'approvisionnement de ce marché seront enlevées et conduites au lieu de stationnement qui leur sera désigné. On observera à leur égard les dispositions prescrites ci-dessus, 2me §.

Article **746**. — Les fruits, aussitôt vendus, seront immédiatement enlevés par les acheteurs, qui ne pourront en faire la vente en gros, une seconde fois, le regrat étant absolument interdit.

Article **747**. — Les étalagistes ne pourront quitter leurs places pour prendre celles des cultivateurs et jardiniers.

§ 5. — *Vente des Chevaux.*

Article **748**. — La place du Boulingrin est spécialement affectée à la vente des chevaux, ânes et mulets, sauf ce qui sera dit ci-après pour les foires.

Le marché se tient tous les vendredis de chaque semaine.

Article **749**. — Il est défendu de mettre des chevaux en vente sans les avoir préalablement soumis à la visite du médecin-vétérinaire de l'arrondissement. Ce médecin se tiendra à la barrière d'entrée de la place.

La perception du droit de place se fera également à la barrière d'entrée.

Article **750**. — La vente des chevaux ouvrira à midi.

Elle sera close à sept heures, en été, et à cinq heures, en hiver.

Article **751**. — A l'époque et pendant la durée des foires, il est défendu pareillement de vendre des chevaux ailleurs que sur les places désignées à cet effet.

Article **752**. — La viande de cheval, comme denrée alimentaire, ne peut être débitée qu'en se conformant aux prescriptions arrêtées au chapitre XV du présent livre III.

§ 6. — *Vente des Bestiaux.*

Article **753**. — La vente des bœufs, vaches, veaux, moutons et porcs, pour les marchés ordinaires, se tiendra sur la place des Emmurées et sera réglementée dans le chapitre suivant.

TITRE III.

FOIRES.

Article **754**. — Les mesures spéciales à la tenue des foires seront l'objet de règlements pris pour chacune d'elles et publiés au moins quinze jours avant leur ouverture.

Ces foires seront d'ailleurs soumises aux dispositions qui suivent :

§ 1ᵉʳ. — Foire de Février.

ARTICLE 755. — La foire de février ouvre le 20 février et dure quinze jours, non compris les fêtes et dimanches; elle se tient sur les boulevards, entre les places Beauvoisine et Cauchoise.

§ 2. — Foire de Bonne-Nouvelle.

ARTICLE 756. — La foire de l'Ascension continuera de se tenir la veille de la dite fête :

1° Pour la vente des chevaux, sur les boulevards Cauchoise et Jeanne-Darc;

2° Pour la vente des bœufs, vaches, veaux, ânes et chèvres, sur la place Bonne-Nouvelle et dans les rues environnantes.

ARTICLE 757. — La veille du jour de l'Ascension, à midi, les chevaux seront conduits de la place Cauchoise à Bonne-Nouvelle.

La trotterie des chevaux amenés sur cette place aura lieu dans les rues de la Mare-aux-Planches et des Trois-Journées.

ARTICLE 758. — Le jour de l'Ascension et le dimanche suivant, une assemblée se tiendra, comme par le passé, sur la place Bonne-Nouvelle.

§ 3. — Foires de Saint-Gervais et de Juin.

ARTICLE 759. — La foire de Saint-Gervais se tiendra :

1° Pour la vente des chevaux, sur les boulevards Cauchoise et Jeanne-Darc;

2° Pour la vente des bestiaux, sur la place Saint-Gervais.

ARTICLE 760. — Le jour de la foire Saint-Gervais (20 juin), à midi, les chevaux seront conduits de la place Cauchoise sur la place Saint-Gervais.

ARTICLE 761. — La foire de juin ouvre le même jour, 20 juin, et elle dure quinze jours, non compris les fêtes et les dimanches.

ARTICLE 762. — Elle se tient, en ce qui concerne les marchandises, sur le boulevard Jeanne-Darc, à partir de la rue Bouvreuil, vers Cauchoise.

§ 4. — Foire Saint-Romain.

ARTICLE 763. — La foire Saint-Romain ouvre le 23 octobre et dure vingt jours.

ARTICLE **764**. — Elle se tient aux lieux suivants :

1° Pour les bestiaux, sur les boulevards Beauvoisine et Saint-Hilaire, depuis la place Beauvoisine jusqu'au Boulingrin, et depuis le Boulingrin jusqu'à la rue des Sapins;

2° Pour les chevaux, sur les boulevards Cauchoise et Jeanne-Darc;

Toutefois, le jour de l'ouverture, à midi, les chevaux seront conduits sur la place du Boulingrin;

3° Pour les marchandises, sur les boulevards, depuis la place Beauvoisine jusqu'à la place Cauchoise; et, en cas d'insuffisance, sur la dite place;

4° Pour les spectacles, sur le boulevard Beauvoisine, depuis la place de ce nom jusqu'au Boulingrin.

§ 5. — *Dispositions communes aux trois Foires aux Chevaux.*

ARTICLE **765**. — Pour les foires de l'Ascension, de Juin et de Saint-Romain, la vente des chevaux commencera quatre jours avant l'ouverture de la foire.

ARTICLE **766**. — Cette vente se fait sur les boulevards Jeanne-Darc et Cauchoise seulement; en aucun cas les chevaux ne pourront stationner sur la place Cauchoise.

Ils seront rangés le long des bordures des trottoirs.

ARTICLE **767**. — La trotterie aura lieu sur les boulevards Jeanne-Darc et Cauchoise, dans les rues Stanislas-Girardin, de Crosne-hors-Ville, du Contrat-Social et sur le quai du Mont-Riboudet.

ARTICLE **768**. — Pour le jour de l'ouverture de la foire Saint-Romain (23 octobre), la vente des chevaux ayant lieu sur la place du Boulingrin, la trotterie se fera sur les boulevards Beauvoisine et Saint-Hilaire, mais pour le premier de ces boulevards, seulement dans la partie où il n'y aura pas d'encombrement de promeneurs.

§ 6. — *Dispositions relatives aux Entrepreneurs de Spectacles forains.*

ARTICLE **769**. — Les directeurs de spectacles forains, quels qu'ils soient, devront, deux jours au moins avant de commencer la construction de leur loge ou baraque, en informer l'Inspecteur des travaux de la ville, par une déclaration écrite, indiquant la nature et les dimensions de cette construction, ainsi que le nombre des spectateurs qu'ils supposent pouvoir y admettre. Cette déclaration devra être remise à la Mairie, dans le bureau de l'Architecte de la ville.

ARTICLE **770**. — Dans l'intérêt de la sécurité des spectateurs, et afin de prévenir, autant que possible, les accidents, il est expressément interdit aux constructeurs de loges ou de baraques, d'employer des bois vieux, pourris ou trop faibles d'échantillon; tous les bois servant à la construction proprement dite des loges ou de baraques (c'est-à-dire ceux formant les faces d'encadrement au pourtour, les fermes du comble et les gradins destinés à supporter les bancs ou banquettes, ainsi que le plancher de la scène), devront être reliés entre eux exclusivement avec des boulons et des écrous, l'emploi des pointes étant, dans ce cas, expressément interdit; un système de moises et de croix de Saint-André devra être combiné de manière à s'opposer au déversement de la construction, dans quelque sens qu'il puisse se produire.

En tous cas, il ne pourra jamais être établi de galerie saillante au-dessus des gradins destinés au public.

ARTICLE 771. — L'Inspecteur des travaux de la Ville reste chargé de la surveillance de ces constructions et devra indiquer, à ceux qui les exécuteront, les prescriptions qu'il jugera convenables dans l'intérêt de la sécurité publique.

Dans le cas où ceux-ci ne s'y conformeraient pas, l'Administration municipale, sur le rapport du dit Inspecteur des travaux, s'opposerait à l'ouverture du théâtre jusqu'à ce que les travaux prescrits aient été exécutés, sans préjudice des poursuites à exercer pour contravention.

TITRE IV.

VENTES À LA CRIÉE.

ARTICLE 772. — Les ventes à la criée se tiendront :

1º Pour le poisson, sur la place du Vieux-Marché, dans le bout ouest du pavillon situé au nord de la dite place ;

2º Pour le beurre, le fromage, les œufs, la volaille, le gibier, etc., etc., sur le Vieux-Marché et dans le local qui y est affecté ;

3º Pour la viande, sur la place de la Haute-Vieille-Tour, dans le local établi à cet effet.

Il sera statué ci-après, par des dispositions particulières, sur tout ce qui concerne la vente à la criée.

TITRE V.

§ 1ᵉʳ. — *Dispositions générales applicables aux Ventes en gros.*

ARTICLE 773. — Il est expressément défendu de vendre ou acheter les objets exposés sur les marchés, avant ou après les heures fixées pour l'ouverture de la vente et sa clôture.

La vente au regrat, c'est-à-dire, des denrées déjà achetées en gros et revendues également en gros au même marché, est interdite.

Article 774. — Les marchandises achetées seront enlevées immédiatement pour dégager le marché.

Les voitures, brouettes, paniers et marchandises, abandonnés sur les places et marchés, seront mis en fourrière aux frais des propriétaires, qui seront, en outre, poursuivis pour embarras de voirie.

Une demi-heure après la fermeture de la vente, les places et les rues occupées provisoirement devront être rendues complètement libres.

Article 775. — Les cultivateurs, jardiniers et autres ne pourront vendre en détail sur le marché qu'autant qu'ils seront autorisés à y avoir un étal fixe, et ils ne pourront le faire qu'au dit étal.

Article 776. — L'Inspection des marchés assignera des emplacements distincts, sur les marchés, aux vendeurs abonnés, et à ceux qui n'ont pas pris d'abonnement.

Il est enjoint à tous les vendeurs, cultivateurs, jardiniers ou autres, de s'installer aux places qui leur seront assignées, dans la catégorie à laquelle ils appartiennent.

Article 777. — La perception de la taxe des vendeurs non abonnés commencera une demi-heure avant l'ouverture des marchés.

Article 778. — Nul ne peut mettre des marchandises en vente, si, au préalable, il n'a acquitté le droit de place entre les mains des Agents de la perception.

Article 779. — Les heures d'ouverture et de fermeture des marchés seront annoncées par le son d'une cloche.

§ 2. — *Quantités-limites, pour la vente en gros, des Fruits et des Légumes.*

Article 780. — Le tableau suivant détermine les quantités fixées par l'Administration municipale, pour la vente en gros des fruits et des légumes, après avoir entendu les explications contradictoires provoquées par nous entre les délégués des jardiniers d'une part et les étalagistes d'autre part :

DÉSIGNATION DES MARCHANDISES.	MODE DE VENTE.	EXTRÊMES LIMITES INFÉRIEURES comprises dans la vente en gros.	OBSERVATIONS.
Fruits.			
ABRICOTS { de dessert...	Au cent, au panier.	Un panier ou colis de 12 fruits.	Les paniers ne doivent pas être divisés.
ABRICOTS { ordinaires...	Au poids.	104 fruits ou 3 kilogr.	
AMANDES............	Au panier.	Un panier de 104 fruits.	
CASSIS, MERISES et CERISES de toutes sortes..	Au panier ou au poids.	Un panier pesant 4 kilog. au moins, brut.	d°
FIGUES.............	Au panier et au cent.	Un panier renfermant au moins 25 fruits.	d°
FRAISES, FRAMBOISES.	Au panier, au poids et à la mesure.	Un panier pesant au moins 1 kil. ou mesurant 2 litres.	d°
CHATAIGNES.........	Au sac, au poids et à la mesure.	Un sac de 50 litres.	d°
GROSEILLES..........	Au panier ou au poids.	1 panier pesant au moins 4 kilog.	d°
MARRONS............	Au sac, au poids ou à la mesure.	Un sac de 10 kilog. ou de 10 litres.	d°
MELONS.............	Au panier contenant 6 melons.	2 melons.	d°
NÉFLES..............	Au panier.	Un panier de 2 kilog.	d°
NOIX { sèches.........	Au sac, à la mesure,	12 litres 1/2.	d°
NOIX { vertes..........	au panier.	Un panier de 5 kilog.	d°
PÊCHES.............	Au panier, à la douzaine, au cent.	Un panier ou colis de 12 fruits.	d°
ORANGES............	A la caisse, à la douzaine, au cent.	Une caisse ou colis de 12 fruits.	Non divisible.
POIRES fines.........	Au 100 de 104, au panier de 25 à 50.	Un panier contenant au moins 12 fruits.	d°
POIRES ordinaires.....	Au panier, au poids, à la mesure.	Un panier pesant au moins 8 kilog. ou 10 litres.	d°
POMMES fines........	Au panier, au cent.	Un panier contenant au moins 12 fruits.	d°
POMMES ordinaires....	Au poids, au panier.	Un panier pesant au moins 8 kilogrammes.	d°
PRUNES { de dessert....	Au panier.	Un panier de 26 fruits.	d°
PRUNES { de confitures...	Au poids.	5 kilogrammes.	d°
RAISINS.............	Au panier de 2 à 10 kilogrammes.	Un panier ou colis pesant au moins 2 kilogrammes.	d°

CHAPITRE X.   181

DÉSIGNATION DES MARCHANDISES.	MODE DE VENTE.	EXTRÊMES LIMITES INFÉRIEURES comprises dans la vente en gros.	OBSERVATIONS.
Gros Légumes.			
ARTICHAUTS	A la douzaine et au paquet de 6 pieds.	Un paquet ou 12 artichauts.	Non divisible.
CHOUX	Au demi-quart ou 15.	Demi-quart ou 15.	d°
CITROUILLES	A la pièce.	Une pièce.	d°
ASPERGES	Aux 6 bottes.	2 bottes.	d°
BETTERAVES	A la douzaine.	Une douzaine.	d°
CAROTTES	A la douzaine de bottes et aux 104.	6 bottes ou 1/4 de cent (26).	d°
NAVETS { secs	A la mesure.	10 litres.	d°
NAVETS { préc^{es} ou d'été	a la douzaine de bottes.	1 botte de 25 navets.	d°
OIGNONS { verts	Au paq. de 6 poignées.	Un paquet de 6 poignées.	d°
OIGNONS { secs	au poids et à la mesure.	Un panier de 5 lit. ou 5 kil.	d°
POIREAUX	A la botte de 20 à 40.	Une botte de 20 au moins.	d°
POMMES { précoces	Au panier de 5 à 10 litres.	Un panier de 5 litres.	d°
DE TERRE { ordinaires	à la mesure.	20 litres.	d°
FÈVES DE MARAIS	Au sac, au panier ou aux 50 litres.	Un sac ou un panier contenant au moins 10 litres.	d°
HARICOTS, POIS VERTS } en cosse	Au sac ou au poids.	10 litres ou 5 kilogrammes.	d°
HARICOTS verts	Au sac ou au poids.	5 litres ou 2 kilogrammes.	d°
Menus Légumes.			
AIL	A la botte de 12 à 20 têtes.	Une botte de 12.	Non divisible.
CERFEUIL	Au panier et à la botte.	Un panier ou une botte.	d°
CIBOULE	Au paquet de 6 bottes.	Un paquet de 6 bottes.	d°
CRESSON ord. et alénois	A la 12e de 15 bottes.	4 bottes.	d°
ECHALOTTES	A la poign. ou au panier.	Une poignée ou un panier.	d°
ESTRAGON	A la poignée.	Une poignée.	d°
PERSIL	Au panier et à la botte.	Un panier ou une botte.	d°
PIMPRENELLE	A la poignée.	Une poignée.	d°
SALSIFIS blancs ou noirs	A la botte.	Une botte de 50.	d°
THYM	A la botte.	Une botte.	d°
BARBE DE CAPUCIN	Au paquet de 3 bottes.	Un paquet de 3 bottes.	d°
CARDES ou CARDONS	Au paquet de 3 pieds.	Un paquet de 3 pieds.	d°
CÉLERI	A la botte de 12 pieds.	Une botte de 12 pieds.	d°
CÉLERI vert p^r pot-au-feu	A la poignée.	Une poignée.	d°
CÉLERI-RAVE	A la 1/2 douz^e de pieds.	Une demi-douzaine de pieds.	d°
CHAMPIGNONS	Au kilogramme.	Un kilogramme.	d°

DÉSIGNATION DES MARCHANDISES.	MODE DE VENTE.	EXTRÊMES LIMITES INFÉRIEURES comprises dans la vente en gros.	OBSERVATIONS.
Suite des menus Légumes.			
MORILLES............	Au panier.	Un panier de 1/2 kilogr.	Non divisible.
CHICORÉE fris., LAITUE.	A la 12ᵉ de 13 têtes.	Une douzaine de 13 têtes.	do
CHICORÉE sauvage......	Au panier ou à la botte.	Un panier ou une botte.	do
CHOUX de Bruxelles.....	Au kilogramme.	1 kilogramme.	do
CORNICHONS..........	Au panier ou au poids.	Un panier de 1 kilogramme.	do
ÉPINARDS et OSEILLE...	Au panier et à la botte.	Un panier ou une botte.	do
ESCAROLLE...........	A la 12ᵉ de 13 têtes.	Une douzaine de 13 têtes.	do
MACHES..............	Au panier ou au tas.	Un panier ou un tas de 2 kil.	do
PISSENLIT............	Au panier ou au tas.	Un panier ou un tas de 2 kil.	do
RAIPONCE.......	Au panier ou au tas.	Un panier ou un tas de 2 kil.	do
RADIS roses	A la 12ᵉ de 13 bottes.	6 bottes.	do
RADIS jaunes	A la 12ᵉ de 13 bottes.	6 bottes.	do
PETITES RAVES........	A la 12ᵉ de 13 bottes.	6 bottes.	do
RADIS noirs...........	A la botte de 8 à 10.	Une botte de 6.	do
ROMAINE	A la 12ᵉ de 13 têtes.	Une douzaine de 13.	do
TOMATES	Au panier de 30.	Un panier de 20.	do
CHOUX-FLEURS	Au panier de 6 à 12.	Un panier ou lot de 6 têtes.	do

TITRE VI.

VENTE AU DÉTAIL.

§ 1ᵉʳ. — *Dispositions générales.*

ARTICLE **781**. — La vente quotidienne, au détail, de toutes les denrées alimentaires, après autorisation écrite du Maire, se tiendra sur les places suivantes :
 Vieux-Marché ;
 Verdrel ;
 Sainte-Marie ;
 Clos Saint-Marc ;
 Clos des Parcheminiers ;
 Basse-Vieille-Tour ;
 Saint-Sever.

La vente au détail de toutes les denrées, autres que le poisson, se tiendra également sur toutes les places destinées à la vente en gros, les jours de marché.

Article 782. — La vente des denrées alimentaires et autres pourra d'ailleurs être autorisée par le Maire, en tout autre lieu, si le besoin de la consommation l'exige.

Article 783. — Il y aura, sur tous les marchés, des places réservées aux marchands du dehors, mais ils devront préalablement obtenir l'autorisation de s'y placer.

Article 784. — Les boulangers forains, autorisés à cet effet, pourront vendre du pain sur les marchés, sous les conditions suivantes :
1° Leurs étaux seront constamment garnis de toutes les espèces de pain, et ces étaux ne pourront être fermés aucun jour de la semaine ;
2° Le pain devra être toujours de bonne qualité ;
3° Ils devront se conformer à toutes les obligations imposées aux boulangers de cette ville, par le chapitre XVI ci-après ;
4° En cas de contravention, les boulangers seront expulsés des marchés, sans préjudice des poursuites à exercer contre eux.

Article 785. — La vente au détail commencera, du 1er avril au 30 septembre, à six heures du matin, et du 1er octobre au 31 mars, à sept heures.
La fermeture aura lieu, en tout temps, à huit heures du soir.

§ 2. — *Vente des Arbres, Plantes et Fleurs.*

Article 786. — La place de la Haute-Vieille-Tour est spécialement affectée à la vente des plants d'arbres fruitiers, forestiers, d'alignement et de clôture, et à celle des échelles, fourches et autres instruments de jardinage.

Article 787. — Cette vente aura lieu les dimanches et vendredis, de huit heures du matin à trois heures de l'après-midi.

Article 788. — La vente des fleurs aura lieu sur la place des Carmes :
Elle comprend les arbrisseaux, arbustes, fleurs de tige, fleurs en pot ou en caisse, les oignons de fleurs et les graines.

Article 789. — Le marché, pour la vente des fleurs, ouvrira à sept heures, du 1er avril au 30 septembre, et à huit heures, du 1er octobre au 31 mars.
La fermeture aura lieu à dix heures du soir.
Les étalagistes non abonnés devront enlever leurs marchandises, étaux et tendelets à la fermeture du marché.

Article 790. — Les chevaux et voitures ne pourront accéder au marché qu'à partir de cinq heures du matin ; ils seront enlevés aussitôt après le déchargement des marchandises.

ARTICLE **791**. — Les jardiniers-fleuristes occuperont les emplacements qui leur seront désignés, de la manière prescrite au plan donné à l'adjudicataire des marchés, conformément au titre VII ci-après.

Ils ne pourront dépasser les alignements qui leur seront donnés.

Ils n'auront droit à l'avantage de l'abonnement qu'autant qu'ils prendront leur place à l'année et paieront un trimestre d'avance.

ARTICLE **792**. — Les fleurs à la main, apportées avec d'autres denrées, pourront se vendre sur les autres marchés.

Le colportage des fleurs ne pourra se faire qu'avec l'autorisation du Maire, conformément aux prescriptions ci-après.

§ *III*. — *Vente de linge, Friperie, Chaussures, Ferraille.*

ARTICLE **793**. — Les marchands de lingerie neuve, les marchands de friperie, de poterie et de ferraille pourront étaler tous les jours sur la place du marché Saint-Marc, et, les jours de halle, sur le bel de la Haute-Vieille-Tour.

ARTICLE **974**. — La place de la Basse-Vieille-Tour est affectée, en cas d'insuffisance de la précédente, pour le même jour seulement, à la vente des ferrailles, des vieux habits, linges et autres objets.

ARTICLE **795**. — Il est défendu de mettre en vente, sur la voie publique et même sur les marchés en général, des toiles et mouchoirs neufs ou en pièces, ni aucuns objets tenant à la grosse mercerie, ni enfin aucune des marchandises exposées dans les diverses halles de la ville.

Il est également défendu de vendre des objets de menue mercerie, de vieille ferraille, de friperie, vieux linges, chiffons ou tout autre objet de cette nature ailleurs que sur les marchés de Saint-Sever, du clos Saint-Marc et sur les places de la Haute et de la Basse-Vieille-Tour.

TITRE VII.

ÉTALAGES.

ARTICLE **796**. — Les emplacements, où chaque nature de marchandise devra être exposée sur les marchés, seront désignés par le Maire, sur l'avis de l'Inspecteur des marchés.

Il sera donné au fermier un plan d'alignement pour les étalages de chaque place.

ARTICLE **797**. — Aucun étalagiste ne pourra se placer dans les rues ou autres parties de la voie publique non affectées ordinairement à la tenue des marchés, sans avoir obtenu du Maire une permission écrite.

Les étalages provisoires qui seraient autorisés en dehors des lieux ordinaires de vente, devront disparaître à la première réquisition.

ARTICLE **798**. — Il sera payé pour les étalages provisoires, autorisés sur quelque partie que ce soit de la voie publique, le même droit que s'ils étaient établis sur les marchés.

Article **799**. — Les étalagistes ou regrattiers seront tenus :

1° De se faire inscrire à la Mairie ;
2° D'obtenir du Maire une permission et un numéro d'ordre ;
3° De n'occuper que la place qui leur aura été assignée par la permission d'étalage ;
4° De mettre, au-devant de leur étalage, un écriteau, dont la forme leur sera désignée, et qui portera leur numéro d'ordre et leurs noms ;
5° De payer exactement le droit de place, ainsi que la rétribution due au gardien chargé de veiller sur les marchés pendant la nuit.

Article **800**. — Les places des étalagistes seront assignées, sur les marchés, dans les divisions affectées à chaque espèce de marchandise, par le fermier, sauf l'approbation du Maire, laquelle sera donnée sur l'avis de l'Inspecteur des marchés.

Article **801**. — Il est formellement défendu aux étalagistes de dépasser les alignements qui leur seront donnés, sous peine d'expulsion des marchés et sans préjudice des poursuites à exercer contre eux pour cette contravention.

Article **802**. — Les étalagistes non placés sous des abris fixes ou hallettes, ou dans les boutiques, se serviront d'abris mobiles dont la forme et la disposition devront être approuvées par le Maire.

Il ne pourra être placé d'abris mobiles sur un marché qu'autant qu'il n'existera pas de hallettes, ou que les abris fixes seraient insuffisants, et, dans tous les cas, qu'après en avoir obtenu l'autorisation de l'Administration municipale.

Article **803**. — Les étalagistes tiendront leurs étaux et ustensiles de vente dans le meilleur état de propreté possible.

Ils feront nettoyer, laver et balayer leurs places deux fois chaque jour : le matin, avant dix heures, et le soir, avant quatre heures.

Il leur est défendu de jeter aucune ordure sur la voie publique, ni sur le sol de leurs abris ; ils devront les déposer dans des paniers, baquets ou vases destinés à cet usage.

Les marchands de poisson en déposeront les débris et issues dans des baquets ou des seaux contenant de l'eau en quantité suffisante pour tenir ces débris submergés.

Il leur est défendu de jeter sur la voie publique les dites eaux, ainsi que celles qui auront servi à dessaler le poisson ; les vases seront vidés dans les banneaux qui enlèvent les boues ; les eaux salées pourront être jetées aux égouts.

Ils devront écurer, deux fois par semaine, les mardi et samedi, les robinets de leurs étaux.

Le jeudi de chaque semaine, les tables, pierres, seaux et baquets devront être lavés avec une solution de chlorure de chaux.

Article **804**. — Le fermier des droits de place fera nettoyer et balayer les places et marchés deux fois par jour : le matin, avant neuf heures, et le soir, avant cinq heures. Il fera aussi emporter les ordures et cailloux qui ne devraient pas être enlevés avec les boues.

En cas de négligence, le Commissaire de la police municipale préposera au balayage et au nettoyage le nombre d'ouvriers et la quantité de banneaux jugés nécessaires pour les effectuer convenablement.

Le fermier sera tenu de payer les frais de journées, sur l'état qui en sera dressé par ce fonctionnaire.

Article **805**. — Il est défendu aux étalagistes d'allumer des feux et fourneaux sous leurs abris et dans les boutiques, pour quelque cause que ce soit.

TITRE VIII.

COLPORTAGE.

Article **806**. — Le colportage des denrées pourra avoir lieu sous les conditions suivantes et sous toutes celles qui seraient imposées dans l'intérêt de la salubrité publique, de la fidélité du débit et de la circulation.

Article **807**. — Quiconque voudra exercer le colportage, devra préalablement en faire la déclaration à la Mairie. Cette déclaration indiquera ses nom, prénoms et demeure, ainsi que l'espèce de denrées qu'il voudra vendre.

Il lui sera délivré une médaille mentionnant la permission accordée, ses noms et un numéro d'ordre.

Le colporteur portera toujours cette médaille d'une manière ostensible.

Article **808**. — La Mairie déterminera la forme des éventaires et des paniers sur lesquels les marchandises pourront être colportées.

Ces éventaires et paniers porteront une plaque avec les mêmes indications que celles de la médaille.

Article **809**. — Il ne pourra être colporté aucune denrée alimentaire, si elle n'a été achetée ou exposée sur le marché et si la salubrité n'en a été vérifiée.

Tout colporteur auquel il sera resté des denrées alimentaires, à la fin de la journée, les présentera le lendemain sur le marché, afin que l'inspecteur puisse s'assurer qu'elles sont encore salubres.

Article **810**. — Les colporteurs se conformeront aux mesures et injonctions, qui leur seront prescrites, pour assurer la propreté de leurs ustensiles de transport et la conservation des denrées, ainsi que pour le bon ordre des marchés où ils s'approvisionnent.

Article 811. — La vente, au détail, du poisson et des autres denrées est interdite aux colporteurs, sur les marchés, où elle ne peut se faire que par les étalagistes autorisés à vendre sur les dits marchés.

Article 812. — Les colporteurs qui voudront partager ou trier entre eux les lots de poissons achetés à la criée, ne pourront opérer ce partage ou triage qu'en se plaçant dans les rues du Cercle ou de Florence.

Il leur est absolument interdit d'exposer leur poisson, de le partager et de le trier sur la place du Vieux-Marché.

Article 813. — Il est défendu d'exercer le colportage des denrées sur les marchés, ainsi qu'aux abords des dits marchés, afin d'assurer la liberté de la vente et de la circulation sur les dits marchés et leurs abords.

Le rayon interdit aux colporteurs sera limité de la manière suivante :

Pour le marché de la place Verdrel et le Vieux-Marché, les colporteurs ne pourront vendre dans les rues ci-après désignées :

Des Béguines ;
De la Prison ;
Sainte-Croix-des-Pelletiers ;
Écuyère ;
Guillaume-le-Conquérant ;
Rollon ;
Grande-Rue, jusqu'à la rue du Bec ;
De l'Impératrice, depuis la rue aux Ours jusqu'à la rue des Bons-Enfants ;
Du Tambour ;
Massacre ;
Percière ;
De la Poterne ;
Des Fossés-Louis VIII ;
Socrate ;
Saint-Lô, jusqu'à la rue Boudin ;
Aux Juifs ;
Du Bec ;
Des Vergetiers ;
De la Vicomté, jusqu'à la rue aux Ours ;
Place de la Pucelle ;
Rues Saint-Georges ;
Du Panneret ;
Herbière ;
Place Saint-Éloi ;
Rues Saint-Éloi, jusqu'à la rue des Charrettes ;
Du Petit-Enfer ;
Du Vieux-Palais, jusqu'à la rue Racine ;
Fontenelle, de la rue Racine jusqu'à la rue Cauchoise ;

Du Marché, de Pierre-Corneille ;
De Crosne, jusqu'à la rue Fontenelle ;
De Florence ;
Du Cercle ;
Cauchoise, depuis le Vieux-Marché jusqu'à la rue des Bons-Enfants.

Pour le Clos-Saint-Marc, les colporteurs ne pourront vendre dans les rues suivantes :

Armand-Carrel ;
Du Rempart-Martainville ;
De Fontenay, jusqu'à la rue des Espagnols ;
De la Grosse-Bouteille, jusqu'à la rue des Augustins ;
Des Espagnols ;
Du Roi-Priant ;
Des Arpents ;
Rue et place de la Chèvre ;
Rues Toupas ;
Saint-Marc ;
Du Figuier.

Pour le marché de Saint-Sever, le colportage est interdit :

Rues Saint-Sever et des Emmurées.

ARTICLE 814. — Il est en outre défendu, aux colporteurs, de stationner sur aucun point de la voie publique, si ce n'est pendant le temps strictement nécessaire pour la vente et la livraison de leurs marchandises.

Lorsqu'ils s'arrêteront pour ces opérations, ils devront ranger leurs charrettes, éventaires ou paniers, de manière à ne gêner ni la circulation des voitures, ni celle des piétons.

Ils ne devront jamais parcourir les trottoirs dans le sens de leur longueur, ni y stationner, même pour la vente de leurs marchandises; cette opération devra se faire soit dans l'intérieur des propriétés, soit en dehors des trottoirs.

ARTICLE 815. — Les marchandises exposées et colportées sur les voies publiques où il est interdit de le faire, seront enlevées comme embarras de voirie, et déposées avec les voitures, tables, paniers et autres objets et appareils nuisant à la circulation, au lieu qui sera désigné par l'Administration municipale.

ARTICLE 816. — Il est expressément défendu, aux marchands ambulants, de prêter, céder, louer ou vendre, à qui que ce soit, leurs permissions ou leurs médailles.

Lorsqu'ils renonceront à leur profession, ils devront déposer ces objets à la Mairie.

Chaque fois qu'ils changeront de domicile, ils seront tenus d'en donner immédiatement avis à l'Administration.

CHAPITRE X.   189

Article **817**. — Tout colporteur qui aura contrevenu aux dispositions qui précèdent, sera privé de sa permission et ne pourra plus exercer le colportage sans une autorisation nouvelle.

TITRE IX.

VENTE DU LAIT.

Article **818**. — Les marchands de lait arrêteront leurs voitures aux barrières et à toute réquisition des Inspecteurs ou Agents, afin que la qualité de leur lait puisse être vérifiée.

La même vérification pourra être répétée sur le lieu de stationnement des voitures, et partout où se fera la vente.

Article **819**. — La vérification du lait pourra se faire, à toute heure, au domicile des regrattiers.

Article **820**. — Le lait falsifié sera jeté sur la voie publique; le lait seulement étendu d'eau pourra aussi être jeté à la rue, ou bien il sera saisi et envoyé à un établissement charitable.

Article **821**. — Il est formellement interdit aux laitiers de faire entrer leurs voitures, avant et pendant la vente, dans les hôtels, auberges, maisons particulières et d'y opérer la vente de leur lait. Ils les conduiront et feront stationner sur les places désignées à cet effet.

Toutefois, il leur sera permis de colporter leur lait en ville, tout en payant une seule fois le droit de place, si le service de leur clientèle l'exige.

Article **822**. — Il est expressément défendu à tout hôtelier, aubergiste ou particulier de recevoir chez lui, avant la vente, les voitures de laitiers et de les y laisser faire la vente ou la distribution de leur lait.

Article **823**. — Les laitiers, abonnés ou non, paieront le droit de place aux barrières.

TITRE X.

SALUBRITÉ PUBLIQUE.

Article **824**. — Il est défendu d'exposer en vente aucune denrée corrompue ou falsifiée, aucuns fruits ou légumes non arrivés à maturité ou qui seraient gâtés.

Article **825**. — M. l'Inspecteur des halles et marchés et les Agents placés sous ses ordres visiteront, chaque jour, les denrées exposées sur les divers marchés de la ville.

Article 826. — Toute marchandise reconnue nuisible à la santé publique sera saisie et détruite, et le marchand qui l'aura mise en vente sera poursuivi pour contravention.

Article 827. — Les étalagistes seront obligés de se conformer à toutes les mesures qui leur seront prescrites, en outre des dispositions du présent, pour assurer la propreté de leurs étalages, la conservation des denrées exposées et le bon ordre des marchés.

Article 828. — Il est défendu, aux commissaires-priseurs, aux courtiers, aux officiers ministériels, et à toute autre personne, de mettre en vente publique des comestibles avariés, sans en avoir prévenu l'Autorité municipale, afin qu'elle fasse vérifier si l'usage de ces denrées peut être nuisible à la santé.

TITRE XI.

DISPOSITIONS GÉNÉRALES.

Article 829. — Les dispositions du présent arrêté, qui ont pour objet d'assurer la fidélité du débit, la salubrité des denrées, l'ordre des marchés, l'étalage et le colportage, sont applicables aux foires, aussi bien qu'aux marchés ordinaires.

Article 830. — Les règlements antérieurs sur la police des marchés sont rapportés en tout ce qui serait contraire aux dispositions du présent.

CHAPITRE XI.

DU MARCHÉ AUX BESTIAUX.

Ce Marché, établi en vertu de deux délibérations du Conseil municipal de cette ville, des 10 mai 1853 et 25 juillet 1854, a été autorisé par deux arrêtés de M. le Ministre de l'Agriculture, du Commerce et des Travaux publics, en date des 20 décembre 1854 et 11 mars 1857.

Emplacement & Jours du Marché.

Article 831. — Le marché, pour la vente des animaux de boucherie, est établi sur la place des Emmurées, à Saint-Sever.

Article 332. — Il a lieu, chaque semaine, le mardi, pour les bœufs, vaches et moutons, et, le vendredi, pour les vaches laitières et herbagères, les veaux gras, veaux d'élève, moutons gras, moutons d'élève, chèvres et porcs.

Article 333. — Il est expressément défendu d'exposer, de vendre ou d'acheter des bestiaux en d'autres lieux, soit sur la voie publique, soit dans des auberges, soit même dans les bouveries ou bergeries qui ne seraient pas celles du producteur.

De la conduite des Animaux à l'entrée et à la sortie du Marché.

Article 334. — Les animaux amenés à la ville, pour y être vendus, les mardis et vendredis, seront conduits directement sur le marché des Emmurées.

Article 335. — Les bestiaux amenés au marché suivront l'itinéraire suivant :

Ceux venant par la barrière de Caen suivront, pour se rendre au marché des Emmurées, les rues Tous-Vents, Morris, des Emmurées ;

Ceux venant par la barrière de Lille suivront les rues Impériale, le Pont de pierre, les rues Lafayette, Lemire, Saint-Sever et des Emmurées ;

Ceux arrivant par la barrière du Havre suivront les quais, le Pont de pierre et les rues ci-dessus désignées ;

Ceux arrivant par les barrières de Saint-Hilaire et de Saint-Paul, se dirigeront par les boulevards, les quais, le Pont de pierre et les rues ci-dessus désignées.

Article 336. — Pour éviter l'encombrement qui existe souvent dans l'intérieur de la ville, les animaux qui seront EMMENÉS du Marché et qui ne seront pas portés en voiture, devront, sur la rive droite de la Seine, suivre les quais, les boulevards et les avenues.

Article 337. — Les porcs et les veaux devront être portés en voiture, dans tout le parcours de la ville, en sortant du marché aux bestiaux.

Article 338. — Les bœufs et les vaches ne pourront être conduits par bandes de plus de vingt-cinq à la fois.

Il est défendu aux conducteurs de les mener autrement qu'au pas.

Article 339. — Les conducteurs de bestiaux devront être âgés au moins de dix-huit ans et ne pourront, sous quelque prétexte que ce soit, laisser les animaux stationner sur la voie publique.

Il leur est expressément enjoint de n'occuper qu'un des côtés des routes qu'ils parcourent, et autant que possible de se porter sur le côté à leur droite.

Article 340. — Les voitures servant au transport des veaux et autres animaux seront retirées après leur déchargement et ne stationneront sur aucun point du Marché.

Elles seront conduites et rangées au lieu qui sera désigné. On observera, à leur égard, les dispositions du règlement général des marchés.

Police intérieure du Marché.

Article 841. — Le marché des Emmurées sera ouvert, pour la réception des bestiaux, à cinq heures du matin, en été, c'est-à-dire du 1er avril au 1er octobre ; et à six heures, en hiver, c'est-à-dire du 1er octobre au 1er avril.

Article 842. — En entrant dans le Marché, et, s'il est possible, dans la demi-heure qui précèdera son ouverture, les marchands feront, à l'Agent de perception des droits de place, la déclaration des bestiaux qu'ils doivent introduire. Ils paieront le droit de place fixé par le tarif, et recevront une quittance énonciative du nombre et de l'espèce des animaux déclarés.

Les animaux ne pourront entrer, sur le Marché, que sur la présentation de cette quittance aux Agents de l'Inspection.

Article 843. — Les animaux seront rangés dans l'ordre de leur arrivée conformément aux indications données par l'Inspecteur des halles et marchés.

Article 844. — Les bestiaux arrivés après l'heure d'ouverture de la vente ne seront point admis.

Toutefois, et dans le cas où les conducteurs justifieraient de causes légitimes de retard, l'Inspecteur pourra autoriser leur entrée.

Article 845. — Les bœufs et vaches seront cordés suivant l'usage, et il sera laissé un espace suffisant, entre chaque bande, pour que les acheteurs puissent circuler librement.

Article 846. — Il est expressément défendu de placer des bœufs, des vaches et d'autres animaux, en dehors des travées qui leur sont destinées.

Article 847. — Les taureaux ne pourront entrer au Marché, ni en sortir, qu'attachés à une charrette.

Ils seront retenus par une double attache le long des murs de clôture.

Article 848. — La pose des parquets à moutons sera terminée à dix heures du matin.

Article 849. — La vente ouvrira aux heures suivantes :
Pour les porcs, à sept heures, en été, et à huit heures, en hiver ;
Pour les bœufs gras et vaches grasses, à onze heures et demie ;
Pour les vaches herbagères et laitières, à dix heures ;
Pour les moutons, à dix heures ;
Pour les veaux maigres, à dix heures ;
Pour les veaux gras, à midi.

Article 850. — La clôture de la vente aura lieu :
Pour les porcs, à neuf heures, en été, et à dix heures, en hiver ;

Pour les bœufs et vaches, à trois heures;
Pour les moutons, à trois heures;
Pour les veaux, à une heure.

Article **851**. — Il ne pourra être vendu aucuns bestiaux avant ni après les heures ci-dessus indiquées.

Les Inspecteurs prendront les mesures nécessaires pour prévenir les infractions à cette défense.

Article **852**. — Les heures d'ouverture de la vente seront annoncées par le son d'une cloche.

Un tintement annoncera la fin de chaque espèce de vente, une demi-heure à l'avance. Un second coup de cloche annoncera la clôture définitive, aux heures ci-dessus indiquées.

Article **853**. — Il est défendu aux bouchers et charcutiers d'entrer dans le Marché avant les heures prescrites pour l'ouverture de la vente.

Article **854**. — Il est défendu de se porter au-devant des animaux, de les arrher ou de les acheter avant leur entrée dans les préaux.

Article **855**. — Les animaux seront visités, avant l'ouverture de la vente, pour s'assurer s'ils sont, ou non, en état d'être livrés à la boucherie.

Article **856**. — Les animaux n'ayant pas l'âge requis ou qui sont trop maigres pour être livrés à la consommation, seront exclus du Marché.

Article **857**. — Il est défendu d'amener des veaux âgés de moins de six semaines, ainsi que d'en vendre la viande sur les marchés, dans les étaux et en quelque lieu que ce soit.

Il est expressément interdit aux propriétaires et marchands de lier, par les pieds, les veaux qu'ils apportent au Marché.

Article **858**. — Il est également défendu d'exposer en vente des animaux atteints de vices rédhibitoires ou de maladies contagieuses.

Article **859**. — Dans le cas où un animal viendrait à mourir dans les cinq jours de la vente, aux abattoirs de la ville, le Directeur de cet établissement dresserait un procès-verbal des causes de sa mort, pour assurer l'exercice de l'action en garantie contre le vendeur, s'il y avait lieu.

Article **860**. — Tous les bestiaux vendus devront être **immédiatement** marqués du timbre d'achat et retirés du Marché.

L'enlèvement des veaux pourra être différé seulement jusqu'à l'arrivée des voitures destinées à leur transport.

Article **861**. — Tous les animaux seront enlevés du Marché à trois heures de l'après-midi.

Article **862**. — Le regrat des bestiaux est expressément défendu; en conséquence, il est interdit à tous regrattiers de se présenter sur le Marché et à tous bouchers et autres d'y acheter des bestiaux pour les **revendre sur** le même Marché et le même jour.

Article 863. — L'entrée du Marché des Emmurées est expressément interdite aux saltimbanques, aux chanteurs et crieurs d'écrits, et aux colporteurs de marchandises.

Bestiaux non vendus. — Abattage et vente à la criée.

Article 864. — Les propriétaires d'animaux non vendus sur le Marché, quoique de belle et bonne qualité, seront autorisés par l'Inspecteur des halles et marchés, s'ils en forment la demande, à les conduire aux Abattoirs de la ville, où tout ce qui sera utile pour les y abattre sera mis à leur disposition.

Article 865. — La viande provenant de ces animaux sera vendue à la criée, dans la halle destinée à cette vente, et conformément aux dispositions du chapitre suivant.

Primes.

Article 866. — Tous les ans, au marché du mardi de la Semaine Sainte, des primes, dont l'importance est fixée par le Conseil municipal, sont distribuées aux producteurs ou marchands qui auront amené les plus beaux animaux, suivant les conditions annoncées à l'avance.

Article 867. — Chaque distribution de primes aura lieu sur l'avis d'une Commission composée et organisée par le Maire.

Article 868. — Les règlements antérieurs sur la police du Marché aux Bestiaux sont abrogés, en tout ce qui serait contraire aux dispositions du présent.

CHAPITRE XII.

DISPOSITIONS CONCERNANT LES VENTES A LA CRIÉE DE DIVERSES DENRÉES ALIMENTAIRES (1).

SECTION Ire.

Prescriptions communes aux ventes à la criée de la Viande, de la Volaille, du Gibier, des Cochons de lait, du Beurre, du Fromage et des Œufs.

Article 869. — Les denrées destinées aux ventes à la criée, qui viennent d'être désignées, seront conduites directement, à leur arrivée à Rouen, sur

---

(1) Lois de 1790, 1857 et 27 mars 1831.

les places indiquées précédemment pour chaque espèce de vente, et seront déposées dans les magasins établis à cet effet.

Elles ne pourront, sous aucun prétexte, entrer dans des auberges, hôtels, maisons particulières, et enfin ailleurs que dans les halles, soit pour y être vendues, soit seulement pour y être déposées.

ARTICLE 870. — Lorsque des forts, médaillés et commissionnés par le Maire, sont attachés à une halle destinée à la vente à la criée, ils opèrent le déchargement et, au besoin, le chargement des denrées.

A leur arrivée, ces denrées sont reçues par les employés préposés à la vente et par les gardiens des magasins.

ARTICLE 871. — Les denrées, arrivées trop tard pour être vendues le jour même, resteront en dépôt dans les magasins ou dans les halles à la criée, sous la responsabilité des gardiens, pour être présentées à la vente les jours suivants, si elles sont en état d'être conservées; dans le cas contraire, elles seront remises au propriétaire qui les aura apportées ou à son représentant, s'il en a un, et, si le propriétaire est absent et sans représentant, elles seront envoyées aux Hospices ou même détruites, en cas d'urgence.

Procès-verbal de l'envoi aux Hospices ou de la destruction sera dressé par l'Inspecteur des halles et marchés, avec indication des circonstances qui auront motivé ces mesures.

ARTICLE 872. — Les propriétaires ou conducteurs des viandes et denrées apportées feront, au Préposé de l'Inspection des halles et marchés, la déclaration, par espèces, de leur quantité et de leur provenance et déposeront la quittance des droits d'octroi.

Cette déclaration sera inscrite sur un registre spécial à chaque vente à la criée.

ARTICLE 873. — Les objets apportés seront emmagasinés, suivant leur espèce, dans des travées qui leur seront destinées, dans l'ordre et au fur et à mesure de leur arrivée.

ARTICLE 874. — Ils seront pesés ou comptés, suivant le mode de mise en vente qui leur sera propre, avant l'ouverture des enchères.

Une étiquette attachée à chaque colis indiquera la nature de la denrée, le nombre ou le poids et le numéro d'ordre du registre d'inscription.

ARTICLE 875. — Un Agent de l'Inspection des halles et marchés inscrira les ventes, à mesure qu'elles se feront, ainsi que le nom de l'acheteur et le prix de l'adjudication.

ARTICLE 876. — Le prix de l'adjudication sera versé immédiatement, entre les mains du Contrôleur; la marchandise sera remise à l'acheteur, sur la quittance, et enlevée immédiatement par lui ou par les forts, lorsqu'il en existera à la halle où aura eu lieu la vente.

ARTICLE 877. — Les denrées, viandes, ou colis vendus, qui n'auraient pas été réclamés, seront revendus à la halle suivante, comme marchandise abandonnée, et le produit en sera versé à la Caisse municipale, à la disposition de qui il appartiendra.

Un procès-verbal d'abandon, dressé par les Agents de l'Inspection, indiquera exactement le nom du premier acquéreur, le prix auquel les denrées lui auront été adjugées, et le poids ou le nombre de ces denrées.

Article 878. — Il est défendu d'apporter, aux halles à la criée, des viandes provenant d'animaux morts de maladie ou par accident, ou de bêtes trop jeunes, ainsi que des viandes ou denrées en mauvais état et impropres à la consommation, pour quelque cause que ce soit.

Article 879. — Avant la mise en vente, les denrées seront examinées par un Agent de l'Inspection. Celles qui seront reconnues gâtées, corrompues, nuisibles à la santé ou impropres à la consommation, seront saisies et détruites. Les denrées falsifiées seront saisies.

Les propriétaires ou conducteurs de ces denrées seront en outre poursuivis pour contravention.

Article 880. — Il est défendu de faire ou de déposer des immondices, soit à l'intérieur, soit contre les clôtures ou murs extérieurs des halles et des magasins, et de conduire des chiens dans les dits établissements.

SECTION 2e.

Dispositions spéciales à la Vente à la criée de la Viande.

Article 881. — Les viandes fraîches de bœuf, vache, veau, mouton et porc, provenant des animaux non vendus au marché et tués aux abattoirs de la ville, ainsi que celles provenant du dehors; les viandes salées ou fumées venant aussi du dehors, pourront être vendues à la criée, dans la halle établie à cet effet sur la place de la Haute-Vieille-Tour.

Article 882. — Cette vente aura lieu tous les jours de la semaine.

Elle ouvrira le matin, à sept heures, du 1er avril au 1er octobre, et à huit heures, du 1er octobre au 1er avril; elle sera close à cinq heures de l'après-midi.

L'ouverture et la fermeture seront annoncées par le son d'une cloche.

Article 883. — Un facteur sera préposé à cette vente et dirigera toutes les opérations auxquelles elle donnera lieu, sous le contrôle de l'Inspecteur des marchés de la ville et de ses Agents.

Article 884. — Les viandes seront apportées coupées, savoir :

Les bœufs, vaches et veaux, par moitiés, quartiers et demi-quartiers;

Les moutons, également par moitiés, quartiers et demi-quartiers; mais il sera permis d'apporter des gigots et des épaules de mouton;

Les porcs, en morceaux plus ou moins gros.

Il pourra également être vendu des viandes préparées ou empochées, ou de charcuterie.

ARTICLE 885. — Les mesures relatives à la circulation des voitures et bêtes de somme qui les auraient apportées, seront prescrites par l'Inspecteur des marchés et les Agents chargés de ce soin.

ARTICLE 886. — On ne pourra vendre ensemble des viandes d'espèces et de catégories différentes.

ARTICLE 887. — Les viandes seront mises aux enchères sur le prix fixé au facteur par le propriétaire. Celui-ci aura le droit de surenchérir concurremment avec les particuliers.

Les enchères seront au moins de deux centimes par kilogramme.

ARTICLE 888. — La halle sera évacuée aussitôt après la clôture de la vente.

Les acheteurs enlèveront leur viande le jour même, avant le coucher du soleil.

ARTICLE 889. — Il est défendu de fumer dans l'intérieur de la halle destinée à la vente de la viande à la criée.

ARTICLE 890. — Un tarif arrêté par le Conseil municipal et approuvé par l'Autorité supérieure fixe les taxes diverses à payer pour la vente des viandes à la criée.

ARTICLE 891. — Le facteur de la vente à la criée sera, moyennant le droit de factage alloué par le tarif, garant du prix des viandes vendues, envers leurs propriétaires. Pour assurer l'accomplissement de cette obligation, il versera un cautionnement fixé par le Maire.

Il paiera en outre le traitement du crieur public, lequel sera néanmoins nommé par le Maire ; le traitement des employés qui lui seront nécessaires reste également à sa charge.

ARTICLE 892. — Le produit des taxes sera perçu par le facteur, et versé, tous les dix jours, à la Caisse municipale, sauf celui du droit de pesage, qui le sera au Directeur-Receveur des poids et mesures publics.

ARTICLE 893. — La caisse et les livres du facteur pourront être vérifiés par l'Inspecteur des halles et marchés, toutes les fois qu'il le jugera convenable.

ARTICLE 894. — Il est formellement interdit à tous les Agents employés à la vente de la viande à la criée, soit par l'Administration municipale, soit par le facteur, de se livrer au commerce de la viande, ni directement ni indirectement.

SECTION 3°.

Dispositions spéciales à la vente à la criée de la Volaille, du Gibier, des Cochons de lait, du Beurre, du Fromage et des Œufs.

Article **895**. — Les denrées et animaux qui viennent d'être désignés, peuvent être vendus à la halle à la criée, établie à cet effet sur la place du Vieux-Marché et dans le local à ce destiné.

Elle est placée sous le contrôle de l'Inspecteur des halles et marchés de la ville.

Article **896**. — Cette vente aura lieu tous les jours de la semaine.

Elle ouvrira à sept heures du matin, du 1er avril au 1er octobre; et à huit heures, du 1er octobre au 1er avril. La fermeture aura lieu à cinq heures du soir.

Article **897**. — Les denrées de même nature seront vendues ensemble.

Elles seront mises aux enchères, sur le prix fixé par le propriétaire. Le Préposé pourra surenchérir concurremment avec les particuliers.

Article **898**. — Il sera perçu, sur la valeur des marchandises vendues, un droit de 3 0/0, lequel sera versé à la Caisse municipale (art. 4 de la délibération du 31 mars 1858, approuvée le 22 avril suivant).

Moyennant l'acquit de ce droit, le propriétaire de la marchandise n'aura à payer aucuns frais de magasinage ni de vente.

Article **899**. — Il est formellement interdit à tous les Agents employés à la vente à la criée du beurre, du fromage, des œufs, de la volaille et du gibier, de se livrer au commerce de ces denrées, ni directement, ni indirectement.

SECTION 4e.

§ 1er. — *De la vente à la criée du poisson.*

Article **900**. — La vente à la criée du poisson a lieu dans la partie ouest du pavillon nord du Vieux-Marché.

Article **901**. — Cette vente continuera à être réglementée par l'ordonnance de l'un de nos prédécesseurs, du 8 vendémiaire an XII, restée en vigueur, laquelle est ainsi conçue:

« Le Maire de la ville de Rouen,

» Considérant que son ordonnance du 29 frimaire an X, relative à la
» vente et distribution du poisson sur la place du Vieux-Marché, a rappelé
» les dispositions des règlements de 1669 et 1681, sur le même objet; que

» cependant leur exécution a souffert des atteintes, et qu'il en est résulté,
» dans cette partie essentielle du service public, des désordres qui en com-
» promettent la sûreté ;

» Considérant, en outre, que ces désordres n'ont commencé à se manifester
» que du moment où la vente a été abandonnée à divers vendeurs, qui ont
» établi et formé entre eux des associations et des bureaux, sans qu'il soit
» donné de leur part une garantie au public et à l'Administration chargée
» de surveiller la distribution des comestibles ;

» Considérant que le moyen le plus propre à faire disparaître ces abus,
» est de régulariser la vente et distribution des différentes espèces de pois-
» sons, et d'établir, à cet égard, un ordre constant, d'après lequel on ne
» puisse éluder la disposition des anciens règlements, tant sur les dimen-
» sions prescrites pour la longueur et la qualité du poisson, que sur les for-
» malités à suivre pour empêcher les fraudes envers les acheteurs ;

» Ordonne ce qui suit :

» I. A compter du 1ᵉʳ frimaire prochain, il n'y aura plus, pour la vente
» du poisson sur la place du Vieux-Marché, qu'un bureau de vendeurs, qui
» auront la qualification d'Inspecteurs-Vendeurs, et ne pourront exercer
» qu'en vertu de la commission qui leur sera délivrée.

» II. Tout poisson frais, saur et bouffi, ne pourra être vendu ailleurs
» que sur la place du Vieux-Marché, au lieu accoutumé ; l'heure de la vente
» continuera d'être fixée à sept heures du matin pour l'été, et huit heures
» pour l'hiver. Le poisson vendu avant les heures marquées, et sans la pré-
» sence des Inspecteurs-Vendeurs, sera considéré comme vendu en fraude.

» III. La vente se fera, comme par le passé, à la criée, au plus offrant
» et dernier enchérisseur. Lorsqu'elle sera commencée, nul maréyeur ou
» pêcheur ne pourra, sous quelque prétexte que ce soit, en arrêter le cours,
» et sera obligé de vendre à son tour ; les paniers de poisson seront versés
» toutes les fois que les acheteurs ou les Inspecteurs-Vendeurs le requerront.

» IV. Les maréyeurs et pêcheurs ne pourront, à peine de confiscation,
» mettre dans un même panier du poisson de différentes pêches ; dans le cas
» où le fond de quelques-uns de leurs paniers, dont on n'aurait pas exigé le
» versement, contiendrait de la paille, et où ces paniers ne seraient pas
» remplis de poissons de même espèce, qualité et de même grosseur, autant
» qu'il est possible, ils devront, sous la même peine, en prévenir les
» acheteurs.

» V. Vu les articles III et IV, de la présente, il est défendu aux pois-
» sonnières, et à tous acheteurs, de rapporter le poisson qui leur aura été
» vendu, et aux Inspecteurs-Vendeurs de le recevoir.

» VI. Les turbots, morues fraîches, saumons, truites et carpes pour-
» ront, comme par le passé, être vendus par pièce seule, pourvu que leur
» valeur soit au moins de deux francs. Tous autres poissons, et même ceux
» qui n'auraient point trois décimètres de longueur, seront vendus par lots

» et il ne sera fait de vente au-dessous du prix de deux francs, qu'autant
» que les marchands n'auraient pas assez de poissons pour que leur valeur
» montât à ce prix.

» Sont néanmoins exceptés les paniers de marée de grandeur ordinaire
» qui, sur la fin de la saison d'une espèce de poisson, ou à cause d'abon-
» dance, ne s'élèveraient pas à deux francs, et qui, dans ce cas seulement,
» seront vendus seul à seul.

» VII. Les porteurs, gens de peine et autres employés au service de
» la vente, et pour le transport des paniers, deviendront responsables des
» paniers de poisson perdus, envers les Vendeurs-Inspecteurs; de même ceux-
» ci le seront envers les maréyeurs et pêcheurs; en conséquence, ces por-
» teurs et gens de peine seront reconnus et inscrits pour tels au bureau
» des Inspecteurs-Vendeurs, qui auront un registre à cet effet, sur lequel
» seront pareillement inscrits les noms des poissonnières auxquelles ces
» derniers auront donné crédit.

» VIII. Les acheteurs non connus, et ne jouissant pas du crédit accordé
» par les Vendeurs, ne pourront enlever le poisson qu'ils auront acheté sans
» l'avoir payé, sous peine de poursuites au cas appartenant.

» IX. Les Inspecteurs-Vendeurs feront placer, à fur et à mesure de leur
» arrivée, les maréyeurs et pêcheurs, de manière à ce que la vente du pois-
» son puisse se faire facilement; ils la feront alternativement aux diverses
» tables, chacun pendant une semaine, et ne pourront se faire remplacer
» par des commis qu'en cas de maladie ou d'absence.

» X. Les Inspecteurs-Vendeurs arrêteront à la vente tous poissons, tant
» frais que bouffis ou saurs, qui pourraient être nuisibles, parce qu'ils
» seraient trop anciens ou sauris sans sel, et, d'après le procès-verbal dressé
» concurremment, soit par les Inspecteurs-Vendeurs, soit par le Commis-
» saire de police, ces poissons seront confisqués et jetés à l'eau. Tout pois-
» son qui ne sera pas de la longueur prescrite par les ordonnances, sera
» confisqué au profit des Hospices, et avec amende, en cas de récidive.

» XI. Les Inspecteurs-Vendeurs feront un fonds de caisse, qui ne pourra
» être moindre de neuf mille francs, afin que les marchands de poissons
» n'éprouvent aucun retard dans les paiements qui leur seront faits, comme
» il va être dit ci-après, par un caissier uniquement chargé de ces paie-
» ments. Les frais de bureau, d'entretien des tables, de commis et géné-
» ralement, tous les frais relatifs à la vente, seront à la charge des Ins-
» pecteurs.

» XII. Il est expressément défendu aux Inspecteurs-Vendeurs de faire
» directement ni indirectement le commerce de marée; ils ne pourront
» également employer leurs femmes comme factrices ou employées aux
» écritures.

» XIII. Les Inspecteurs-Vendeurs arrêteront, immédiatement après la
» vente, les comptes des maréyeurs et pêcheurs; ils en remettront au cais-
» sier, qui devra les acquitter de suite, des bordereaux énonçant la date de

» la vente. le nom du maréyeur ou pêcheur, le nombre des paniers ou des
» ventes, le montant brut de la vente, et enfin la somme à payer, déduction
» faite de la retenue ; et, afin que ces comptes puissent être vérifiés toutes
» les fois qu'on le jugera convenable, ils seront transcrits, jour par jour, à
» la suite et sans blanc, sur un ou plusieurs registres, si besoin est ; ces
» registres seront paraphés. du 1er au dernier feuillet, par le Maire.

» XIV. Les Inspecteurs-Vendeurs feront, aussi souvent qu'ils en seront
» requis, et sans pouvoir en tirer aucun avantage, l'expertise des salines de
» poissons emmagasinés.

» Ils exerceront sur le montant des ventes et comme par le passé, une
» retenue qui ne pourra s'élever au-delà du trentième ; avant d'exercer
» aucunes fonctions, ils seront tenus de prêter le serment au cas requis.

» XV. Conformément à la loi du 22 juillet 1791, article 13, qui charge les
» municipalités de commettre le nombre d'Inspecteurs nécessaires pour la
» salubrité des comestibles, les Inspecteurs qui seront commis par le Maire,
» en exécution de l'article 1er de la présente ordonnance, prêteront serment
» devant le Juge-de-Paix ; ils dresseront procès-verbal des contraventions
» qui seront commises, et rempliront à cet égard seulement les fonctions
» de commissaires de police.

» XVI. La présente sera soumise à l'homologation du citoyen Préfet, et
» ensuite imprimée et affichée aux lieux accoutumés.

» Le Commissaire de police de l'arrondissement est spécialement chargé
» de veiller au maintien de son exécution.

» Fait à Rouen, en l'Hôtel-de-Ville, ce huit vendémiaire an XII de la
» République française.   « Signé : DEFONTENAY. »

A la suite se trouve l'homologation suivante :

« Le Préfet du département de la Seine-Inférieure ;

» Vu l'ordonnance du Maire de Rouen, portant organisation du service
» de la vente publique du poisson dans la ville de Rouen ;

» Considérant que les différentes mesures prescrites par cette ordonnance
» tendent à réprimer les désordres qui ont existé dans la vente du poisson,
» à corriger les abus qui s'y sont introduits, et à régulariser cette partie
» essentielle du service public,

» ARRÊTE CE QUI SUIT :

» L'ordonnance du Maire de Rouen, concernant la nouvelle organisation
» du service de la vente publique du poisson, dans la ville de Rouen, est
» homologuée.

» Elle sera exécutée suivant sa forme et teneur, imprimée et affichée dans
» la ville de Rouen, aux places et lieux accoutumés.

» Fait à Rouen, en l'hôtel de la Préfecture, le dix vendémiaire an XII de
» la République française.   » Signé : BEUGNOT.

» Par le Préfet, le Secrétaire-Général de la Préfecture,
            » Signé : GALLI. »

§ 2. — *Dispositions additionnelles arrêtées pour combler les lacunes qui existent dans l'ordonnance qui précède.*

Article **902**. — Tout le poisson destiné à être vendu dans la ville de Rouen sera présenté à la halle au poisson, sur le Vieux-Marché, et, sous aucun prétexte, il ne pourra être vendu ailleurs pour la première fois.

Article **903**. — Les mareyeurs recevront, à leur arrivée, un numéro d'ordre, qui sera suivi pour la vente.

Le tour des individus qui apporteront le poisson d'eau douce, sera également fixé par des numéros d'ordre, délivrés à l'arrivée de chacun d'eux sur la place du marché.

Article **904**. — Tout poisson reconnu mauvais ou nuisible à la santé, sur les marchés et dans les rues, sera saisi et détruit, et les marchands et colporteurs qui l'auront mis en vente en cet état, seront poursuivis.

Article **905**. — Les colporteurs auxquels il sera resté du poisson acheté la veille, devront le présenter le matin, sur le Vieux-Marché, à la visite des Inspecteurs, afin qu'ils puissent s'assurer qu'il est encore salubre.

Article **906**. — Il est défendu, à toute autre personne qu'aux employés, de toucher le poisson déposé sur les tables; de franchir, pendant la vente, les barrières entourant les tables, et enfin de s'introduire dans les locaux réservés au service.

Article **907**. — Il est expressément interdit, à tous employés ou gens de peine occupés à la vente publique du poisson, de se livrer à ce commerce, ni directement ni indirectement.

Article **908**. Les voitures apportant le poisson de marée devront se ranger, à la suite les unes des autres et sur une seule ligne, dans la partie de la place du Vieux-Marché affectée à cet usage. Ces voitures seront enlevées de la place aussitôt après leur déchargement.

CHAPITRE XIII.

DES BOUCHERS ET DES CHARCUTIERS FORAINS (1).

Article **909**. — Les bouchers et les charcutiers forains, qui voudront concourir à l'approvisionnement de la ville de Rouen, ne pourront vendre

---

(1) Lois de 1790, 1857 et 27 mars 1851.

leurs viandes que sur les places et marchés ci-après désignés, savoir :

1° Place du Vieux-Marché ;
2° Place Saint-Sever ;
3° Place de la Rougemare ;
4° Place du Clos Saint-Marc ;
5° Place de la Haute-Vieille-Tour ;
6° Place du Clos des Parcheminiers ;
7° Place Sainte-Marie, mais seulement tant qu'elle n'aura pas reçu une autre destination.

L'Administration municipale pourra, en outre, désigner d'autres marchés ou places publiques où les viandes introduites du dehors pourront être vendues.

Article **910**. — Les dits bouchers et charcutiers forains ne pourront vendre que dans les étaux existant sur les marchés ci-dessus désignés, ou, à défaut, dans des étaux qu'ils feront établir eux-mêmes, suivant les dimensions et un plan approuvés par l'Administration municipale.

L'emplacement à occuper sur les marchés ou places, sera également déterminé par l'Administration.

Article **911**. — Ils acquitteront, aux mains des fermiers de la ville, les droits de place fixés par le tarif.

Article **912**. — Les deux tiers des étaux et places disponibles seront attribués aux bouchers et charcutiers forains ; l'autre tiers sera réservé aux bouchers et charcutiers de la ville, mais, à défaut par ceux-ci de les occuper, ils pourront l'être par les marchands forains.

Les bouchers et charcutiers, étrangers à la ville, qui voudront vendre sur les marchés de Rouen, devront en passer la déclaration écrite au bureau du Commissaire de police attaché à la Mairie ; ils justifieront qu'ils ont leur principal domicile hors la ville.

Ils recevront une permission qui désignera les marchés et les étaux qu'ils devront occuper. Ces permissions ne seront pas de moins d'une année.

Article **913**. — Chaque étal devra être occupé par l'étalagiste qui aura obtenu la permission de la Mairie ou par ses préposés.

Les noms et domicile de l'étalagiste seront inscrits en gros caractères noirs sur un tableau peint en blanc, et placé d'une manière apparente au-devant de l'étal.

En cas de contravention, la permission pourra être révoquée, indépendamment des poursuites en simple police.

Article **914**. — Une série particulière de numéros sera affectée à chaque marché ou place publique.

Article **915**. — Les étaux des bouchers et charcutiers forains ne pourront s'ouvrir qu'à six heures du matin, et devront être fermés à dix heures du soir ; dans les marchés fermés, ils suivront les heures réglementaires.

Article **916**. — Les bouchers et charcutiers forains ne peuvent exposer leurs marchandises en vente, sur la voie publique, ailleurs que sur les emplacements ci-dessus désignés.

Article **917**. — Il est enjoint aux bouchers et charcutiers forains de tenir leurs étaux, en toute saison, convenablement garnis de viande. La permission sera retirée à ceux qui, pendant une semaine, ne se seront pas conformés à cette prescription.

Article **918**. — Les bouchers et charcutiers forains ne devront introduire leur viande en ville que couverte, et ils seront tenus de l'apporter directement à leur étal, sans pouvoir en déposer ailleurs, sous quelque prétexte que ce soit.

L'introduction en ville de cette viande ne pourra avoir lieu qu'aux heures ci-après fixées, au chapitre applicable à tous les bouchers et charcutiers sédentaires ou forains (voir article 930).

Article **919**. — Ils seront aussi tenus, en arrivant à leurs étaux, n'importe à quelle heure de la journée, de représenter aux Préposés de l'octroi, au Conservateur de l'Abattoir, ainsi qu'à tous autres Agents de l'Administration, la quittance du droit d'octroi par eux payé.

Article **920**. — Si la quittance énonce des quantités plus ou moins considérables que celles apportées, le boucher ou le charcutier sera tenu de justifier du motif des différences reconnues.

Dans le cas où la justification ne serait pas valable, procès-verbal de la contravention sera dressé, et des poursuites seront dirigées devant les tribunaux compétents.

Les différents Agents de l'Administration, spécialement préposés à la surveillance des bouchers et charcutiers forains, pourront exiger le pesage des viandes, s'ils croient reconnaître une différence entre les viandes apportées à l'étal et celles énoncées dans la quittance de l'octroi.

Article **921**. — Chaque étal sera muni de balances en bon état et d'une ou plusieurs séries de poids régulièrement vérifiés et poinçonnés. Cet assortiment de poids devra être conforme aux prescriptions du tableau des professions et du minimum obligatoire, arrêtés par M. le Préfet de la Seine-Inférieure, le 8 novembre 1839, suivi d'un tableau rectificatif, imprimé au *Recueil des Actes de la Préfecture*, page 184 et suivantes de l'année 1840.

Article **922**. — Les bouchers et charcutiers forains devront, chaque jour, balayer, nettoyer, et, au besoin, laver les alentours de leurs étaux.

Article **923**. — Les viandes ne pourront être resserrées dans les étaux, pendant la nuit, qu'autant qu'ils seront fermés avec des grillages ou barreaux de fer, assez solides pour les garantir de tout événement, et en outre disposés de manière à être suffisamment ventilés.

Article **924**. — Les bouchers et charcutiers forains seront admis, s'ils le demandent, à abattre leurs bestiaux dans l'Abattoir public de la ville de Rouen, en se soumettant à toutes les prescriptions des règlements de cet établissement, tant sous le rapport de la police, que sous celui des taxes à payer.

CHAPITRE XIV.

DISPOSITIONS APPLICABLES A TOUS LES BOUCHERS ET CHARCUTIERS SÉDENTAIRES ET FORAINS, ET ITINÉRAIRE A SUIVRE POUR LA CONDUITE DES BESTIAUX ALLANT A L'ABATTOIR.

Article **925**. — En conformité de l'ordonnance royale du 18 août 1833, qui a autorisé l'établissement d'un Abattoir public à Rouen, il est défendu à tous bouchers et charcutiers d'abattre ou de tuer et même d'habiller, sur le territoire de cette ville, aucuns bœufs, vaches, veaux, moutons, agneaux, porcs ou sangliers; tous ces animaux, sans aucune exception, ne peuvent être tués, brûlés ou habillés que dans l'Abattoir général à ce affecté. — Par suite de cette disposition, il est interdit d'avoir dans Rouen aucune tuerie et aucun échaudoir particulier.

Le lavage et le grattage des boyaux ou tripes ne se fera également qu'à l'Abattoir ainsi que la fonte des graisses.

Article **926**. — Tout boucher ou charcutier qui aura abattu, égorgé ou habillé un ou plusieurs des animaux ci-dessus désignés, sur le territoire de Rouen, en dehors de l'Abattoir, sera traduit devant le tribunal compétent pour application de la peine qu'il aura encourue.

Article **927**. — Les bestiaux qui, en entrant dans Rouen ou en sortant du Marché, devront être conduits directement à l'Abattoir, suivront l'itinéraire ci-après :

Ceux sortant du Marché, suivront les rues Saint-Sever, Pavée et de Sotteville ;

Ceux venant par la route de Caen, lorsqu'ils seront arrivés à la demi-lune, passeront par le chemin du Petit-Couronne, le chemin des Chartreux à Sotteville, la route d'Elbeuf, la rue Méridienne et la rue de l'Abattoir ;

Ceux venant par la route d'Elbeuf, passeront par les rues Méridienne et de l'Abattoir ;

Ceux venant par la barrière de Grammont, suivront l'avenue de Grammont ;

Ceux venant par la barrière du Havre, passeront par l'avenue du Mont-Riboudet, les quais, le Pont de pierre, la place et la rue Lafayette, la rue Pavée et la rue de Sotteville ;

Ceux venant par la barrière du Mont-Saint-Aignan, passeront par la place et la rue Saint-Gervais, la place et le boulevard Cauchoise, les quais, le Pont de pierre, etc.;

Ceux venant par la barrière du Champ-des-Oiseaux, suivront la rue du Champ-des-Oiseaux, le boulevard Jeanne-Darc, la place et le boulevard Cauchoise, les quais, le Pont de pierre, etc.;

Ceux venant par la barrière de Lille, passeront par la place Beauvoisine, le boulevard Jeanne-Darc, la place et le boulevard Cauchoise, les quais, le Pont de pierre, etc.;

Ceux venant par la barrière de Darnétal, passeront par la route de Darnétal, la place Saint-Hilaire, le boulevard Martainville, le Champ-de-Mars, le quai Napoléon, le Pont de pierre, etc.;

Ceux venant par la barrière du chemin de Lyons-la-Forêt, ou par le chemin de fer du Nord, suivront le chemin de Lyons-la-Forêt, le boulevard Martainville, le Champ-de-Mars, le quai Napoléon, le Pont de pierre, etc.;

Ceux venant par la barrière d'Eauplet ou par celle de Bonsecours, passeront par l'avenue de Saint-Paul, le quai Napoléon, le Pont de pierre, etc.;

Ceux arrivant par bateaux suivront les quais et le Pont de pierre, etc.;

Ceux arrivant par le chemin de fer de l'Ouest, gare de Saint-Sever, prendront la rue de Seine, la rue Dutronché, la rue Lafayette, etc.;

Tout autre itinéraire est interdit pour la conduite des bestiaux allant à l'Abattoir.

Quant à ceux qui ne feront que traverser Rouen, ils devront suivre les boulevards ou les quais, et, si cela est nécessaire, le Pont de pierre, la rue Lafayette, et les autres larges voies les plus directes, pour entrer et pour sortir du faubourg Saint-Sever.

ARTICLE **928**. — L'introduction des bestiaux en ville ne pourra avoir lieu, qu'ils soient destinés pour le Marché ou pour l'Abattoir, savoir :

Pendant les mois d'avril, mai, juin, juillet, août et septembre, que de 4 heures du matin à 10 heures du soir;

Et pendant les six autres mois de l'année, que de 6 heures du matin à 9 heures du soir.

ARTICLE **929**. — Les bœufs, vaches et moutons allant à l'Abattoir ne pourront, comme ceux destinés au Marché, être conduits qu'au pas.

ARTICLE **930**. — A moins d'une permission spéciale du Conservateur de l'Abattoir, et qui ne devra être accordée que lorsque cela sera reconnu absolument nécessaire, le transport des animaux abattus dans cet établissement ne pourra avoir lieu qu'aux heures ci-après fixées :

Pendant les mois d'avril, mai, juin, juillet, août et septembre, de 4 heures à dix heures du matin, et de 4 heures à 8 heures du soir, et pendant les six autres mois de l'année, depuis 6 heures du matin jusqu'à 6 heures du soir.

Cette disposition est aussi applicable aux bouchers et charcutiers forains, pour l'introduction de leur viande en ville, et aux débitants ou marchands de viande de cheval.

Article 931. — Les viandes ne pourront être transportées en ville que couvertes, quel que soit le moyen employé pour le transport.

Ceux qui les feront transporter et ceux qui les transporteront, aviseront aux moyens à employer pour que le sang ne se répande pas et ne laisse aucunes traces sur la voie publique.

Article 932. — Les voitures servant au transport des viandes devront être closes et couvertes, et elles seront assujetties aux mêmes règlements que les autres voitures.

Les conducteurs se tiendront à pied, à la tête de leurs chevaux, et ne pourront conduire qu'au pas.

Il leur est expressément défendu d'atteler des chiens sur leurs voitures, de quelque manière que ce soit.

Article 933. — Les bœufs et les vaches abattus ne pourront être transportés que débités par quartiers au moins, les porcs et les veaux par moitiés.

Les moutons pourront être transportés entiers.

Article 934. — Il est défendu de vendre de la viande, sur la voie publique, ailleurs qu'aux endroits qui ont été indiqués au chapitre des bouchers forains.

Celles provenant de la vente de la halle à la criée et portant la marque de cette provenance, en se conformant aux prescriptions du colportage, pourront seules être transportées en ville en quête d'acheteurs.

Les bouchers et charcutiers sédentaires et forains auront, toutefois, toujours la faculté de faire transporter, au domicile des acheteurs, les viandes qui auront été vendues à leurs boutiques ou étaux.

Article 935. — Il est interdit aux bouchers de faire entrer aucune partie des issues rouges ou blanches dans leur pesée de viande de débit, même sous la dénomination de réjouissance.

Les issues rouges des bestiaux se composent du cœur, du foie, de la rate et des poumons de vache, bœuf ou mouton.

Les issues blanches se composent :

1° Celles du bœuf ou de la vache, des quatre pieds avec leurs patins, de la panse, de la franche-mule, des feuillets avec l'herbière des mufles, palais et mamelles ;

2° Celles de mouton, de la tête, avec la langue et la cervelle, des quatre pieds, de la panse et de la caillette.

Article 936. — Il est défendu à tous bouchers et charcutiers, sédentaires ou forains, de vendre de la viande provenant d'animaux morts naturellement en état de maladie, ainsi que celle qui serait corrompue ou dont l'usage pourrait être nuisible à la santé.

Les contrevenants à cette dispositon seront poursuivis conformément à la loi, et, s'il y a lieu, par application des peines édictées par celle du 27 mars 1851.

Article 937. — Les boutiques, magasins, étaux, cuisines, laboratoires, dépôts, caves, cheminées, fourneaux et tous locaux à usage des bouchers et charcutiers sédentaires ou forains, devront être d'une dimension suffisante et être disposés de manière à permettre une aération continue et le prompt départ des exhalaisons.

Toutes les dites pièces seront constamment maintenues en état de propreté; les murailles et planchers devront être disposés de telle sorte qu'ils puissent être fréquemment lavés et que les eaux trouvent un écoulement facile.

Les chaudières, fourneaux, tables, pendoirs, balances et autres ustensiles, seront sans cesse tenus dans un bon état de propreté.

Article 938. — Les eaux servant à la macération, au nettoyage et au blanchiment des viandes et des boyaux, doivent être fréquemment renouvelées et ne doivent jamais servir à deux opérations de ce genre.

Article 939. — L'usage des vases et ustensiles de cuivre, même étamés, pour la cuisson ou le dépôt des viandes, est expressément interdit chez les charcutiers; ceux qui existent encore chez eux devront être remplacés, dans le mois de la publication du présent, par des vases en fonte ou en fer battu étamé.

Article 940. — Il est défendu aux charcutiers d'employer dans leurs salaisons et préparations de viande, des sels de morue, de varechs et de salpêtrière.

Article 941. — Les suifs, graisses, dégras, ratés, boyaux non cuits, ne devront jamais séjourner plus d'un jour dans les ateliers.

Article 942. — Il est interdit aux bouchers et charcutiers de répandre ou laisser couler à l'extérieur de leurs boutiques ou étaux des eaux sanglantes ou rousses, et de jeter ou introduire aucun débris de viande ou détritus d'animaux, dans les égouts de la ville.

Article 943. — Les viandes et autres comestibles exposés en vente chez les bouchers et charcutiers sédentaires et forains seront soumises à la visite des Inspecteurs nommés par le Maire, et à celle des Commissaires de police.

Ceux qui seraient gâtés ou malsains seront saisis et détruits, sans préjudice des poursuites qui pourront être dirigées contre les marchands.

Article 944. — Il ne pourra être établi de nouvel étal de boucher dans l'intérieur des maisons de Rouen, qu'à la condition de se conformer aux prescriptions suivantes :

Le local devra avoir au moins deux mètres cinquante centimètres d'élévation, trois mètres cinquante centimètres de large et quatre mètres de profondeur.

Il sera fermé dans toute sa hauteur par une grille en fer.

La ventilation devra y être établie au moyen d'un courant d'air transversal.

Le sol sera entièrement dallé, avec pente en rigole et en surélévation sur la voie publique, de manière à en rendre le lavage facile.

Les murs seront revêtus d'enduits ou de matériaux imperméables.

Il ne pourra y avoir dans l'étal, ni âtre, ni cheminée, ni fourneaux.

ARTICLE 945. — Les Commissaires et Agents de police devront faire des tournées d'inspection dans les boutiques et étaux des bouchers et veiller à l'exécution des dispositions ci-dessus.

Dans le cas où ils penseraient reconnaître de la viande gâtée, corrompue ou malsaine, ils en aviseront de suite l'Inspecteur des halles et marchés, qui devra immédiatement prendre les mesures nécessaires pour faire vérifier si les dites viandes sont insalubres, et, dans ce cas, les faire détruire ou enfouir aux frais des contrevenants, à moins que ceux-ci ne justifient qu'ils peuvent en tirer parti pour tout autre usage que l'alimentation humaine, et ne prennent l'obligation d'apporter, dans les quarante-huit heures, la preuve de l'emploi qui aura été fait des dites viandes.

CHAPITRE XV.

DE LA VENTE DE VIANDE DE CHEVAL (1).

Dispositions arrêtées pour empêcher qu'il ne soit débité, dans Rouen, comme denrée alimentaire, de la Viande de Cheval insalubre ou de mauvaise qualité, et pour mettre les habitants à même de la distinguer de la Viande de Bœuf.

ARTICLE 946. — Le débit de la viande de cheval, comme denrée alimentaire, est permis à Rouen, aux conditions ci-après.

ARTICLE 947. — Sont déclarés impropres à la consommation et dès lors non susceptibles d'être estampillés :

Les chevaux morts naturellement ;

Ceux atteints de fièvre, de la mélanose, de plaies purulentes, même aux sabots, ou d'une maladie quelconque ;

Sont également exclus les chevaux dans un état d'extrême maigreur.

ARTICLE 948. — Seront seulement livrés à l'alimentation les chevaux

---

(1) Loi de 1790, 1837 et 27 mars 1851.

qu'un vétérinaire de Rouen aura certifiés y être propres, en les marquant sur les quatre sabots, avant l'abattage, d'une estampille à chaud, dont la forme sera déterminée par nous.

Article **949**. — L'abattage des chevaux est interdit dans l'intérieur de la ville.

Article **950**. — La viande de cheval ne sera apportée, à Rouen, que par moitiés ou par quartiers de l'animal, et les pieds n'en seront pas détachés avant que le dépeçage à l'étal en fasse une nécessité.

Le transport des dites viandes, de l'Abattoir à l'étal, ne pourra s'effectuer que par des voitures closes, à moins que ces viandes ne soient enveloppées de manière à n'en laisser aucune partie à découvert.

Ceux qui seront chargés de les transporter, devront prendre les mesures nécessaires pour que le sang ne se répande pas sur les voies publiques, et l'entrée n'en sera permise, en ville, que pendant les heures de la journée qui ont été fixées, ci-dessus, aux bouchers et charcutiers, pour le transport des viandes sortant de l'Abattoir public. (Art. 930.)

Article **951**. — Les étaux affectés au débit de la viande de cheval, seront indiqués par une enseigne en gros caractères annonçant leur spécialité.

Article **952**. — Le colportage de la viande de cheval est interdit.

Défense est faite de vendre cette viande partout ailleurs que dans les établissements admis pour ce genre de commerce. Défense est aussi faite de vendre, dans ces établissements, d'autre viande que de la viande de cheval.

Article **953**. — Il est défendu aux charcutiers, aux cuisiniers, aux restaurateurs et à tous autres marchands de comestibles préparés, de vendre de la viande de cheval cuite ou dénaturée, sans en indiquer clairement l'espèce, ainsi que de la mélanger frauduleusement à d'autres viandes ; ceux qui contreviendront à cette défense seront poursuivis correctionnellement, par application de l'article 423 du Code pénal ou de la loi du 27 mars 1851, suivant la nature du délit.

Article **954**. — Un arrêté particulier autorisera chaque établissement où la vente de la viande de cheval pourra être effectuée.

CHAPITRE XVI.

DES OBLIGATIONS IMPOSÉES AUX BOULANGERS POUR ASSURER LA SALUBRITÉ DU PAIN MIS EN VENTE ET LA FIDÉLITÉ DE SON DÉBIT (1).

Article 955. — La taxe officielle anciennement en usage, pour la vente du pain, dans la ville de Rouen, est remplacée, quant à présent, par une taxe officieuse, sans caractère obligatoire pour les boulangers.

Cette dernière taxe continuera à être établie en suivant les bases anciennement adoptées pour la détermination du prix du pain.

Elle sera publiée et affichée.

Article 956. — La taxe officieuse s'appliquera au pain blanc dit régence, au pain bourgeois et au pain bis.

Chaque boulanger est obligé de tenir constamment et ostensiblement affichés, dans sa boutique, les prix qu'il lui convient de fixer, chaque jour, pour chacune des trois espèces de pain ci-dessus désignées.

Article 957. — Les boulangers forains seront admis, comme par le passé, à vendre du pain sur tous les marchés de la ville; mais ils devront, comme les boulangers de la ville, afficher constamment, sur leur étal, le prix auquel ils vendront leur pain.

Article 958. — Il est défendu à tous boulangers d'introduire, dans chaque espèce de leur pain, des matières étrangères et des farines autres que celles provenant des céréales que l'on doit employer à le fabriquer et qui pourraient, soit nuire à la salubrité du pain, soit tromper l'acheteur sur sa qualité.

Article 959. — Il est interdit de faire usage, pour le chauffage des fours servant à la cuisson du pain, de bois injectés de sulfate de cuivre, et notamment de vieilles traverses de chemins de fer se trouvant dans ces conditions.

Article 960. — Défense est faite d'exposer en vente des pains gâtés, corrompus ou nuisibles. Ces pains seront saisis et détruits, conformément aux articles 475, 476, 477 et 478 du Code pénal.

Article 961. — Tous les pains doivent être de bonne qualité, avoir le degré de cuisson convenable, et porter une marque indicative du nom du boulanger.

Article 962. — Les boulangers auront continuellement leur boutique garnie de pain des diverses qualités. Ils ne pourront refuser d'en débiter, quelle que soit la quantité qui leur en soit demandée.

---

(1) Lois de 1790, 1791, 1837 et 27 mars 1851, et décret du 22 juin 1863.

ARTICLE **963**. — La vente du pain, dans la ville de Rouen, doit être faite au poids, constaté entre le vendeur et l'acheteur, soit qu'elle s'applique à des pains entiers, soit qu'elle porte sur des fractions de pain, sans que les boulangers puissent dorénavant prétendre à aucun déficit de tolérance.

ARTICLE **964**. — Les boulangers *sont tenus de peser*, en le livrant, le pain qu'ils vendront dans leur boutique, quand même l'acheteur ne requerrait pas le pesage.

Quant au pain porté à domicile, l'exactitude du poids devra être vérifiée à toute réquisition de l'acheteur.

A cet effet, les boulangers auront toujours sur leurs comptoirs les balances et les poids prescrits par l'arrêté préfectoral du 8 novembre 1839, et par le tableau qui y fait suite, imprimé page 184 et suivantes du *Recueil des Actes de la Préfecture de la Seine-Inférieure* pour l'année 1840, et ils devront pourvoir leurs porteurs de balances et des poids nécessaires.

ARTICLE **965**. — Sont dispensés de la pesée les pains d'un poids inférieur à un kilogramme, lesquels sont réputés pains *de fantaisie*, et même les pains d'un kilogramme dits *manchettes*, *couronnes*, *plats*, *piqués* ou *fendus*, ou tous autres pains de fantaisie dont la longueur excède 55 centimètres.

ARTICLE **966**. — Chaque boulanger est tenu d'avoir, dans le lieu le plus apparent de sa boutique, un cadre, où un exemplaire du présent chapitre sera, par ses soins et sous sa responsabilité, placé et maintenu.

ARTICLE **967**. — Toute personne qui voudra établir une boulangerie dans la ville, devra en faire la déclaration à la Mairie et présenter une pétition en la forme ordinaire, pour la construction de son four, afin que les dispositions nécessaires, pour prévenir les incendies, puissent lui être prescrites et que l'Administration puisse faire vérifier si le pétitionnaire s'est conformé aux lois et règlements sur la matière.

ARTICLE **968**. — Les arrêtés et règlements de police antérieurs, relatifs à la boulangerie de cette ville, sont rapportés.

CHAPITRE XVII.

DU COMMERCE DES ENGRAIS.

Dispositions arrêtées pour réprimer toutes les fraudes commises dans le commerce des Engrais (1).

Article **969**. — Tout commerçant vendant des matières désignées comme propres à fertiliser la terre devra placer, sur la porte de chacun de ses magasins et sur le tas de la substance mise en vente, un écriteau indiquant le nom de l'engrais qu'il débite.

Il est défendu de désigner un engrais sous un nom qui, d'après l'usage, est donné à d'autres substances fertilisantes.

Article **970**. — Lorsque la substance mise en vente sera un résidu de raffinerie sans aucun mélange, l'écriteau pourra porter le titre de *Noir animal* ou *Noir de raffinerie*. Il indiquera, de plus, la richesse de ce noir en phosphate de chaux et en azote, si toutefois cette dernière substance s'y rencontre en quantité facilement appréciable.

Article **971**. — Toutes les fois que la substance exposée en vente ne sera pas un résidu pur de raffinerie, l'écriteau ne pourra porter d'autre titre que celui d'engrais, et il devra, de plus, indiquer les principaux éléments actifs de l'engrais, exprimés en termes qui rendent possible la vérification chimique.

Article **972**. — Ne pourront être vendus, sous le nom de *charrées*, des engrais contenant plus de 30 0/0 de matières siliceuses insolubles dans les acides.

Article **973**. — Si la substance mise en vente ne rentre pas dans une des classes prévues par les articles précédents, le débitant pourra lui donner tels noms qu'il voudra, excepté les noms déjà adoptés par le commerce; toutefois, ce nom devra être approuvé par nous, après avis du Professeur de chimie agricole de l'École départementale d'agriculture. Il sera refusé s'il prête à erreur ou équivoque.

Article **974**. — Le nom de l'engrais, ainsi que la richesse déclarée par le marchand, et préalablement à la vente reconnue, ainsi qu'il est dit ci-après, sera écrit sur les enseignes extérieures et intérieures, sans abréviation, en lettres d'une grandeur uniforme et de dix centimètres au moins de hauteur.

---

(1) Lois des 16-24 août 1790; 19-22 juillet 1791; 27 mars 1851; 25-27 juin 1857; 27 juillet 2 août 1867. (Voir cette dernière loi à la page 215.)

Article 975. — Il ne pourra être vendu plusieurs espèces d'engrais dans le même magasin, qu'autant que les différentes espèces seront entièrement séparées les unes des autres, et que des écriteaux, indiquant l'espèce et la richesse de chaque engrais, seront placés non-seulement sur le tas de la substance, mais aussi à la porte du magasin, de manière à ce qu'aucune erreur ne soit possible pour l'acheteur.

Article 976. — Dans le mois qui suivra la publication du présent arrêté, tous les marchands d'engrais, qui n'auront pas encore fait, à la Mairie, la déclaration du nom et de la composition de leurs engrais, seront tenus de faire cette déclaration et devront établir leurs enseignes disposées comme il est dit ci-dessus.

Article 977. — A l'avenir, aucun marchand d'engrais ne pourra commencer ce commerce ou mettre en vente une substance fertilisante, autre que celle qu'il aurait précédemment annoncée, avant d'avoir fait, un mois au moins à l'avance, la déclaration prescrite par l'article précédent, et avant d'avoir établi l'écriteau suivant les indications ci-dessus spécifiées.

Article 978. — Les dépôts des marchands d'engrais seront visités fréquemment par le Commissaire de police du quartier dans lequel ils sont situés; dans chacune de leur visite, MM. les Commissaires exigeront des marchands un échantillon de chacun de leurs engrais, du poids de deux cents à deux cent cinquante grammes. Le marchand sera requis de cacheter et de signer le paquet dans lequel l'échantillon aura été enfermé. L'étiquette qui sera placée sur cet échantillon, devra être signée par le marchand et mentionner textuellement le contenu de l'inscription placée sur le tas d'engrais. En cas de refus, le fonctionnaire requérant cachettera et signera lui-même l'enveloppe de l'échantillon; il dressera procès-verbal de son opération et du refus qu'il aura éprouvé.

Article 979. — Le tout sera envoyé immédiatement à la Mairie, pour être transmis à l'Expert-Chimiste de la Ville chargé de la vérification, et, au besoin, au Professeur départemental de chimie agricole. Le marchand d'engrais sera prévenu à l'avance des lieu, jour et heure où sera faite l'analyse de ses échantillons.

En sa présence, s'il s'est rendu à l'invitation qu'il aura reçue, ou en son absence, s'il n'a pas cru devoir se présenter, l'analyse de l'échantillon sera faite immédiatement, et le résultat en sera constaté par un procès-verbal.

Article 980. — Tout acheteur pourra requérir le marchand de prélever sur la quantité à lui vendue un paquet de 200 grammes cacheté et signé par le marchand ou ses représentants, rappelant l'inscription portée sur l'écriteau. Cet échantillon devra être déposé de suite à la Mairie, et il sera soumis, au besoin, à l'analyse.

Si le marchand refuse de signer et de cacheter le paquet contenant l'échantillon, l'acheteur pourra requérir le Commissaire de police, qui procédera comme il est dit ci-dessus.

ARTICLE 981. — Les contraventions aux dispositions qui précèdent seront constatées et poursuivies conformément aux lois (1).

CHAPITRE XVIII.

DES VENTES MOBILIÈRES PAR AUTORITÉ DE JUSTICE.

ARTICLE 982. — Les ventes mobilières, par autorité de justice, continueront à être faites, tant qu'il n'en sera pas autrement ordonné, à la salle de vente des Commissaires-priseurs, sise en cette ville, rue des Carmes, conformément à l'arrêté pris, à cet effet, par l'un de nos prédécesseurs, le 11 décembre 1844, approuvé par M. le Préfet, le 25 janvier 1845, lequel arrêté, qui est maintenu dans toutes ses dispositions, est ainsi conçu :

« NOUS, MAIRE DE ROUEN,

» Vu l'offre écrite qui nous a été faite par MM. les Commissaires-priseurs, » d'opérer à l'avenir dans leur salle, sise rue des Carmes, n° 45, les ventes

---

(1) Loi du 27 juillet 1867, relative à la répression des fraudes dans les ventes des engrais :

« Article 1er. — Seront punis d'un emprisonnement de trois mois à un an et d'une amende de » 50 fr. à 2,000 fr. :

» 1° Ceux qui, en vendant ou mettant en vente des engrais ou amendements, auront trompé ou » tenté de tromper l'acheteur, soit sur leur nature, leur composition ou le dosage des éléments » qu'ils contiennent, soit sur leur provenance, soit en les désignant sous un nom qui, d'après l'usage, » est donné à d'autres substances fertilisantes ;

» 2° Ceux qui, sans avoir prévenu l'acheteur, auront vendu ou tenté de vendre des engrais ou » amendements qu'ils sauront être falsifiés, altérés ou avariés ;

» Le tout sans préjudice de l'application de l'article 1er, § 3, de la loi du 27 mars 1851, en cas de » tromperie sur la quantité de la marchandise.

» Article 2. — En cas de récidive commise dans les cinq ans qui ont suivi la condamnation, la » peine pourra être élevée jusqu'au double du maximum des peines édictées par l'article 1er de la » présente loi.

» Article 3. — Les tribunaux pourront ordonner que les jugements de condamnation soient, par » extraits ou intégralement, aux frais des condamnés, affichés dans les lieux et publiés dans les » journaux qu'ils détermineront.

» Article 4. — L'article 463 du Code pénal est applicable aux délits prévus par la présente loi. »

» de mobilier, par autorité de justice, qui se font actuellement sur la place
» du Vieux-Marché;

» Vu l'avis de M. le Procureur du Roi sur cette proposition;

» Vu la loi des 16-24 août 1790, titre 11, article 3, qui nous impose le
» devoir de veiller à tout ce qui intéresse la sûreté et la commodité du pas-
» sage dans les rues, quais, places et voies publiques;

» Considérant que l'usage suivi jusqu'à présent de procéder sur la place
» du Vieux-Marché de cette ville, aux ventes mobilières, par autorité de
» justice, présente de graves inconvénients, auxquels il importe de remédier;

» Que ces ventes ont lieu, en effet, sur un marché dont l'étendue suffit à
» peine à sa destination spéciale, à des heures où la circulation est la plus
» active et où l'affluence considérable des vendeurs et des acheteurs, le
» départ et l'arrivée de plusieurs voitures publiques, compromettent déjà
» la sûreté et la commodité du passage sur la place;

» Que, dans de telles circonstances, l'encombrement occasionné par les
» meubles et autres objets mobiliers, exposés en vente, devient dangereux
» et peut occasionner de fâcheux accidents, qu'il est du devoir de l'Autorité
» municipale de prévenir;

» Considérant que, si des motifs d'ordre public commandent de choisir un
» autre emplacement, il y a en outre convenance et utilité pour les vendeurs
» et les acheteurs, à faire choix d'un local disposé commodément pour le
» public et où les objets mis en vente soient suffisamment abrités;

» Que, dans l'état actuel des choses, lorsque le temps est froid ou plu-
» vieux, les ventes se font souvent à vil prix, par suite du défaut de concur-
» rence, ce qui est préjudiciable à la fois aux intérêts des créanciers et à
» ceux des débiteurs;

» Considérant que MM. les Commissaires-priseurs nous proposent d'affecter
» aux ventes par autorité de justice, le local qu'ils occupent rue des
» Carmes, n° 45, qui nous paraît réunir toutes les conditions nécessaires,

» Arrêtons ce qui suit:

» I. Les ventes d'objets mobiliers, par autorité de justice, ne seront plus
» faites sur la place du Vieux-Marché.

» A dater du 15 février 1845, elles s'effectueront dans le local de MM. les
» Commissaires-Priseurs, rue des Carmes, n° 45, qui devra être disposé de
» manière à ce que les dites ventes soient faites sans aucun retard, avec les
» mêmes facilités pour les acheteurs et sans plus de frais que si elles avaient
» lieu sur la place publique.

» II. Il est expressément défendu de déposer, sur la voie publique, sous
» quelque prétexte que ce soit, des meubles ou autres objets provenant des
» ventes dont il s'agit.

» M. le Commissaire central et MM. les Commissaires de police, no-
» tamment celui du 7° arrondissement, sont chargés d'assurer, en ce qui les
» concerne, l'exécution du présent arrêté, qui sera imprimé et affiché aux
» lieux ordinaires de cette ville.

» Ampliation en sera adressée à M. le Président du Tribunal de 1re instance
» et à M. le Procureur du Roi, à M. le Directeur des Domaines et de l'Enre-
» gistrement, et à M. le Président de la Chambre des Commissaires-pri-
» seurs.

» IV. Le présent arrêté sera transmis à M. le Préfet du département, pour
» être, s'il y a lieu, revêtu de son approbation.

» Fait à Rouen, en l'Hôtel-de-Ville, le 11 décembre 1844.

» CARON, *Adjoint.*

» Le présent arrêté du Maire de Rouen, en date du 11 décembre dernier,
» peut être exécuté selon sa forme et teneur.

» Rouen, le 25 janvier 1845.

» Pour le Préfet, à la Chambre des Pairs,

» *L'Auditeur au Conseil d'Etat, Secrétaire général délégué,*

» DELAPREUGNE. »

CHAPITRE XIX.

DE LA RÉGIE DES POIDS ET MESURES ET DU DÉPOTOIR PUBLIC.

Ces établissements sont organisés à Rouen en vertu et en conformité de l'arrêté des Consuls du 7 brumaire an IX.

Le bureau central des Poids et Mesures et le Dépotoir public sont installés rue de l'Impératrice, n° 6, à l'angle de la rue des Charrettes, en vertu d'une délibération du Conseil municipal, du 11 décembre 1863.

SECTION 1re.

Des Poids et Mesures.

ARTICLE **983**. — Sont maintenues les dispositions des règlement et tarif pour la perception des droits de pesage, mesurage et jaugeage publics, dans la ville de Rouen, arrêtés par délibérations du Conseil municipal de cette ville, des 15 novembre 1823, 14 novembre 1824 et 6 décembre 1867, approuvées, les deux premières, par M. le Ministre de l'Intérieur, les 22 mai 1824, et 4 janvier 1825, et, la troisième, par M. le Sénateur, Préfet de la Seine-Inférieure, le 28 décembre 1867.

Par suite des modifications apportées aux articles 9, 10 et 11 par la délibération du 6 décembre 1867, les dits règlement et tarif sont ainsi conçus :

« I. Il continuera d'y avoir, dans la ville de Rouen, des bureaux de pe-
» sage, mesurage et jaugeage publics.

» II. Ces bureaux seront distribués et placés de manière à rendre le ser-
» vice également facile pour les préposés et pour le public.

» III. Chaque bureau portera une inscription indicative du service auquel
» il sera destiné; il sera pourvu d'employés suffisants, et d'ustensiles néces-
» saires. Un exemplaire du règlement y sera affiché, à la portée du public.

» IV. Il y aura un bureau central pour la commodité du commerce, et
» principalement pour toutes les opérations requises par autorité de justice,
» ou volontairement par une ou plusieurs parties.

» V. Les préposés seront répartis dans les différents bureaux, de manière
» à ce que le service puisse être fait avec exactitude et célérité.

» VI. L'un d'eux, sous le titre de Directeur, sera chargé de la partie ad-
» ministrative et de la comptabilité générale. Il y aura un Contrôleur gé-
» néralement chargé de la partie active, du mouvement des bureaux et du
» contrôle des registres. Tous les autres agiront d'après les ordres que le
» Directeur donnera ou fera transmettre par le Contrôleur pour toutes les
» opérations et tous les détails du service.

» VII. Les préposés ne pourront faire usage que de poids et mesures
» dûment étalonnés, et portant l'inscription de leur valeur; ces poids et
» mesures, ainsi que les ustensiles nécessaires, leur seront fournis, par la
» Mairie, en quantité suffisante. Il en sera dressé un état, dont le double
» restera entre les mains du Directeur, qui sera obligé, sur la minute, de
» les présenter à toute réquisition.

» VIII. Le Directeur, chargé de la généralité des recettes, fournira et
» fera agréer par le Maire, avant son installation, un cautionnement en
» immeubles, de la valeur de sept mille francs.

» IX. Les droits à percevoir pour le pesage, le mesurage, le jaugeage et le
» dépotage publics demeurent fixés ainsi qu'il suit :

» **Pesage.**

» De 1 à 2,000 kilogrammes de marchandises, pesées au grand poids séden-
» taire ou ambulant, un droit fixe de deux francs . . . . 2 fr. »

» De 2,001 à 25,000 kil., par cent kilog. de marchandises, pesées
» au grand poids sédentaire ou ambulant, dix centimes, ci. . » 10

» Pour toutes les opérations d'un poids supérieur à 25,000 kil.
» l'excédant sera perçu par cent kil. à raison de cinq centimes, ci. » 05

» (Plusieurs opérations ne pourront être réunies en une seule
» pour l'application du tarif).
» Pour 100 kilog. de marchandises, pesées aux grands poids spé-
» cialement établis dans les halles et marchés, à l'exception de la
» halle aux grains et farines, quarante centimes, ci. . . . . . »   40
» Pour 100 kilog. de marchandises, pesées dans la halle aux
» grains, dix centimes, ci. . . . . »   10
» (*Délibération du Conseil municipal, du 3 juin* 1851).

» Pour 100 kilog. de paille, foin, trèfle, luzerne, pois, vesces et
» autres fourrages, cinq centimes, ci. . . . . »   05

» **Mesurage**.

» Pour les toiles et autres marchandises :
» De 1 à 500 mètres, un centime par mètre, ci. . . . . »   01
» Quand le mesurage dépassera 500 mètres, l'excédant sera
» perçu par mètre, à raison de 1/2 centime, ci. . . . . . »   » 1/2
» Pour chaque hectolitre de grains ou de fruits, cinq cen-
» times, ci. . . . . »   05
» Dans les halles et marchés, non compris les droits de
» place, sept centimes et demie, ci. . . . . »   07 1/2
» Pour chaque décalitre de moules, deux centimes, ci. . . »   02
» Pour chaque hectolitre de chaux, ciment et plâtre, dix
» centimes, ci.. . . . . »   10
» Pour chaque hectolitre de tourbes, un centime, ci . . . »   01
» Pour chaque hectolitre de charbon de terre, six centimes,
» ci . . . . »   06
» Pour chaque stère de pierre, de marbre, d'albâtre, de por-
» phyre, de plâtre cru, de bois de construction, de charbon de
» terre ou de toute autre marchandise cubée au mètre, vingt-
» cinq centimes, ci. . . . . »   25
» Pour chaque stère de toutes espèces de bois passés dans
» les membrures, quinze centimes, ci . . . . »   15

» **Jaugeage**.

» Pour chaque hectolitre de vins, liqueurs et autres li-
» quides dix centimes, ci. . . . . »   10
» Pour chaque hectolitre de cidre ou poiré, cinq centimes,
» ci . . . . »   05

» **Dépotage**.

» Il sera perçu, et sans addition de frais, un droit de vingt centimes par

» hectolitre de liquides, pour les futailles au-dessous de trois hectolitres et
» jusqu'à cette quantité inclusivement. Au-dessus de ce volume. il ne sera
» perçu que quinze centimes par hectolitre. (*Délibération du Conseil municipal à
» la date du 16 septembre* 1840.)

» X. Dans toutes les opérations de mesurage et de jaugeage, le droit sera
» perçu sur la fraction du mètre, du stère et de l'hectolitre comme pour
» l'entier.

» Quant au pesage, dont le droit est fixé par cent kil. pris pour unité, la
» fraction de 1 à 50 sera considérée comme 50 et la fraction de 51 à 100
» comme 100.

» Sur les marchés, la fraction sera prise de 1 à 25, de 26 à 50, de 51 à 75 et
» de 76 à 100.

» Dans les opérations de dépotage, toute fraction de l'hectolitre sera con-
» sidérée comme hectolitre.

» XI. Il sera dû une vacation de 1 fr. pour toutes les opérations de mesu-
» rage, de jaugeage et de dépotage qui se feront en dehors des bureaux sé-
» dentaires et dont le taux de la perception n'atteindrait pas un franc.

» La Régie des poids et mesures fournira les poids, balances, mesures et gé-
» néralement tous les instruments nécessaires à ses opérations. Le transport
» des poids et appareils est à la charge des requérants. Il en est de même
» des frais pour placer les marchandises dans les mesures ou membrures et
» sur les plateaux de balance; les frais nécessaires pour les en retirer sont
» également à la charge des dits requérants.

» XII. L'acheteur et le vendeur sont passibles, chacun pour moitié, des
» droits établis par les articles précédents; mais ils sont solidaires envers
» la Régie, et les marchandises ne peuvent être enlevées, si les droits n'ont
» pas été préalablement acquittés.

» XIII. Dans aucun cas, les Préposés ne peuvent, soit par transaction ou
» autrement, consentir la réduction des droits portés au tarif; ils devront,
» au contraire, les percevoir intégralement, quelle que soit la valeur de la
» marchandise dont ils auront à constater la quantité.

» XIV. Le Préposé public ne peut intervenir dans les livraisons de mar-
» chandises qui se font dans les maisons, boutiques et des magasins particu-
» liers, s'il n'y est appelé par l'une des parties contractantes.

» XV. Il intervient nécessairement, et sans pouvoir être suppléé, pour
» toutes les ventes qui se font au poids avec de grandes balances, à la mesure
» avec l'hectolitre, le stère, le mètre et la jauge, ou fraction de ces mesures,
» dans les marchés et les halles, sur les places, rues et carrefours, sur
» les quais, comme à bord des bateaux et navires, dans les chantiers de bois
» à brûler et à charbon de terre, magasins pour les grains et farines ou
» autres marchandises de cette espèce ; enfin, dans tous les autres endroits
» soumis à la surveillance permanente de la Police municipale. En consé-
» quence, nul marchand ou autre ne peut avoir, dans les lieux sus-désignés,
» des balances à fléau ou romaines, des hectolitres, stères ou jauges servant

» à peser ou mesurer pour les particuliers, ni les fractions de ces mêmes
» mesures; le tout sauf l'exception à l'article ci-après.

» XVI. Sont exceptés, sauf d'ailleurs au Préposé public l'obligation d'y
» intervenir, lorsqu'il en est requis par une des parties intéressées, les ventes
» en détail qui se font dans les lieux publics sus-désignés, avec des balances
» à la main, quant aux marchandises qui se vendent au poids; celles qui
» se font au litre ou au demi-boisseau (un huitième d'hectolitre), quant aux
» graines ou autres objets qui se livrent à la mesure de capacité, et généra-
» lement toutes les ventes d'un plus petit détail.

» XVII. Au moyen de l'établissement de la Régie du poids public et de
» divers Préposés publics affectés aux opérations de pesage, mesurage et
» jaugeage, ainsi qu'il est expliqué aux précédents articles, nul ne pourra
» exercer dans Rouen les fonctions de peseur, mesureur ou jaugeur pour
» autrui, à peine d'être poursuivi par voie de police correctionnelle, et puni
» par la confiscation, tant des poids et mesures, que des marchandises pe-
» sées, mesurées et jaugées en contravention au présent règlement, confor-
» mément aux lois et règlements concernant l'Octroi municipal de la ville
» de Rouen, lesquels sont déclarés communs à la perception des droits de
» pesage, mesurage et jaugeage.

» XVIII. — Dans toutes les contestations relatives au défaut de poids et
» mesure, les bulletins délivrés par les Préposés du poids public, et certifiés
» conformes aux registres, feront foi en justice. Ces bulletins seront toujours
» délivrés gratuitement.

» XIX. Les procès-verbaux de ces Préposés, constatant une fraude quel-
» conque, seront affirmés devant le Juge-de-Paix de l'arrondissement du
» bureau central, dans les vingt-quatre heures de leur date, à peine de
» nullité. Ils feront foi en justice jusqu'à inscription de faux.

» XX. Les Préposés au pesage, mesurage et jaugeage publics seront tou-
» jours sous la surveillance du Maire de la ville; il pourra les suspendre en
» cas de vexation ou d'infidélité, en rendant compte des motifs de cette sus-
» pension au Préfet, qui, s'il y a lieu, prononcera leur destitution, et dé-
» noncera aux tribunaux compétents les malversations dont ils auraient pu
» se rendre coupables.

» XXI. Les contestations qui pourront s'élever sur l'application du tarif
» ou sur la quotité des droits exigés par les Préposés, seront portées devant
» le Juge-de-Paix, sauf appel dans le cas où le montant du droit y donnerait
» lieu; mais le propriétaire des objets qu'il s'agira de peser, mesurer ou
» jauger, sera tenu de consigner, entre les mains du Préposé, le montant
» du droit exigé, et ne devra être entendu qu'en portant au Juge-de-Paix la
» reconnaissance de la consignation.

» XXII. Toute personne qui s'opposera à la perception des droits de pe-
» sage, mesurage et jaugeage, sera traduite devant les tribunaux compé-
» tents; et, dans le cas où le procès-verbal constaterait quelque voie de fait,
» il sera adressé au Procureur du Roi, pour poursuivre les auteurs du délit.

» XXIII. Quant aux amendes encourues, et formellement prononcées
» pour les causes indiquées, une moitié appartiendra aux employés saisis-
» sants, et l'autre moitié à tous les employés de la Régie. L'état de distribu-
» tion en sera arrêté, chaque trimestre, par le Maire, et soumis à l'appro-
» bation du Préfet.

» XXIV. Tout Préposé comptable d'un maniement de deniers, tiendra un
» registre coté et paraphé par le Maire ; les recettes y seront inscrites, jour
» par jour, article par article, par ordre de dates, sans blanc ni rature, et il
» délivrera, sans frais, aux personnes intéressées qui le demanderont, un
» bulletin constatant le résultat de son opération.

» XXV. Le Directeur, entre les mains duquel se centraliseront les
» recettes, tiendra deux registres, pareillement cotés et paraphés : sur l'un
» des deux seront inscrits, par ordre de dates, les versements faits par les
» Préposés chargés d'un recouvrement particulier ; l'autre sera classé par
» ordre d'objets compris au tarif, avec indication des sommes reçues pour
» chacun d'eux. Le Directeur rendra compte de toutes les recettes aux
» Maire et Adjoints, chaque fois qu'ils le requerront. Il versera chaque
» mois, dans la caisse du Receveur municipal, les fonds provenant des dites
» recettes.

» XXVI. Le Maire vérifiera et arrêtera, au moins une fois par mois, les
» registres du Directeur et ceux des Préposés, ainsi que l'état des verse-
» ments faits dans la caisse de la Ville.

» XXVII. A l'expiration de chaque trimestre, le Maire adressera à la Pré-
» fecture un compte général du produit des droits de pesage, mesurage et
» jaugeage publics à Rouen, par nature d'objets compris au tarif, et en
» outre un semblable compte d'année, à la fin de chaque exercice.

» XXVIII. Au commencement de chaque exercice, le Préfet, sur la propo-
» sition du Maire, règlera le montant des frais de Régie pour l'année.

» XXIX. Dans tous les cas, les Préposés à l'exercice des droits de pesage,
» mesurage et jaugeage publics, devront être nommés et commissionnés par
» le Préfet, sur la proposition que le Maire en aura faite par listes doubles.
» Leur nombre et leur traitement respectifs seront aussi arrêtés, sur la
» proposition du Maire. Il sera fait mention, dans la commission de chacun
» d'eux, du serment individuel qu'il aura prêté, devant le Juge-de-Paix de
» l'arrondissement du bureau central, et dont il aura rapporté l'acte à la
» Préfecture.

» Les Préposés nommés porteront une marque distinctive dans l'exercice
» de leurs fonctions.

» Adopté en Conseil municipal de la ville de Rouen, les 15 novembre 1823
» et 14 novembre 1824.

» Signé : Mis DE MARTAINVILLE, *Maire*.

» Louis QUESNEL, *Secrétaire du Conseil*.

» Nous, Conseiller d'Etat, Préfet du département de la Seine-Inférieure,
» certifions que le présent tarif et règlement a été approuvé par Son Exc. le
» Ministre de l'Intérieur, par décisions des 22 mai 1824 et 4 janvier dernier.

» A Rouen, en l'Hôtel de la Préfecture, le 15 février 1825.

» *Le Conseiller d'Etat, Préfet de la Seine-Inférieure.*

» Signé : DE VANSSAY. »

Heures d'ouverture des Bureaux.

ARTICLE 984. — Les bureaux de la Régie des Poids et Mesures seront ouverts au public, savoir :
Du 1er octobre au 31 mars, de huit heures du matin à cinq heures du soir;
Et du 1er avril au 31 octobre, de sept heures du matin à six heures du soir.

SECTION 2e.

Règlement et Tarif concernant le Dépotoir public.

ARTICLE 985. — Les dispositions des règlement et tarif arrêtés par délibération du Conseil municipal du 16 septembre 1840, pour le Dépotoir public, sont maintenues et nous les rappelons ici.

« I. Un dépotoir public sera mis à la disposition du public.

(*Ce Dépotoir, primitivement installé sur le port, dans l'ancien hôtel de l'Octroi, a été transféré rue de l'Impératrice, n° 6, à l'angle de la rue des Charrettes, en vertu d'une délibération du 11 décembre 1863.*)

» II. Cet établissement sera administré, sous la surveillance de l'Autorité
» municipale, comme les autres services communaux, par un Directeur, un
» Contrôleur, un Caissier, un Vérificateur et deux manœuvres.

» III. Ces préposés seront tous, comme ceux du pesage et mesurage de
» l'Octroi, nommés et commissionnés par M. le Préfet, sur la présentation
» du Maire.

» Ils prêteront serment devant le Juge-de-Paix de la section dans laquelle
» se trouve l'hôtel de l'Octroi.

» IV. Le Dépotoir est public et ouvert à la réquisition des personnes qui
» en réclameront l'usage.

» Le travail ne pourra avoir lieu que depuis huit heures du matin jusqu'à
» quatre heures de l'après-midi, pendant les mois d'octobre, novembre,
» décembre, janvier et février; depuis huit heures du matin jusqu'à cinq

» heures du soir, pendant les mois de mars et de septembre, et enfin depuis
» sept heures du matin jusqu'à six heures du soir pour les autres mois de
» l'année, les dimanches et fêtes exceptés.

» V. Les requérants seront tenus de faire, deux heures à l'avance, la
» déclaration pour la quantité de fûts qu'ils auront à déposer et devront
» retirer les dits fûts du Dépotoir, dans les 24 heures après l'opération.

» Si cette déclaration devait subir quelques modifications dans le nombre
» de fûts à dépoter, elle devra être rectifiée avant le commencement du
» dépotement, afin de ne pas encombrer inutilement le magasin.

» VI. Dans tous les cas, les personnes dont les liquides seront portés au Dépo-
» toir, fourniront, à leurs frais, un tonnelier pour diriger les fûts, selon que
» le besoin l'exigera, soit qu'il s'agisse d'en répandre le contenu dans les
» chaudières, soit pour entonner le liquide après que la quantité en aura
» été reconnue et constatée.

» VII. Les contestations qui s'élèveront sur le résultat du jaugeage à la
» diagonale, fait par les vérificateurs de l'Octroi, pourront être aplanies
» par le dépotement d'une partie ou de la totalité des fûts, soit à la réquisi-
» tion de l'Octroi, soit à celle du réceptionnaire; la partie qui aura sou-
» levé à tort la contestation supportera les frais causés par cette opération,
» conformément à l'art. 146 de la loi du 28 avril 1816.

» Cependant il ne pourra être exigé aucune indemnité pour le tonnelier
» représentant les intérêts du commerçant, attendu qu'aux termes de
» l'art. 28 de l'ordonnance du 9 décembre 1814, les redevables sont tenus de
» souffrir et même de faciliter chacune des opérations nécessaires à la véri-
» fication.

» Toute opération commencée pour le dépotement ne pourra être inter-
» rompue ou suspendue que sur l'autorisation du Directeur.

» Les chaudières ne seront mises en activité que pour une seule et même
» partie.

» VII. Pour la garantie du commerce, il sera ouvert un registre à souche,
» sur lequel seront inscrites, par ordre de dates, sans blancs ni lacunes, les
» déclarations qui auront pour objet de réclamer l'usage du dépotoir. Ces
» déclarations indiqueront : 1° le nom du commerçant et seront signées par
» lui ou son représentant; 2° le numéro des expéditions de la Régie; 3° la
» nature du liquide; 4° le nombre de futailles et leur contenance; enfin les
» numéros d'ordre et les marques particulières dont les fûts seront
» empreints.

» Lorsqu'il s'agira d'eaux-de-vie, on aura soin d'indiquer le degré relaté
» par les dites expéditions.

» A la suite de cet enregistrement on indiquera de nouveau le nombre
» des fûts, leur contenance et le degré résultant de l'opération définitive du
» dépotement, dont l'ampliation sera délivrée par le Préposé commis à cet
» effet et certifiée par le Contrôleur.

» IX. Les commerçants ne pourront réclamer aucune espèce d'indemnité

» pour avaries ou perte de liquides provenant de la défectuosité des fûts ou
» qui résulteraient de la négligence ou de l'imprudence du tonnelier qu'ils
» auraient mis en œuvre, de même que le Directeur, pour la Ville, garan-
» tira au commerce les pertes qui seraient occasionnées par le fait de ses
» agents ou par le fait du dépotoir.

» Les robinets des chaudières ne seront ouverts, pour l'écoulement du li-
» quide, que lorsque le préposé et le commerçant ou le représentant de ce
» dernier auront relevé le chiffre et seront tombés d'accord sur la contenance
» vraie indiquée au tube indicateur. Il est expressément défendu de porter
» les mains sur ce dernier instrument, pas plus que sur les cuves et mani-
» velles.

» Si le commerçant ou son représentant s'absentait, pendant l'opération, le
» chiffre relevé par le préposé serait reconnu exact et ferait foi, afin d'évi-
» ter des retards qui ne peuvent ni ne doivent exister.

» X. *Il sera perçu, et sans addition de frais, un droit de vingt centimes par hectolitre de*
» *liquides, pour les futailles au-dessous de trois hectolitres et jusqu'à cette quantité inclusi-*
» *vement. Au-dessus de ce volume, il ne sera perçu que quinze centimes par hectolitre.*

» *Pour le dernier fût de chaque partie, la fraction de cinquante litres et au-dessus sera*
» *prise pour l'entier; au-dessous, elle sera abandonnée en faveur du commerce, pour la*
» *taxe seulement.*

» XI. La perception du droit sera d'abord faite par le préposé chargé de
» suivre le dépotement, et, ultérieurement, le Directeur proposera au Maire le
» mode de comptabilité le plus convenable, pour assurer la perception inté-
» grale de la taxe et le versement des fonds à la Caisse municipale. Ce ver-
» sement sera fait tous les mois.

» Le Directeur fera rédiger, en tant que de besoin, un bordereau, en
» double expédition, des recettes effectuées, qu'il certifiera véritable, et
» l'adressera à M. le Maire.

» XII. Il sera pourvu aux frais d'entretien et de réparation du dépotoir,
» par la ville, sur le rapport du Directeur et les ordres du Maire.

» XIII. (*Cet article qui était applicable à l'ancien local est maintenant sans objet*).

» XIV. Les présents règlement et tarif, aussitôt qu'ils auront été approu-
» vés par l'Autorité supérieure, seront imprimés et affichés dans l'étendue
» de cette ville, et notamment dans l'hôtel et les bureaux de l'octroi.

» Ampliation en sera transmise à M. le Préfet, à M. le Directeur des Con-
» tributions indirectes et à M. le Préposé en chef de l'Octroi de la ville.

» Adopté, le mercredi 16 septembre 1840, en séance du Conseil municipal,
» où étaient MM. Curmer, remplissant provisoirement les fonctions de *Maire*;
» Derocque, Le Mire, Dupont, Bouvet, remplissant provisoirement les fonc-
» tions d'*adjoints*; Bademer, Chesneau, Hauguet, Lefèvre, Prat, Frontin-
» Cheron, Delaporte, Lecerf, Jourdain, Quillou, Quenet, Rondeaux, Dieusy,
» H^y Barbet, Alexandre, Pimont, De Saint-Leger, Morel, Lefort-Gonssollin,
» Pouchet, *Membres du Conseil.*

» Nous, Pair de France, Préfet de la Seine-Inférieure, déclarons que, par
» décision du 11 décembre courant, M. le Ministre de l'Intérieur a autorisé
» la perception du droit de jaugeage dans la ville de Rouen, conformé-
» ment à la délibération municipale ci-dessus, du 16 septembre 1840.

» Rouen, le 24 décembre 1840.

» *Signé:* Bon DUPONT-DELPORTE. »

CHAPITRE XX.

DES OBJETS PERDUS ET TROUVÉS (1).

ARTICLE **986**. — Nul ne peut s'approprier les objets trouvés qu'après avoir fait les démarches convenables pour en découvrir le propriétaire et qu'à l'expiration des délais et dans les conditions fixés par la loi.

ARTICLE **987**. — Toute personne qui trouve des objets perdus, doit, dans son propre intérêt, afin d'éviter des soupçons pouvant occasionner des poursuites, en faire la déclaration, sous le plus bref délai possible, au bureau du Commissaire central de police ou au bureau de l'un des Commissaires de police de la ville ; ce dernier, dans ce cas, en donnera immédiatement avis au Commissaire central.

ARTICLE **988**. — Un registre coté et paraphé par nous, sera tenu au bureau de chaque Commissaire de police et au bureau central, pour y inscrire les déclarations des objets trouvés, qui seront faites à chacun de ces bureaux ; cette inscription contiendra les noms et demeures des déclarants et des trouveurs, la désignation des dits objets, ainsi que tous autres renseignements qui pourront paraître utiles.

ARTICLE **989**. — Afin d'assurer la conservation des objets trouvés et d'en faciliter la remise aux propriétaires, ceux qui les auront trouvés sont invités à les déposer au bureau de police de la Mairie qui sera désigné par nous à cet effet, et où il leur en sera délivré reçu.

Les objets ainsi déposés seront inscrits immédiatement sur un registre spécial, coté et paraphé par nous, contenant :
Un numéro d'ordre pour chaque dépôt ;
La date de ce dépôt ;

---

(1) Code Napoléon, articles 717 et 2279.

Les noms et demeures des déposants ;
Ceux des personnes qui auront trouvé les objets déposés ;
La désignation des dits objets ;
Le lieu, le jour et l'heure où ils auront été trouvés ;

Et enfin une colonne pour indiquer la remise ou la sortie, et contenir le reçu et sa date, avec la signature de la personne à laquelle les objets seront remis.

Le déposant, s'il sait écrire, apposera sa signature sous le numéro du dépôt.

Article **990**. — Les dits objets, après avoir été munis d'une étiquette contenant le numéro et la date de leur inscription sur le registre à ce destiné, seront déposés dans une armoire ou un meuble fermant à clé et resteront sous la garde de la personne qui sera désignée par nous à cet effet, pour être remis, s'ils sont réclamés en temps utile, à ceux qui justifieront les avoir perdus et en être propriétaires.

Article **991**. — Dans le mois de janvier de chaque année, un membre de l'Administration, délégué par nous et assisté de M. le Commissaire central, fera le recensement des objets déposés et dont la remise ne sera pas constatée sur le registre de dépôt.

Un rapport constatant le résultat de cette opération, signé de notre délégué et de M. le Commissaire central, nous sera adressé, tous les ans, avant le 1er février.

Article **992**. — Aussitôt que le présent règlement sera exécutoire, les objets trouvés, qui seront encore déposés à la Mairie, seront recensés, comme il est dit en l'article précédent, et inscrits sur un registre conforme aux prescriptions ci-dessus.

Article **993**. — Si, dans les trois ans qui suivront le dépôt, les objets déposés n'ont pas été réclamés par les propriétaires, ceux qui les auront trouvés, ou leurs ayants-droit, pourront en obtenir la remise contre reçu. (1)

A défaut de retrait dans les douze mois qui suivront l'expiration des trois années du dépôt, les objets déposés, autres que l'argent monnayé et les valeurs de portefeuille, pourront être vendus pour le compte de qui de droit.

Article **994**. — Les comestibles, denrées, animaux et autres objets d'une garde difficile ou encombrante ne seront pas reçus en dépôt à la Mairie ; néanmoins, ceux qui les auront trouvés devront en faire la déclaration, comme il est dit ci-dessus.

---

(1) Art. 2279 du Code Napoléon ; — Décision du Ministre des finances du 3 août 1825.

CHAPITRE XXI.

DES BATELIERS.

Article **995**. — Les bateliers chargés de la conduite des bateaux destinés à passer le public d'une rive à l'autre de la Seine, doivent être âgés d'au moins vingt ans et être pourvus d'un permis du Maire, lequel est délivré sur l'avis du Capitaine du port.

Ils ne peuvent se faire remplacer que par d'autres bateliers remplissant les mêmes conditions.

Les femmes ne peuvent exercer cet état pour le service public.

Article **996**. — Chaque bateau doit porter, d'une manière très-apparente, le numéro indiqué par le Maire.

Article **997**. — Les bateaux doivent être munis de tous les agrès indiqués par les officiers du port; ces bateaux et agrès doivent toujours être entretenus en bon état; les bateliers sont tenus de se conformer, à cet égard, aux ordres qui leur sont donnés par ces officiers.

Article **998**. — Il est défendu de passer le public sur la Seine, ailleurs qu'aux endroits accoutumés.

Article **999**. — Les bateliers ne peuvent partir qu'à leurs tour et rang.

Il leur est expressément défendu d'engager le public, de quelque manière que ce soit, à entrer de préférence dans leur bateau; mais chaque personne a le droit de choisir le bateau qui lui convient, et le passage fait par un batelier, ainsi choisi, lui est compté pour un tour.

Ils doivent partir aussitôt qu'ils en sont requis, même par une seule personne.

Article **1000**. — Les petits bateaux ne peuvent passer plus de douze personnes à la fois, dans les temps ordinaires et plus de huit pendant les grosses eaux, mauvais temps et fonte des glaces.

Ceux de dix mètres de longueur ne peuvent en passer plus de vingt dans les temps ordinaires, et plus de seize dans les autres temps.

Quant aux autres bateaux, d'une plus grande longueur, les officiers du port désigneront le nombre de personnes qu'ils pourront passer.

Article **1001**. — Les bateliers ne peuvent *exiger* plus de dix centimes par personne pour traverser la Seine.

Lorsque dix ouvriers du port passeront ensemble, dans le même bateau, il ne pourra être exigé d'eux que cinq centimes pour chacun.

Article **1002**. — Des bateliers désignés par nous, sur la présentation des officiers du port, remplissent, pour chaque cale d'embarquement, les fonctions de syndics, et sont chargés de faire maintenir les règlements.

CHAPITRE XXII.

DES BROCANTEURS-CRIEURS DE RUE ET DES CHIFFONNIERS AMBULANTS.

Mesures prises pour faciliter la recherche des objets perdus ou volés, et pour empêcher de nuire à la propreté des voies publiques (1).

SECTION 1re.

Des Brocanteurs-crieurs de rue.

ARTICLE **1003**. — Dans le délai de huit jours, à partir de la publication du présent arrêté, tous les individus des deux sexes exerçant l'état de brocanteur-crieur de rue à Rouen, devront se présenter au bureau central de Police, pour s'y faire inscrire et recevoir un numéro d'ordre, s'ils n'ont pas encore rempli cette formalité.

ARTICLE **1004**. — Les brocanteurs-crieurs de rue qui n'en sont pas encore pourvus, se procureront, à leurs frais, une médaille en métal blanc mat, selon la forme déterminée, et sur laquelle sera peint, en chiffres noirs, leur numéro d'inscription.

ARTICLE **1005**. — Ils porteront leur médaille, d'une manière apparente, au milieu de la poitrine. Elle devra être attachée à leurs vêtements, sans pouvoir jamais en être retirée.
Ils ne pourront la céder ni la vendre à qui que ce soit.

ARTICLE **1006**. — Lorsqu'ils renonceront à leur état ou quitteront la ville de Rouen, ils devront déposer leur médaille au bureau central de Police.
En cas de décès, ce dépôt sera fait par les héritiers ou ayants-cause.

ARTICLE **1007**. — Toutes les fois qu'ils changeront de domicile, ils devront également en faire la déclaration au bureau central de Police.

ARTICLE **1008**. — Comme les marchands fripiers et autres revendeurs établis en boutique, les brocanteurs-crieurs de rue devront, indépendamment de leur médaille, être pourvus d'un registre coté et paraphé par le Commissaire de police de leur arrondissement, et sur lequel ils inscriront, exactement, jour par jour, sans aucun blanc ni rature, les achats et ventes qu'ils feront. Ils se conformeront d'ailleurs aux anciens règlements encore en vigueur et dont copie sera annexée à leur registre.

---

(1) Lois de 1790, 1791 et 1837.

Ils représenteront ce registre à toute réquisition de la Police (1).

---

(1) Sentence rendue le 17 août 1771 par le lieutenant général de police à Rouen (voir page 476 du *Recueil des Arrêts de la Cour de Rouen* de 1842, et les archives de l'Hôtel-de-Ville, lettre B, n° 202) :

« I. Conformément aux ordonnances et règlements, notamment aux sentences de ce siége, » des 18 mai et 16 juillet 1700 et 13 juillet 1763, défenses sont faites à tous marchands merciers, » orfèvres, joailliers, bijoutiers, horlogers, achetant effets de hazard pour les revendre, fripiers, » revendeurs à la toilette, lingères en vieux, tapissiers, fourbisseurs, couteliers, serruriers, clou- » tiers, étaimiers, plombiers, chaudronniers, fondeurs, vendeurs de vieilles ferrailles, drapeliers et » autres, de quelque état qu'ils soient, en cette ville, faubourgs et autres endroits, d'acheter, des » enfants de famille, domestiques et autres, aucuns meubles, habits, linges, argenterie, bijoux, vais- » selle, plomb, cuivre et généralement toutes sortes d'effets, qu'il ne leur soit remis et fait apparoir » d'un consentement, en bonne forme et par écrit, de leurs père et mère, tuteurs, conducteurs ou » curateurs, et des maîtres et maîtresses des domestiques, sous peine de 200 livres d'amende, dès à » présent déclarée encourue, dont le tiers sera appliqué au dénonciateur.

» II. Itératives défenses sont faites, sous les mêmes peines, et de plus grandes, s'il y échéoit, aux » sus dits marchands, d'acheter aucune chose que ce soit des personnes de libres conditions et ma- » jeures, qu'elles ne leur soient connues par nom, surnom et demeures, ou qu'elles ne leur pré- » sentent, pour caution, une personne non suspecte ayant domicile en cette ville ou faubourgs, qu'ils » seront tenus de faire signer sur leurs registres, sous peine, en outre, d'être poursuivis en leur » propre et privé nom, et punis comme recéleurs.

» III. Défenses sont pareillement faites, conformément aux ordonnances de Sa Majesté et notam- » ment à celle du 31 mars 1748, à tous marchands fripiers, bourgeois et autres, d'acheter, porter, » exposer en vente aucuns habits-uniformes, sabres, épées, fournimens et autres, appartenant ou » servant à l'usage des gens de guerre, sous peine de confiscation d'iceux et de 300 livres d'a- » mende.

» IV. Ordonnons, en outre, que l'article 7 du titre 2 du Code des imprimeurs-libraires et du » règlement du 28 février 1723 sera exécuté selon sa forme et teneur. En conséquence, défenses » faites à tous marchands libraires, colporteurs et autres, d'acheter des jeunes écoliers, domestiques, » serviteurs, et de toutes personnes, s'ils ne sont cautionnés, connus par d'autres domiciliés et ca- » pables d'en répondre, aucuns livres, vieux papiers, parchemins et autres, sous peine d'amende ar- » bitraire et de punitions exemplaires, s'il y échéoit.

» V. Injonction à tous les sus dits marchands, revendeurs et autres, de tenir chacun en droit soi, » sous pareille peine de 200 livres d'amende, et de plus grandes, le cas échéant, bon et fidèle registre » des achats qu'ils pourront faire de toutes sortes d'effets, des noms, surnoms et demeures de ceux de » qui ils auront acheté et à qui ils auront vendu, lesquels registres seront, comme par le passé, cotés » et paraphés, suivant et aux termes des règlements.

» Injonction faite aux Commissaires et autres Officiers de police de tenir la main à l'exécution de » la présente.

» *Signé* Trugard de Maromme. »

Une sentence du bailly de Rouen, en date du 27 janvier 1779, qui est toujours en vigueur, enjoint à tous les brocanteurs de faire viser leurs registres, *tous les mois*, par les Commissaires de leurs quartiers, sous peine de 10 livres d'amende contre les refusants ou délayants.

SECTION 2e.

Des Chiffonniers ambulants.

ARTICLE **1009**. — Dans les huit jours de la publication du présent arrêté, tous les chiffonniers ambulants des deux sexes existant à Rouen, qui voudront continuer à exercer leur profession, se présenteront au bureau central de Police pour s'y faire inscrire, s'ils ne le sont pas déjà.

ARTICLE **1010**. — Tout chiffonnier ambulant portera, d'une manière apparente, une médaille en métal blanc mat ayant la forme déterminée, sur laquelle sera peint, en chiffres noirs, son numéro d'inscription.

Cette médaille devra être attachée aux vêtements, au milieu de la poitrine du porteur, et n'en sera jamais retirée.

ARTICLE **1011**. — Il est enjoint aux chiffonniers ambulants de placer et assujettir sur la face extérieure de leur hotte ou mannequin une plaque en tôle, de forme ovale, peinte en blanc, portant, en chiffres noirs de dix centimètres de hauteur sur six de largeur, le numéro de leur inscription.

Ils feront peindre aussi ce numéro, en chiffres de la même couleur, de six centimètres de hauteur sur deux de largeur, sur la vitre de leur lanterne, qu'ils tiendront constamment allumée depuis la chute du jour jusqu'au moment où ils rentreront dans leur domicile.

Ils se procureront à leurs frais les objets indiqués ci-dessus.

ARTICLE **1012**. — Il leur est défendu de prêter ou céder, sous quelque prétexte que ce puisse être et à qui que ce soit, même à d'autres chiffonniers, leur médaille, leur hotte ou leur lanterne.

ARTICLE **1013**. — Les chiffonniers ambulants devront faire connaître, au bureau central de Police, leur nouveau domicile, chaque fois qu'ils en changeront.

Dans le cas où ils renonceraient à leur profession ou quitteraient la ville de Rouen, ils déposeront leur médaille au même bureau.

En cas de décès, ce dépôt sera fait par les héritiers ou ayants-cause.

ARTICLE **1014**. — Les chiffonniers ambulants ne pourront exercer leur métier que depuis la chute du jour jusqu'à trois heures du matin, du 1er avril au 30 septembre, et jusqu'à cinq heures du matin, du 1er octobre au 31 mars. Il leur est formellement interdit de circuler sur la voie publique, avec leur attirail, après les heures déterminées ci-dessus, ainsi que pendant le jour.

ARTICLE **1015**. — Il leur est enjoint de représenter leur médaille à toute réquisition de la Police et à tous chefs de rondes ou de patrouilles qui les y inviteront, et même, s'ils en sont requis, de soumettre à leur visite le contenu de leurs hottes et mannequins.

Il leur est interdit de se faire accompagner par des chiens.

Article **1016**. — Tout chiffonnier ambulant qui, dans le cours de ses explorations, aura trouvé quelque objet paraissant provenir de perte ou de vol, en fera, sans délai, le dépôt au bureau central de Police.

Les objets provenant ou réputés provenir de perte, qui n'auront pas été réclamés dans le délai fixé par la loi, seront remis, sur leur demande, aux chiffonniers qui les auront trouvés et déposés.

En cas de revendication, l'Administration pourvoira à ce qu'une récompense proportionnée à la valeur de l'objet trouvé soit assurée au chiffonnier qui en aura fait le dépôt.

Article **1017**. — Le métier de **ravageur** ou **gratteur de ruisseaux** est formellement interdit dans toute l'étendue de la ville et des faubourgs de Rouen.

SECTION 3e.

Dispositions communes aux Brocanteurs-crieurs de rue et aux Chiffonniers ambulants.

Article **1018**. — Les contraventions au présent arrêté seront punies par la privation temporaire ou définitive des médailles, sans préjudice des autres mesures de police qu'il appartiendra, comme des poursuites de droit devant les tribunaux compétents.

CHAPITRE XXIII.

DES BUREAUX DE PLACEMENT.

Dispositions arrêtées en vertu du décret du 25 mars 1852 (1).

Article **1019**. — A dater de la publication du présent arrêté, nul ne pourra établir à Rouen de bureau de placement, sous quelque titre et pour quelque profession, place ou emploi que ce soit, sans une permission spéciale délivrée par le Maire. — Les permissions accordées jusqu'à présent par M. le Préfet seront valables tant qu'elles n'auront pas été retirées.

---

(1) Décret du 25 mars 1852 :

« I. A l'avenir, nul ne pourra tenir un bureau de placement, sous quelque titre et pour quelque profession, place ou emploi que ce soit, sans une permission spéciale délivrée par l'Autorité mu-

CHAPITRE XXIII.

Article **1020**. — Tout individu qui voudra établir, à l'avenir, un bureau de placement, devra en adresser la demande au Maire.

Cette demande devra contenir les conditions auxquelles le postulant se propose d'exercer son industrie.

Il y joindra son acte de naissance et un certificat de résidence et de moralité délivré par le Commissaire de police de son domicile.

Il indiquera le local où il se propose d'établir son bureau. Ce local devra présenter toutes les garanties désirables dans l'intérêt de l'ordre et de la sûreté.

Article **1021**. — L'arrêté d'autorisation sera personnel. En cas de changement de domicile, le nouveau local devra être agréé par l'Administration.

Article **1022**. — Tout bureau de placement autorisé sera indiqué par une inscription peinte à l'huile et placée d'une manière apparente sur la façade de la maison.

» nicipale et qui ne pourra être accordée qu'à des personnes d'une moralité reconnue. — Les possesseurs actuels de bureaux de placement ont un délai de trois mois pour se pourvoir de la dite permission.

» II. La demande à fin de permission doit contenir les conditions auxquelles le requérant se propose d'exercer son industrie. — Il est tenu de se conformer à ces conditions et aux dispositions réglementaires qui seraient prises en vertu de l'article 3.

» III. L'Autorité municipale surveille les bureaux de placement, pour y assurer le maintien de l'ordre et la loyauté de la gestion. — Elle prend les arrêtés nécessaires à cet effet et règle le tarif des droits qui pourront être perçus par le gérant.

» IV. Toute contravention à l'article 1er, au second paragraphe de l'article 2 ou aux règlements faits en vertu de l'article 3, sera punie d'une amende de 1 fr. à 15 fr. et d'un emprisonnement de cinq jours au plus, ou de l'une de ces deux peines seulement. — Le maximum des deux peines sera toujours appliqué au contrevenant, lorsqu'il aura été prononcé contre lui, dans les douze mois précédents, une première condamnation pour contravention au présent décret ou aux règlements de police précités. — Ces peines sont indépendantes des restitutions et dommages-intérêts auxquels pourraient donner lieu les faits imputables au gérant. — L'article 463 du Code pénal est applicable aux contraventions indiquées ci-dessus.

» V. L'Autorité municipale peut retirer la permission : 1° aux individus qui auraient encouru ou viendraient à encourir une des condamnations prévues par l'article 15, paragraphes 1er, 3, 4, 5, 6, 14 et 15 et par l'article 16 du décret du 2 février 1852 ; — 2° aux individus qui auraient été ou qui seraient condamnés pour coalition ; — 3° à ceux qui seraient condamnés à l'emprisonnement pour contravention au présent décret ou aux arrêtés pris en vertu de l'article 3.

» VI. Les pouvoirs ci-dessus conférés à l'Autorité municipale seront exercés par le Préfet de police, pour Paris et le ressort de sa Préfecture, et par le Préfet du Rhône, pour Lyon et les autres communes dans lesquelles il remplit les fonctions qui lui sont attribuées par la loi du 24 juin 1851.

» VII. Les retraits de permission et les règlements émanés de l'Autorité municipale, en vertu des dispositions qui précèdent, ne sont exécutoires qu'après l'approbation du Préfet. »

Article **1023**. — Chaque titulaire sera tenu d'avoir des registres conformes aux modèles arrêtés par l'Administration. Ces registres seront cotés et paraphés par le Commissaire central, au visa duquel ils seront soumis du 1er au 5 de chaque mois.

Ils ne devront contenir aucun renvoi, rature ni interligne, et seront constamment tenus au courant.

Ils seront représentés à toutes réquisitions des Agents de l'Autorité.

Article **1024**. — Aucune personne ne pourra être placée par l'intermédiaire d'un bureau de placement, sans avoir, au préalable, été inscrite sur le registre à ce destiné.

L'inscription devra mentionner les nom, prénoms, âge, lieu de naissance et domicile de la personne inscrite, ainsi que l'indication des pièces qu'elle aura produites pour justifier de son identité.

En aucun cas, ces pièces ne pourront être retenues par le placeur, sans le consentement du postulant, auquel elles devront être remises à sa première réquisition.

Conformément à l'article 3 du décret sus visé, l'arrêté d'autorisation réglera les tarifs des droits d'inscription et de placement qui pourront être perçus par le gérant.

Le droit d'inscription ne pourra, en aucun cas, dépasser cinquante centimes.

L'arrêté indiquera également toutes les conditions spéciales imposées à l'établissement.

Article **1025**. — Le placeur sera tenu de délivrer *gratuitement*, à chaque personne inscrite et au moment même de l'inscription, un bulletin portant le numéro d'ordre de l'inscription et la quittance de la somme qu'il aurait reçue, soit à titre d'inscription, soit à titre d'avances sur le droit de placement.

L'avance sur le droit de placement sera toujours restituée à la première réquisition du déposant, qui renoncera à être placé par l'entremise du bureau où aura lieu l'inscription.

Le tarif du droit de placement sera fixe; il ne pourra être augmenté ni diminué au gré du placeur.

Ce droit ne sera dû au placeur qu'autant qu'il aura procuré un emploi, et ne lui sera définitivement acquis que huit jours après l'entrée en place du postulant.

Aucune somme autre que celles ci-dessus indiquées ne pourra être perçue à titre de cautionnement, ou sous quelque dénomination que ce soit, tant par le gérant que par toute autre personne.

Article **1026**. — En l'absence de conventions contraires, le montant du droit de placement indiqué au bulletin pourra toujours être payé au placeur par le maître ou patron et imputé sur les gages ou salaires de la personne placée.

ARTICLE **1027**. — Il est formellement défendu aux placeurs d'annoncer, soit sur leurs registres, soit sur des tableaux ou affiches apposés intérieurement ou extérieurement, soit par tout autre moyen de publicité, des places ou emplois qu'ils n'auraient pas mission de procurer.

ARTICLE **1028**. — Toute connivence, toute manœuvre tendant à faire croire à un placement qui ne serait pas sérieux, ou ayant pour but d'agir contre l'intérêt d'une personne placée, dans l'espoir d'une nouvelle rétribution, est formellement interdite.

ARTICLE **1029**. — Il est également défendu au gérant d'un bureau de placement d'envoyer des mineurs dans des maisons, ou chez des individus mal famés, et généralement de se prêter à aucune manœuvre contraire aux mœurs.

ARTICLE **1030**. — Le tarif des droits dont la perception sera autorisée devra toujours être affiché ostensiblement, avec un exemplaire du présent chapitre, dans l'intérieur du bureau de placement.

ARTICLE **1031**. — Les arrêtés d'autorisation seront toujours soumis aux modifications que l'Administration croira devoir prescrire.

ARTICLE **1032**. — Il est interdit aux placeurs d'être en même temps débitants de liquides; ceux qui se trouvent aujourd'hui dans cette condition, devront opter, entre l'une ou l'autre industrie, dans le délai d'une année à partir de l'approbation du présent.

CHAPITRE XXIV.

DES COMMISSIONNAIRES. (1)

ARTICLE **1033**. — A dater de la publication du présent arrêté, tout individu qui n'y aura pas encore été autorisé et qui voudra exercer, à Rouen, la profession de commissionnaire, sera tenu d'en faire la demande au Commissariat central.

A l'appui de sa demande, il devra produire :

1° Son acte de naissance ou toute autre pièce constatant son identité ;

2° Un certificat de bonnes vie et mœurs et un certificat de domicile délivrés par le Commissaire de police de son canton. Sur le vu de ces pièces, il lui sera remis, s'il y a lieu, une autorisation d'exercer la profession dont il s'agit.

---

(1) Lois de 1790, 1791 et 1857.

Nul ne pourra exercer, même temporairement, cette profession, s'il n'a obtenu ladite autorisation.

Article **1034**. — Tout individu autorisé à exercer la profession de commissionnaire à Rouen, devra se pourvoir d'une médaille en cuivre de la forme indiquée ci-dessous, et ayant de 25 à 27 millimètres de haut sur 20 à 22 de large.

Cette médaille portera les initiales des prénoms et le nom du commissionnaire, ainsi que le numéro d'inscription et l'indication suivante : « Commissionnaire à Rouen. »

Le numéro d'inscription porté sur la médaille devra avoir une hauteur de dix millimètres.

Tout commissionnaire autorisé devra également se pourvoir d'une casquette en drap bleu bordée d'un galon *orange* et *passepoilée* de même couleur, ou ayant sur le devant une bande de cuivre comprenant la médaille ci-dessus indiquée, ou une découpure qui la reproduira.

Article **1035**. — Il est enjoint aux commissionnaires de porter leur médaille ostensiblement et de manière à ce qu'il soit toujours facile d'en prendre le numéro. Ce numéro devra être reproduit sur la bande en cuivre ou sur le galon orange de la casquette.

Article **1036**. — Il est interdit aux commissionnaires de vendre, prêter ou engager leur médaille, sous peine d'en être privés.

Tout individu qui fera usage d'une médaille contrefaite ou qui ne lui appartiendrait pas, sera immédiatement arrêté, sans préjudice des poursuites qui seront dirigées contre lui devant les tribunaux compétents.

Article **1037**. — Lorsqu'un commissionnaire changera de demeure, il sera tenu d'en faire immédiatement la déclaration au Commissariat central.

Article **1038**. — Tout commissionnaire qui renoncera à sa profession ou quittera, même temporairement, la ville de Rouen, devra déposer sa médaille au Commissariat central.

Article **1039**. — Il est défendu aux commissionnaires d'entrer dans les établissements de messageries et autres de même nature, sans la permission des entrepreneurs ou sans y avoir été appelés par les voyageurs.

Il leur est également défendu, de la manière la plus formelle, d'assaillir les voyageurs de sollicitations importunes.

CHAPITRE XXIV.   237

Article **1040**. — Pour les courses et commissions faites dans toute l'étendue de la ville, en dedans des limites de l'octroi, les commissionnaires ne pourront rien exiger en sus des prix qui sont indiqués ci-après ; mais ils pourront se contenter d'un salaire moindre.

TARIF.

DÉSIGNATION.	Francs.	Centimes.
Pour port d'objets quelconques, jusqu'à 25 kilogrammes.	»	75
De 25 kilogrammes à 50 kilogrammes. . . .	1	»
Pour chaque kilogramme excédant 50 kilogrammes.	»	01
Pour conduire un voyageur sans bagages des gares de chemin de fer, débarcadères de bateaux ou bureaux de messageries, à son domicile.	»	50
Pour transport des bagages d'un voyageur du lieu d'arrivée à une voiture stationnant à proximité.	»	20

Chaque commissionnaire devra être constamment porteur d'un exemplaire du présent tarif et le représenter à toute réquisition des personnes qui l'emploieront.

Article **1041**. — Tout commissionnaire qui commettra une action contraire à la probité, qui manquera d'égards envers le public ou qui prendra part à des désordres quelconques, sera privé temporairement ou définitivement de son autorisation et de sa médaille, sans préjudice des poursuites qui seront dirigées contre lui, s'il y a lieu, devant les tribunaux compétents.

Article **1042**. — Les médailles délivrées aux commissionnaires de la ville, depuis le 1ᵉʳ septembre 1856, seront valables sans nouvelle autorisation pour ceux qui n'en ont pas été privés.

LIVRE IV.

De la Police intérieure :
  Des Théâtres ;
  De la Bibliothèque ;
  Du Musée de Peinture ;
  Du Muséum d'Histoire naturelle ;
  Des Bureaux et de l'hôtel de l'Octroi.
Mesures concernant les Déguisements, les Jeux de hasard, la Mendicité, les Filles soumises et les Maisons de tolérance.

Dispositions relatives :
  Au Curage des fossés ;
  A l'Echenillage ;
  A la Visite annuelle des Chevaux ;
  Au Logement des Militaires ;
  Aux Afficheurs et Affiches ;
  Aux Cimetières.
Dispositions générales et transitoires.

CHAPITRE Ier.

RÈGLEMENT SUR LA POLICE DES THÉATRES DE LA VILLE DE ROUEN (1).

Article **1043**. — Les directeurs des théâtres de Rouen seront tenus de remettre à la Mairie, avant l'ouverture de l'année théâtrale, l'état des sujets qui composeront leur troupe, avec la désignation de l'emploi de chacun d'eux.

Article **1044**. Lorsqu'une circonstance impérieuse et imprévue nécessitera le changement du spectacle, après qu'il aura été annoncé, il en sera rendu compte sur-le-champ au Maire, ainsi que des motifs ; une bande, dans ce cas, sera appliquée sur l'affiche, au moins une heure avant l'ouverture des salles ; l'ordre des pièces établi sur celle-ci ne peut jamais être interverti.

Article **1045**. — Il est défendu de demander, et aux directeurs d'accorder, rien au-delà de ce qui aurait été annoncé par l'affiche du jour.

Article **1046**. — En cas de maladie d'un acteur, cette maladie devra être constatée par l'un des médecins attachés à l'Administration théâtrale, et, au besoin, par le médecin que l'Autorité jugerait à propos de désigner à cet effet.

---

(1). Lois de 1790 et de 1837 et décret du 6 janvier 1864.

Article 1047. — Si, par la faute d'un acteur et hors le cas de maladie, une représentation est manquée ou retardée, il sera poursuivi, à la diligence du Commissaire de police, sans préjudice de l'action civile du directeur.

Article 1048. — Les salles de spectacle seront toujours ouvertes trente minutes avant l'heure indiquée par l'affiche pour le lever du rideau ; dans les représentations extraordinaires, elles seront ouvertes une heure à l'avance.

Article 1049. — L'Autorité municipale pourra, lorsque les circonstances lui paraîtront l'exiger, avancer l'heure de l'ouverture.

Article 1050. — Le rideau sera levé à l'heure précise indiquée sur l'affiche.

Article 1051. — L'éclairage des salles sera fait cinq minutes avant leur ouverture, et ne sera éteint que cinq minutes après leur fermeture.

Article 1052. — Des lampes brûlant à l'huile, contenues dans des manchons de verre, allumées depuis l'entrée du public jusqu'à sa sortie, seront placées en nombre suffisant, tant dans la salle que dans les corridors et escaliers, pour prévenir une complète obscurité, en cas d'extinction subite du gaz.

Article 1053. — Un quart-d'heure avant le lever du rideau, les musiciens seront placés à l'orchestre et les acteurs au foyer.

Article 1054. — Les places louées à l'année ou à l'avance, doivent être numérotées et porter une inscription indiquant qu'elles sont louées.

Les autres places ne peuvent être retenues avant le lever du rideau, à moins qu'elles ne soient réellement occupées.

Article 1055. — Les entr'actes, sans changement de décoration ou d'habillement, ne pourront durer plus de dix minutes pour l'opéra, et cinq minutes pour les autres pièces ; ceux avec changement et ceux entre deux pièces, plus de vingt minutes.

Article 1056. — Le spectacle finira à onze heures ; les salles seront fermées immédiatement après la visite de sûreté faite par les pompiers, assistés d'un sergent de ville, et constatée par le Commissaire de police de service.

Article 1057. — La fin du spectacle pourra être retardée d'une demi-heure, en cas de représentation extraordinaire et d'après autorisation spéciale écrite du Maire.

Article 1058. — Il est interdit aux directeurs de distribuer plus de billets que les salles ne peuvent contenir de personnes.

Pour l'exécution de cette prescription, les directeurs feront procéder, contradictoirement avec un délégué de l'Administration, au jaugeage des salles, et un procès-verbal de ces opérations sera déposé à la Mairie.

Article 1059. — Il est expressément défendu aux directeurs d'augmenter le prix des places sans en avoir obtenu l'autorisation écrite du Maire ; la demande, à cet effet, devra être remise à la Mairie, trois jours au moins avant la représentation.

Article **1060**. — Il est interdit aux directeurs, même pour une représentation extraordinaire à bénéfice ou une première représentation, de changer la désignation ou la destination des places de la salle, et notamment de convertir en stalles, pour les louer à l'avance, les banquettes des parterres et galeries, à moins d'une autorisation spéciale.

Article **1061**. — Toutes les fois que des changements auront été permis dans la distribution intérieure de la salle et le nombre des places, les directeurs seront tenus d'en prévenir le public par des affiches.

Article **1062**. — Il est fait défense aux directeurs d'introduire dans l'intérieur des salles aucun spectateur avant l'ouverture des bureaux de distribution de billets.

Article **1063**. — Il leur est également interdit de laisser entrer aucun spectateur par toute autre porte que les portes d'entrée ouvertes au public.

Article **1064**. — Il est défendu d'appeler, sous quelque prétexte que ce soit, sur le théâtre, les directeurs ou régisseurs, et, à ceux-ci, de paraître sur la scène pour répondre aux interpellations qui pourraient leur être faites par le public.

Article **1065**. — Pourra, néanmoins, le régisseur se transporter sur la scène, après l'autorisation et l'invitation expresse du Commissaire de police, pour donner extraordinairement au public une communication que nécessiterait une circonstance relative aux représentations.

Cette communication sera rédigée par écrit, et l'on se bornera à en faire la lecture, sans rien y ajouter ni retrancher.

Article **1066**. — Il est interdit de jeter des billets sur la scène et aux directeurs, régisseurs ou acteurs, d'en donner lecture, sous quelque prétexte que ce soit.

Article **1067**. — Il est défendu aux acteurs de rien changer ni ajouter à leurs rôles, de répondre aux interpellations du public et de lui parler directement.

Article **1068**. — Il est expressément défendu à toutes personnes non employées et qui ne seraient pas de service au spectacle, d'entrer sur le théâtre. Les directeurs, régisseurs et acteurs ne pourront, sous aucun prétexte, y introduire qui que ce soit, étranger au dit service. La liste des personnes ayant droit d'entrée sur le théâtre sera visée et approuvée par le Maire.

Article **1069**. — Il est enjoint aux directeurs de faire fermer exactement, pendant toute la durée du spectacle, les portes de communication de la salle aux coulisses, aux foyers particuliers et aux loges des artistes, où il ne doit être admis aucune personne étrangère au service du théâtre.

Une clé de la porte communiquant de l'intérieur de la salle à la scène sera mise avant chaque représentation à la disposition du Commissaire de police et des pompiers de service.

Article **1070**. — Il est défendu de se montrer dans les coulisses en vue du public et d'y placer aucune chaise.

Les coulisses devront rester libres, et les directeurs n'y laisseront circuler ou stationner que les acteurs ou employés de service et les machinistes.

Il est défendu aux directeurs de laisser encombrer les escaliers ou corridors par des vestiaires, dépôts de parapluies ou autres objets, afin que la circulation reste complètement libre.

Article **1071**. — Il est défendu aux contrôleurs placés à l'entrée des salles et aux autres agents des administrations théâtrales, à l'exception des buralistes, receveurs, de recevoir le prix d'aucune place.

Article **1072**. — Il est interdit de distribuer ou vendre, dans l'intérieur des salles de spectacle, sans en avoir préalablement obtenu la permission écrite du Maire, et sans être muni d'un permis de colportage délivré par le Préfet, aucun écrit, journal, prospectus, annonce, gravure, etc., même pendant les entr'actes ou avant le lever du rideau.

Tout contrevenant sera expulsé de la salle comme troublant l'ordre, sans préjudice des poursuites de droit.

Article **1073**. — Aucune force publique ne sera placée dans l'intérieur de la salle et n'y pénètrera que sur la réquisition du Commissaire de police de service.

Article **1074**. — Tout individu civil ou militaire, quel que soit son rang ou son grade, est tenu d'obtempérer à l'invitation que lui fera l'officier de police de demeurer tranquille ou de quitter la salle.

Article **1075**. — Le Commissaire de police veillera à ce que l'ordre et la décence soient exactement observés, tant sur la scène que dans l'intérieur de la salle; il pourra faire arrêter provisoirement celui qui, en contrevenant aux dispositions de cet article et du précédent, ne déférerait pas à ses injonctions, et il en dressera procès-verbal.

Article **1076**. — Il sera établi, dans chacune des salles de spectacle, un bureau destiné au Commissaire de police de service, pour le cas où il aurait à procéder immédiatement à des actes de son ministère.

Article **1077**. — Tout individu arrêté dans l'intérieur de la salle, sera déposé, par ordre du Commissaire de police, au corps de garde du théâtre; ce fonctionnaire rédigera procès-verbal à sa charge et le retiendra, s'il y a lieu, pour le mettre à la disposition du Procureur impérial.

Article **1078**. — Il est expressément défendu de parler et de circuler dans les corridors, pendant les représentations, de manière à troubler l'ordre.

Il est également défendu d'y stationner de manière à gêner la circulation.

Article **1079**. — Il est défendu de fumer dans les salles de spectacle et dans les locaux qui en dépendent.

Article **1080**. — Il est défendu également de troubler la tranquillité des spectateurs, soit par des clameurs ou des signes d'improbation, soit par tout autre moyen, avant que la toile soit levée, dans les entr'actes et pendant la durée des représentations.

Article **1081**. — Toute personne qui se permettrait de lancer, soit contre les acteurs, soit contre les spectateurs, des projectiles de quelque nature que ce soit, sera immédiatement saisie et conduite dans la maison d'arrêt, pour être traduite devant les tribunaux.

Article **1082**. — Nul ne peut avoir le chapeau sur la tête lorsque le rideau est levé.

Article **1083**. — Lors des débuts, il est défendu de troubler la représentation par des clameurs ou des interpellations bruyantes, à l'adresse soit des acteurs, soit de la direction, et d'empêcher ainsi le public de juger en pleine connaissance de cause les artistes débutants. Cette disposition est applicable lorsque les acteurs déjà connus font leur rentrée.

Le public est appelé à se prononcer sur l'admission ou le rejet des artistes débutants, à la fin de leur troisième représentation de débuts. Lorsqu'ils auront quitté la scène, le régisseur viendra soumettre leurs noms, et le public prononcera successivement le renvoi ou l'admission de chacun d'eux par des manifestations favorables ou contraires. Le Commissaire de police de service appréciera ces épreuves, et, comme d'usage, en proclamera immédiatement le résultat.

Il en sera de même pour la rentrée des acteurs déjà connus ; pour ceux qui n'auront pas quitté la ville et resteront dans le même emploi, le jugement sera prononcé à la fin de leur première représentation ; dans le cas contraire, ils seront considérés comme débutants.

Lors du troisième début des artistes, toutes les entrées de faveur seront suspendues, et le directeur ne pourra délivrer aucun billet gratuitement.

Aucun troisième début ne pourra avoir lieu les dimanches ou jours de fête.

Les débuts devront être terminés dans les deux mois qui suivront l'ouverture du théâtre.

Article **1084**. — Lorsque les acteurs auront terminé leurs débuts ou leurs rentrées et que les spectateurs, par une majorité proclamée par le Commissaire de police de service, les auront admis ou repoussés, il est expressément défendu, lors de leurs rentrées ultérieures en scène ou après leur renvoi, de protester contre le jugement du public par des signes d'approbation ou d'improbation, qui, ne pouvant plus alors être considérés que comme une atteinte à l'ordre et à la tranquillité publique, doivent être réprimés conformément à la loi.

CHAPITRE Iᵉʳ.

Article **1085**. — En conséquence, les contrevenants seront expulsés de la salle, et, en cas de résistance, déposés de suite dans la maison d'arrêt, pour être traduits ultérieurement, s'il y a lieu, devant les tribunaux.

Article **1086**. — Entre les pièces, pour faciliter l'écoulement de la foule, les portes ordinaires seront ouvertes.

A la fin du spectacle et quelques instants avant que le rideau soit baissé, toutes les issues de la salle et du théâtre seront aussi ouvertes.

Article **1087**. — Il est défendu de s'arrêter sous les péristyles ou dans les vestibules servant d'entrée ou de sortie.

Article **1088**. — Les objets perdus par le public et trouvés dans l'intérieur des salles de spectacle par les ouvreuses ou employés de ces établissements, devront être remis au Commissaire de police de service, qui les transmettra au Commissariat central, pour qu'il soit procédé comme à l'égard des objets perdus sur la voie publique (voir articles 986 à 994).

Article **1089**. — La vente des contre-marques ne pourra s'exercer que par des personnes autorisées par le Maire.

Article **1090**. — Il ne peut y avoir, pour le service public, à l'entrée des théâtres, que des commissionnaires munis d'une autorisation spéciale délivrée au commissariat central.

Il leur est défendu d'approcher des bureaux où l'on distribue les billets.

Article **1091**. — En cas de représentation extraordinaire faisant présumer une affluence considérable de spectateurs, le Commissaire de police, afin d'établir l'ordre et de prévenir les accidents, fera former rang, s'il y a lieu, pour le Théâtre-des-Arts, le long de la rue des Charrettes, pour les pourtours, les secondes, le parterre, les troisièmes et les quatrièmes ; dans la rue Grand-Pont, vers le port, ou sur le cours Boïeldieu, pour les loges, stalles, premières, parquet et baignoires.

Pour le Théâtre-Français, le rang sera formé à droite et à gauche de la porte d'entrée, et en réservant l'espace nécessaire pour la libre circulation sur la voie publique.

Article **1092**. — Les directeurs devront faire établir, à leurs frais, des barrages ou barrières mobiles propres à contenir la foule ; ces barrages seront posés deux heures seulement avant la représentation et devront être enlevés immédiatement après l'entrée du public dans la salle. Les dés en pierre destinés à recevoir les dits barrages, ne seront établis sur la voie publique qu'en vertu d'une autorisation spéciale et écrite du Maire.

Article **1093**. — Les cochers et conducteurs de voitures de maître ou de place seront tenus de se conformer, pour l'arrivée au Théâtre-des-Arts ou pour la sortie, à tout ce qui a été prescrit à cet égard dans le livre IIᵉ, à la section relative aux voitures de place (voir art. 515 à 520).

Article **1094**. — Une garde militaire suffisante, requise à cet effet, sera de service au spectacle ; elle sera destinée à l'exécution des dispositions ci-dessus, conformément à la consigne affichée au corps-de-garde.

Article 1095. — Les directeurs devront toujours demander une force militaire suffisante pour que la voie publique, devant les théâtres, soit constamment libre, ainsi que l'accès des salles.

Article 1096. — Ils devront se conformer aux prescriptions contenues au livre IIIᵉ pour les mesures concernant les moyens de prévenir et de combattre les incendies dans les théâtres.

CHAPITRE II.

DES MESURES RELATIVES AUX DÉGUISEMENTS (1).

Article 1097. — Il est interdit à toutes personnes travesties ou masquées, de porter aucune arme, de quelque nature que ce soit, ou aucun instrument qui en tienne lieu, tels que bâtons, cannes, fouets, etc.

Article 1098. — Il leur est défendu de parcourir les rues et d'entrer dans les lieux publics revêtues de costumes qui pourraient troubler l'ordre public ou blesser la décence et les mœurs.

Article 1099. — Les insignes et costumes ecclésiastiques ou religieux appartenant aux cultes légalement reconnus par l'Etat ainsi que ceux ayant rapport à des fonctions publiques, ne peuvent être employés aux travestissements sur les voies et dans les lieux publics, si ce n'est pour les représentations dans les théâtres.

Article 1100. — Les personnes travesties ou masquées, qui insulteraient les passants ou entreraient de force dans les boutiques, magasins, ou habitations, seront arrêtées sur-le-champ et conduites au bureau de police, pour y être examinées et poursuivies, s'il y a lieu, conformément à la loi.

Article 1101. — L'entrée de la Bourse est interdite à toute heure de la journée, aux personnes travesties ou masquées.

Il est défendu à ces personnes de s'arrêter sur les ponts et de former sur les voies publiques des rassemblements susceptibles de gêner la circulation, sans y être autorisées.

Article 1102. — Tout individu masqué ou travesti, sommé par un Commissaire de police de le suivre, sera tenu de déférer à l'instant à cet ordre.

(1) Lois de 1790 et de 1837.

Article **1103**. — Les personnes masquées ou travesties qui se promèneront à cheval ou en voiture sur les voies publiques, ne pourront aller qu'au pas.

Article **1104**. — Il est interdit de promener des mannequins dans les rues, places et promenades publiques, sans y avoir été autorisé par le Commissaire central.

Aucun mannequin ne peut être brûlé sur les voies publiques.

CHAPITRE III.

DE LA BIBLIOTHÈQUE PUBLIQUE.

Les mesures d'ordre arrêtées dans l'intérêt de la conservation de cet établissement, sont réglementées de la manière suivante :

Article **1105**. — La Bibliothèque de Rouen est ouverte, aux lecteurs, tous les jours ordinaires, sauf les exceptions indiquées dans l'article ci-après, de onze heures du matin à quatre heures de l'après-midi, et en outre, de six à neuf heures du soir, depuis le 15 octobre jusqu'au 31 mai, et depuis le 1er juin jusqu'au 15 août, de six heures du soir jusqu'à la chute du jour seulement.

Article **1106**. — Elle est entièrement fermée, pour les lecteurs, le 1er janvier, le dimanche et le lundi de Pâques, le jour de l'Ascension, le dimanche et le lundi de la Pentecôte, les jours de l'Assomption, de la fête de l'Empereur, de la Toussaint et de Noël, tous les jeudis, et pendant les vacances, depuis le 15 août jusqu'au 15 octobre.

Article **1107**. — Toutes les salles de la Bibliothèque pourront être visitées tous les jours, même ceux fériés et réservés, ainsi que pendant le temps des vacances, mais seulement depuis midi jusqu'à quatre heures du soir, par les habitants de Rouen et par les étrangers.

Article **1108**. — Il ne sera admis que des personnes décemment vêtues, et les jeunes gens ne seront reçus dans les salles de lecture qu'après leur seizième année révolue.

L'admission pourra même être refusée à tout étudiant qui ne justifierait pas qu'il suit les classes de troisième au moins, et la traduction des auteurs classiques ne devra être accordée à ces jeunes gens que très judicieusement.

Article **1109**. — Il est défendu de prendre les livres dans les rayons ; les lecteurs demanderont directement à M. le Conservateur, au Bibliothécaire-

Adjoint, ou au Gardien, les livres dont ils auront besoin, et devront les leur remettre ; s'ils ont apporté des livres avec eux, ils sont invités à les faire vérifier avant leur départ.

Article **1110**. — Les conversations sont interdites aux lecteurs dans les salles de lecture, et ils ne pourront se tenir que dans ces salles et autour des tables qui leur sont destinées ; dans l'hiver, ils ne pourront s'assembler, ni stationner autour du poêle, surtout avec des livres à la main.

Article **1111**. — Les grands ouvrages à figures, les éditions de luxe, les atlas, les manuscrits et enfin tous les livres précieux ne seront confiés qu'à des personnes d'un âge mûr et bien connues.

Il est défendu d'écrire sur les livres, d'y dessiner, et M. le Conservateur ne permettra d'y calquer, qu'après s'être assuré que toutes les précautions nécessaires à la conservation des dessins ou des miniatures ont été prises.

Article **1112**. — Les livres de la Bibliothèque étant placés sous la responsabilité immédiate de M. le Conservateur, il ne pourra en confier, hors de l'établissement, que dans les limites rigoureuses des autorisations et des instructions transmises par nous. L'impossibilité de se rendre à la Bibliothèque formera toujours la première des conditions exigées, pour participer à la faveur d'emprunter des livres ; tous les prêts seront l'objet d'un récépissé donné par l'emprunteur, et ils devront être inscrits sur un registre qui sera émargé à mesure des rentrées.

Article **1113**. — Les manuscrits, les livres rares, les atlas, les ouvrages à figures, d'une haute valeur, ou journellement usuels, tels que les Dictionnaires, les Traités spéciaux etc., sont formellement exceptés de la classe des livres qui pourront être prêtés.

Article **1114**. — Le temps pendant lequel on pourra garder les livres confiés, ne pourra excéder trois mois ; ce délai expiré, M. le Conservateur devra les réclamer et les faire rentrer.

Article **1115**. — La police, dans l'intérieur de la Bibliothèque, est confiée à M. le Conservateur ; il a le droit d'en refuser l'entrée à celui qui s'y serait mal comporté.

CHAPITRE IV.

DU MUSÉE DE PEINTURE.

Dispositions arrêtées pour la Police intérieure de cet Établissement et pour la conservation des objets d'art qu'il renferme.

Article **1116**. — Le Musée de peinture est ouvert au public tous les jours, de midi à cinq heures du soir, du 1er avril au 30 septembre, et seulement jusqu'à quatre heures, le surplus de l'année, sauf les exceptions indiquées ci-après pour les lundis et quelques autres jours pendant lesquels le Musée sera fermé.

Article **1117**. — Les personnes qui désirent étudier ou copier les ouvrages que possède cet établissement, y seront admises tous les jours de la semaine, depuis neuf heures du matin jusqu'à la fermeture des portes, excepté les dimanches, les jours de fêtes légales, les lundis, le jour de la fête de l'Empereur et pendant les expositions des beaux-arts.

Article **1118**. — Le Musée est fermé au public tous les lundis et en outre le 1er janvier et le jour de la fête de l'Empereur.

Lors des expositions des beaux-arts, l'entrée en est réglementée d'une manière spéciale pour chaque exposition.

Article **1119**. — Il est expressément défendu de toucher aux tableaux et aux autres objets d'art, soit pour les voir de plus près, soit pour les déplacer ou pour les poser sur des chevalets, soit enfin pour tout autre motif.

Article **1120**. — Il est rigoureusement interdit de fumer dans les salles du Musée, d'y entrer avec des cannes, des parapluies, des sabres ou des épées. Les visiteurs porteurs de ces objets devront les déposer à l'entrée, au gardien préposé à cet effet, lequel, en percevant la rétribution ordinaire, remettra un numéro d'ordre, en échange duquel les dits objets seront rendus au déposant, à sa sortie.

Les sous-officiers, caporaux et soldats de l'armée n'auront aucune rétribution à payer pour le dépôt de leurs armes.

Article **1121**. — Les gardiens devront se conformer à tout ce qui leur sera prescrit, par M. le Conservateur, pour le service du Musée, et aucun d'eux ne devra s'en absenter, sans son autorisation, lorsque l'établissement sera ouvert.

Ils veilleront à l'exécution des dispositions ci-dessus et devront signaler à M. le Conservateur toutes les infractions qui pourront être commises, en ce qui concerne la défense de toucher aux tableaux et aux autres objets d'art.

Article **1122**. — L'exécution des prescriptions qui précèdent est confiée aux soins et à la surveillance de M. le Conservateur du Musée.

CHAPITRE V.

DU MUSÉUM D'HISTOIRE NATURELLE.

Règlement pour l'ordre intérieur de cet établissement.

ARTICLE **1123**. — Le Muséum d'histoire naturelle est ouvert au public, tous les dimanches et jours de fêtes, depuis dix heures du matin jusqu'à quatre heures du soir.

Les étrangers et les étudiants munis de leur carte d'entrée, seront admis tous les jours dans l'établissement, aux heures fixées ci-dessus, excepté le samedi.

ARTICLE **1124**. — Il est défendu de fumer dans les salles du Muséum et d'y entrer avec des cannes ou parapluies ; ces objets doivent être déposés à l'entrée, au gardien qui est chargé de les conserver et de les rendre aux déposants, à leur sortie, au moyen de la rétribution habituelle.

ARTICLE **1125**. — Aucun des objets que contient l'établissement, ne peut être prêté, et le gardien de la salle ne doit ouvrir les armoires, sous quelque prétexte que ce soit, pour faire examiner ou changer de place les différents produits qu'elles renferment,

ARTICLE **1126**. — Le silence le plus profond doit être observé les jours d'étude ; la plus légère infraction à cette disposition pourra faire interdire l'entrée du Muséum à ceux qui l'auraient commise.

CHAPITRE VI.

DE LA POLICE INTÉRIEURE DE L'HOTEL ET DES BUREAUX DE LA DIRECTION DE L'OCTROI,

Arrêtée en vertu des lois sur les attributions municipales et en conformité des articles 147 de la loi du 28 avril 1816 et 1er du règlement de l'Octroi.

ARTICLE **1127**. — Les bureaux de la Direction de l'Octroi sont ouverts au public de 7 heures du matin à midi, et de 2 heures à 6 heures du soir, pendant les mois d'avril, mai, juin, juillet, août et septembre ; de 8 heures du matin à midi et de 2 heures à 6 heures du soir, pendant les autres mois.

Article **1128**. — Les réclamations de toute nature peuvent être présentées, soit au cabinet du Directeur, soit à celui des employés supérieurs de la Direction, tous les jours, les dimanches et fêtes exceptés, de 9 heures du matin à midi, et de 2 à 5 heures du soir.

Article **1129**. — Il est fait défense à tous contribuables, ainsi qu'à tous employés du service de l'Octroi ou autres : 1° de stationner à la porte de l'hôtel ou dans les vestibules donnant accès aux divers bureaux, et 2° de fumer, soit dans les bureaux, soit dans les vestibules ou sous la porte de l'hôtel de l'Octroi.

Article **1130**. M. le Préposé en chef, Directeur de l'Octroi, est chargé d'assurer l'exécution du présent chapitre.

CHAPITRE VII.

FERMETURE DES PORTES LE SOIR, ET DÉFENSE DE LAISSER A LA DISPOSITION DU PUBLIC, PENDANT LA NUIT, AFIN DE PRÉVENIR AUTANT QUE POSSIBLE LES VOLS, LES DÉLITS ET LES CRIMES, DES INSTRUMENTS DONT LES MALFAITEURS POURRAIENT ABUSER (1).

Article **1131**. — Les portes des maisons, allées et cours communes seront fermées, tous les jours, à onze heures du soir au plus tard, de manière à ce qu'aucune personne étrangère à l'habitation ne puisse s'y introduire, pendant la nuit, sans que les habitants soient prévenus.

Article **1132**. — Afin d'assurer l'exécution de cette mesure de sûreté publique et d'intérêt général, les chefs des patrouilles de la garde nationale et de la garnison, les Agents de police et de la brigade de sûreté sont tenus, toutes les fois qu'ils trouveront une porte ouverte, d'appeler les propriétaires ou locataires et de les obliger à la tenir fermée depuis onze heures du soir jusqu'au jour.

Ils prendront, dans tous les cas, le numéro de la maison et le nom des occupants, pour que des poursuites soient dirigées contre eux.

Article **1133**. — Il est défendu de laisser, pendant la nuit, dans les rues, chemins, places, lieux publics, ou sur des terrains non clos, des coutres de charrue, pinces, barres et barreaux de fer, échelles, machines, instruments ou armes, dont pourraient abuser les voleurs ou autres malfaiteurs, le tout sous les peines prononcées par les articles 471 et suivants du Code pénal.

---

(1) Lois sur les attributions municipales.

CHAPITRE VIII.

DES JEUX DE HASARD.

ARTICLE **1134.** — Conformément à l'article 475, n° 5, du Code pénal, il est défendu d'établir ou de tenir dans les rues, chemins, places, promenades ou autres lieux publics, des jeux de dés, loterie ou autres jeux de hasard.

ARTICLE **1135.** — Les tables, instruments, appareils des jeux de hasard, établis dans les lieux désignés ci-dessus, les enjeux, les fonds, denrées, objets ou lots proposés aux joueurs, seront saisis et confisqués, conformément à l'article 477 du même Code.

ARTICLE **1136.** — Les dispositions des deux articles qui précèdent ne sont pas applicables aux jeux organisés, loyalement et sans fraude, pendant les jours de foire et d'assemblées patronales, pour des menus objets offerts aux gagnants, lorsque les mises des joueurs n'excèdent pas vingt-cinq centimes.

Mais tout entrepreneur de ces jeux de menus objets qui sera suspecté de fraude, dont le jeu paraîtra déloyal, ou qui aura demandé des mises plus élevées, devra, à la première réquisition qui lui en sera faite par la Police, cesser de faire jouer et sera exclu de la foire ou de l'assemblée, indépendamment de toutes poursuites dont il pourra être l'objet selon les circonstances.

CHAPITRE IX.

DE LA MENDICITÉ ET DU VAGABONDAGE.

ARTICLE **1137.** — L'arrêté pris par M. le Préfet de la Seine-Inférieure, le 18 décembre 1852, sur la mendicité et le vagabondage, sera publié de nouveau, pour être exécuté selon sa forme et teneur dans la ville de Rouen.

Cet arrêté est ainsi conçu :

« Le Préfet de la Seine-Inférieure, Commandeur de l'Ordre impérial de la
» Légion d'honneur, etc.

» Vu l'article 22 de la loi du 22 juillet 1791, concernant les mendiants
» valides ;

» Vu la loi du 15 octobre 1794 (24 vendémiaire an II), contenant des me-
» sures pour l'extinction de la mendicité ;

» Vu la loi du 27 novembre 1796 (7 frimaire an V), concernant l'organi-
» sation des bureaux de bienfaisance ;

» Vu le décret du 8 décembre 1851, concernant les individus placés sous
» la surveillance de la haute police ;
» Vu les articles 275 et suivants du Code pénal, sur le vagabondage et la
» mendicité ;
» Considérant qu'en même temps que l'Autorité doit veiller au soulage-
» ment et au bien-être des populations, elle doit aussi faire respecter
» l'ordre et protéger la sécurité publique ;
» Considérant qu'au moyen des ressources départementales et commu-
» nales et des dons de la charité privée, des mesures sont prises pour se-
» courir les indigents valides sans travail, et les indigents hors d'état de
» travailler ;

» Arrête :

» I. Toute personne qui sera trouvée mendiant sur la voie publique, sera
» immédiatement traduite devant les tribunaux.
» II. MM. les Maires des chefs-lieux de canton convoqueront, à la Mairie,
» MM. les Maires des communes du canton, afin de s'entendre sur le mode
» à suivre pour empêcher, dans la circonscription, l'introduction des men-
» diants étrangers.
» III. MM. les Maires requerront la Gendarmerie et les Gardes-champêtres
» pour l'arrestation des vagabonds et mendiants.
» IV. Le présent arrêté sera inséré au recueil des actes de la Préfecture.
» MM. les Sous-Préfets et Maires sont chargés d'en assurer l'exécution et
» d'y donner la plus grand publicité.
» Ampliation en sera transmise à MM. les Procureurs impériaux et Com-
» mandants de la Gendarmerie du département.

» A Rouen le 18 décembre 1852.

» Le Préfet de la Seine-Inférieure,

» Signé Ernest LE ROY. »

CHAPITRE X.

DES FILLES SOUMISES ET DES MAISONS DE TOLÉRANCE. (1)

§ 1ᵉʳ — *Des Filles ou Femmes publiques.*

Article **1138**. — Sont réputées filles ou femmes publiques celles qui

---

(1) Lois des 16-24 août 1790, 19-22 juillet 1791, et 18 juillet 1837, articles 330, 334, 471 (n° 15) et 484, Code pénal, Cassation 3 décembre 1847.

vivent notoirement de prostitution au public, soit qu'elles habitent dans des maisons de tolérance, soit qu'elles aient une demeure particulière.

Seront traitées comme telles, toutes filles ou femmes qui, par paroles ou par gestes, solliciteront les hommes et chercheront à les attirer chez elles; toutes celles qui les reçoivent indistinctement et toutes celles qui fréquentent les maisons de débauche.

ARTICLE **1139**. — Toute fille ou femme se livrant à la prostitution doit se faire inscrire sur un registre tenu, à cet effet, au Commissariat central.

ARTICLE **1140**. — Chaque fille ou femme publique inscrite doit déposer au Commissariat central son acte de naissance, son passeport, ou autres papiers constatant son identité.

Elle reçoit en échange une carte sur laquelle sont indiqués ses nom, prénoms, âge, lieu de naissance, signalement, ainsi que son domicile, lequel doit être approuvé par le Commissaire central. Cette carte devra être représentée à toute réquisition des Agents de l'Autorité.

ARTICLE **1141**. — Toute fille ou femme suspectée de se livrer clandestinement à la prostitution sera appelée devant le Commissaire central, lequel pourra ensuite, et selon les circonstances, l'inscrire d'office au nombre des filles publiques, pour être soumise, comme telle, à toutes les mesures de police qui sont imposées aux prostituées.

ARTICLE **1142**. — Les filles ou femmes publiques s'abstiendront, lorsqu'elles seront dans leur domicile, de tout ce qui pourrait donner lieu aux plaintes des voisins et des passants.

Les fenêtres de leur logement devront être constamment fermées et garnies de rideaux étendus, lorsqu'elles ne seront pas seules dans leur domicile.

ARTICLE **1143**. — Chaque fois qu'une fille ou femme publique changera de domicile, elle sera tenue d'en faire la déclaration, dans les vingt-quatre heures, au Commissariat central.

ARTICLE **1144**. — Il est interdit aux filles ou femmes publiques :

1° De se promener ou stationner sur les places, quais, boulevards et promenades publiques, comme aussi de s'arrêter dans les rues et à la porte des habitations ;

2° De fréquenter les cafés, cabarets, restaurants et autres lieux où se débitent des boissons;

3° De raccrocher dans les rues; toutes celles qui seraient rencontrées sollicitant les hommes seront provisoirement déposées à la prison municipale, pour ensuite être punies conformément à l'article 330 du Code pénal;

4° De s'introduire soit de jour, soit de nuit, dans les casernes et corps-de-garde, de recevoir des militaires après l'heure de la retraite, et de sortir après le coucher du soleil sans une autorisation spéciale.

Article **1145**. — Toute provocation, soit par une toilette, soit par des paroles ou gestes inconvenants ou indécents, est formellement interdite aux filles ou femmes publiques.

Article **1146**. — Toute fille ou femme publique qui recevra des jeunes gens mineurs, sera sur-le-champ arrêtée et mise à la disposition de M. le Procureur impérial, pour être punie conformément à la loi.

Article **1147**. — Il ne leur sera permis de fréquenter les théâtres qu'à la condition de se placer aux endroits qui leur seront indiqués par les Agents de l'Autorité.

Article **1148**. — Toute fille ou femme inscrite pourra être rayée, sur sa demande, lorsqu'elle sera réclamée soit par ses parents, soit par un individu quelconque en état de pourvoir à sa subsistance, ou bien lorsqu'elle prouvera avoir d'elle-même le pouvoir et l'intention d'exister par des moyens réguliers.

§ 2me — *Des Maisons de tolérance*.

Article **1149**. — Il est défendu d'ouvrir, dans la ville de Rouen, aucune maison de prostitution, sans, au préalable, en avoir obtenu l'autorisation municipale.

Article **1150**. — Lorsqu'une maison sera occupée en garni, soit en totalité, soit en partie, par des filles ou femmes publiques, notoirement connues pour se livrer à la débauche, le propriétaire et le principal locataire, s'il en existe, seront mis en demeure de les faire déguerpir dans la quinzaine, faute de quoi, la maison serait considérée et traitée comme maison de prostitution.

Article **1151**. — Tout individu qui sollicitera l'autorisation d'ouvrir une maison de prostitution devra adresser une demande au Maire et y joindre le consentement écrit du propriétaire de la maison qu'il indiquera comme devant être affectée à cette destination.

Article **1152**. — Les autorisations seront personnelles, spéciales à une localité déterminée, et révocables au gré de l'Administration.

Article **1153**. — Aucune maison de tolérance ne sera autorisée à l'avenir dans un rayon de cent mètres, au moins, des églises, temples, écoles, couvents, tribunaux et autres établissements publics.

Article **1154**. — Les portes d'entrées des maisons de tolérance pourront être indiquées par un numéro ayant 20 centimètres de hauteur, et par une lanterne ou transparent portant également un numéro de même dimension.

Il ne pourra y avoir aucun autre signe pour les faire reconnaître extérieurement.

Les portes et fenêtres donnant sur la voie publique et celles qui auraient vue sur les habitations voisines, devront être garnies de persiennes, dont les lames seront disposées de façon à ce que les personnes de la maison de tolérance ne puissent voir dans la rue, ou tout au moins de vitres dépolies et doubles rideaux.

Les fenêtres et persiennes seront constamment fermées ou les rideaux tirés, en cas d'absence de persiennes.

ARTICLE **1155**. — Tout individu tenant maison de tolérance sera considéré comme logeur, et il sera par conséquent astreint à la tenue du registre d'inscription prescrit par l'article 475 du Code pénal et aux autres obligations imposées aux logeurs.

Il devra également inscrire, sur un registre spécial, l'entrée et la sortie des filles ou femmes publiques qu'il aura reçues chez lui.

L'inscription de l'entrée ou de la sortie devra être faite immédiatement après l'admission dans la maison et après le départ.

ARTICLE **1156**. — Les maîtres et maîtresses de maisons de tolérance seront tenus de faire enregistrer immédiatement, au Commissariat central, toute fille ou femme qui se présenterait chez eux pour y être à demeure.

Lorsqu'une fille ou femme vient à quitter la maison, ils sont tenus d'en faire la déclaration, dans les vingt-quatre heures, au Commissariat central.

ARTICLE **1157**. — Les individus tenant maison de tolérance devront, à toute réquisition, et de nuit comme de jour, ouvrir aux Agents de l'Autorité les portes de leurs maisons et de tous les locaux en dépendant.

ARTICLE **1158**. — Il leur est expressément défendu :

1° De laisser sortir les filles ou femmes publiques qui habitent chez eux après le coucher du soleil, sans une autorisation spéciale ;

2° De permettre aux dites filles ou femmes, qui sont logées chez eux, de se tenir sous le vestibule ou à la porte extérieure de leurs maisons ;

3° De recevoir des militaires après l'heure de la retraite ;

4° De vendre ou fournir, même gratuitement, aux individus qui fréquenteraient leurs maisons, ni comestibles d'aucune sorte, ni boissons spiritueuses ou fermentées, à peine de voir immédiatement retirer leurs autorisations, sans préjudice des peines à prononcer, s'il y a lieu, par les tribunaux ;

5° De laisser apporter chez eux des boissons ou des comestibles par les individus qui fréquenteraient leurs maisons ;

6° De recevoir chez eux des femmes qui ne justifieraient pas, par la représentation de leur carte, de leur inscription sur les registres de la Police ;

7° D'admettre dans leurs maisons des jeunes gens mineurs.

ARTICLE **1159**. — Les servantes des maisons de tolérance sont considérées comme filles publiques, et, comme telles, soumises à toutes les obligations qui leur sont imposées.

Pourront être exceptées de cette disposition les servantes qui justifieraient suffisamment qu'elles ne se livrent pas à la prostitution.

ARTICLE **1160**. — Il est enjoint, sous leur responsabilité, à tous maîtres et maîtresses des maisons de prostitution, de faire observer l'exécution des dispositions du présent règlement par les filles ou femmes publiques logées chez eux.

§ 3me — *Mesures sanitaires.*

ARTICLE **1161**. — Toute fille ou femme publique sera tenue de se soumettre aux mesures sanitaires qui seront prescrites par l'Autorité.

ARTICLE **1162**. — Toutes celles inscrites qui ne se conformeraient pas aux prescriptions sanitaires seront poursuivies pour contravention et tenues en état d'observation.

ARTICLE **1163**. — Les filles ou femmes reconnues malades seront immédiatement conduites à l'hospice pour y être traitées.

CHAPITRE XI.

DU CURAGE DES FOSSÉS. (1)

Prescriptions pour éviter les émanations pouvant occasionner des maladies graves et favoriser le développement des épidémies.

ARTICLE **1164**. Il est enjoint expressément à tous les propriétaires riverains des fossés situés sur le territoire de la commune de Rouen, de les faire curer, chacun au droit de soi, à vif fond et à vifs bords, du 15 juin au 15 juillet de chaque année.

Les boues, vases et immondices provenant du curage seront enlevées au fur et à mesure de leur jet sur les rives, et ne pourront y séjourner plus de vingt-quatre heures. Ce travail sera fait sous la surveillance de M. l'Architecte-Voyer de la ville et de MM. les Commissaires de police et Gardes-champêtres, chacun pour leur arrrondissement. Ils veilleront à ce que l'écoulement des eaux ne soit pas interrompu par des digues, terrassements et autres obstacles dont ils prescriront l'enlèvement.

ARTICLE **1165**. — En cas de refus ou de négligence de quelques propriétaires, il sera préposé des ouvriers d'office par le dit Architecte, pour opérer les travaux aux frais des retardataires.

ARTICLE **1166**. — L'Architecte-Voyer tiendra un état exact des travaux

---

(1) Lois sur les attributions municipales.

ainsi opérés d'office, sous sa surveillance et sa direction, afin qu'il puisse être rendu exécutoire par le Juge de police auquel les contraventions seront déférées, conformément à la loi.

CHAPITRE XII.

DE L'ÉCHENILLAGE.

Dispositions prises en vertu da la loi du 26 ventôse, an IV, relative à l'Echenillage des Arbres, et de l'article 471 n° 8 du Code pénal, afin de prévenir les dégâts qui sont occasionnés aux récoltes par les chenilles.

ARTICLE **1167**. — Dans le courant de février de chaque année, tout propriétaire, usufruitier, fermier ou locataire, est tenu d'écheniller les arbres, haies et buissons, sur les propriétés dont il jouit, qu'il exploite ou qu'il occupe.

ARTICLE **1168**. — Les bourses et toiles qui seront tirées des arbres, haies et buissons, seront brûlées immédiatement, avec les précautions convenables pour qu'il n'en puisse résulter aucun incendie.

ARTICLE **1169**. — Dans les premiers jours de mars, MM. les Commissaires de police et les Gardes-champêtres, chacun dans leurs circonscriptions, visiteront tous les terrains garnis d'arbres, haies ou buissons, pour s'assurer si l'échenillage a été fait exactement, et les contraventions seront constatées par des procès-verbaux et poursuivies conformément aux lois (1).

CHAPITRE XIII.

DE LA VISITE ANNUELLE DES CHEVAUX, DES ANIMAUX ATTEINTS DE MALADIES CONTAGIEUSES.

ARTICLE **1170**. — Conformément à un arrêté de M. le Préfet de la Seine-

---

(1) Article 7 de la loi du 26 ventôse an IV. — Dans le cas où quelques propriétaires ou fermiers auraient négligé de le faire (*l'échenillage*) pour cette époque (*avant le 20 février de chaque année*), les Agents et Adjoints le feront faire aux dépens de ceux qui l'auront négligé, par des ouvriers qu'ils choisiront. L'exécutoire des dépenses leur sera délivré par le Juge-de-Paix, sur les quittances des ouvriers, contre les dits propriétaires et locataires, et sans que ce paiement puisse les dispenser de l'amende.

Inférieure, du 22 janvier 1851, tous les propriétaires de chevaux, sans exception, sont tenus de les faire visiter, chaque année, du 15 avril au 30 juin, par le vétérinaire désigné, à cet effet, pour leurs circonscriptions.

Les dits propriétaires de chevaux sont en outre obligés de se conformer à toutes les dispositions de cet arrêté.

Article **1171**. — Cette visite a lieu aux jours, heures et lieux fixés pour chaque circonscription, conformément au dit arrêté, et qui sont annoncés à l'avance par les soins du Maire.

Article **1172**. — Seront publiés de nouveau, avec le présent, les articles 459 et 460 du Code pénal, ainsi conçus:

« CCCCLIX. Tout détenteur ou gardien d'animaux ou de bestiaux soup-
» çonnés d'être infectés de maladie contagieuse, qui n'aura pas averti sur-
» le-champ le Maire de la commune où ils se trouvent, et qui, même avant
» que le Maire ait répondu à l'avertissement, ne les aura pas tenus ren-
» fermés, sera puni d'un emprisonnement de six jours à deux mois, et d'une
» amende de 16 fr. à 200 fr.

» CCCCLX. Seront également punis d'un emprisonnement de deux à sept
» mois et d'une amende de 100 fr. à 500 fr.., ceux qui, au mépris des dé-
» fenses de l'Administration, auront laissé leurs animaux ou bestiaux in-
» fectés communiquer avec d'autres. »

CHAPITRE XIV.

DU LOGEMENT DES MILITAIRES.

Dispositions prises, en vertu des lois des 7 avril 1790, 8 et 10 juillet 1791 et 23 mai 1792, et du règlement y annexé, ainsi que d'un autre règlement de M. le Ministre de la Guerre, du 25 fructidor an VIII, sur le logement militaire, afin d'éviter le renouvellement d'abus de différentes natures qui se sont produits à diverses époques.

Article **1173**. — En vertu des lois précitées, tous les habitants sans distinction de personnes, quels que soient leurs fonctions ou leur emploi, doivent, à tour de rôle, le logement militaire.

Ils doivent fournir le couchage et les ustensiles de cuisine accoutumés, avec part au feu et à la lumière, conformément au 2me § de l'article 19 du règlement annexé à la loi du 23 mai 1792.

Article **1174**. — Il est expressément défendu aux aubergistes, cabaretiers et logeurs de suivre les militaires qui se rendent aux logements qui leur sont assignés, et d'aller, par avance, exciter les habitants à les mettre à l'auberge.

Article **1175**. — Les habitants qui ne pourront loger les militaires qui leur sont envoyés, ne pourront les mettre que dans les auberges situées dans leur section ou dans celles qui en seront les plus rapprochées.

Article **1176**. — Toutes les fois qu'une personne, occupant une maison assujettie au logement des militaires, changera de demeure, elle sera tenue, ainsi que le propriétaire, d'en faire la déclaration au bureau militaire de la Mairie, au plus tard dans les trois jours qui suivront le changement, faute de quoi les militaires qui seront envoyés à l'ancienne demeure et qui trouveront les portes fermées, seront mis à l'auberge à ses frais.

Article **1177**. — L'habitant d'une maison ou d'une partie de maison occupée précédemment par une personne désignée sur un billet de logement, sera tenu de loger les militaires qui en seront porteurs, sauf à lui à se faire décharger, pour l'avenir, du logement militaire, s'il justifie qu'il est dans l'impossibilité de supporter cette charge.

Article **1178**. — Les personnes qui n'occupent pas constamment leur logement, ou qui, pendant leur absence, n'y laissent pas quelqu'un pour les représenter, doivent en faire la déclaration au bureau militaire sus-désigné, et indiquer un hôtel ou une auberge où pourront être envoyés les militaires qu'elles devraient loger, si leur tour arrivait pendant leur absence.

Les militaires qui devraient être logés chez un habitant qui se sera absenté sans faire la déclaration prescrite ci-dessus, ou sans laisser quelqu'un pour le représenter, seront mis à l'auberge à ses frais.

Il en sera de même pour les militaires auxquels des habitants auront refusé le logement.

Article **1179**. — Les frais de logement des militaires qui seront envoyés chez les aubergistes, en vertu des dispositions qui précèdent, sont fixés à deux francs par nuit pour chaque soldat ou sous-officier, et à trois francs pour chaque officier.

Article **1180**. — Lorsque des militaires auront été envoyés à l'hôtel ou à l'auberge, par ordre de l'Autorité municipale, par suite des dispositions qui précèdent, et que les personnes qui devaient les loger refuseront de payer ce qui sera dû à l'aubergiste, il sera fait un état de cette dépense, qui sera adressé à M. le Préfet, pour être rendu exécutoire, et le recouvrement en sera poursuivi par les voies légales.

Article **1181**. — Ainsi que le porte l'article 52, titre 5 de l'ordonnance du 1er mars 1768, lorsque les logements d'une troupe seront assis, il ne pourra y être apporté aucun changement.

En conséquence, tout habitant qui aura été désigné pour fournir le logement aux militaires, devra le faire, sauf pour l'avenir, s'il se croit en droit d'en être exempté, à nous adresser sa demande, appuyée de pièces justifiant qu'il est hors d'état de supporter cette charge ; mais, tant qu'il n'en aura pas été dispensé, il devra y prendre part.

ARTICLE **1182**. — Il est enjoint, à tous les habitants, de se conformer aux dispositions ci-dessus.

En cas de contravention, la constatation en sera faite et poursuivie conformément aux lois.

CHAPITRE XV.

DES AFFICHEURS, DE L'AFFICHAGE ET DE LA CONSERVATION DES AFFICHES.

ARTICLE **1183**. — Quiconque veut exercer à Rouen, même temporairement, la profession d'afficheur, est tenu d'en faire préalablement la déclaration à l'Autorité compétente et d'indiquer son domicile. Cette déclaration doit être renouvelée chaque fois que l'afficheur change de domicile. (Art. 2 de la loi du 10 décembre 1830.)

ARTICLE **1184**. — Toute personne qui veut, au moyen de la peinture ou de tout autre procédé, inscrire des affiches dans un lieu public, sur les murs, sur une construction quelconque, ou même sur toile, est tenue de payer préalablement, au bureau de l'enregistrement, le droit fixé par l'art. 30 de la loi du 8 juillet 1852, et d'en obtenir l'autorisation de l'Autorité compétente, conformément à l'art. 1er du décret des 25-31 août suivant.

La permission, pour ce genre d'affichage, n'est délivrée qu'après le dépôt fait, à l'Autorité, de la quittance du droit dû à l'Etat, inscrite sur la déclaration qui doit être faite, *avant le paiement de ce droit*, dans les termes et avec les indications mentionnées dans les articles 2 et 3 dudit décret, et sans préjudice des droits des tiers.

Les contraventions aux dispositions de ce décret sont punies des peines portées en l'art. 464 du Code pénal et en outre d'une amende de cent à cinq cents francs, dont un quart revient aux Agents qui ont constaté les dites contraventions. (Art. 30 de la loi du 8 juillet 1852, et 6 du décret des 25-31 août suivant.

ARTICLE **1185**. — Les affiches, placards et publications ne doivent être enlevés ou déchirés, ou recouverts par d'autres affiches, que sur l'ordre de l'Autorité ou de ceux qui les ont fait apposer, ou par les afficheurs; mais, dans ce dernier cas seulement, après quinze jours d'affichage, et encore lorsque l'emplacement destiné à cet usage n'a plus de place libre pour l'apposition de nouvelles affiches, ou bien enfin lorsque l'utilité de la publicité a cessé (1).

ARTICLE **1186**. - Dans aucune circonstance et sous aucun prétexte que ce

---

(1) Art. 479 du Code pénal, n° 9.

soit, les placards annonçant, par ordre de l'Autorité, des réunions ou des enquêtes à jour fixe, ou des formalités à remplir dans un délai déterminé, ou des adjudications, ne peuvent être enlevés ou recouverts, que lorsque l'époque indiquée pour ces réunions, formalités ou opérations est passée.

CHAPITRE XVI.

Des Cimetières.

SECTION 1re.

DE LA POLICE DE TOUS LES CIMETIÈRES DE LA VILLE DE ROUEN (1).

Dispositions arrêtées en vertu du décret du 23 prairial an XII et de l'ordonnance royale du 6 décembre 1843, pour prévenir le renouvellement des désordres qui ont eu lieu anciennement dans les cimetières de cette ville, pour

---

(1). Loi du 23 prairial an XII :

« Article 16. Les lieux de sépulture, soit qu'ils appartiennent aux communes, soit qu'ils appartiennent aux particuliers, seront soumis à l'autorité, police et surveillance des Administrations municipales.

» Article 17. Les Autorités locales sont spécialement chargées de maintenir l'exécution des lois et règlements qui prohibent les exhumations non autorisées, et d'empêcher qu'il ne se commette, dans les lieux de sépulture, aucun désordre, ou qu'on s'y permette aucun acte contraire au respect dû à la mémoire des morts. »

Décret du 7 mars 1808 :

« Article 1er. Nul ne pourra, sans autorisation, élever aucune habitation, ni creuser aucun puits, à moins de cent mètres des nouveaux cimetières transférés hors des communes, en vertu des lois et règlements.

» Article 2. Les bâtiments existants ne pourront également être restaurés ni augmentés sans autorisation. — Les puits pourront, après visite contradictoire d'experts, être comblés, en vertu d'ordonnance du Préfet du département, sur la demande de la police locale. »

Ordonnance royale du 6 décembre 1843 :

« Article 6. Aucune inscription ne pourra être placée sur les pierres tumulaires ou monuments funèbres, sans avoir été préalablement soumise à l'approbation du Maire. »

empêcher la dégradation des monuments funéraires et tous autres actes contraires au recpect dû à la mémoire des morts, et afin qu'il ne puisse y être placé des inscriptions de nature à occasionner du scandale (1).

Article **1187**. — Le Cimetière monumental étant placé sous la surveillance spéciale d'un Conservateur, qui y a son logement, est ouvert au public tous les jours, savoir : du 1er avril au 30 septembre depuis sept heures du matin jusqu'à sept heures du soir ; à partir du 1er octobre jusqu'au 31 mars, depuis huit heures du matin jusqu'à quatre heures du soir.

Article **1188**. — Les autres cimetières de la ville seront ouverts au public, tous les dimanches et jours fériés, de midi à trois heures ; les mardi, jeudi et samedi de chaque semaine, de sept heures du matin à quatre heures du soir, depuis le 1er avril jusqu'au 30 septembre, et de huit heures du matin, aussi à quatre heures du soir depuis le 1er octobre jusqu'au 31 mars.

Ils sont en outre ouverts de huit heures du matin à quatre heures du soir, les jours des Morts et des Cendres.

Article **1189**. — Les enfants n'y seront admis qu'accompagnés de leurs parents.

L'entrée en est interdite aux gens ivres et aux personnes suivies de chiens ou de tous autres animaux, même tenus en laisse.

Article **1190**. — Désormais, et sous aucun prétexte, il ne sera délivré de clés particulières des cimetières.

Article **1191**. — Pendant la durée des inhumations qui seraient faites en dehors des heures déterminées par les articles ci-dessus, l'entrée des cimetières restera libre pour toute personne accompagnant le convoi.

Article **1192**. — Les clés des cimetières de la ville devront être remises chaque jour, à l'Administration des Pompes funèbres, avant neuf heures du soir, par les fossoyeurs ou autres agents auxquels cette Administration les aurait confiées.

Cette mesure n'est point applicable au Cimetière monumental.

Article **1193**. — Aucune inscription ne peut être placée sur les pierres tumulaires ou monuments funèbres sans avoir été préalablement soumise à l'approbation du Maire. (Ordonnance du 6 décembre 1843, article 6.)

Article **1194**. — Il est expressément défendu :

1° De détériorer les pierres tumulaires, les souvenirs funéraires et les monuments placés ou édifiés dans les cimetières, et d'y rien dessiner ou écrire, autre chose que les inscriptions autorisées.

(La disposition qui précède ne portera, bien entendu, aucune atteinte à l'enlèvement des tombes après l'expiration des délais de droit.)

---

(1) Instruction ministérielle du 30 décembre 1843.

Et 2° De se livrer, dans les cimetières, à des jeux, n'importe de quelle espèce, à des cris, querelles ou disputes.

Article **1195**. — Les chants habituels des funérailles sont les seuls permis dans les cimetières; tous les autres chants sont interdits.

Article **1196**. — L'Administration des Pompes funèbres demeure chargée de veiller scrupuleusement à l'exécution, en ce qui la concerne, des dispositions ci-dessus, et de donner en conséquence des ordres sévères aux fossoyeurs pour qu'ils s'y conforment.

Article **1197**. — Le Conservateur du Cimetière monumental s'y conformera également, pour toutes les dispositions qui sont relatives à ce Cimetière, et, en outre, il veillera à l'exécution du règlement concernant les concessions de terrain, qui va être reproduit dans la section suivante.

SECTION 2e.

DES CONCESSIONS DE TERRAIN POUR SÉPULTURE DANS LE CIMETIÈRE MONUMENTAL.

Article **1198**. — Toutes les concessions de terrain pour fondation de sépultures, soit temporaires, soit perpétuelles, ainsi que toutes les prescriptions y relatives, continueront à être régies par la délibération du Conseil municipal de Rouen du 25 octobre 1827, dont la teneur suit :

« Le Conseil municipal,

» Vu le décret du 12 juin 1804, concernant les sépultures ;

» La délibération du Conseil, du 24 avril 1823;

» L'ordonnance du Roi, du 28 janvier 1821, qui autorise la Ville de Rouen
» à établir, sur une partie de la côte des Sapins, un cimetière, dans lequel
» il sera fait des concessions à longues années et à perpétuité, au prix et
» suivant les règlement et tarif ultérieurement déterminés ;

» Le plan de division des terrains du cimetière, et enfin le règlement ou
» tarif actuel des Pompes funèbres ;

» Après avoir entendu le rapport de sa Commission,

» Délibère ce qui suit :

» I. Le cimetière établi sur la côte des Sapins prend le nom de Cimetière
» monumental.

» Il est exclusivement destiné à la sépulture des personnes ou des familles
» auxquelles, à cet effet, des portions de terrains auront été concédées, soit
» à longues années, soit à perpétuité.

» II. Un mois après l'ordonnance du Roi à intervenir, il ne sera plus fait
» de concessions de terrain pour fondation de sépultures, que dans le Cimetière monumental.

» III. M. le Maire est autorisé à faire les concessions, en se conformant au
» présent règlement.

» IV. Indépendamment de la division pratiquée, conformément aux dis-
» positions de l'art. 15 du décret du 12 juin 1804, ainsi conçues :
» *Dans les communes où l'on professe plusieurs cultes, chaque culte doit avoir un*
» *lieu d'inhumation particulier ; et, dans le cas où il n'y aurait qu'un seul cimetière, on*
» *le partagera par des murs, haies ou fossés, en autant de parties qu'il y a de cultes*
» *différents, avec entrée particulière pour chacune, et en proportionnant les espaces au*
» *nombre d'habitants de chaque culte.*

» Le Cimetière monumental sera encore divisé en terrains à concéder à
» longues années, pour sépultures particulières, et en terrains à concéder
» pour fondation de sépultures à perpétuité, le tout conformément au plan.

» DES CONCESSIONS A LONGUES ANNÉES.

» V. Les concessions à longues années pour sépultures particulières se-
» ront personnelles.
» L'étendue de terrain qu'elles occuperont ne pourra excéder deux mètres
» de superficie.
» Leur durée est fixée à vingt-cinq années.
» Ces sépultures seront placées dans le rang qui sera indiqué par l'Auto-
» rité, à la suite les unes des autres.
» VI. Le prix de ces concessions est fixé, pour chaque sépulture, à 100 fr.,
» une fois payés, lesquels seront versés dans la Caisse municipale.
» VII. Il pourra être élevé des monuments ou signes funéraires sur les
» sépultures particulières. Ils porteront la date de la concession, avec ces
» mots : *Concession temporaire.*
» VIII. L'établissement de ces monuments ou signes funéraires n'empê-
» chera pas la reprise du terrain, à l'expiration de la concession, et, dans
» ce cas, ces monuments ou signes seront supprimés.

» DES CONCESSIONS A PERPÉTUITÉ.

» IX. Les concessions à perpétuité pour sépultures, soit individuelles,
» soit de familles, seront faites, mais seulement sur la demande des parents
» ou exécuteurs testamentaires ou légataires, à toutes personnes ou fa-
» milles, même non domiciliées dans la ville.
» Ces demandes indiqueront la position exacte, ainsi que l'étendue du
» terrain qu'on voudra obtenir, en se conformant toutefois au plan général
» du Cimetière.
» Elles seront de plus accompagnées, aux termes du décret du 12 juin
» 1804, d'offres de fondation ou donation en faveur des Hospices ; et ces offres
» devront être au moins égales au prix de concession ci-après fixé.

» X. Le prix de concession de terrain à perpétuité est fixé à 50 francs le
» mètre carré. (1)

» XI. Lorsque la concession sera faite à une famille, il sera payé en outre
» à la Ville, pour chaque personne qui sera inhumée dans le terrain con-
» cédé, un droit fixe de 20 francs.

» XII. Avant de rendre sa décision, M. le Maire pourra, s'il le juge con-
» venable, exiger la consignation, tant du prix de la concession dans la
» Caisse municipale, que du montant de la donation dans celle des Hospices.

» XIII. Les concessionnaires à perpétuité auront le droit de fonder et
» d'entretenir toute espèce de monuments funéraires, tant au-dessus qu'au-
» dessous du sol concédé; ils y feront graver une inscription portant ces
» mots : *Concession perpétuelle.*

» XIV. Aucune inscription ne pourra être placée dans le Cimetière monu-
» mental qu'elle n'ait été préalablement soumise à M. le Maire, et qu'elle
» n'ait obtenu son approbation.

» XV. M. le Maire présentera, chaque année, au Conseil municipal, un
» état détaillé des diverses concessions faites pendant le cours de l'année
» précédente.

» Le produit de ces concessions sera porté au compte de chaque exercice.

» DE LA TRANSLATION DANS LE CIMETIÈRE MONUMENTAL DES SÉPULTURES
» PARTICULIÈRES FONDÉES DANS LES CIMETIÈRES PUBLICS.

» XVI. Toutes les personnes auxquelles il a été précédemment fait des con-
» cessions pour sépultures particulières dans les cimetières publics de la
» ville, pourront, en se conformant aux clauses et conditions de leurs con-
» trats, obtenir la permission de faire transférer ces sépultures dans le
» Cimetière monumental.

» Les demandes en translation seront faites à M. le Maire.

» XVII. Les frais d'exhumation d'un corps, pour être transporté au Cime-
» tière monumental, ne pourront s'élever au-delà de la somme totale de
» 16 francs; savoir:

» A M. le Commissaire de police . . . . 10 fr.
» Au Fossoyeur. 6

            Somme égale. . . . . . 16 fr.

» XVIII. Les hommes, chevaux et voitures dépendant de l'Administration
» des Pompes funèbres, seront seuls employés au transport des corps
» inhumés et exhumés;

---

(1) Indépendamment de la somme à verser aux Hospices en vertu du dernier § de l'article précédent.

» Les frais seront payés d'après le tarif existant, avec augmentation d'un tiers pour les articles 4, 5 et 9 de ce tarif.

» Les familles seront en outre tenues de payer au concierge du Cimetière monumental une somme de 5 francs pour chaque sépulture.

» DE LA CHAPELLE.

» XIX. La chapelle élevée dans le Cimetière monumental est destinée à offrir aux familles des personnes dont les cendres reposeront en ce Cimetière, les moyens d'y prier en tout temps.

» Avec l'autorisation des Supérieurs ecclésiastiques, il pourra y être dit des Messes basses; mais il n'y sera point attaché de chapelain.

» Il n'y sera chanté aucun office : aucun service, aucune cérémonie funèbre ne pourront y être célébrés; et, sous quelque prétexte que ce soit, aucun corps ne pourra y être présenté avant la sépulture.

» XX. La présente délibération sera adressée incessamment à M. le Conseiller d'Etat, Préfet de la Seine-Inférieure, avec l'invitation de demander au plus tôt la sanction royale.

» A Rouen, les jour et an susdits.

» Signé Mis de MARTAINVILLE, *Maire*. »

La délibération qui précède a été approuvée par l'ordonnance qui suit, du 27 février 1828 :

» CHARLES, par la grâce de Dieu, roi de France, etc.

» Notre Conseil d'Etat entendu,

» Avons ordonné et ordonnons ce qui suit:

» I. Le Maire de Rouen (Seine-Inférieure) est autorisé à faire, au nom de la Ville, des concessions de terrains à temps et à perpétuité pour sépultures particulières, dans le Cimetière monumental de la dite ville, aux conditions indiquées dans la délibération du Conseil municipal, du 25 Octobre 1827, dont les dispositions réglementaires sont approuvées.

» II. Notre Ministre Secrétaire d'Etat de l'Intérieur est chargé de l'exécution de la présente ordonnance.

» Donné en notre Château des Tuileries, le 27 février de l'an de grâce 1828 et de notre règne le 4e.

» Signé CHARLES. »

CHAPITRE XVII.

DISPOSITIONS GÉNÉRALES.

Obligations imposées aux propriétaires des Immeubles non loués.

ARTICLE **1199**. — Toutes les obligations imposées aux locataires par le présent règlement, incombent aux propriétaires ou usufruitiers, lorsque leurs immeubles ne sont pas loués, et ces derniers doivent se conformer, à l'égard de ces propriétés, à toutes les prescriptions énoncées au dit règlement.

Visites à faire par les Commissaires de police.

ARTICLE **1200**. — Les Commissaires de police devront faire de fréquentes visites dans leurs cantons respectifs et prendre les dispositions nécessaires pour assurer l'exécution du présent règlement.

Ils pénétreront dans les allées et cours communes, et même, en cas de plainte, dans les habitations et bâtiments signalés comme renfermant des immondices, matières infectes ou animaux nuisibles, désignés ci-dessus, et ils enjoindront aux propriétaires, locataires ou habitants de faire disparaître, sans retard, toutes les causes d'insalubrité qu'ils remarqueront.

Exécution d'office en cas de contravention.

ARTICLE **1201**. — Toutes les fois qu'un habitant, un propriétaire, ou toute autre personne aura négligé de balayer ou de nettoyer le devant de son habitation ou de sa propriété, ou n'aura pas obtempéré à l'ordre qui lui aura été donné de faire disparaître des causes d'insalubrité, qu'il n'aura pas fait déglacer ou amonceler les neiges, conformément à ce qui est prescrit, ou bien que des vidanges ou immondices de quelque nature qu'elles soient n'auront pas été enlevées, que des voitures ou des objets, quelle qu'en soit l'espèce, auront été laissés ou abandonnés sur les voies publiques, et enfin qu'il existera un embarras quelconque de voirie, le Commissaire de police du quartier, où ces contraventions existeront, devra les faire cesser, le plus promptement possible, en faisant exécuter d'office les travaux et transports nécessaires à cet effet, et, au besoin, en faisant déposer, dans des endroits qu'il désignera, les objets abandonnés, le tout aux frais des contrevenants et indépendamment des peines encourues pour les contraventions.

Le mémoire des dépenses qui seront occasionnées par les travaux ou transports ainsi exécutés d'office, sera soumis à notre visa, pour être joint au dossier de chaque contravention, afin que le Président du Tribunal de simple police puisse, en même temps qu'il prononcera la répression de la contravention, le rendre exécutoire et condamner le contrevenant à en payer le montant.

Ordre aux Gardes-champêtres.

Article **1202**.— Les Gardes-champêtres devront également parcourir journellement leurs divisions respectives, et signaler, aussi promptement que les circonstances pourront l'exiger, les contraventions commises au présent règlement.

Plainte à faire en cas d'inobservation des règlements de Police.

Article **1203**. — Toute personne qui aura à souffrir ou à se plaindre de l'inobservation des règlements de police, devra s'adresser à M. le Commissaire central ou au Commissaire de police de son quartier et signaler, à l'un ou à l'autre, les infractions commises, et ces fonctionnaires, après avoir constaté les contraventions, si elles existent, devront en dresser procès-verbal et l'adresser à l'Autorité compétente pour qu'il y soit donné telle suite que de droit.

Surveillance pour l'exécution.

Article **1204**. — M. le Commissaire central, M. le Commissaire attaché à la police municipale, MM. les Commissaires de police de quartier, MM. les Architectes et Architecte-Voyer attachés à la Mairie, MM. les Inspecteurs des halles et marchés, les Gardes-champêtres et autres Agents de la force publique, sont chargés, chacun en ce qui le concerne, de veiller à la stricte exécution du présent règlement.

Contraventions.

Article **1205**. — Les contraventions seront constatées par des procès-verbaux et la répression en sera poursuivie conformément aux lois.

Conservation du présent règlement.

Article **1206**. — Un exemplaire du présent règlement, ainsi que de tous arrêtés permanents qui pourront y faire suite, sera remis :

1º A chacun de MM. les Juges-de-Paix de Rouen, et au Greffier de la simple police, lesquels sont priés, lorsqu'ils cesseront leurs fonctions, de le transmettre à leurs successeurs ;

2º A M. le Commissaire central et à chacun de MM. les Commissaires de police de Rouen, qui devront aussi le remettre à leurs successeurs ;

LIVRE IV.

3° A tous les postes de police, où il devra être inscrit sur l'état du mobilier de ces postes; Et 4° à chacun des Gardes-champêtres de Rouen, qui devront le rapporter à la Mairie lorsqu'ils seront remplacés.

Dispositions transitoires.

ARTICLE **1207**. — Tous les arrêtés municipaux actuellement en vigueur, sont maintenus jusqu'au moment où le présent règlement général et permanent sera exécutoire; mais, à partir de ce moment, seront entièrement rapportés, abrogés et remplacés par le présent, les ordonnances, arrêtés et règlements municipaux dont l'indication suit :

1° Du 13 messidor an VIII sur les bateliers;
2° Du 12 germinal an IX, sur la police du Champ-de-Mars;
3° Du 8 messidor an IX, portant défense de tirer des armes à feu, etc., et d'allumer du feu dans les rues et sur les quais et promenades, etc.;
4° Du 14 germinal an XIII, prescrivant diverses mesures contre les incendies;
5° Du 28 juin 1809, qui défend de laver du linge aux fontaines publiques et aux abreuvoirs;
6° Du 24 février 1816, sur la police des masques;
7° Du 14 septembre 1816, concernant les incendies et le ramonage des cheminées;
8° Du 27 octobre 1817, sur la vidange des fosses d'aisances;
9° Du 26 novembre 1817, ordonnant la suppression des balustrades portant des fleurs à l'extérieur des fenêtres;
10° Du 7 janvier 1819, sur la circulation des brouettes;
11° Du 5 février 1819, sur la police des voitures et messageries;
12° Du 15 août 1820, sur les sérénades;
13° Du 4 octobre 1823, sur les dépôts d'allumettes chimiques;
14° Du 22 mars 1855, sur l'heure d'ouverture des bureaux des Poids et Mesures;
15° Du 5 avril 1826, sur les industries à marteau;
16° Du 8 avril 1826, portant défense de faire traîner des voitures par des chiens;
17° Du 10 mai 1827, concernant la construction des cheminées cylindriques;
18° Du 17 mai 1828, sur la police des voitures publiques et des diligences;
19° Du 11 décembre 1830, sur la police du jardin de l'Hôtel-de-Ville;
20° Du 12 mars 1831 sur les cimetières;
21° Du 15 mars 1832, contenant défense de conserver dans Rouen des animaux nuisibles ou incommodes;
22° Du 17 décembre 1832, concernant la police du Musée de peinture;
23° Du même jour sur la police de la Bibliothèque;

24° Du 13 mars 1833, sur le ramonage des cheminées cylindriques;
25° Du 18 juin 1834, sur la conduite des chevaux et la police des contre-allées des boulevards;
26° Du 18 août 1834, concernant la police intérieure de la galerie d'Histoire naturelle;
27° Du 7 octobre 1834, contenant des mesures tendant à prévenir les incendies;
28° Du 14 octobre 1834, sur la police des voitures à bras;
29° Du 1er mars 1836, sur la mendicité;
30° Du 9 juin 1836, sur la vidange des fosses d'aisances;
31° Du 4 mars 1837, sur la police des voitures;
32° Du 15 janvier 1838, concernant la fermeture des portes le soir;
33° Du même jour, contenant défense de patiner sur la Seine, etc.;
34° Du 1er juin 1838, sur l'ouverture de la Bibliothèque publique le soir, etc.;
35° Du 14 novembre 1838, sur la conduite des chevaux;
36° Du 20 décembre 1838, sur la construction des murs d'encadrement des bâtiments;
37° Du 3 janvier 1841, sur les neiges et glaces;
38° Du 3 juin 1841, intitulé *immondices*;
39° Du 22 décembre 1841, concernant les arbres et haies bordant les voies publiques;
40° Du 10 juin 1842, sur les industries à marteau, les chants et instruments bruyants;
41° Du 9 février 1844, sur les brocanteurs-crieurs de rue et les chiffonniers ambulants;
42° Du 16 février 1844, modifiant les heures pour la vidange des fosses d'aisances;
43° Du 26 février 1844, sur la hauteur des maisons;
44° Du 11 mars 1850, sur les cors de chasse;
45° Du 2 septembre 1851, sur les bouchers et charcutiers forains;
46° Du 11 février 1852, sur les cafés et cabarets;
47° Du 1er février 1853, sur la police de la boulangerie;
48° Du 25 octobre 1853, intitulé *montgolfières*;
49° Du 28 juillet 1854, concernant le curage des fossés;
50° Du 23 décembre 1854, sur l'entretien des pavages, trottoirs et macadamisages;
51° Du 16 août 1855, contenant défense d'envoyer des immondices dans les égouts;
52° Du 20 décembre 1855, portant règlement sur la police des marchés;
53° Du 20 décembre 1855, concernant le balayage;
54° Du 20 janvier 1856, sur le marché aux bestiaux;
55° Du même jour sur la vente de la viande à la criée;
56° Du 21 mai 1856, concernant les voitures et omnibus;

57° Du 30 septembre 1856, sur l'enlèvement des bornes;
58° Du 8 juillet 1858, sur la construction des cheminées;
59° Du 10 juillet 1858, concernant la vente en gros et à la criée du beurre, du fromage, etc.;
60° Du 23 octobre 1858, contenant règlement sur les constructions, les réparations et la voirie;
61° Du 18 janvier 1859, concernant les droits de voirie;
62° Du 25 mai 1859, sur la police du Jardin-des-Plantes;
63° Du 20 décembre 1859, relatif à la vente à la criée sur la place du Vieux-Marché;
64° Du 17 mars 1860, sur la vente à la criée du poisson;
65° Du 5 octobre 1860, contenant règlement sur la police des boulevards, etc.;
66° Du 22 octobre 1860, concernant la démolition des bâtiments;
67° Du 27 avril 1861, contenant une addition au règlement sur la police des boulevards;
68° Du 9 juillet 1861, concernant la vente en gros, à la criée, sur la place des Emmurées;
69° Du 25 avril 1862, sur le commerce des engrais;
70° Du 16 juin 1862, concernant les aqueducs et la construction des fosses d'aisances;
71° Du 11 juillet 1862, sur la police des marchés;
72° Du 2 août 1862, imposant l'obligation de conduire les eaux dans les égouts;
73° Du 6 juillet 1863, sur la police du jardin de Sainte-Marie;
74° Du 25 août 1863, sur la boulangerie;
75° Du 8 octobre 1863, sur la police du jardin de Solferino;
76° Du 25 février 1864, sur les voitures de place, et un autre antérieur du 15 octobre 1857;
77° Du 12 juillet 1864, sur la police des chiens;
78° Du 3 août 1864, concernant la conduite des bestiaux à leur sortie du marché des Emmurées;
79° Du 12 août 1864, sur la police intérieure des bureaux et de l'hôtel de l'Octroi;
80° Du 12 janvier 1865, sur les tentes et tendelets;
81° Du 22 février 1865, concernant les mesures à prendre pour prévenir et combattre les incendies dans les théâtres;
82° Du 18 décembre 1865, sur la vente en gros des fruits et des légumes;
83° Du 12 mars 1866, contenant règlement sur les rues à ouvrir sur des terrains particuliers;
84° Du 18 avril 1866, sur l'écoulement des eaux des manufactures de colle, etc.;
85° Du 15 mai 1866, sur les baigneurs;
86° Du 22 mai 1866, sur l'arrosement des rues;

87° Du 31 mai 1866, sur la police des chiens ;
88° Du 22 août 1866, sur la clôture des terrains ;
89° Du 1er décembre 1866, sur les voitures de place ;
90° Du 14 janvier 1867, sur les dépôts d'allumettes chimiques ;
91° Du 26 janvier 1867, sur la vente de la viande de cheval ;
92° Du 4 juin 1867, sur les chiens ;
93° Du 1er novembre 1867 sur les logements militaires.

Arrêtés non indiqués ci-dessus.

ARTICLE **1208**. — Tous autres arrêtés municipaux, non indiqués dans l'article précédent, sont aussi rapportés pour les dispositions contraires au présent; mais ils sont expressément maintenus et conservés, en toute leur force et vertu, pour toutes celles qui n'y sont pas contraires.

Transmission à l'Autorité supérieure et publication.

ARTICLE **1209**. — Le présent règlement général et permanent, après avoir été soumis à l'examen de M. le Sénateur, Préfet de la Seine-Inférieure, sera imprimé, publié et affiché aux endroits accoutumés de cette ville, pour être exécuté dans toutes ses dispositions, conformément à la loi.

Fait à Rouen, en l'Hôtel-de-Ville, le 27 janvier 1869.

L'Adjoint au Maire de Rouen,	*Le premier Adjoint, faisant fonctions*
Rapporteur,	*de Maire de Rouen,*
THUBEUF.	**ROLET.**

Le présent règlement peut être exécuté selon sa forme et teneur.
Rouen, le 1er février 1869.

Le Sénateur, Préfet de la Seine-Inférieure,
E. LE ROY.

Pour copie conforme :

Le Maire de Rouen,
THUBEUF, Adjoint.

Nous, Maire de Rouen, certifions que le règlement général de Police qui précède a été affiché, et nous déclarons qu'il sera exécutoire à partir du 20 juillet présent mois.

Rouen, le 15 juillet 1869.

THUBEUF, Adjoint.

APPENDICES.

1ʳᵉ PARTIE.

Sentences, — Arrêts, — Déclarations, — Lettres patentes, — Edits. — Ordonnances. — Décrets et Lois visés dans le Règlement général de Police qui précède.

Décembre 1607.

ÉDIT SUR LA POLICE DES RUES ET CHEMINS ET SUR LES CONSTRUCTIONS ET RÉPARATIONS (1).

Henry, par la grâce de Dieu, roy de France, etc.

Ayant reconnu ci-devant combien il importoit au public que les grands chemins, chaussées, ponts, passages, rivières, places publiques et ruës des villes de cestuy nostre royaume, fussent rendus en tel estat que, pour le libre passage et commodité de nos sujets, ils n'y trouvassent aucun destourbier ou empeschement.............................

A ces causes, nous, de l'avis de nostre Conseil, auquel estoient plusieurs princes de notre sang....... avons par cestuy nostre édit et règlement perpétuel et irrévocable, voulu et ordonné que les articles contenus en iceluy, concernant la dite voyrie, soient entretenus, suivis et observez de point en point par tous nos sujets :

I. Que la justice de la voyrie sera à l'avenir exercée, ainsi et par les juges qu'elle avoit accoutumé auparavant, sans toutefois préjudicier au droit d'icelle.

II. Nous voulons que nostre Grand-Voyer ou autres par luy commis, aient la connoissance de la dite voyrie, tant dans les villes, faubourgs et grands chemins, etc.

III. Voulons aussi et nous plaist que, lorsque les ruës et chemins seront

---

(1) Cet édit, ainsi que toutes les ordonnances sur la voirie, a été maintenu en vigueur par l'art. 29 de la loi du 22 juillet 1791, et par l'article 484 du Code pénal.

Ils sont aplicables à toute la France (arrêt du Conseil d'Etat du 19 avril 1844, inséré ci-après).

encombrés ou incommodés, nostre dit Grand-Voyer ou ses commis enjoignent aux particuliers de faire oster les dits empeschemens, et sur l'opposition ou différends qui en pourroient résulter, faire condamner les dits particuliers qui n'auront obey à ses ordonnances, trois jours après la signification qui leur en sera faite, jusqu'à la somme de dix livres et au-dessous, pour les dites entreprises par eux faites, et pour cet effet les faire assigner à sa requeste par devant le dit prevost de Paris, auquel nous donnons aussi tout pouvoir et jurisdiction.

IV. Deffendons à nostre dit Grand-Voyer ou ses commis de permettre qu'il soit fait aucunes saillies, avances et pans de bois estre aux bastimens neufs et mesme à ceux où il y en a à présent, de contraindre les réédifier, ny faire ouvrages qui les puissent conforter, conserver et soutenir, ny faire aucun encorbellement en avance pour porter aucun mur, pan de bois ou autres choses en saillie et porter à faux sur les dites ruës, ains faire le tout continuer à plomb, depuis le rez-de-chaussée tout contremont : et pourvoir à ce que les ruës s'embellissent et élargissent au mieux que faire se pourra, et en baillant par luy les allignemens, redressera les murs où il y aura ply ou coude, et de tout sera tenu de donner par écrit son procez-verbal de luy signé, ou de son greffier, portant l'allignement des dits édifices de deux toises en deux toises, à ce qu'il n'y soit contrevenu ; pour lesquels allignemens nous luy avons ordonné soixante sols parisis pour maison, payables par les particuliers qui feront faire les dites édifications sur la dite voyrie, encore qu'il y eût plusieurs allignemens en icelle, n'estant compté que pour un seul.

V. Comme aussi nous deffendons à tous nos dits sujets de la dite ville, fauxbourgs, prévosté et vicomté de Paris, et autres villes de ce royaume, faire aucun édifice, pan de mur, jambes estrieres, encoigneures, caves ny caval, forme ronde en saillie, siéges, barrières, contre-fenestre, huis de caves, bornes, pas, marches, siéges, montoirs à cheval, auvens, enseignes, establies, cages de menuiserie, chassis à verre et autres avances sur la dite voyrie, sans le congé et allignement de nostre dit Grand-Voyer ou des dits commis. Pourquoy faire nous luy avons attribué et attribuons la somme de soixante sols tournois, et après la perfection d'iceux, seront tenus, les dits particuliers, d'en avertir le dit Grand-Voyer ou son commis, afin qu'il recolle les dits allignemens, et reconnoisse si les dits ouvriers auront travaillé suivant iceux, sans toutes fois payer aucune chose pour le dit recollement et confrontation : et où il se trouveroit qu'ils auroient contrevenu aux dits allignemens, seront les dits particuliers assignéz par devant le Prevost de Paris ou son lieutenant, pour voir ordonner que la besogne mal plantée sera abbattüe, et condamnez à telle amende que de raison applicable comme dessus.

VI. Deffendons au commis de nostre dit Grand-Voyer, de prendre aucuns droits pour mettre les treillis de fer aux fenestres sur ruës, pourvu qu'ils n'excèdent les corps des murs qui seront tirez à plomb, et pour ceux qui sortiront hors des murs, payeront la somme de trente sols tournois.

VII. Faisons aussi deffenses à toutes personnes de faire et creuser aucunes caves sous les ruës; et pour le regard de ceux qui voudront faire degréz, pour monter à leurs maisons, par le moyen desquels les ruës estrecissent, faire siéges esdites ruës, estail ou auvent, clorre ou fermer aucunes ruës, faire planter bornes au coin d'icelles, ès entrées de maisons, poser enseignes nouvelles ou faire le tout réparer, prennent congé dudit Grand-Voyer ou commis. Pour lesquelles choses faites de neuf, et pour la permission première, nous luy avons attribué et attribuons la somme de trente sols tournois pour la visitation d'icelles, et pour celles qu'il conviendra seulement réparer et refaire, la somme de quinze sols tournois : et où aucuns voudroient faire telles entreprises sans les dites permissions, le pourra faire condamner en la dite amende de dix livres, payable comme dessus, ou plus grande somme si le cas y échet, et faire abattre les dites entreprises; le tout au cas que les dites entreprises incommodent le public, et, pour cet effet, sera tenu, le commis du dit Grand-Voyer, se transporter sur les lieux auparavant que donner la permission ou congé de faire les dites entreprises.

VIII. Pareillement avons deffendu et deffendons à tous nos dits sujets, de jetter dans les ruës eauës ny ordures par les fenestres, de jour ny de nuit, faire préaux ny aucuns jardins en saillies, aux hautes fenestres, ny pareillement tenir fiens, terreaux, bois, ny autres choses dans les ruës et voyes publiques, plus de vingt-quatre heures, et encore sans incommoder les passans; autrement luy avons permis et permettons de les faire condamner en l'amende comme dessus; auquel Voyer ou commis nous enjoignons se transporter par toutes les ruës, mesme par les maistresses, de quinze en quinze jours, afin de commander qu'elles soient délivrées et nettoyées et que les passans ne puissent recevoir aucunes incommoditez.

IX. Deffendons aussi à toutes personnes de faire des éviers plus hauts que rez-de-chaussée, s'ils ne sont couverts jusqu'au dit rez-de-chaussée et mesme sans la permission de nostre dit Grand-Voyer, ses lieutenans ou commis, pour laquelle permission luy sera payé trente sols indistinctement, tant pour ceux qui sont au rez-de-chaussée que ceux qui ne se trouveront au dit rez-de-chaussée.

X. Ordonnons à nostre dit Grand-Voyer ou commis,. . . . . qu'il ait à ordonner aux charretiers conduisans terreaux et gravois et autres immondices, de les porter aux champs, aux lieux destinez aux voyeries ordinaires; et au deffaut de lui obéir, saisira les chevaux et harnois des contrevenans, pour en faire son rapport, sans qu'il puisse donner main-levée qu'il n'en soit ordonné.

XI. Enjoindra aux sculpteurs, charrons, marchands de bois et tous autres de retirer et mettre à couvert, soit dans leurs maisons ou ailleurs, ce qu'ils tiennent d'ordinaire dans les ruës, comme pierres, coches, charetes, chariots, troncs, pièces de bois et autres choses qui peuvent empescher ou incommoder le dit libre passage des dites ruës : comme aussi aux teinturiers, foullons, frippiers et tous autres, de ne mettre seicher sur perches de bois, soit ès-fenestres de leurs greniers ou autrement sur ruës et voyes, aucuns draps, toiles et autres choses qui peuvent incommoder et offusquer la veuë des dites ruës, sur les peines que dessus, et sur les contraventions qui se feront, les dites deffenses estant faites par le dit sieur Grand-Voyer ou ses commis, seront les contrevenans condamnez en l'amende comme dessus.

XII. Voulons et nous plaist que le dit Grand-Voyer et ses commis ayent l'œil et connoissance du pavement des dites ruës, voyes, quais et chemins, et où il se trouvera quelques pavez cassez, rompus ou enlevez, qu'ils les fassent refaire et restablir promptement, mesme faire l'ouverture des maisons des refusans d'icelles, aux dépens des détempteurs des dites maisons, injonction préalablement faite aux dits détempteurs, et prendra garde que le pavé de neuf soit bien fait, et qu'il ne se trouve plus haut élevé que celuy de son voisin.

XIII. Deffendons au commis de nostre dit Grand-Voyer, de donner aucune permission de faire des marches dans les ruës, mais seulement continuer les anciennes ès-lieux où elles n'empêchent le passage.

XIV. Ne pourra aussi nostre dit Voyer ou commis, donner permission d'auvent plus bas que de dix pieds, à prendre du rez-de-chaussée en amont, et pour ceux qu'il donnera, ensemble pour les enseignes, luy appartiendra, pour les permissions nouvelles, trente sols tournois; et pour le changement des enseignes, réfection et changement d'auvent, n'en prendra que quinze sols tournois.

. . . .

Donné à Paris, au mois de décembre, l'an de grâce 1607.

Signé : Henry.

20 Novembre 1691.

ARRÊT DE RÈGLEMENT DU PARLEMENT DE NORMANDIE, CONCERNANT LA CONSERVATION DES PLANTATIONS.

Défenses faites à toutes personnes de rompre et briser les arbres fruitiers, ni faire aucuns délits dans les bois, et scier les arbres des avenues, rompre et arracher les haies, couper les dits bois, à peine de punition corporelle et de trois cents livres d'amende dès à présent encourues contre les contrevenants; de laquelle amende les père et mère seront déclarés prenables pour leurs enfants, les maîtres et maîtresses pour leurs serviteurs et domestiques. . . . .

16 Juin 1693.

ORDONNANCE DU ROI SUR LES ALIGNEMENTS.

Faisons deffenses à tous particuliers, maçons et ouvriers, de faire démolir, construire ou réédifier aucuns édifices ou bâtiments, élever aucuns pans de bois, balcons ou auvents ceintrez, établir travaux de maréchaux, poser pieux ou barrières, étayes ou étrésillons, sans avoir pris les allignemens et permissions nécessaires de nos dits Trésoriers de France (*aujourd'hui les Préfets et les Maires*), à peine contre les contrevenans de vingt livres d'amende.

---

10 Avril 1714.

ARRÊT DU CONSEIL OBLIGEANT A ENFOUIR LES ANIMAUX MORTS NATURELLEMENT.

Sa Majesté, étant en son Conseil, a ordonné et ordonne que tous les propriétaires des bœufs, vaches, moutons, brebis, agneaux, chèvres, boucs et autres bestiaux qui viendront à mourir, soit dans leurs maisons ou à la campagne, seront tenus de les faire mettre sur-le-champ dans la terre jusqu'à trois pieds de profondeur, sans pouvoir en prendre ni enlever les peaux, sous quelque prétexte que ce soit, le tout à peine de cent livres d'amende pour chaque contravention, applicable moitié au dénonciateur, et l'autre au profit de l'hôpital le plus prochain, et de peine afflictive, en cas de récidive, sans préjudice de l'amende, qui sera de deux cents livres, applicable comme dessus.

---

28 Août 1726.

ARRÊT DE RÈGLEMENT DU PARLEMENT DE NORMANDIE, SUR LA CONSTRUCTION DES FOURS. (Voir page 146.)

---

18 Juillet 1729.

ÉDIT DU ROI CONCERNANT LES MAISONS ET BATIMENTS MENAÇANT RUINE.

Article 1er — Les Commissaires auront une attention particulière, chacun dans leur quartier, pour être instruits des maisons et bâtiments où il y auroit quelque péril.

Article 2. — Aussitôt qu'ils en auront avis, ils se transporteront sur le lieu, et dresseront procès-verbal de ce qu'ils y auront remarqué et qui pourroit être contraire à la sûreté publique.

Article 3. — Ils feront assigner, sans retardement, à la requête de notre Procureur au Châtelet, les propriétaires, au premier jour d'audience de la police de notre Châtelet de Paris.

Article 4. — Les assignations seront données au domicile du propriétaire, s'il est connu, et s'il est dans l'étendue de notre bonne ville de Paris ou fauxbourgs d'icelle; si non, les assignations pourront être données à la maison même où se trouvera le péril, en parlant au principal locataire ou à quelqu'un des locataires, en cas qu'il n'y en ait point de principal, et vaudront, les dites assignations, comme si elles avoient été données au propriétaire.

Article 5. — Au jour marqué par l'assignation, le Commissaire fera son rapport à l'audience, et si la partie ne compare pas, le Lieutenant général de police, sur les conclusions d'un de nos avocats, ordonnera, s'il y échet, que les lieux seront visités par un expert, qui sera par lui nommé d'office.

Article 6. — Si la partie compare, et qu'elle ne dénie point le péril, le Lieutenant général de police ordonnera, sur les dites conclusions, que la partie sera tenue de faire cesser le péril dans le temps qui sera par lui prescrit, et sera enjoint au dit Commissaire d'y veiller.

Article 7. — Au cas que la partie soutienne qu'il n'y ait aucun danger, elle aura la faculté de nommer un expert de sa part, pour faire la visite conjointement avec l'expert qui sera nommé par notre Procureur au Châtelet, ce qu'elle sera tenue de faire sur-le-champ, si non sera passé outre à la visite par l'expert seul qui aura été nommé par notre dit Procureur.

Article 8. — La visite sera faite dans le temps qui aura été prescrit par la sentence, en présence de la partie ou elle duement appellée au domicile de son Procureur, si elle a comparu, si non au domicile prescrit par l'art. 4 ci-dessus, et ce, soit que la sentence ait été donnée contradictoirement ou par défaut, sans qu'il soit nécessaire, même dans le cas de la sentence rendue par défaut, d'attendre l'expiration de la huitaine; et en cas qu'il y ait deux experts et qu'ils se trouvent de différents avis, il en sera nommé un tiers par le Lieutenant général de police, à la première audience, partie pareillement présente ou duement appellée au domicile de son Procureur.

Article 9. — Sur le vu du rapport de l'expert ou des experts, la partie ouïe à l'audience où elle duement appellée au domicicile de son Procureur, s'il y en a, ou, s'il n'y en a point, en la forme prescrite par l'article 4 ci-dessus, et ouï le Commissaire en son rapport; ensemble notre avocat en ses conclusions, le Lieutenant général de police ordonnera, s'il y a lieu, que dans le tems qui sera par lui prescrit, le propriétaire de la maison sera tenu de faire cesser le péril, et d'y mettre, à cet effet, des ouvriers, à faute de quoi, le dit tems passé, et sans qu'il soit besoin d'autre jugement, sur le simple rapport du Commissaire, portant qu'il n'y a été mis d'ouvriers, il en sera mis de l'ordonnance du dit Commissaire, aux frais de la partie, à la diligence du Receveur des amendes, qui en avancera les deniers, dont il lui sera délivré, par le Lieutenant général de police, exécutoire sur la partie, pour en être remboursé par privilége et préférence à tous autres, sur le prix des matériaux provenant des démolitions, et subsidiairement, sur le fonds et superficie des bâtiments des dites maisons.

ARTICLE 10. — Dans les occasions où le péril seroit si urgent, que l'on ne pourroit attendre le jour d'audience, ni observer les formalités ci-dessus prescrites, sans risquer quelqu'accident fâcheux, en ce cas, les Commissaires du Châtelet pourront en faire leur rapport au Lieutenant général de police en son hôtel, et y faire appeller les parties, en la forme prescrite par l'article 4 ci-dessus, lequel pourra ordonner par provision, ce qu'il jugera absolument nécessaire pour la sûreté publique.

ARTICLE 11. — Seront les sentences et ordonnances rendues à ce sujet, exécutées par provision, nonobstant et sans préjudice de l'appel.

Un autre Edit, du 18 août 1730, concernant aussi la démolition des édifices menaçant ruine, porte que les Commissaires de la voirie pourront, comme les autres Commissaires, et concurremment avec eux, poursuivre cette démolition et qu'alors les assignations, au lieu d'être données à la requête du Procureur au Châtelet, pour comparaître devant le Lieutenant de police, seront données à la requête du Procureur général du bureau des finances pour comparaître devant cette juridiction.

---

11 Mai 1735.

ARRÊT DU PARLEMENT DE PARIS PORTANT ENREGISTREMENT DES LETTRES PATENTES CONCERNANT LES DROITS DE VOIRIE, EN DATE DU 22 OCTOBRE 1733 (1).

ARTICLE 1er. — Pour les pas, marches, etc., le tout dans le cours de la même année, à compter du jour et date de la permission, etc.

Après la dite année révolue, s'il échoit de faire quelque nouvelle ouverture à la dite maison, etc., sera payé pareil droit . . . .

---

17 Août 1751.

ARRÊT DE RÉGLEMENT DU PARLEMENT DE NORMANDIE, CONCERNANT LA PLANTATION ET L'ÉLAGAGE DES ARBRES ET HAIES.

I. Le long des chemins vicinaux et des chemins de traverse, on ne pourra

---

(1) *Dictionnaire de Voirie*, par Perrot, édition de 1782, page 564.

planter, dans les terres non closes, aucuns arbres qu'à dix pieds de distance du bord des dits chemins.

II. À l'égard des arbres qui se trouveront actuellement plantés plus près de dix pieds du bord des dits chemins, les propriétaires des dits arbres ou les détenteurs des fonds, seront tenus de couper incessamment la partie des branches qui s'étendra sur le dit chemin et l'embarrassera.

III. Les haies étant sur le bord des chemins, seront tondues et réduites sur les souches ou vestiges de l'ancien alignement, et ce qui excédera l'ancien alignement sera arraché.

IV. Les arbres qui pencheront sur les dits chemins de façon à les embarrasser, seront abattus aux frais des propriétaires, et, faute par eux d'y satisfaire, ainsi qu'au contenu aux deux articles précédents, dans le temps de trois mois du jour de la publication du présent arrêt, qui sera fait dans le bailliage où l'héritage sera situé, enjoint aux Substituts du Procureur général de faire exécuter les dits articles II, III et IV aux frais des propriétaires.

V. Nul ne pourra planter aucun poirier ou pommier, qu'à sept pieds de distance du fonds voisin. . . . .

---

29 Mars 1754.

ORDONNANCE DU BUREAU DES FINANCES DE LA GÉNÉRALITÉ DE PARIS, CONCERNANT LA POLICE GÉNÉRALE DES ROUTES ET CHEMINS.

Les art. 4 et 12 de cette ordonnance ont été confirmés et étendus à toute la France par l'arrêt du Conseil, du 27 février 1765.

ARTICLE 4. — Faisons défense à tous habitants, propriétaires, locataires ou autres ayant maisons ou héritages le long des rues, grandes routes et autres grands chemins, de construire ou reconstruire, soit en entier, soit en partie, aucuns bâtiments, sans en avoir pris alignement, ni de poser échoppes ou choses saillantes sans en avoir obtenu la permission; lesquels alignement et permission seront donnés tant dans les parties de la banlieue de Paris, qui sont hors les limites fixées par les art. 6 et 4 des déclarations des 18 juillet 1724 et 29 janvier 1726, que dans les autres chemins de la Généralité, par ceux de nous, Commissaires du pavé de Paris et des Ponts-et-Chaussées, chacun en leur département, ou, en leur absence, par un autre de nous, conformément aux plans levés et arrêtés, et déposés au greffe du bureau ou qui le seront dans la suite; et les dits alignements seront donnés sans frais, ainsi qu'il s'est toujours pratiqué, à peine contre les particuliers contrevenants, de 300 livres d'amende, de démolition des ouvrages faits et de confiscation des matériaux, *et contre les maçons, charpentiers et ouvriers, de pareille amende et même de plus grande peine en cas de récidive.*

Défenses expresses sont faites à tous Officiers de justice et aux prétendus Voyers, si aucuns y a, de donner aucuns des dits alignements ; le tout conformément aux règlements précédents et notamment aux ordonnances et arrêt du Conseil confirmatif des 12 et 17 mars 1739, et seront, toutes les ordonnances qui auront été données par les dits sieurs Commissaires, déposées au greffe du bureau.

27 Juin 1760.

ORDONNANCE SUR LES PAVAGES. (Voir page 40.)

27 Février 1765.

ARRÊT DU CONSEIL, CONCERNANT LES PERMISSIONS DE CONSTRUIRE ET LES ALIGNEMENTS SUR LES ROUTES ENTRETENUES AUX FRAIS DE L'ÉTAT.

Vu l'ordonnance du bureau des finances de Paris, du 29 mars 1754, et ouï le rapport du sieur de l'Averdy, Conseiller ordinaire au Conseil royal, Contrôleur général des finances, le Roi étant en son Conseil, a ordonné et ordonne que, conformément à ce qui se pratique au bureau des finances de la Généralité de Paris, dont Sa Majesté a confirmé et confirme l'ordonnance du 29 mars 1754, art. 4 et 12, les alignements pour constructions ou reconstructions des maisons, édifices ou bâtiments généralement quelconques, en tout ou en partie, étant le long et joignant les routes construites par ses ordres, soit dans les traverses des villes, bourgs et villages, soit en pleine campagne, ainsi que les permissions pour toute espèce d'ouvrage aux faces des dites maisons, édifices et bâtiments, et pour établissements d'échoppes ou choses saillantes le long des dites routes, ne pourront être donnés en aucun cas par autres que par les Trésoriers de France, Commissaires de Sa Majesté, pour les Ponts-et-Chaussées en chaque Généralité, ou, à leur défaut et en leur absence, par un autre Trésorier de France de la dite Généralité qui seroit présent sur les lieux et pour ce requis ; le tout sans frais, et en se conformant par eux aux plans levés et arrêtés par les ordres de Sa Majesté, qui sont ou seront déposés par la suite au greffe du bureau des finances de leur Généralité ; et, dans le cas où les plans ne seroient pas encore déposés au dit greffe, veut Sa Majesté qu'avant de donner les dits alignements ou permissions, les dits Trésoriers de France, Commissaires de Sa Majesté, ou autres à leur défaut, se fassent remettre un rapport circonstancié de l'état des lieux par l'Ingénieur ou l'un des Sous-Ingénieurs des Ponts-et-Chaussées de la dite Généralité, et que du dit alignement ou de la dite permission il soit déposé minute au greffe du dit bureau des finances, à laquelle le dit rapport sera et demeurera annexé. Fait Sa Majesté défenses à tous particuliers, propriétaires ou autres, de construire, reconstruire ou réparer aucuns édifices, poser échoppes ou choses saillantes le long des dites routes, sans en avoir obtenu les alignements ou permissions des dits Trésoriers de France, Commissaires de Sa Majesté, ou, dans le cas ci-dessus spécifié, d'un autre Trésorier de France du dit bureau des finances, à peine de démolition des dits ouvrages, confiscation des matériaux et de 300 livres d'amende, et *contre les maçons, charpentiers et ouvriers*, de pareille amende, et même de plus grande peine en cas de récidive. Fait pareillement, Sa Majesté, défenses à tous autres, sous quelque prétexte et à quelque titre que ce soit, de donner les dits alignements et permissions, à peine de répondre en leur propre et privé nom des condamnations prononcées contre les particuliers, propriétaires, locataires et ouvriers qui seront, en cas de contravention, poursuivis à la requête des Procureurs de Sa Majesté aux dits bureaux des finances, et punis suivant l'exigence des cas. . . . .

6 Août 1765.

ARRÊT DE RÈGLEMENT DU PARLEMENT DE NORMANDIE, CONCERNANT
LA COUVERTURE DES BATIMENTS.

La Cour a déclaré les règlements et usages de la police des villes, concernant les couvertures, communs avec les fauxbourgs des villes et bourgs de la province; ce faisant, fait défenses de couvrir autrement qu'en ardoise ou en tuile; ordonne que, dans un an, du jour de la publication du présent arrêt, les maisons et bâtiments des aubergistes, cabaretiers, cafetiers, billardiers, ciriers, chandeliers, boulangers, cuisiniers, pâtissiers, maréchaux et autres personnes publiques, ou faisant usage de fours, fourneaux ou forges, ensemble, les écuries, étables, latrines et autres bâtiments semblables étant dans l'enceinte des bourgs, fauxbourgs, cours et rues adjacentes, lesquels sont actuellement couverts en paille, seront couverts en tuile ou ardoise, à peine de démolition des couvertures, aux frais des propriétaires ou usufruitiers à ce tenus qui seroient morosifs, et en outre de cent livres d'amende, applicables, le tiers au domaine ou au fisc, le tiers au profit des pauvres du lieu, et l'autre tiers au profit ou au choix du dénonciateur, a fait très-expresses inhibitions et défenses, sous les mêmes peines, de réparer autrement qu'en ardoise ou tuile, les couvertures actuelles des bourgs et fauxbourgs à fur et mesure qu'elles dépériront . . . .

17 Août 1771.

SENTENCE DU LIEUTENANT GÉNÉRAL DE POLICE, CONCERNANT LE REGISTRE QUE DOIVENT TENIR LES ORFÈVRES, BROCANTEURS, ETC. (Voir page 230.)

---

10 Avril 1783.

ORDONNANCE DÉFENDANT D'OUVRIR DE NOUVELLES RUES SANS AUTORISATION.
(Voir page 51.)

---

12 Août 1785.

ARRÊT DU PARLEMENT DE NORMANDIE, SUR LA CONSTRUCTION DES SÉCHERIES A AIR CHAUD. (Voir page 147.)

14-22 Décembre 1789.

LOI RELATIVE A LA CONSTITUTION DES MUNICIPALITÉS.

ARTICLE **50**. — Les fonctions propres au pouvoir municipal, sous la surveillance et l'inspection des assemblées administratives (*aujourd'hui les Préfets*), sont ..... de faire jouir les habitants des avantages d'une bonne police, notamment de la propreté, de la salubrité, de la sûreté et de la tranquillité dans les rues, lieux et édifices publics.

16-24 Août 1790.

LOI SUR L'ORGANISATION JUDICIAIRE ET LES CORPS MUNICIPAUX.

TITRE XI.

ARTICLE **1er** — Les corps municipaux (*aujourd'hui les Maires*), veilleront et tiendront la main, dans l'étendue de chaque municipalité, à l'exécution des lois et des règlements de police. . . . .

ARTICLE **3**. — Les objets de police confiés à la vigilance et à l'Autorité des corps municipaux sont :

1° Tout ce qui intéresse la sûreté et la commodité du passage dans les rues, quais, places et voies publiques ; ce qui comprend le nettoiement, l'illumination, l'enlèvement des encombrements, la démolition ou la réparation des bâtiments menaçant ruine, l'interdiction de rien exposer aux fenêtres ou autres parties des bâtiments, qui puisse nuire par sa chute, et celle de rien jeter qui puisse blesser ou endommager les passants, ou causer des exhalaisons nuisibles ;

2° Le soin de réprimer et de punir, etc. ;

3° Le maintien du bon ordre dans les lieux où il se fait de grands rassemblements d'hommes, tels que les foires, marchés, réjouissances et cérémonies publiques, spectacles, jeux, cafés, églises et autres lieux publics ;

4° L'inspection sur la fidélité du débit des denrées qui se vendent au poids, à l'aune ou à la mesure, et sur la salubrité des comestibles exposés en vente publique ;

5° Le soin de prévenir par des précautions convenables, et celui de faire cesser, par la distribution des secours nécessaires, les accidents et fléaux calamiteux, tels que les incendies, les épidémies, les épizooties, en provoquant aussi dans ces deux derniers cas l'Autorité des administrations de département ou de district ;

6° Le soin d'obvier ou de remédier aux événements fâcheux qui pourraient être occasionnés par les insensés ou les furieux laissés en liberté et par la divagation des animaux malfaisants ou féroces.

ARTICLE 4. — Les spectacles publics ne pourront être permis et autorisés que par les Officiers municipaux ; ceux des entrepreneurs et directeurs actuels qui ont obtenu des autorisations, soit des gouverneurs des anciennes provinces, soit de toute autre manière, se pourvoiront devant les Officiers municipaux, qui confirmeront leur jouissance pour le temps qui en reste à courir, à charge d'une redevance envers les pauvres.

19-22 Juillet 1791.

LOI SUR LA POLICE MUNICIPALE.

ARTICLE 13. — La municipalité . . . . . . pourra, dans les lieux où la loi n'y aura pas pourvu, commettre à l'Inspection. . . . . . , à celle de la salubrité des comestibles, etc., ... un nombre suffisant de gens de l'art, lesquels, après avoir prêté serment, rempliront, à cet égard seulement, les fonctions de Commissaires de police.

. . . .

ARTICLE 29. . . . . . — Sont également confirmés provisoirement les règlements qui subsistent touchant la voirie, ainsi que ceux actuellement existants à l'égard de la construction des bâtiments, et relatifs à leur solidité et sûreté, sans que de la présente disposition, il puisse résulter la conservation des attributions ci-devant faites sur cet objet à des tribunaux particuliers (1).

. . . .

ARTICLE 46. — Aucun tribunal de police municipale, ni aucun corps municipal ne pourra faire de règlement. Le corps municipal, néanmoins, pourra, sous le nom et l'intitulé de délibération, et sauf la réformation, s'il y a lieu par l'Administration du département, sur l'avis de celle du district, faire des arrêtés sur les objets qui suivent :

1° Lorsqu'il s'agira d'ordonner les précautions locales sur les objets confiés à sa vigilance et à son autorité par les articles 3 et 4 du titre XI de la loi du 16-24 août 1790 ;

2° De publier de nouveau les lois et règlements de police, ou de rappeler les citoyens à leur observation.

---

7 Brumaire an IX.

ARRÊTÉ DES CONSULS RELATIF AUX BUREAUX DE PESAGE ET A LA DÉSIGNATION DE L'EMPLACEMENT DES MARCHÉS.

ARTICLE. 1ᵉʳ. — Dans toutes les villes où le besoin du commerce l'exigera, il sera établi par le Préfet, sur la demande des Maires et Adjoints, approuvée par le Sous-Préfet, des bureaux de pesage, mesurage et jaugeage publics, où tous les citoyens pourront faire peser, mesurer et jauger leurs marchandises, moyennant une rétribution juste et modérée, qui, en exécution de l'article 21 de la loi du 28 mars 1790, sera proposée par les Conseils généraux des municipalités, et fixée au Conseil d'Etat, sur l'avis des Sous-Préfets et Préfets.

ARTICLE 2. — Nul ne pourra exercer les fonctions de peseur, mesureur et jaugeur, sans prêter le serment de bien et fidèlement remplir ses devoirs: ce serment sera reçu par le président du Tribunal de commerce ou devant le Juge de police du lieu.

ARTICLE 3. — Dans les lieux où il ne sera pas nécessaire d'établir des bureaux publics, les fonctions de peseur, mesureur et jaugeur seront confiées, par le Préfet, à des citoyens d'une probité et d'une capacité reconnues, lesquels prêteront serment.

ARTICLE 4. — Aucune autre personne que les dits employés ou préposés, ne pourra exercer, dans l'enceinte des marchés, halles et ports, la profession de peseur, mesureur et jaugeur, à peine de confiscation des instruments destinés au mesurage.

---

(1) Les anciens règlements et édits concernant la voirie, sont ainsi devenus applicables à toute la France (arrêts du Conseil d'Etat des 19 avril 1844 et 11 avril 1848).

Article 5. — L'enceinte des dits marchés, halles et ports, sera déterminée et désignée, d'une manière apparente, par l'Administration municipale, sous l'approbation du Sous-Préfet.

Article 6. — Les citoyens à qui les bureaux ou les fonctions de peseurs ou mesureurs publics seront confiées, seront obligés de tenir les marchés, halles et ports garnis d'instruments nécessaires à l'exercice de leur état et d'employés en nombre suffisant; faute de quoi, il y sera pourvu à leurs frais par la Police, et ils seront destitués.

Ils ne pourront employer que des poids et mesures dûment étalonnés, certifiés et portant l'inscription de leur valeur.

Article 7. — Il sera délivré aux citoyens qui le demanderont, par les peseurs et mesureurs publics, un bulletin qui constatera le résultat de leur opération.

Article 8. — L'infidélité dans les poids employés au pesage public sera punie, par voie de police correctionnelle, des peines prononcées par les lois contre les marchands qui vendent à faux poids ou fausse mesure.

---

23 Prairial an XII.

LOI SUR LA POLICE DES CIMETIÈRES. (Voir page 260.)

---

4 février 1805.

DÉCRET CONCERNANT LE NUMÉROTAGE DES MAISONS DANS LA VILLE DE PARIS

IX. Le numérotage sera exécuté à l'huile, et, pour la première fois, par la Commune de Paris.

. . . .

XI. L'entretien du numérotage est à la charge des propriétaires; ils pourront en conséquence le faire exécuter à leurs frais d'une manière plus durable, soit en tôle vernissée, soit en faïence ou terre émaillée, en se conformant cependant aux autres dispositions du présent décret sur la couleur des numéros et la hauteur à laquelle ils doivent être placés (1).

---

(1) « Ordonnance royale du 23 avril 1823; les dispositions des articles 9 et 11 du décret du
» 4 février 1805, relatif au numérotage de la ville de Paris, sont déclarées applicables à toutes les
» villes et communes du Royaume où la même opération sera jugée nécessaire. »

25 Mars 1807.

AVIS DU CONSEIL D'ÉTAT, CONCERNANT LES FRAIS DE PAVAGE DES RUES.
(Voir page 41.)

---

16 Septembre 1807.

LOI RELATIVE AU DESSÈCHEMENT DES MARAIS ET AUX ALIGNEMENTS.

TITRE XI.

Des Indemnités aux propriétaires pour occupations de terrains, et des alignements.

ARTICLE 50. — Lorsqu'un propriétaire fait volontairement démolir sa maison, lorsqu'il est forcé de la démolir pour cause de vétusté, il n'a droit à indemnité que pour la valeur du terrain délaissé, si l'alignement qui lui est donné par les Autorités compétentes le force à reculer sa construction.

ARTICLE 51. — Les maisons et bâtiments dont il serait nécessaire de faire démolir et d'enlever une portion pour cause d'utilité publique légalement reconnue, seront acquis en entier, si le propriétaire l'exige; sauf à l'Administration publique ou aux Communes à revendre les portions de bâtiments ainsi acquises, et qui ne seront pas nécessaires pour l'exécution du plan. — La cession, par le propriétaire, à l'Administration publique ou à la Commune, et la revente seront effectuées d'après un décret rendu en Conseil d'État, sur le rapport du Ministre de l'intérieur, dans les formes prescrites par la loi.

ARTICLE 52. — Dans les villes, les alignements pour l'ouverture des nouvelles rues, pour l'élargissement des anciennes qui ne font point partie d'une grande route, ou pour tout autre objet d'utilité publique, seront donnés par les Maires, conformément au plan dont les projets auront été adressés aux Préfets, transmis avec leur avis au Ministre de l'intérieur et arrêtés en Conseil d'État.

En cas de réclamation de tiers intéressés, il sera de même statué en Conseil d'État sur le rapport du Ministre de l'intérieur.

ARTICLE 53. — Au cas où, par les alignements arrêtés, un propriétaire pourrait recevoir la faculté de s'avancer sur la voie publique, il sera tenu de payer la valeur du terrain qui lui sera cédé. — Dans la fixation de cette valeur, les experts auront égard à ce que le plus ou le moins de profondeur du terrain cédé, la nature de la propriété, le reculement du reste du terrain bâti ou non bâti, loin de la nouvelle voie, peut ajouter ou diminuer de valeur relative pour le propriétaire.

Au cas où le propriétaire ne voudrait point acquérir, l'Administration publique est autorisée à le déposséder de l'ensemble de sa propriété, en lui en payant la valeur, telle qu'elle était avant l'entreprise des travaux. La cession et la revente seront faites comme il a été dit en l'art. 51 ci-dessus (1).

ARTICLE 54. — Lorsqu'il y aura lieu en même temps à payer une indemnité à un propriétaire pour terrains occupés et à recevoir de lui une plus-value pour des avantages acquis à ses propriétés restantes, il y aura compensation jusqu'à concurrence; et le surplus seulement, selon les résultats, sera payé au propriétaire ou acquitté par lui (2).

ARTICLE 55. — Les terrains occupés pour prendre les matériaux nécessaires aux routes ou aux constructions publiques, pourront être payés aux propriétaires comme s'ils eussent été pris pour la route même.

Il n'y aura lieu à faire entrer dans l'estimation la valeur des matériaux à extraire, que dans le cas où l'on s'emparerait d'une carrière déjà en exploitation; alors les dits matériaux seront évalués d'après leur prix courant, abstraction faite de l'existence et des besoins de la route pour laquelle ils seraient pris, ou des constructions auxquelles on les destine.

ARTICLE 56. — Les experts, pour l'évaluation des indemnités relatives à une occupation de terrain, dans les cas prévus au présent titre, seront nommés, pour les objets de travaux de grande voirie, l'un par le propriétaire, l'autre par le Préfet, et le tiers-expert, s'il en est besoin, sera de droit l'Ingénieur en chef du département; lorsqu'il y aura des concessionnaires, un expert sera nommé par le propriétaire, un par le concessionnaire, et le tiers-expert par le Préfet.

Quant aux travaux des villes, un expert sera nommé par le propriétaire, un par le Maire de la ville, ou de l'arrondissement pour Paris, et le tiers-expert par le Préfet.

ARTICLE 57. — Le Contrôleur et le Directeur des Contributions donneront leur avis sur le procès-verbal d'expertise, qui sera soumis, par le Préfet, à la délibération du Conseil de préfecture; le Préfet pourra, dans tous les cas, faire faire une nouvelle expertise.

---

(1) Voir loi du 24 mai 1842, relative aux portions de routes délaissées et les décrets des 26 mars 1852 et 27 décembre 1858.

(2) Décret du 14 juillet 1866. — Les Maires des communes autorisés à cet effet, par délibérations des Conseils municipaux approuvées par les Préfets, peuvent se dispenser de remplir les formalités de purge des hypothèques pour les acquisitions d'immeubles faites de gré à gré et dont le prix n'excède pas 500 fr.

7 Mars 1808.

DÉCRET FIXANT LA DISTANCE A OBSERVER POUR LES CONSTRUCTIONS A ÉLEVER DANS LE VOISINAGE DES CIMETIÈRES (Voir page 260).

---

15 Octobre 1810.

DÉCRET IMPÉRIAL SUR LES ÉTABLISSEMENTS INDUSTRIELS DANGEREUX, INSALUBRES ET INCOMMODES.

ARTICLE 1er — A compter de la publication du présent décret, les manufactures et ateliers, qui répandent une odeur insalubre ou incommode, ne pourront être formés sans une permission de l'Autorité administrative; ces établissements seront divisés en trois classes (1).

La première classe comprendra ceux qui doivent être éloignés des habitations particulières;

La seconde, les manufactures et ateliers dont l'éloignement des habitations n'est pas rigoureusement nécessaire, mais dont il importe néanmoins de ne permettre la formation qu'après avoir acquis la certitude que les opérations qu'on y pratique, sont exécutées de manière à ne pas incommoder les propriétaires du voisinage, ni à leur causer des dommages.

Dans la troisième classe, seront placés les établissements qui peuvent rester sans inconvénient auprès des habitations, mais doivent rester soumis à la surveillance de la police.

ARTICLE 2. — La permission nécessaire pour la formation des manufactures et ateliers compris dans la première classe sera accordée, avec les formalités ci-après, par un décret rendu en notre Conseil d'Etat (2);

Celle qu'exigera la mise en activité des établissements compris dans la deuxième classe, le sera par les Préfets, sur l'avis des Sous-Préfets.

Les permissions pour l'exploitation des établissements placés dans la dernière classe, seront délivrées par les Sous-Préfets, qui prendront préalablement l'avis des Maires.

ARTICLE 3. — La permission pour les manufactures et fabriques de première classe, ne sera accordée qu'avec les formalités suivantes :

La demande en autorisation sera présentée au Préfet et affichée par son ordre dans toutes les communes, à 5 kilomètres de rayon.

Dans ce délai, tout particulier sera admis à présenter ses moyens d'opposition.

---

(1) Voir le décret du 31 décembre 1866 pour la nouvelle désignation des classes.
(2) Voir le décret de décentralisation du 25 mars 1852, article 2, et le tableau B, nos 8 et 9.

Les Maires des communes auront la même faculté.

ARTICLE 4. — S'il y a des oppositions, le Conseil de préfecture donnera son avis, sauf la décision au Conseil d'Etat.

ARTICLE 5. — S'il n'y a pas d'opposition, la permission sera accordée, s'il y a lieu, sur l'avis du Préfet et le rapport de notre Ministre de l'Intérieur.

ARTICLE 6. — S'il s'agit de fabriques de soude, ou si la fabrique doit être établie dans la ligne des douanes, notre Directeur général des douanes sera consulté.

ARTICLE 7. — L'autorisation de former des manufactures et ateliers compris dans la seconde classe, ne sera accordée qu'après que les formalités suivantes auront été remplies :

L'entrepreneur adressera d'abord sa demande au Sous-Préfet de son arrondissement, qui la transmettra au Maire de la commune dans laquelle on projette de former l'établissement, en le chargeant de procéder à des informations de *commodo et incommodo*. Ces informations terminées, le Sous-Préfet prendra sur le tout un arrêté qu'il transmettra au Préfet ; celui-ci statuera, sauf le recours à notre Conseil d'Etat par toutes parties intéressées.

S'il y a opposition, il y sera statué par le Conseil de préfecture, sauf le recours au Conseil d'Etat.

ARTICLE 8. — Les manufactures et ateliers ou établissements portés dans la troisième classe, ne pourront se former que sur la permission du Préfet de police à Paris, et sur celle du Maire dans les autres villes (1).

S'il s'élève des réclamations contre la décision prise par le Préfet de police ou les Maires, sur une demande en formation de manufacture ou d'atelier compris dans la troisième classe, elles seront jugées au Conseil de préfecture.

ARTICLE 9. — L'Autorité locale indiquera le lieu où les manufactures et ateliers compris dans la première classe pourront s'établir, et exprimera sa distance des habitations particulières. Tout individu qui ferait des constructions dans le voisinage de ces manufactures et ateliers, après que la formation en aura été permise, ne sera plus admis à en solliciter l'éloignement.

ARTICLE 10. — La division en trois classes des établissements qui répandent une odeur insalubre ou incommode, aura lieu conformément au tableau annexé au présent décret impérial. Elle servira de règle toutes les fois qu'il sera question de prononcer sur des demandes en formation de ces établissements.

ARTICLE 11. — Les dispositions du présent décret n'auront point d'effet

---

(1) Les permissions indiquées dans l'article 8, sont maintenant accordées par les Sous-Préfets, dans les départements ; voir à cet égard l'ordonnance royale du 14 janvier 1815, article 3.

rétroactif; en conséquence, tous les établissements qui sont aujourd'hui en activité, continueront à être exploités librement, sauf les dommages dont pourront être passibles les entrepreneurs de ceux qui préjudicient aux propriétés de leurs voisins; les dommages seront arbitrés par les tribunaux.

Article 12. — Toutefois, en cas de graves inconvénients pour la salubrité publique, la culture ou l'intérêt général, les fabriques et ateliers de première classe qui les causent, pourront être supprimés, en vertu d'un décret rendu en notre Conseil d'Etat, après avoir entendu la Police locale, pris l'avis des Préfets, reçu la défense des manufacturiers ou fabricants.

Article 13. — Les établissements maintenus par l'article 11 cesseront de jouir de cet avantage, dès qu'ils seront transférés dans un autre emplacement, ou qu'il y aura une interruption de six mois dans leurs travaux ; dans l'un et l'autre cas, ils rentreront dans la catégorie des établissements à former, et ils ne pourront être remis en activité qu'après avoir obtenu, s'il y a lieu, une nouvelle permission.

Article 14. — Nos Ministres de l'Intérieur et de la Police générale sont chargés, chacun en ce qui le concerne, de l'exécution du présent décret, qui sera inséré au *Bulletin des Lois* (1).

14 Janvier 1815.

ORDONNANCE SUR LES ÉTABLISSEMENTS DANGEREUX OU INSALUBRES.
(Voir à la suite du décret du 15 octobre 1810, note 1re ci-dessous.)

(1) *Ordonnance royale du 14 janvier 1815, sur les mêmes établissements.*

Article 1er. — A compter de ce jour, la nomenclature jointe à la présente ordonnance, servira seule de règle pour la formation des établissements répandant une odeur insalubre ou incommode.

Article 2. — Le procès-verbal d'information de *commodo et incommodo*, exigé par l'article 7 du décret du 15 octobre 1810, pour la formation des établissements compris dans la seconde classe de la nomenclature, sera pareillement exigible, en outre de l'affiche de demande, pour la formation de ceux compris dans la première classe.

Il n'est rien innové aux autres dispositions de ce décret.

Article 3. — Les permissions nécessaires pour la formation des établissements compris dans la troisième classe seront délivrées, dans les départements, conformément aux articles 2 et 8 du décret du 15 octobre 1810, par les Sous-Préfets, après avoir pris préalablement l'avis des Maires et de la Police locale.

Article 4. — Les attributions données aux Préfets et aux Sous-Préfets par le décret du 15 octobre 1810, relativement à la formation des établissements répandant une odeur insalubre ou incommode, seront exercées par notre Directeur général de la police, dans toute l'étendue du département de la Seine, et dans les communes de Saint-Cloud, de Meudon et de Sèvres du département de Seine-et-Oise.

21 Décembre 1836.

DÉLIBÉRATION SUR LA RÉPARTITION DU PREMIER PAVAGE DES RUES. (Voir page 41.)

---

18 et 22 Juillet 1837.
LOI SUR L'ADMINISTRATION MUNICIPALE.

TITRE II. — *Des attributions des Maires.*

ARTICLE 9. — Le Maire est chargé, sous l'autorité de l'Administration supérieure :
1° De la publication et de l'exécution des lois et règlements ;

ARTICLE 5. — Les Préfets sont autorisés à faire suspendre la formation ou l'exercice des établissements nouveaux qui, n'ayant pu être compris dans la nomenclature précitée, seraient cependant de nature à y être placés ; ils pourront accorder l'autorisation d'établissement pour tous ceux qu'ils jugeront devoir appartenir aux deux dernières classes de la nomenclature, en remplissant les formalités prescrites par le décret du 15 octobre 1810, sauf, dans les deux cas, à en rendre compte à notre Directeur général des manufactures et du commerce.

Extrait du décret du 25 mars 1852, en ce qui concerne les mêmes établissements.

ARTICLE 2. — Ils (*les Préfets*) statueront également, sans l'autorisation du Ministre de l'Intérieur, sur les divers objets concernant les subsistances . . . . . . et la Police sanitaire et industrielle, dont la nomenclature est fixée par le tableau B, ci-annexé.

TABLEAU B.

8° Autorisation des établissements insalubres de première classe dans les formes déterminées pour cette nature d'établissements et avec les recours existant aujourd'hui pour les établissements de deuxième classe ;
9° Autorisation de fabriques et ateliers dans le rayon des douanes, sur l'avis conforme du Directeur des Douanes.

Décret du 31 décembre 1866 sur la nouvelle classification des établissements insalubres, dangereux ou incommodes.

NAPOLÉON etc., ...
Avons décrété et décrétons ce qui suit :
ARTICLE 1er. — La division en trois classes des établissements réputés insalubres, dangereux ou incommodes aura lieu conformément au tableau annexé au présent décret. Elle servira de règle toutes les fois qu'il sera question de prononcer sur les demandes en formation de ces établissements.

. . . .

NOTA. — Un extrait du tableau annexé à ce décret, en ce qui concerne les établissements insalubres, dangereux ou incommodes existant dans Rouen en 1868, a été inséré dans le *Règlement général de Police* de cette ville, article 624.

2° Des fonctions spéciales qui lui sont attribuées par les lois;
3° De l'exécution des mesures de sûreté générale.

ARTICLE 10. — Le Maire est chargé, sous la surveillance de l'Administration supérieure :

1° De la police municipale, de la police rurale et de la voirie municipale, et de pourvoir à l'exécution des actes de l'Autorité supérieure qui y sont relatifs. . . . .

ARTICLE 11. — Le Maire prend des arrêtés à l'effet :

1° D'ordonner les mesures locales sur les objets confiés par les lois à sa vigilance et à son autorité;

2° De publier de nouveau les lois et règlements de police et de rappeler les citoyens à leur observation.

Les arrêtés pris par le Maire sont immédiatement adressés au Sous-Préfet. Le Préfet peut les annuler ou en suspendre l'exécution.

Ceux de ces arrêtés qui portent règlement permanent, ne seront exécutoires qu'un mois après la remise de l'ampliation, constatée par les récépissés donnés par le Sous-Préfet.

. . . .

ARTICLE 14. — Le Maire est chargé seul de l'Administration; mais il peut déléguer une partie de ses fonctions à un ou plusieurs de ses Adjoints, et, en l'absence des Adjoints, à ceux des Conseillers municipaux qui sont appelés à en faire les fonctions.

. . . .

TITRE III. — *Des dépenses et recettes, et des budgets des communes.*

ARTICLE 31. — Les recettes des communes sont ordinaires ou extraordinaires.

Les recettes ordinaires des communes se composent :

1° Des revenus, etc. . . . .

. . . .

8° Du produit des péages communaux, ... des droits de voirie et autres droits légalement établis.

. . . .

ARTICLE 43. — Les tarifs des droits de voirie sont réglés par ordonnance du Roi (*aujourd'hui par des arrêtés préfectoraux*), rendus dans la forme des règlements d'Administration publique.

6 Novembre 1838.

DÉLIBÉRATION CONCERNANT LA RÉPARTITION DES FRAIS DU PREMIER PAVAGE DES RUES. (Voir page 41.)

4 Février 1839.

AUTRE DÉLIBÉRATION SUR LE MÊME OBJET. (Voir page 41.)

---

29 Avril 1839.

ORDONNANCE ROYALE, APPROUVANT LES PLANS GÉNÉRAUX D'ALIGNEMENT DE LA VILLE DE ROUEN.

Louis-Philippe, Roi des Français, etc.

Sur le rapport de notre Ministre Secrétaire d'État au département de l'Intérieur;

Vu le plan général des alignements de la ville de Rouen, département de la Seine-Inférieure, levé en exécution de l'article 52 de la loi du 16 septembre 1807;

Vu les certificats du Maire de cette ville, constatant que ce plan a été publié, conformément au règlement, et les réclamations qui ont été faites sur le tracé des alignements projetés;

Vu les délibérations du Conseil municipal de Rouen, des 25 octobre 1836, 27 avril, 16 et 18 mai, 3 juin, 18 juillet, 8 août, 4 septembre, 10 et 30 octobre, 17, 22 et 28 novembre, 12 décembre 1837, 4, 8, 9 et 25 janvier 1838;

Vu les délibérations prises par les Conseils municipaux des communes de Darnétal, Blosseville-Bonsecours, Saint-Martin-du-Vivier, Mont-Saint-Aignan, Boisguillaume, Petit-Quevilly, Sotteville et Déville, en ce qui touche les alignements des voies publiques, comprises sur le plan général des alignements de la ville de Rouen, et dont partie est située sur le territoire de ces communes limitrophes avec la dite ville; ensemble l'avis du Préfet du département de la Seine-Inférieure;

Vu les lois des 16 septembre 1807 et 7 juillet 1833;

Notre Conseil d'État entendu,

Nous avons ordonné et ordonnons ce qui suit :

Article 1er. — Les alignements des rues, places et autres voies publiques de la ville de Rouen, département de la Seine-Inférieure, qui ne dépendent point de la grande voirie, sont arrêtés, ainsi qu'ils sont décrits sur les procès-verbaux de points de repère, et suivant le tracé des lignes rouges sur le plan ci-annexé, sauf les rectifications indiquées par des lignes bleues, lesquelles seront exécutoires.

Les alignements des parties de ces voies publiques qui sont situées sur le territoire des communes limitrophes avec la ville de Rouen, sont fixés conformément au dit plan.

Article 2. — Il sera procédé, conformément aux lois et règlements en vigueur, en tout ce qui pourra concerner, soit les réparations d'entretien, soit la démolition, pour cause de vétusté, des bâtiments qui excèdent les alignements ainsi arrêtés, soit les terrains à occuper par la voie publique ou par les particuliers, soit enfin les indemnités qui seront dues de part et d'autre, pour la cession de ces terrains.

Article 3. — Toutefois, les dispositions ayant pour objet l'ouverture de nouvelles voies publiques et l'établissement de places indiquées sur le plan, et qui n'ont point été autorisées par des ordonnances spéciales, ne pourront recevoir leur exécution, qu'après que la ville de Rouen aura été spécialement autorisée par nous, soit à accepter des propriétaires la cession gratuite des emplacements que devront occuper les voies publiques projetées, soit à acquérir ces emplacements de gré à gré, ou, s'il y a lieu, par voie d'expropriation, conformément à la loi du 7 juillet 1833; jusqu'à l'échéance de ce cas, les immeubles ou portions d'immeubles, situés sur les dits emplacements, ne seront point soumis aux servitudes de voirie, établies par les règlements mentionnés dans l'article précédent.

Article 4. — Notre Ministre Secrétaire d'État au département de l'Intérieur est chargé de l'exécution de la présente ordonnance.

---

24 Mai 1842.

LOI RELATIVE AUX PORTIONS DE ROUTES ROYALES DÉLAISSÉES PAR SUITE DE CHANGEMENT DE TRACÉ OU D'OUVERTURE D'UNE NOUVELLE ROUTE.

Article 1er. — Les portions de routes royales, délaissées par suite de changement de tracé ou d'ouverture d'une nouvelle route, pourront, sur la demande ou avec l'assentiment des Conseils généraux des départements ou des Conseils municipaux des communes intéressées, être classées par ordonnances royales, soit parmi les routes départementales, soit parmi les chemins vicinaux de grande communication, soit parmi les simples chemins vicinaux.

Article 2. — Au cas où ce classement ne serait pas ordonné, les terrains délaissés seront remis à l'Administration des Domaines, laquelle est autorisée à les aliéner.

Néanmoins, il sera réservé, s'il y a lieu, eu égard à la situation des propriétés riveraines, et par arrêté du Préfet en Conseil de préfecture, un chemin d'exploitation dont la largeur ne pourra excéder cinq mètres.

Article 3. — Les propriétaires seront mis en demeure d'acquérir, chacun en droit-soi, dans les formes tracées par l'article 61 de la loi du 3 mai 1841, les parcelles attenantes à leurs propriétés.

A l'expiration du délai fixé par l'article précité, il pourra être procédé à l'aliénation des terrains selon les règles qui régissent les aliénations du domaine de l'État, ou par application de l'article 4 de la loi du 20 mai 1836.

Article 4. — Lorsque les portions de routes royales délaissées auront été classées parmi les routes départementales ou les chemins vicinaux, les parcelles de terrain qui ne feraient pas partie de la nouvelle voie de communication ne pourront être aliénées qu'à la charge, par le département ou la commune, de se conformer aux dispositions du premier paragraphe de l'article précédent.

---

19 Avril 1844.

ARRÊT DU CONSEIL D'ÉTAT DÉCLARANT APPLICABLES A TOUTES LES PARTIES DU ROYAUME LES ANCIENS RÈGLEMENTS CONCERNANT LA GRANDE VOIRIE, MÊME DANS LES PROVINCES OU CES RÈGLEMENTS N'AVAIENT PAS ÉTÉ PUBLIÉS.

Considérant que l'ordonnance du 4 août 1731 défend de faire sur les routes aucuns dépôts ni empêchement, sous peine de 500 fr. d'amende ; que cette ordonnance, comme tous les règlements touchant la voirie, a été confirmée par la loi du 19-22 juillet 1791, et que, dès lors, *elle est devenue applicable à toutes les parties du royaume ;*

Considérant qu'il résulte de l'instruction que le sieur Viltart a fait, sur la route royale n° 37, un dépôt de bois de charronnage ayant 8 mètres de longueur et 2 mètres 50 de largeur ; d'où suit que c'est à tort que le Conseil de préfecture du Pas-de-Calais ne l'a condamné qu'à une amende de 12 fr. ;

Considérant, néanmoins, qu'il y a lieu, dans l'espèce, de modérer l'amende encourue ;

Article 1er. — L'arrêté du Conseil de préfecture du Pas-de-Calais, en date du 15 novembre 1841, est annulé dans celles de ses dispositions qui sont contraires à la présente ordonnance.

Article 2. — Le sieur Viltart est condamné à 100 fr. d'amende.

(Nota. — Voir deux autres arrêts dans le même sens des 25 février 1837 et 11 avril 1848).

---

7 Juin 1845.

LOI CONCERNANT LES FRAIS DE CONSTRUCTION ET DE RÉPARATION DES TROTTOIRS.
(Voir page 32.)

13-22 Avril 1850.

LOI SUR LES LOGEMENTS INSALUBRES.

Article 1er. — Dans toute commune où le Conseil municipal l'aura déclaré nécessaire, par une délibération spéciale, il nommera une Commission chargée de rechercher et indiquer les mesures indispensables d'assainissement des logements et dépendances insalubres mis en location ou occupés par d'autres que par le propriétaire, l'usufruitier ou l'usager.

Sont réputés insalubres les logements qui se trouvent dans des conditions de nature à porter atteinte à la vie ou à la santé de leurs habitants.

Article 2. — La Commission se composera de neuf membres au plus et de cinq au moins. — En feront nécessairement partie un médecin et un architecte ou tout autre homme de l'art, ainsi qu'un membre du Bureau de bienfaisance et du Conseil des prud'hommes, si ces institutions existent dans la commune. — La présidence appartient au Maire ou à l'Adjoint. — Le médecin et l'architecte pourront être choisis hors de la commune. — La Commission se renouvelle tous les deux ans par tiers; les membres sortants sont indéfiniment rééligibles. — A Paris, la Commission se compose de douze membres.

Article 3. — La Commission visitera les lieux signalés comme insalubres; elle déterminera l'état d'insalubrité, et en indiquera les causes, ainsi que les moyens d'y remédier; elle désignera les logements qui ne seraient pas susceptibles d'assainissement.

Article 4. — Les rapports de la Commission seront déposés au Secrétariat de la mairie, et les parties intéressées mises en demeure d'en prendre communication et de produire leurs observations dans le délai d'un mois.

Article 5. — A l'expiration de ce délai, les rapports et observations seront soumis au Conseil municipal, qui déterminera : — 1º Les travaux d'assainissement et les lieux où ils devront être entièrement ou partiellement exécutés, ainsi que les délais de leur achèvement; — 2º Les habitations qui ne seront pas susceptibles d'assainissement.

Article 6. — Un recours est ouvert aux intéressés contre ces décisions devant le Conseil de préfecture, dans le délai d'un mois à dater de la notification de l'arrêté municipal; ce recours sera suspensif.

Article 7. — En vertu de la décision du Conseil municipal ou de celle du Conseil de préfecture, en cas de recours, s'il a été reconnu que les causes d'insalubrité sont dépendantes du fait du propriétaire ou de l'usufruitier, l'Autorité municipale lui enjoindra, par mesure d'ordre et de police, d'exécuter les travaux jugés nécessaires.

Article 8. — Les ouvertures pratiquées pour l'exécution des travaux d'assainissement seront exemptées, pendant trois ans, de la contribution des portes et fenêtres.

Article 9. — En cas d'inexécution, dans les délais déterminés, des travaux jugés nécessaires, et si le logement continue d'être occupé par un tiers, le propriétaire ou l'usufruitier sera passible d'une amende de seize francs à cent francs; si les travaux n'ont pas été exécutés dans l'année qui aura suivi la condamnation, et si le logement insalubre a continué d'être occupé par un tiers, le propriétaire ou l'usufruitier sera passible d'une amende égale à la valeur des travaux, et pouvant être élevée au double.

Article 10. — S'il est reconnu que le logement n'est pas susceptible d'assainissement et que les causes d'insalubrité sont dépendantes de l'habitation elle-même, l'Autorité municipale pourra, dans le délai qu'elle fixera, en interdire provisoirement la location, à titre d'habitation. — L'interdiction absolue ne pourra être prononcée que par le Conseil de préfecture, et, dans ce cas, il y aura recours de sa décision devant le Conseil d'Etat. — Le propriétaire ou l'usufruitier qui aura contrevenu à l'interdiction prononcée, sera condamné à une amende de seize à cent francs, et, en cas de récidive dans l'année, à une amende égale au double de la valeur locative du logement interdit.

Article 11. — Lorsque, par suite de l'exécution de la présente loi, il y aura lieu à résiliation des baux, cette résiliation n'emportera en faveur du locataire aucuns dommages-intérêts.

Article 12. L'article 463 du Code pénal sera applicable à toutes les contraventions ci-dessus indiquées.

Article 13. — Lorsque l'insalubrité est le résultat de causes extérieures et permanentes, ou lorsque ces causes ne peuvent être détruites que par des travaux d'ensemble, la commune pourra acquérir, suivant les formes et après l'accomplissement des formalités prescrites par la loi du 3 mai 1841, la totalité des propriétés comprises dans le périmètre des travaux. — Les portions de ces propriétés qui, après l'assainissement opéré, resteraient en dehors des alignements arrêtés pour les nouvelles constructions, pourront être revendues aux enchères publiques, sans que, dans ce cas, les anciens propriétaires ou leurs ayants-droit puissent demander l'application des articles 60 et 61 de la loi du 3 mai 1841.

Article 14. — Les amendes prononcées en vertu de la présente loi seront attribuées en entier au bureau ou établissement de bienfaisance de la localité où sont situées les habitations à raison desquelles ces amendes auront été encourues.

2 Juillet 1850.

LOI SUR LES MAUVAIS TRAITEMENTS EXERCÉS ENVERS LES ANIMAUX DOMESTIQUES.
(Voir page 91.)

10, 19, 27 Mars et 1er Avril 1851.

LOI POUR LA RÉPRESSION DE CERTAINES FRAUDES DANS LA VENTE DES MARCHANDISES.

Article 1er — Seront punis des peines portées par l'article 423 du Code pénal :

1° Ceux qui falsifieront des substances ou denrées alimentaires ou médicamenteuses destinées à être vendues ;

2° Ceux qui vendront ou mettront en vente des substances ou denrées alimentaires ou médicamenteuses qu'ils sauront être falsifiées ou corrompues ;

3° Ceux qui auront trompé ou tenté de tromper, sur la quantité des choses livrées, les personnes auxquelles ils vendent ou achètent, soit par l'usage de faux poids ou de fausses mesures, ou d'instruments inexacts servant au pesage ou mesurage, soit par des manœuvres ou procédés tendant à fausser l'opération du pesage ou mesurage, ou à augmenter frauduleusement le poids ou le volume de la marchandise, même avant cette opération, soit enfin par des indications frauduleuses tendant à faire croire à un pesage ou mesurage antérieur et exact.

Article 2. — Si, dans les cas prévus par l'article 423 du Code pénal ou par l'article 1er de la présente loi, il s'agit d'une marchandise contenant des mixtions nuisibles à la santé, l'amende sera de cinquante à cinq cents francs, à moins que le quart des restitutions et dommages-intérêts n'excède cette dernière somme ; l'emprisonnement sera de trois mois à deux ans.

Le présent article sera applicable, même au cas où la falsification nuisible serait connue de l'acheteur ou consommateur.

Article 3. — Seront punis d'une amende de seize francs à vingt-cinq francs, et d'un emprisonnement de six à dix jours, ou de l'une de ces deux peines seulement, suivant les circonstances, ceux qui, sans motifs légitimes, auront dans leurs magasins, boutiques, ateliers ou maisons de commerce, ou dans les halles, foires ou marchés, soit des poids ou mesures faux, ou autres appareils inexacts servant au pesage ou au mesurage, soit des substances alimentaires ou médicamenteuses qu'ils sauront être falsifiées ou corrompues.

Si la substance falsifiée est nuisible à la santé, l'amende pourra être portée à cinquante francs, et l'emprisonnement à quinze jours.

Article 4. — Lorsque le prévenu, convaincu de contravention à la présente loi ou à l'article 423 du Code pénal, aura, dans les cinq années qui ont précédé le délit, été condamné pour infraction à la présente loi ou à l'art. 423, la peine pourra être élevée jusqu'au double du maximum ; l'amende prononcée par l'article 423 et par les articles 1 et 2 de la présente loi pourra même être portée jusqu'à mille francs, si la moitié des restitutions et dommages-intérêts n'excède pas cette somme ; le tout, sans préjudice de l'application, s'il y a lieu, des articles 57 et 58 du Code pénal.

Article 5. — Les objets dont la vente, usage ou possession constitue le délit, seront confisqués, conformément à l'article 423 et aux articles 477 et 481 du Code pénal.

S'ils sont propres à un usage alimentaire ou médical, le Tribunal pourra les mettre à la disposition de l'Administration pour être attribués aux établissements de bienfaisance.

S'ils sont impropres à cet usage ou nuisibles, les objets seront détruits ou répandus aux frais du condamné ; le tribunal pourra ordonner que la destruction ou effusion aura lieu devant l'établissement ou le domicile du condamné.

Article 6. — Le Tribunal pourra ordonner l'affiche du jugement dans les lieux qu'il désignera, et son insertion intégrale ou par extrait dans tous les journaux qu'il désignera, le tout aux frais du condamné.

Article 7. — L'article 463 du Code pénal sera applicable aux délits prévus par la présente loi.

Article 8. — Les deux tiers du produit des amendes sont attribués aux communes dans lesquelles les délits auront été constatés.

Article 9. — Sont abrogés les articles 475 n° 14, et 479 n° 5 du Code pénal.

12-30 Avril, 30 Mai et 8 Juin 1851.

LOI SUR LA POLICE DU ROULAGE ET DES MESSAGERIES PUBLIQUES.

TITRE Ier. — *Des conditions de la circulation des voitures.*

Article 1er — Les voitures suspendues ou non suspendues, servant au transport des personnes ou des marchandises, peuvent circuler sur les routes nationales, départementales et chemins vicinaux de grande communication, sans aucune condition de réglementation de poids, ou de largeur de jantes.

Article 2. — Des règlements d'administration publique déterminent :

§ 1er. — *Pour toutes les voitures.*

1° La forme des moyeux, le maximum de la longueur des essieux et le maximum de leur saillie au-delà des moyeux ;
2° La forme des bandes des roues ;
3° La forme des clous des bandes ;

4° Les conditions à observer pour l'emplacement et les dimensions de la plaque prescrite par l'article 3 ;

5° Le maximum du nombre des chevaux de l'attelage que peut comporter la police ou la libre circulation des routes ;

6° Les mesures à prendre pour régler momentanément la circulation pendant les jours de dégel, et les précautions à prendre pour la protection des ponts suspendus ;

§ 2. — *Pour les voitures ne servant pas au transport des personnes,*

1° La largeur du chargement ;
2° La saillie des colliers des chevaux ;
3° Les modes d'enrayage ;
4° Le nombre des voitures qui peuvent être réunies en un même convoi, l'intervalle qui doit rester libre d'un convoi à un autre, et le nombre de conducteurs exigé pour la conduite de chaque convoi ;
5° Les autres mesures de police à observer par les conducteurs, notamment en ce qui concerne le stationnement sur les routes, et les règles à suivre pour éviter ou dépasser d'autres voitures.

Sont affranchies de toute réglementation de largeur de chargement les voitures de l'agriculture servant au transport des récoltes, de la ferme aux champs et des champs à la ferme, ou au marché ;

§ 3. — *Pour les voitures de messageries,*

1° Les conditions relatives à la solidité et à la stabilité des voitures ;
2° Le mode de chargement, de conduite et d'enrayage des voitures ;
3° Le nombre de personnes qu'elles peuvent porter ;
4° La police des relais ;
5° Les autres mesures de police à observer par les conducteurs, cochers ou postillons, notamment pour éviter ou dépasser d'autres voitures.

Article 3. — Toute voiture circulant sur les routes nationales, départementales et chemins vicinaux de grande communication, doit être munie d'une plaque conforme au modèle prescrit par le règlement d'Administration publique rendu en vertu du n° 4 du 1ᵉʳ § de l'article 2.

Sont exceptées de cette disposition :

1° Les voitures particulières destinées au transport des personnes, mais étrangères à un service public des messageries ;

2° Les malles-postes et autres voitures appartenant à l'Administration des postes ;

3° Les voitures d'artillerie, chariots et fourgons appartenant aux départements de la guerre et de la marine.

Des décrets du Président de la République déterminent les marques distinctives que doivent porter les voitures désignées aux paragraphes 2 et 3, et les titres dont leurs conducteurs doivent être munis ;

4° Les voitures employées à la culture des terres, au transport des récoltes, à l'exploitation des fermes, qui se rendent de la ferme aux champs ou des champs à la ferme, ou qui servent au transport des objets récoltés du lieu où ils ont été recueillis jusqu'à celui où, pour les conserver ou les manipuler, le cultivateur les dépose ou les rassemble.

TITRE II. — *De la Pénalité.*

ARTICLE **4**. — Toute contravention aux règlements rendus en exécution des dispositions des n°s 1, 2, 3, 5 et 6 du 1er paragraphe de l'article 2 et des n°s 1, 2 et 3 du 2e paragraphe du même article, est punie d'une amende de cinq à trente francs.

ARTICLE **5**. — Toute contravention aux règlements rendus en exécution des dispositions des n°s 4 et 5 du 2e paragraphe de l'article 2, est punie d'une amende de six à dix francs et d'un emprisonnement de un à trois jours; en cas de récidive, l'amende pourra être portée à quinze francs et l'emprisonnement à cinq jours.

ARTICLE **6**. — Toute contravention aux règlements rendus en vertu du 3me paragraphe de l'article 2 est punie d'une amende de seize à deux cents francs et d'un emprisonnement de six à dix jours.

ARTICLE **7**. — Tout propriétaire d'une voiture circulant sur des voies publiques sans qu'elle soit munie de la plaque prescrite par l'article 3 et par les règlements rendus en exécution du n° 4 du 1er paragraphe de l'article 2, sera puni d'une amende de six à quinze francs, et le conducteur, d'une amende de un à cinq francs.

ARTICLE **8**. — Tout propriétaire ou conducteur de voiture qui aura fait usage d'une plaque portant un nom ou domicile faux ou supposé, sera puni d'une amende de cinquante à deux cents francs, et d'un emprisonnement de six jours au moins et de six mois au plus.

La même peine sera applicable à celui qui, conduisant une voiture dépourvue de plaque, aura déclaré un nom ou domicile autre que le sien ou que celui du propriétaire pour le compte duquel la voiture est conduite.

ARTICLE **9**. — Lorsque, par la faute, la négligence ou l'imprudence du conducteur, une voiture aura causé un dommage quelconque à une route ou à ses dépendances, le conducteur sera condamné à une amende de trois à cinquante francs.

Il sera de plus condamné aux frais de la réparation.

ARTICLE **10**. — Sera puni d'une amende de seize à cent francs, indépendamment de celle qu'il pourrait avoir encourue pour toute autre cause, tout voiturier ou conducteur qui, sommé de s'arrêter par l'un des Fonctionnaires ou Agents chargés de constater les contraventions, refuserait d'obtempérer à cette sommation et de se soumettre aux vérifications prescrites.

Article 11. — Les dispositions du livre 3, titre 1er, chapitre 3, section 4, paragraphe 2, du Code pénal, sont applicables en cas d'outrages ou de violences envers les Fonctionnaires ou Agents chargés de constater les délits et contraventions prévus par la présente loi.

Article 12. — Lorsqu'une même contravention ou un même délit prévu aux articles 4, 7 et 8 a été constaté à plusieurs reprises, il n'est prononcé qu'une seule condamnation, pourvu qu'il ne se soit pas écoulé plus de 24 heures entre la première et la dernière constatation.

Lorsqu'une même contravention ou un même délit prévu à l'article 6 a été constaté, à plusieurs reprises, pendant le parcours d'un même relais, il n'est prononcé qu'une seule condamnation.

Sauf les exceptions mentionnées au présent article, lorsqu'il aura été dressé plusieurs procès-verbaux de contravention, il sera prononcé autant de condamnations qu'il y aura eu de contraventions constatées.

Article 13. — Tout propriétaire de voiture est responsable des amendes, des dommages-intérêts et des frais de réparation prononcés, en vertu des articles du présent titre, contre toute personne préposée par lui à la conduite de sa voiture.

Si la voiture n'a pas été conduite par ordre et pour le compte du propriétaire, la responsabilité est encourue par celui qui a préposé le conducteur.

Article 14. — Les dispositions de l'article 463 du Code pénal sont applicables dans tous les cas où les Tribunaux correctionnels ou de simple police prononcent en vertu de la présente loi.

TITRE III. — *De la Procédure.*

Article 15. — Sont spécialement chargés de constater les contraventions et délits prévus par la présente loi, les Conducteurs, Agents-voyers, Cantonniers-chefs et autres employés du service des Ponts-et-Chaussées ou des chemins vicinaux de grande communication, commissionnés à cet effet, les Gendarmes, les Gardes-champêtres, les employés des Contributions indirectes, Agents forestiers ou des Douanes, et employés des Poids et Mesures ayant droit de verbaliser, et les employés des Octrois ayant le même droit.

Peuvent également constater les contraventions et les délits prévus par la présense loi, les Maires et Adjoints, les Commissaires et Agents assermentés de police, les Ingénieurs des Ponts-et-Chaussées, les Officiers et les Sous-Officiers de gendarmerie et toute personne commissionnée par l'Autorité départementale pour la surveillance de l'entretien des voies de communication.

Les dommages prévus à l'article 9 sont constatés, pour les routes nationales et départementales, par les Ingénieurs, Conducteurs et autres employés des Ponts-et-Chaussées, commissionnés à cet effet, et pour les chemins vicinaux de grande communication, par les Agents-Voyers, sans préjudice du droit réservé à tous les Fonctionnaires et Agents mentionnés au présent article de dresser procès-verbal du fait de dégradation qui aurait lieu en leur présence.

Les procès-verbaux dressés en vertu du présent article font foi jusqu'à preuve contraire.

ARTICLE 16. — Les contraventions prévues par les articles 4 et 6, ne peuvent, en ce qui concerne les voitures publiques allant au trot, être constatées qu'au lieu de départ, d'arrivée, de relais et de stations des dites voitures, ou aux barrières d'octroi, sauf toutefois celles qui concernent le nombre des voyageurs, le mode de conduite des voitures, la police des conducteurs, cochers ou postillons, et les modes d'enrayage.

ARTICLE 17. — Les contraventions prévues par les articles 4 et 9 sont jugées par le Conseil de préfecture du département où le procès-verbal a été dressé.

Tous les autres délits et contraventions prévus par la présente loi sont de la compétence des Tribunaux.

ARTICLE 18. — Les procès-verbaux rédigés par les Agents mentionnés au paragraphe 1er de l'article 15 ci-dessus doivent être affirmés dans les trois jours, à peine de nullité, devant le Juge-de-Paix du canton ou devant le Maire de la commune, soit du domicile de l'Agent qui a verbalisé, soit du lieu où la contravention a été constatée.

ARTICLE 19. — Les procès-verbaux doivent être enregistrés en débet dans les trois jours de leur date ou de leur affirmation, à peine de nullité.

ARTICLE 20. — Toutes les fois que le contrevenant n'est pas domicilié en France, la voiture est provisoirement retenue, et le procès-verbal est immédiatement porté à la connaissance du Maire de la commune où il a été dressé, ou de la commune la plus proche sur la route que suit le prévenu.

Le Maire arbitre provisoirement le montant de l'amende, et, s'il y a lieu, des frais de réparation, et il en ordonne la consignation immédiate, à moins qu'il ne lui soit présenté une caution solvable.

A défaut de consignation ou de caution, la voiture est retenue jusqu'à ce qu'il ait été statué sur le procès-verbal; les frais qui en résultent sont à la charge du propriétaire.

Le contrevenant est tenu d'élire domicile dans le département du lieu où la contravention a été constatée ; à défaut d'élection de domicile, toute notification lui sera valablement faite au secrétariat de la commune dont le Maire aura arbitré l'amende ou les frais de réparation.

Article **21**. — Lorsqu'une voiture est dépourvue de plaque, et que le propriétaire n'est pas connu, il est procédé conformément aux trois premiers paragraphes de l'article précédent.

Il en est de même dans le cas de procès-verbal dressé à raison de l'un des délits prévus à l'article 8.

Il sera procédé de la même manière à l'égard de tout conducteur de voiture de roulage ou de messageries, inconnu dans le lieu où il serait pris en contravention, et qui ne serait point régulièrement muni d'un passeport, d'un livret ou d'une feuille de route, à moins qu'il ne justifie que la voiture appartient à une entreprise de roulage ou de messageries, ou qu'il ne résulte des lettres de voiture ou des autres papiers qu'il aurait en sa possession, que la voiture appartient à celui dont le domicile serait indiqué sur la plaque.

Article **22**. — Le procès-verbal est adressé, dans les deux jours de l'enregistrement, au Sous-Préfet de l'arrondissement.

Le Sous-Préfet le transmet, dans les deux jours de sa réception, au Préfet, s'il s'agit d'une contravention de la compétence des Conseils de préfecture, ou au Procureur de la République, s'il s'agit d'une contravention de la compétence des Tribunaux.

Article **23**. — S'il s'agit d'une contravention de la compétence du Conseil de préfecture, copie du procès-verbal ainsi que de l'affirmation, quand elle est prescrite, est notifiée avec citation, par la voie administrative, au domicile du propriétaire, tel qu'il est indiqué sur la plaque, ou tel qu'il a été déclaré par le contrevenant, et, quand il y a lieu, à celui du conducteur.

Cette notification a lieu dans le mois de l'enregistrement, à peine de déchéance.

Le délai est étendu à deux mois, lorsque le contrevenant n'est pas domicilié dans le département où la contravention a été constatée; il est étendu à un an, lorsque le domicile du contrevenant n'a pas pu être constaté au moment du procès-verbal.

Si le domicile du conducteur est resté inconnu, toute notification qui lui est faite au domicile du propriétaire, est valable.

Article **24**. — Le prévenu est tenu de produire, dans le délai de trente jours, ses moyens de défense devant le Conseil de préfecture.

Ce délai court à compter de la date de la notification du procès-verbal; mention en est faite dans la dite notification.

A l'expiration du délai fixé, le Conseil de préfecture prononce, lors même que les moyens de défense n'auraient pas été produits.

Son arrêté est notifié au contrevenant dans la forme administrative, dix jours au moins avant toute exécution; si la condamnation a été prononcée par défaut, la notification faite au domicile énoncé sur la plaque est valable.

L'opposition à l'arrêté rendu par défaut devra être formée dans le délai de quarante jours, à compter de la date de la notification.

Article 25. — Le recours au Conseil d'État, contre l'arrêté du Conseil de préfecture, peut avoir lieu par simple mémoire déposé au secrétariat général de la préfecture, ou à la sous-préfecture, et sans l'intervention d'un avocat au Conseil d'État.

Il sera délivré au déposant récépissé du mémoire, qui devra être immédiatement transmis par le Préfet.

Si le recours est formé au nom de l'Administration, il devra l'être dans les trois mois de la date de l'arrêté.

Article 26. — L'instance à raison des contraventions de la compétence des Conseils de préfecture est périmée par six mois, à compter de la date du dernier acte des poursuites, et l'action publique est éteinte, à moins de fausses indications sur la plaque, ou de fausse déclaration, en cas d'absence de plaque.

Article 27. — Les amendes se prescrivent par une année, à compter de la date de l'arrêté du Conseil de préfecture ou à compter de la décision du Conseil d'État, si le pourvoi a eu lieu.

En cas de fausses indications sur la plaque ou de fausses déclarations de nom ou de domicile, la prescription n'est acquise qu'après cinq années.

Article 28. — Lorsque le procès-verbal constatant le délit ou la contravention a été dressé par l'un des Agents désignés au paragraphe 1er de l'article 15, le tiers de l'amende prononcée appartient au dit Agent, à moins qu'il ne s'agisse d'une contravention ou d'un délit prévu aux articles 10 et 11.

Les deux autres tiers sont attribués, soit au Trésor public, soit au département, soit aux communes intéressées, selon que la contravention ou le dommage concerne une route nationale, une route départementale, ou un chemin vicinal de grande communication. Il en est de même du total des frais de réparation réglés en vertu de l'article 9, ainsi que du total de l'amende, lorsqu'il n'y a pas lieu d'appliquer les dispositions du paragraphe 1er du présent article.

TITRE IV. — *Abrogation d'anciennes Lois.* . . . .

TITRE V ET DERNIER. — *Amnistie.* . . . . . .

20 Décembre 1851.

DÉCRET SUR LES CAFÉS, CABARETS ET DÉBITS DE BOISSONS. (Voir page 158.)

25 Mars 1852.

DÉCRET SUR LES ÉTABLISSEMENTS DANGEREUX, INSALUBRES OU INCOMMODES.
(Voir à la suite du décret du 15 octobre 1810, page 291.)

---

25 Mars 1852.

DÉCRET SUR LES BUREAUX DE PLACEMENT. (Voir page 232.)

---

26 Mars 1852.

DÉCRET RELATIF AUX EXPROPRIATIONS POUR LES RUES DE PARIS, AUX CONSTRUCTIONS ET A LA PROPRETÉ DES FAÇADES, RENDU APPLICABLE A LA VILLE DE ROUEN, PAR UN AUTRE DÉCRET DU 12 MARS 1853. (1)

Article 1er — (Non applicable à Rouen.)

Les rues de Paris continueront d'être soumises au régime de la grande voirie.

Article 2. — Dans tout projet d'expropriation pour l'élargissement, le redressement ou la formation des rues de Paris, l'Administration aura la faculté de comprendre la totalité des immeubles atteints, lorsqu'elle jugera que les parties restantes ne sont pas d'une étendue ou d'une forme qui permette d'y élever des constructions salubres (2).

Elle pourra pareillement comprendre, dans l'expropriation, des immeubles en dehors des alignements, lorsque leur acquisition sera nécessaire pour la suppression d'anciennes voies publiques jugées inutiles.

Les parcelles de terrain acquises en dehors des alignements, et non susceptibles de recevoir des constructions salubres, seront réunies aux propriétés contiguës, soit à l'amiable, soit par l'expropriation de ces propriétés, conformément à l'article 53 de la loi du 16 septembre 1807.

La fixation du prix de ces terrains sera faite suivant les mêmes formes et devant la même juridiction que celle des expropriations ordinaires.

L'article 58 de la loi du 3 mai 1841 est applicable à tous les actes et contrats relatifs aux terrains acquis pour la voie publique par simple mesure de voirie.

---

(1) Ce dernier décret est ainsi conçu : — Les dispositions du décret du 26 mars 1852, relatif aux rues de la ville de Paris, sont déclarées applicables à la ville de Rouen (Seine-Inférieure), à l'exception des articles 1 et 7.

(2) Voir, ci-après, décret du 27 décembre 1858 portant règlement d'Administration publique pour l'exécution de cette disposition.

Article 3. — A l'avenir, l'étude de tout plan d'alignement de rue devra nécessairement comprendre le nivellement; celui-ci sera soumis à toutes les formalités qui régissent l'alignement (1).

Tout constructeur de maisons, avant de se mettre à l'œuvre, devra demander l'alignement et le nivellement de la voie publique au-devant de son terrain et s'y conformer.

Article 4. — Il devra pareillement adresser à l'Administration un plan et des coupes cotés des constructions qu'il projette, et se soumettre aux prescriptions qui lui seront faites, dans l'intérêt de la sûreté publique et de la salubrité (2).

Vingt jours après le dépôt de ces plans et coupes au Secrétariat de la Préfecture de la Seine (3), le constructeur pourra commencer ses travaux d'après son plan, s'il ne lui a été notifié aucune injonction.

Une coupe géologique des fouilles, pour fondation de bâtiment, sera dressée par tout architecte constructeur, et remise à la Préfecture de la Seine (3).

Article 5. — La façade des maisons sera constamment tenue en bon état de propreté. Elles seront grattées, repeintes ou badigeonnées, au moins une fois tous les dix ans, sur l'injonction qui sera faite au propriétaire par l'Autorité municipale.

Les contrevenants seront passibles d'une amende qui ne pourra excéder cent francs.

Article 6. — Toute construction nouvelle dans une rue pourvue d'égout, devra être disposée de manière à y conduire ses eaux pluviales et ménagères.

La même disposition sera prise pour toute maison ancienne, en cas de grosse réparation, et, en tous cas, avant dix ans.

Article 7. — (Non applicable à Rouen).

Il sera statué par un décret ultérieur rendu dans la forme des règlements d'administration publique, en ce qui concerne la hauteur des maisons, les combles et les lucarnes (2).

Article 8. — Les propriétaires riverains des voies publiques empierrées supporteront les frais de premier établissement des travaux, d'après les règles qui existent à l'égard des propriétaires riverains des rues pavées.

Article 9. — Les dispositions du présent décret pourront être appliquées à toutes les villes qui en feront la demande, par des décrets spéciaux rendus dans la forme des règlements d'Administration publique.

---

(1) Voir, ci-après, article 6 du décret du 27 décembre 1858, portant règlement d'Administration publique pour l'exécution de cette disposition.

(2) Voir décret du 27 juillet 1859, page 20.

(3) Pour la ville de Rouen, les plans et coupes doivent être déposés au Secrétariat de la Mairie.

Article **10**. — Le Ministre de l'Intérieur, de l'Agriculture et du Commerce est chargé de l'exécution du présent décret, qui sera inséré au *Bulletin des lois*.

---

10 Août 1852.

DÉCRET PORTANT RÈGLEMENT SUR LA POLICE DU ROULAGE ET DES MESSAGERIES PUBLIQUES, RENDU EN VERTU DE L'ARTICLE 2 DE LA LOI DU 30 MAI 1851.

TITRE I*er*. — *Dispositions applicables à toutes les voitures.*

Article **1er**. — Les essieux des voitures ne pourront avoir plus de deux mètres cinquante centimètres de longueur, ni dépasser à leurs extrémités le moyeu de plus de six centimètres.

La saillie des moyeux, y compris celle de l'essieu, n'excédera pas de plus de douze centimètres le plan passant par le bord extérieur des bandes. Il est accordé une tolérance de deux centimètres sur cette saillie, pour les roues qui ont déjà fait un certain service.

Article **2**. — Il est expressément défendu d'employer des clous à tête de diamant. Tout clou de bande sera rivé à plat, et ne pourra, lorsqu'il sera posé à neuf, former une saillie de plus de cinq millimètres.

Article **3**. — Il ne peut être attelé :

1° Aux voitures servant au transport des marchandises, plus de cinq chevaux, si elles sont à deux roues ; plus de huit, si elles sont à quatre roues, sans qu'il puisse y avoir plus de cinq chevaux de file ;

2° Aux voitures servant au transport des personnes, plus de trois chevaux, si elles sont à deux roues ; plus de six, si elles sont à quatre roues.

Article **4**. — Lorsqu'il y aura lieu de transporter des blocs de pierre, des locomotives ou d'autres objets d'un poids considérable, l'emploi d'un attelage exceptionnel pourra être autorisé, sur l'avis des Ingénieurs ou des Agents-Voyers, par les Préfets des départements traversés.

Article **5**. — Les prescriptions de l'article 3 ne sont pas applicables sur les parties de routes ou de chemins vicinaux de grande communication, affectées de rampes d'une déclivité ou d'une longueur exceptionnelle.

Les limites de ces parties de routes ou de chemins, sur lesquelles l'emploi de chevaux de renfort est autorisé, sont déterminées par un arrêté du Préfet, sur la proposition de l'Ingénieur en chef ou de l'Agent-Voyer en chef du département, et indiquées sur place par des poteaux portant cette inscription : *Chevaux de renfort.*

Pour les voitures marchant avec relais réguliers et servant au transport des personnes ou des marchandises, la faculté d'atteler des chevaux de renfort s'étend à toute la longueur des relais dans lesquels sont placés les poteaux.

L'emploi de chevaux de renfort peut être autorisé temporairement sur les parties de routes ou de chemins de grande communication, lorsque, par suite de travaux de réparation ou d'autres circonstances accidentelles, cette mesure sera nécessaire. Dans ce cas, le Préfet fera placer des poteaux provisoires.

ARTICLE 6. — En temps de neige ou de verglas, les prescriptions relatives à la limitation du nombre des chevaux demeurent suspendues.

ARTICLE 7. — Le Ministre des travaux publics détermine les départements dans lesquels il pourra être établi, sur les routes nationales et départementales, des barrières pour restreindre la circulation pendant les temps de dégel.

Les Préfets, dans chaque département, déterminent les chemins de grande communication sur lesquels ces barrières pourront être établies.

Ces barrières seront fermées et ouvertes en vertu d'arrêtés du Sous-Préfet, pris sur l'avis de l'Ingénieur d'arrondissement ou de l'Agent-Voyer. Ces arrêtés seront affichés et publiés à la diligence des Maires.

Dès que la fermeture des barrières aura été ordonnée, aucune voiture ne pourra sortir de la ville, du bourg ou du village dans lequel elle se trouvera. Toutefois, les voitures qui seront déjà en marche pourront continuer leur route jusqu'au gîte le plus voisin, où elles seront tenues de rester jusqu'à l'ouverture des barrières. Pour n'être point inquiétés dans leur trajet, les propriétaires ou conducteurs de ces voitures prendront un laissez-passer du Maire.

Le jour de l'ouverture des barrières et le lendemain, les voitures ne pourront partir du lieu où elles auront été retenues que deux à la fois et à un quart-d'heure d'intervalle. Le Maire ou son délégué présidera au départ, qui aura lieu dans l'ordre suivant lequel les voitures se seront fait inscrire à leur arrivée dans la commune.

Le service des barrières sera fait par des Agents désignés à cet effet par les Ingénieurs ou par les Agents-Voyers.

Toute voiture prise en contravention aux dispositions du présent article sera arrêtée, et les chevaux seront mis en fourrière dans l'auberge la plus rapprochée; le tout sans préjudice de l'amende stipulée à l'article 4, titre 2 de la loi du 30 mai 1851, et des frais de réparation mentionnés dans l'article 9 de la dite loi.

Peuvent circuler pendant la fermeture des barrières de dégel :

1° Les courriers de la malle ;

2° Les voitures de voyage suspendues, étrangères à toute entreprise publique de messageries ;

3° Les voitures non chargées ;

4° Sur les chaussées pavées, les voitures chargées, mais attelées seulement d'un cheval, si elles sont à deux roues, et de deux chevaux, si elles sont à quatre roues ;

5° Sur les chaussées empierrées, les voitures chargées, mais attelées seulement de deux chevaux, si elles sont à deux roues, et de trois chevaux, si elles sont à quatre roues.

Article 8. — Pendant la traversée des ponts suspendus, les chevaux seront mis au pas; les voituriers ou rouliers tiendront les guides ou le cordeau; les conducteurs et postillons resteront sur leurs sièges.

Défense est faite aux rouliers et autres voituriers de dételer aucun de leurs chevaux pour le passage du pont.

Toute voiture attelée de plus de cinq chevaux ne doit pas s'engager sur le tablier d'une travée, quand il y a déjà sur cette travée une voiture d'un attelage supérieur à ce nombre de chevaux.

Pour les ponts suspendus qui n'offriraient pas toutes les garanties nécessaires pour le passage des voitures lourdement chargées, il pourra être adopté par le Ministre des travaux publics ou par le Ministre de l'intérieur, chacun en ce qui le concerne, telles autres dispositions qui seront jugées nécessaires.

Dans des circonstances urgentes, les Préfets et les Maires pourront prendre telles mesures que leur paraîtra commander la sûreté publique, sauf à en rendre compte à l'Autorité supérieure.

Les mesures prescrites pour la protection des ponts suspendus, seront, dans tous les cas, placardées à l'entrée et à la sortie de ces ponts.

Article 9. — Tout roulier ou conducteur de voiture doit se ranger à sa droite, à l'approche de toute autre voiture, de manière à lui laisser libre au moins la moitié de la chaussée.

Article 10. — Il est interdit de laisser stationner sans nécessité, sur la voie publique, aucune voiture attelée ou non attelée.

TITRE II. — *Dispositions applicables aux voitures ne servant pas au transport des personnes.*

Article 11. — La largeur du chargement des voitures qui ne servent pas au transport des personnes, ne peut excéder deux mètres cinquante centimètres. Toutefois, les Préfets des départements traversés peuvent délivrer des permis de circulation pour les objets d'un grand volume qui ne seraient pas susceptibles d'être chargés dans ces conditions.

Sont affranchies, conformément à la loi du 30 mai 1851, de toute réglementation de largeur de chargement, les voitures d'agriculture, lorsqu'elles sont employées au transport des récoltes de la ferme aux champs, et des champs à la ferme ou au marché.

Article 12. — La largeur des colliers des chevaux ou autres bêtes de trait ne peut dépasser quatre-vingt-dix centimètres, mesurés entre les points les plus saillants des pattes des attelles.

Article 13. — Lorsque plusieurs voitures marchent à la suite les unes des autres, elles doivent être distribuées en convois de quatre voitures au plus, si elles sont à quatre roues et attelées d'un seul cheval; de trois voitures au plus, si elles sont à deux roues et attelées d'un seul cheval; et de deux voitures au plus, si l'une d'elles est attelée de plus d'un cheval.

L'intervalle d'un convoi à l'autre ne peut être moindre de cinquante mètres.

Article 14. — Tout voiturier ou conducteur doit se tenir constamment à portée de ses chevaux ou bêtes de trait, et en position de les guider.

Il est interdit de faire conduire, par un seul conducteur, plus de quatre voitures à un cheval, si elles sont à quatre roues, et plus de trois voitures à un cheval, si elles sont à deux roues.

Chaque voiture attelée de plus d'un cheval doit avoir un conducteur. Toutefois, une voiture dont le cheval est attaché derrière une voiture attelée de quatre chevaux au plus, n'a pas besoin d'un conducteur particulier.

Les règlements de police municipale détermineront, en ce qui concerne la traverse des villes, bourgs et villages, les restrictions qui peuvent être apportées aux dispositions du présent article et de celui qui précède.

Article 15. — Aucune voiture marchant isolément ou en tête d'un convoi ne pourra circuler pendant la nuit sans être pourvue d'un falot ou d'une lanterne allumée.

Cette disposition pourra être appliquée aux voitures d'agriculture par des arrêtés des Préfets ou des Maires.

Article 16. — Tout propriétaire de voiture ne servant pas au transport des personnes est tenu de faire placer, en avant des roues et au côté gauche de sa voiture, une plaque métallique portant, en caractères apparents et lisibles, ayant au moins cinq millimètres de hauteur, ses nom, prénoms et profession, le nom de la commune, du canton et du département de son domicile.

Sont exceptées de cette disposition, conformément à la loi du 30 mai 1851 :

1° Les voitures particulières destinées au transport des personnes, mais étrangères à un service public des messageries;

2° Les malles-postes et autres voitures appartenant à l'Administration des postes;

3° Les voitures d'artillerie, chariots et fourgons appartenant aux départements de la guerre et de la marine.

Des décrets du Président de la République déterminent les marques distinctives que doivent porter les voitures désignées aux paragraphes 2 et 3 et les titres dont les conducteurs doivent être munis;

4° Les voitures employées à la culture des terres, au transport des récoltes, à l'exploitation des fermes, qui se rendent de la ferme aux champs ou des champs à la ferme, ou qui servent au transport des objets récoltés du lieu où ils ont été recueillis jusqu'à celui où, pour les conserver ou les manipuler, le cultivateur les dépose ou les rassemble.

TITRE III. — *Dispositions applicables aux voitures des messageries.*

ARTICLE 17. — Les entrepreneurs des voitures publiques allant à destination fixe, déclareront le siége principal de leur établissement, le nombre de leurs voitures, celui des places qu'elles contiennent, le lieu de destination, les jours et heures de départ et d'arrivée. Cette déclaration sera faite, dans le département de la Seine, au Préfet de police, et, dans les autres départements, aux Préfets ou aux Sous-Préfets.

Ces formalités ne seront obligatoires, pour les entrepreneurs actuels, qu'au renouvellement de leurs voitures, ou lorsqu'ils en modifieront la forme ou la contenance.

Tout changement aux dispositions arrêtées par suite du premier paragraphe du présent article donnera lieu à une déclaration nouvelle.

ARTICLE 18. — Aussitôt après les déclarations faites en vertu des paragraphes 1 et 2 de l'article précédent, le Préfet ou le Sous-Préfet ordonne la visite des voitures, afin de constater si elles sont entièrement conformes à ce qui est prescrit par les articles ci-après, de 19 à 29 inclusivement, et si elles ne présentent aucun vice de construction qui puisse occasionner des accidents. Cette visite, qui pourra être renouvelée toutes les fois que l'Autorité le jugera nécessaire, sera faite en présence du Commissaire de police, par un expert nommé par le Préfet ou le Sous-Préfet.

L'entrepreneur a la faculté de nommer, de son côté, un expert pour opérer contradictoirement avec celui de l'Administration.

La visite des voitures ne peut être faite qu'à l'un des principaux établissements de l'entreprise; les frais sont à la charge de l'entrepreneur.

Le Préfet prononce sur le vu du procès-verbal d'expertise et du rapport du Commissaire de police.

Aucune voiture ne peut être mise en circulation avant la délivrance de l'autorisation du Préfet.

ARTICLE 19. — Le Préfet transmet au Directeur des contributions indirectes copie, par extrait, des autorisations par lui accordées en vertu de l'article précédent.

L'estampille prescrite par l'article 117 de la loi du 25 mars 1817 n'est délivrée que sur le vu de cette autorisation, qui doit être inscrite sur un registre spécial.

ARTICLE 20. — La largeur de la voie pour les voitures publiques est fixée, au minimum, à un mètre soixante-cinq centimètres, entre le milieu des jantes de la partie des roues reposant sur le sol.

Toutefois, si les voitures sont à quatre roues, la voie de devant pourra être réduite à un mètre cinquante-cinq centimètres.

En pays de montagnes, les entrepreneurs peuvent être autorisés, par les

Préfets, sur l'avis des Ingénieurs et des Agents-Voyers, à employer des largeurs de voies moindres que celles réglées par les paragraphes précédents, mais à la condition que les voies seront au moins égales à la voie la plus large des voitures en usage dans la contrée.

Article 21. — La distance entre les axes des deux essieux, dans les voitures publiques à quatre roues, sera égale au moins à la moitié de la longueur des caisses mesurées à la hauteur de leur ceinture, sans pouvoir néanmoins descendre au-dessous de un mètre cinquante-cinq centimètres.

Article 22. — Le maximum de la hauteur des voitures publiques, depuis le sol jusqu'à la partie la plus élevée du chargement, est fixée à trois mètres pour les voitures à quatre roues, et à deux mètres soixante centimètres pour les voitures à deux roues.

Il est accordé, pour les voitures à quatre roues, une augmentation de dix centimètres, si elles sont pourvues à l'avant-train de sassoires et contre-sassoires formant chacune au moins un demi-cercle de un mètre quinze centimètres de diamètre, ayant la cheville ouvrière pour centre.

Lorsque, par application du troisième paragraphe de l'article 20, on autorisera une réduction dans la largeur de la voie, le rapport de la hauteur de la voiture avec la largeur de la voie sera, au maximum, de un trois quarts.

Dans tous les cas, la hauteur est réglée par une traverse en fer placée au milieu de la longueur affectée au chargement, et dont les montants, au moment de la visite prescrite par l'article 17, sont marqués d'une estampille constatant qu'ils ne dépassent pas la hauteur voulue; ils doivent, ainsi que la traverse, être constamment apparents.

La bâche qui recouvre le chargement ne peut déborder ces montants ni la hauteur de la traverse.

Il est défendu d'attacher aucun objet en dehors de la bâche.

Article 23. — Les compartiments des voitures publiques seront disposés de manière à satisfaire aux conditions suivantes :

Largeur moyenne des places, quarante-huit centimètres ;
Largeur des banquettes, quarante-cinq centimètres ;
Distance entre deux banquettes, quarante-cinq centimètres ;
Distance entre la banquette du coupé et le devant de la voiture, trente-cinq centimètres ;
Hauteur du pavillon au-dessus du fond de la voiture, un mètre quarante centimètres ;
Hauteur des banquettes, y compris le coussin, quarante centimètres ;
Pour les voitures parcourant moins de vingt kilomètres et pour les banquettes à plus de trois places, la largeur moyenne des places pourra être réduite à quarante centimètres.

Article 24. — Il peut être placé sur l'impériale une banquette destinée au conducteur et à deux voyageurs, ou à trois voyageurs lorsque le conducteur se placera sur le même siège que le cocher.

Cette banquette, dont la hauteur, y compris le coussin, ne dépassera pas trente centimètres, ne peut être recouverte que d'une capote flexible.

Aucun paquet ne peut être chargé sur cette banquette.

ARTICLE 25. — Le coupé et l'intérieur auront une portière de chaque côté.

La caisse de derrière ou la rotonde peut n'avoir qu'une portière ouverte à l'arrière.

Chaque portière sera garnie d'un marchepied.

ARTICLE 26. — Les essieux seront en fer corroyé, de bonne qualité, et arrêtés à chaque extrémité, soit par un écrou assujetti au moyen d'une clavette, soit par une boîte à huile, fixée par quatre boulons traversant la longueur du moyeu, soit par tout autre système qui serait approuvé par le Ministre des Travaux publics.

ARTICLE 27. — Toute voiture publique doit être munie d'une machine à enrayer, agissant sur les roues de derrière, et disposée de manière à pouvoir être manœuvrée de la place assignée au conducteur.

Les voitures doivent être en outre pourvues d'un sabot et d'une chaîne d'enrayage, que le conducteur placera à chaque descente rapide.

Les Préfets peuvent dispenser de l'emploi de ces appareils les voitures qui parcourent uniquement des pays de plaine.

ARTICLE 28. — Pendant la nuit, les voitures publiques seront éclairées par une lanterne à réflecteur placée à droite et à l'avant de la voiture.

ARTICLE 29. — Chaque voiture porte à l'extérieur, dans un endroit apparent, indépendamment de l'estampille délivrée par l'Administration des contributions indirectes, le nom et le domicile de l'entrepreneur, et l'indication du nombre des places de chaque compartiment.

ARTICLE 30 — Elle porte à l'intérieur des compartiments: 1º le numéro de chaque place; 2º le prix de la place depuis le lieu du départ jusqu'à celui d'arrivée.

L'entrepreneur ne peut admettre dans les compartiments de ses voitures un plus grand nombre de voyageurs que celui indiqué sur les panneaux, conformément à l'article 29.

ARTICLE 31. — Chaque entrepreneur inscrit, sur un registre coté et paraphé par le Maire, le nom des voyageurs qu'il transporte; il y inscrit également les ballots et paquets dont le transport lui est confié.

Il remet au conducteur, pour lui servir de feuille de route, une copie de cet enregistrement, et à chaque voyageur un extrait en ce qui le concerne, avec le numéro de sa place.

ARTICLE 32. — Les conducteurs ne peuvent prendre en route aucun voyageur, ni recevoir aucun paquet, sans en faire mention sur les feuilles de route qui leur ont été remises au point de départ.

Article 33. — Toute voiture publique dont l'attelage ne présentera de front que deux rangs de chevaux, pourra être conduite par un seul postillon ou un seul cocher.

Elle devra être conduite par deux postillons ou par un cocher et un postillon, lorsque l'attelage comportera plus de deux rangs de chevaux.

Article 34. — Les postillons ou cochers ne pourront, sous aucun prétexte, descendre de leurs chevaux ou de leurs siéges.

Il leur est enjoint d'observer, dans les traversées des villes et des villages, les règlements de police concernant la circulation dans les rues.

Dans les haltes, le conducteur et le postillon ne peuvent quitter en même temps la voiture, tant qu'elle reste attelée.

Avant de remonter sur son siége, le conducteur doit s'assurer que les portières sont exactement fermées.

Article 35. — Lorsque, contrairement à l'article 9 du présent décret, un roulier ou conducteur de voiture n'aura pas cédé la moitié de la chaussée à une voiture publique, le conducteur ou postillon, qui aurait à se plaindre de cette contravention, devra en faire la déclaration à l'Officier de police du lieu le plus rapproché, en faisant connaître le nom du voiturier d'après la plaque de sa voiture.

Les procès-verbaux de contravention seront sur-le-champ transmis au Procureur de la République, qui fera poursuivre les délinquants.

Article 36. — Les entrepreneurs de voitures publiques, autres que celles conduites par les maîtres de poste, feront, à Paris, à la Préfecture de police, et dans les départements, à la Préfecture ou Sous-Préfecture du lieu où sont établis leurs relais, la déclaration des lieux où ces relais sont situés et du nom des relayeurs.

Une déclaration semblable sera faite chaque fois que les entrepreneurs traiteront avec un nouveau relayeur.

Article 37. — Les relayeurs ou leurs préposés seront présents à l'arrivée et au départ de chaque voiture, et s'assureront par eux-mêmes, et sous leur responsabilité, que les postillons ne sont pas en état d'ivresse.

La tenue des relais, en tout ce qui intéresse la sûreté des voyageurs, est surveillée, à Paris, par le Préfet de police, et, dans les départements, par les Maires des communes où ces relais se trouvent établis.

Article 38. — Nul ne peut être admis comme postillon ou cocher, s'il n'est âgé de seize ans au moins, et porteur d'un livret délivré par le Maire de la commune de son domicile, attestant ses bonnes vie et mœurs et son aptitude pour le métier qu'il veut exercer.

Article 39. — A chaque bureau de départ et d'arrivée, et à chaque relais, il y a un registre coté et paraphé par le Maire, pour l'inscription des plaintes que les voyageurs peuvent avoir à former contre les conducteurs, postillons ou cochers. Ce registre est présenté aux voyageurs, à toute réquisition, par le chef du bureau ou par le relayeur.

Les maîtres de poste qui conduisent des voitures publiques, présentent, aux voyageurs qui le requièrent, le registre qu'ils sont obligés de tenir d'après le règlement des postes.

ARTICLE 40. — Les dispositions qui précèdent ne sont pas applicables aux malles-postes destinées au transport de la correspondance du Gouvernement et du public, la forme, les dimensions, le chargement et le mode de conduite de ces voitures étant déterminés par des règlements particuliers.

Les voitures des entrepreneurs qui transportent les dépêches ne sont pas considérées comme malles-postes.

ARTICLE 41. — Les voitures publiques qui desservent les routes des pays voisins, et qui partent des villes frontières ou qui y arrivent, ne sont pas soumises aux règles ci-dessus prescrites. Elles doivent, toutefois, être solidement construites.

ARTICLE 42. — Les articles ci-dessus, de 16 à 38, seront constamment placardés, à la diligence des entrepreneurs des voitures publiques, dans le lieu le plus apparent des bureaux et des relais.

Les articles, de 28 à 38 inclusivement, seront imprimés à part et affichés dans l'intérieur de chacun des compartiments des voitures.

TITRE IV. — *Dispositions transitoires.*

ARTICLE 43. — Il est accordé un délai de deux ans, à partir de la promulgation du présent décret, pour l'exécution de l'article 12, relatif à la saillie des colliers.

ARTICLE 44. Les contraventions au présent règlement seront constatées, poursuivies et réprimées conformément aux titres II et III de la loi du 30 mai 1851, sans préjudice des mesures spéciales prescrites par les règlements locaux.

ARTICLE 45. — Les ordonnances des 23 décembre 1816 et 16 juillet 1828 sont et demeurent rapportées.

ARTICLE 46. — Les Ministres des Travaux publics, de l'Intérieur et des Finances sont chargés, chacun en ce qui le concerne, de l'exécution du présent décret, qui sera inséré au *Bulletin des lois.*

---

5 Janvier et 1ᵉʳ Février 1853.

DÉCRET SUR L'ENTRETIEN DES TROTTOIRS. (Voir page 55.)

---

12 Mars 1853.

DÉCRET APPLIQUANT A ROUEN PLUSIEURS ARTICLES DU DÉCRET DU 26 MARS 1852.
(Voir à la suite de ce dernier décret page 306).

DÉCRET DU 27 DÉCEMBRE 1858, PORTANT RÈGLEMENT D'ADMINISTRATION PUBLIQUE POUR L'EXÉCUTION DU DÉCRET DU 26 MARS 1852, RELATIF AUX RUES DE PARIS.

ARTICLE 1er. — Lorsque, dans un projet d'expropriation pour l'élargissement, le redressement ou la formation d'une rue, l'Administration croit devoir comprendre, par application du paragraphe 1er de l'article 2 du décret du 26 mars 1852, des parties d'immeubles situées en dehors des alignements, et qu'elle juge impropres, à raison de leur étendue ou de leur forme, à recevoir des constructions salubres, l'indication de ces parties est faite sur le plan soumis à l'enquête prescrite par le titre II de la loi du 3 mai 1841, et il est fait mention du projet de l'Administration dans l'avertissement donné conformément à l'article 6 de la dite loi.

ARTICLE 2. — Dans le délai de huit jours, à partir de cet avertissement, les propriétaires doivent déclarer, sur le procès-verbal d'enquête, s'ils s'opposent à l'expropriation, et faire connaître leurs motifs ; dans ce cas, l'expropriation ne peut être autorisée que par un décret rendu en Conseil d'Etat. — Les oppositions ainsi formées ne font pas obstacle à ce que le Préfet statue, conformément aux articles 11 et 12 de la loi du 3 mai 1841, sur toutes les autres propriétés comprises dans l'expropriation.

ARTICLE 3. — Si l'Administration le juge préférable, il est statué, par un seul et même décret, tant sur l'utilité publique de l'élargissement, du redressement ou de la formation des rues projetées, que sur l'autorisation d'exproprier les parcelles situées en dehors des alignements.
Dans ce cas, l'indication des parcelles à exproprier est faite sur le plan soumis à l'enquête, en vertu du titre 1er de la loi du 3 mai 1841 et de l'article 2 de l'ordonnance du 23 août 1835. — Mention est faite du projet de l'Administration dans l'avertissement donné conformément à l'article 3 de la dite ordonnance, et les oppositions des propriétaires intéressés sont consignées au registre de l'enquête.

ARTICLE 4. — Les formalités prescrites par les articles ci-dessus sont suivies pour l'application du paragraphe 2 de l'article 2 du décret du 26 mars 1852.

ARTICLE 5. — Dans le cas prévu par le paragraphe 3 du même article, le propriétaire du fonds auquel doivent être réunies les parcelles acquises en dehors des alignements, conformément à l'article 53 de la loi du 16 septembre 1807, est mis en demeure, par un acte extra-judiciaire, de déclarer, dans un délai de huitaine, s'il entend profiter de la faculté de s'avancer sur la voie publique en acquérant les parcelles riveraines. — En cas de refus ou de silence, il est procédé à l'expropriation dans les formes légales.

Article 6. — Dans tout projet pour l'élargissement, le redressement ou la formation des rues, le plan soumis à l'enquête qui précède la déclaration d'utilité publique, comprend un projet de nivellement.

27 Juillet 1859.

DÉCRET SUR LA HAUTEUR DES CONSTRUCTIONS ET DES ÉTAGES. (Voir page 20.)

6-18 Janvier 1864.

DÉCRET IMPÉRIAL RELATIF A LA LIBERTÉ DES THÉATRES.

Article 1er. — Tout individu peut faire construire et exploiter un théâtre, à la charge de faire une déclaration au Ministère de notre Maison et des Beaux-Arts, et à la Préfecture de police, pour Paris, à la Préfecture dans les départements. Les théâtres qui paraîtront plus particulièrement dignes d'encouragements pourront être subventionnés soit par l'Etat, soit par les communes.

Article 2. — Les entrepreneurs de théâtres devront se conformer aux ordonnances, décrets et règlements pour tout ce qui concerne l'ordre, la sécurité et la salubrité publics. — Continueront d'être exécutées les lois existantes sur la police et la fermeture des théâtres, ainsi que sur la redevance établie au profit des pauvres et des hospices.

Article 3 — Toute œuvre dramatique, avant d'être représentée, devra, aux termes du décret du 30 décembre 1852, être examinée et autorisée par le Ministère de notre Maison et des Beaux-Arts, pour les théâtres de Paris, et par les Préfets, pour les théâtres des départements. — Cette autorisation pourra toujours être retirée pour des motifs d'ordre public.

Article 4. — Les ouvrages dramatiques de tous les genres, y compris les pièces entrées dans le domaine public, pourront être représentées sur tous les théâtres.

Article 5. — Les théâtres d'acteurs enfants continuent d'être interdits.

Article 6. — Les spectacles de curiosités, de marionnettes, les cafés dits *Cafés-Chantants*, *Cafés-Concerts* et autres établissements du même genre, restent soumis aux règlements présentement en vigueur. — Toutefois, ces divers établissements seront désormais affranchis de la redevance établie par l'article 11 de l'ordonnance du 8 décembre 1824, en faveur des directeurs des départements, et ils n'auront à supporter aucun prélèvement autre que la redevance au profit des pauvres ou des hospices.

Article 7. — Les directeurs actuels des théâtres autres que les théâtres subventionnés sont et demeurent affranchis, envers l'Administration, de toutes les clauses et conditions de leurs cahiers des charges, en tant qu'elles sont contraires au présent décret.

Article 8. — Sont abrogées toutes les dispositions des décrets, ordonnances et règlements dans ce qu'elles ont de contraire au présent décret.

---

18 Avril 1866.

DÉCRET IMPÉRIAL PORTANT RÈGLEMENT POUR L'EXPLOITATION DES DÉPOTS ET MAGASINS D'HUILES MINÉRALES OU AUTRES HYDROCARBURES.

Article 1er. — Le pétrole et ses dérivés, les huiles de schiste et de goudron, les essences et autres hydrocarbures pour l'éclairage, le chauffage, la fabrication des couleurs et vernis, le dégraissage des étoffes, ou pour tout autre emploi, sont distingués en deux catégories, suivant leur degré d'inflammabilité.

La première catégorie comprend les substances très-inflammables, c'est-à-dire celles qui émettent, à une température moindre de trente-cinq degrés du thermomètre centigrade, des vapeurs susceptibles de prendre feu au contact d'une allumette enflammée.

La seconde catégorie comprend les substances moins inflammables, c'est-à-dire celles qui n'émettent de vapeurs susceptibles de prendre feu au contact d'une allumette enflammée, qu'à une température égale ou supérieure à trente-cinq degrés.

Article 2. — Les usines pour la fabrication, la distillation et le travail en grand de toutes les substances comprises dans l'article 1er, sont rangées dans la première classe des établissements régis par le décret du 15 octobre 1810 et par l'ordonnance royale du 14 janvier 1815, concernant les ateliers dangereux, insalubres ou incommodes.

Article 3. — Les dépôts de substances appartenant à la première catégorie sont rangés dans la première classe des établissements insalubres ou dangereux, s'ils contiennent, même temporairement, mille cinquante litres ou plus des dites substances.

Ils sont rangés dans la deuxième classe lorsque la quantité emmagasinée, supérieure à cent cinquante litres, n'atteint pas mille cinquante litres.

Les dépôts pour la vente au détail, en quantité n'excédant pas cent cinquante litres, peuvent être établis sans autorisation préalable. Toutefois, leurs propriétaires sont tenus d'adresser au Préfet une déclaration indiquant la désignation précise du local, la quantité à laquelle ils entendent limiter leur approvisionnement, et de se conformer aux mesures générales énoncées dans l'article 5 ci-après.

Article 4. — Les dépôts de substances appartenant à la deuxième catégorie sont rangés dans la première classe des établissements insalubres ou dangereux, s'ils contiennent, même temporairement, dix mille cinq cents litres ou plus des dites substances.

Ils appartiennent à la deuxième classe lorsque la quantité emmagasinée, supérieure à mille cinquante litres, n'atteint pas dix mille cinq cents litres.

Les dépôts pour la vente au détail, en quantité n'excédant pas mille cinquante litres, peuvent être établis sans autorisation préalable. Toutefois, leurs propriétaires sont tenus d'adresser au Préfet une déclaration indiquant la désignation précise du local et la quantité à laquelle ils entendent limiter leur approvisionnement et de se conformer aux mesures générales énoncées dans l'article 5 ci-après.

Article 5. — Les dépôts pour la vente au détail de substances de la première catégorie, en quantité supérieure à cinq litres et n'excédant pas cent cinquante litres, et les dépôts de substances de la deuxième catégorie, en quantité supérieure à soixante litres et n'excédant pas mille cinquante litres, qui, aux termes des articles 3 et 4, peuvent être établis sans autorisation préalable, sont assujettis aux conditions générales suivantes :

1º Le local du dépôt ne pourra être qu'une pièce au rez-de-chaussée ou une cave ; il sera dallé en pierres posées et rejointoyées en mortier de chaux et sable ou ciment ;

2º Les portes de communication avec les autres parties de la maison et avec la voie publique seront garnies de seuils en pierre, saillant d'un décimètre au moins sur le sol dallé, de manière à retenir les liquides qui viendraient à se répandre ;

3º Si le dépôt est établi dans une cave, celle-ci devra être bien éclairée par la lumière du jour, convenablement ventilée et sans aucune communication avec les caves voisines, dont elle sera séparée par des murs pleins, en maçonnerie solide de trente centimètres d'épaisseur au moins ;

4º Si le local du dépôt est au rez-de-chaussée, il ne pourra être surmonté d'étages ; il sera largement ventilé et éclairé par la lumière du jour ; les murs seront en bonne maçonnerie et la toiture sera sur supports en fer ;

5º Dans tous les cas, le local sera d'un accès facile et ne devra être en communication avec aucune pièce servant à l'emmagasinage du bois ou autres matières combustibles qui pourraient servir d'aliment à un incendie ;

6º Les liquides seront conservés, soit dans des vases en métal munis de couvercle, soit dans des fûts solides et parfaitement étanches, cerclés en fer, dont la capacité ne dépassera pas cent cinquante litres, soit dans des touries en verre ou en grès revêtues d'une enveloppe en tresse de paille, osier, ou autres matières de nature à mettre le vase à l'abri de la casse par le choc accidentel d'un corps dur ; la capacité de ces touries ne dépassera pas soixante litres, et elles seront très-soigneusement bouchées ;

7° Les vases servant au débit courant seront fermés et munis de robinets ;

8° Le transvasement ou dépotage des liquides en approvisionnement ne se fera qu'à la clarté du jour, et, autant que possible, au moyen d'une pompe ;

9° Dans la soirée, le local sera éclairé par une ou plusieurs lanternes fixées aux murs, en des points éloignés des vases contenant les liquides inflammables, et particulièrement de ceux qui serviront au débit courant ;

10° Il est interdit d'y allumer du feu, d'y fumer et d'y garder des fûts vides, des planches ou toutes autres matières combustibles ;

11° Une quantité de sable ou de terre, proportionnée à l'importance du dépôt, sera conservée dans le local, pour servir à éteindre un commencement d'incendie, s'il venait à se déclarer ;

12° Le propriétaire du dépôt devra toujours avoir à sa disposition une ou plusieurs lampes de sûreté, garnies et en bon état, dont on se servirait, au besoin, pour visiter les parties du local que les lanternes fixées au mur n'éclaireraient pas suffisamment. Il est expressément interdit de circuler dans le local avec des lumières portatives découvertes, qui ne seraient pas de sûreté et pourraient communiquer le feu à un mélange d'air et de vapeurs inflammables.

Les marchands en détail, dont l'approvisionnement est limité à cinq litres de substances de la première catégorie, ou à soixante litres de substances de la deuxième catégorie, seront tenus d'observer les mesures de précaution qui, dans chaque cas, leur seront indiquées et prescrites par l'Autorité municipale.

ARTICLE 6. — Les dépôts qui ne satisferaient point aux conditions prescrites ci-dessus, ou qui cesseraient d'y satisfaire, seront fermés, sur l'injonction de l'Autorité administrative, sans préjudice des peines encourues pour contravention aux règlements de police.

ARTICLE 7. — Le transport de toutes les substances comprises dans l'article premier, en quantité excédant cinq litres, sera fait exclusivement, soit dans des vases en tôle, en fer blanc ou en cuivre bien étanches et hermétiquement clos, soit dans des fûts en bois parfaitement étanches, cerclés en fer, dont la capacité ne dépassera pas cent cinquante litres, soit dans des touries ou bonbonnes en verre ou en grès, de soixante litres de capacité au plus, bouchées et enveloppées de tresses en paille, osier ou autres matières de nature à mettre le vase à l'abri de la casse.

ARTICLE 8. — Notre Ministre Secrétaire d'Etat au département de l'Agriculture, du Commerce et des Travaux publics, est chargé de l'exécution du présent décret.

20 Avril 1866.

ARRÊTÉ DE M. LE MINISTRE DES TRAVAUX PUBLICS, CONCERNANT LA CIRCULATION DES LOCOMOTIVES SUR LES ROUTES ORDINAIRES.

Article 1er. — L'emploi des locomotives sur les routes autres que les chemins de fer est soumis aux dispositions suivantes :

TITRE Ier. — *Autorisation à obtenir pour faire circuler des locomotives.*

Article 2. — Toute personne qui voudra établir un service par locomotives, pour le transport, soit des voyageurs, soit des marchandises, devra se pourvoir d'une autorisation, qui sera délivrée par le Préfet, si le service est compris dans un seul département, et par le Ministre des Travaux publics, s'il en embrasse deux ou un plus grand nombre.

Article 3. — La demande qui sera adressée à cet effet au Ministre, devra indiquer :

1º L'itinéraire détaillé que le pétitionnaire a l'intention de suivre ;

2º Le poids des wagons chargés et celui des machines, avec leur approvisionnement, et, pour ces dernières, la charge de chaque essieu ;

3º La composition habituelle des trains et leur longueur totale, machine comprise.

Article 4. — Cette demande sera immédiatement communiquée aux Ingénieurs des Ponts-et-Chaussées, et, si l'itinéraire comprend des chemins vicinaux, aux Agents-Voyers des départements traversés, qui seront appelés à donner leur avis, eu égard à l'état des routes et chemins que les locomotives doivent emprunter, ainsi qu'à la nature des ouvrages d'art qui se trouvent sur le parcours.

Sur le vu de ces avis, les Préfets statuent par des arrêtés spéciaux.

Dans le cas où la décision est réservée au Ministre, les Préfets lui renvoient les demandes, avec l'instruction dont elles auront été l'objet et leur avis personnel, pour y être statué ce que de droit.

Article 5. — L'arrêté d'autorisation déterminera les conditions particulières auxquelles le permissionnaire sera soumis, indépendamment des prescriptions générales du présent règlement.

Il fixera notamment le maximum, tant de la charge par essieu de locomotive, que de la longueur du convoi.

A moins de circonstances exceptionnelles qui nécessiteraient une réduction, la charge pourra être portée à 8,000 kilog., et la longueur du convoi à 25 mètres.

L'arrêté pourra d'ailleurs autoriser, lorsqu'il y aura lieu, des charges plus fortes et des longueurs de convoi plus grandes.

Enfin, il prescrira les précautions spéciales à prendre au passage des ponts suspendus et autres ouvrages d'art.

Article 6. — Les arrêtés des Préfets qui refuseraient les autorisations demandées pourront être l'objet d'un recours devant le Ministre.

Les arrêtés qui auront autorisé la circulation sur des routes impériales et départementales, devront, dans tous les cas, être portés à sa connaissance.

TITRE II. — *Mise en circulation des locomotives.*

Article 7. — Les machines locomotives ne pourront circuler sur les routes autres que les chemins de fer, qu'autant qu'elles satisferont, en ce qui concerne leurs générateurs, aux prescriptions du décret du 25 janvier 1865, et qu'après l'accomplissement des conditions spéciales ci-après déterminées.

Article 8. — Elles seront munies :
1° D'un appareil de changement de marche ;
2° D'un frein assez puissant pour empêcher le mouvement de l'essieu moteur, sous l'action de la vapeur, au maximum de pression que comporte la chaudière ;
3° D'un avant-train mobile autour d'une cheville ouvrière, ou de tout autre mécanisme équivalent, permettant de tourner avec facilité dans des courbes de petit rayon.

Article 9. — Le foyer de la chaudière devra être établi de manière à brûler sa fumée.

Des dispositions seront prises pour empêcher la projection des escarbilles par le cendrier et par la cheminée.

Article 10. — La largeur de la machine, entre ses parties les plus saillantes, ne devra pas excéder 2 mètres 50 centimètres.

Les bandages des roues devront être à surface lisse, sans aucune saillie.

Article 11. — Aucune locomotive ne pourra être mise en service qu'après avoir été visitée par les Ingénieurs des Mines, et, à leur défaut, par les Ingénieurs des Ponts-et-Chaussées. En cas d'empêchement, ces Ingénieurs pourront se faire remplacer par les Agents sous leurs ordres. Ils s'assureront que la machine remplit les conditions prescrites par les articles 7 à 10 ci-dessus. Ils pourront exiger, lorsqu'ils le jugeront nécessaire, qu'elle soit soumise à une expérience qui leur permette de constater l'efficacité des appareils dont elle doit être pourvue et son aptitude au service auquel elle est destinée.

TITRE III. — *Marche et conduite des trains.*

Article 12. — La vitesse en marche ne dépassera pas *vingt* kilomètres à l'heure. Cette vitesse devra d'ailleurs être réduite à la traversée des lieux habités, ou en cas d'encombrement sur la route.

Le mouvement devra être également ralenti, ou même arrêté, toutes les fois que l'approche d'un train, en effrayant les chevaux ou autres animaux, pourrait être cause de désordres et occasionner des accidents.

Article 13. — L'approche du train devra être signalée au moyen d'une trompe, d'une corne ou de tout autre instrument du même genre, à l'exclusion du sifflet habituellement employé dans les locomotives qui circulent sur les chemins de fer.

Article 14. — Pendant la nuit, le train portera à l'avant un feu rouge, et à l'arrière un feu vert. Ces feux devront être allumés une demi-heure après le coucher du soleil, et ne pourront être éteints qu'une demi-heure avant son lever.

Article 15. — Deux hommes devront être exclusivement attachés au service de la machine. Il y aura, en outre, un conducteur préposé à la manœuvre d'un frein placé à l'arrière du train, toutes les fois que la machine remorquera plus d'un véhicule.

Ce frein sera d'une puissance suffisante pour retenir le train entier, sauf la machine, sur les pentes les plus fortes que présentera le parcours.

Article 16. — Le machiniste devra se ranger à sa droite à l'approche de toute autre voiture, de manière à laisser libre au moins la moitié de la chaussée.

Article 17. — Les locomotives et leurs trains ne pourront stationner d'une manière prolongée et sans nécessité sur la voie publique. Ils devront être remisés aux deux extrémités de leur parcours.

L'alimentation d'eau et de charbon ne pourra se faire sur la voie publique, qu'à la condition de ne point entraver la circulation.

Il est expressément interdit d'y opérer le décrassage des grilles.

Article 18. — La largeur du chargement des voitures ne devra pas excéder $2^m 50^c$. Toutefois, il pourra être accordé, par les Préfets des départements traversés, des permis spéciaux de circulation pour des objets d'un grand volume, qui ne seraient pas susceptibles d'être chargés dans ces conditions.

Article 19. — Les locomotives et les voitures porteront sur une plaque métallique, en caractères apparents et lisibles, le nom et le domicile de l'entrepreneur de transports. Chaque machine aura en outre un numéro d'ordre ou un nom particulier.

TITRE IV. — *Dispositions générales.*

Article 20. — Pour ce qui n'est pas expressément réglé par le présent arrêté, les machines locomotives, ainsi que les voitures qu'elles remorqueront, seront soumises, en tout ce qui leur est applicable, aux dispositions des lois et règlements sur la police du roulage, notamment à celles des titres I et III du décret du 10 août 1852.

Article **21**. — Les Ingénieurs des Ponts-et-Chaussées et les Ingénieurs des Mines, ainsi que les Agents sous leurs ordres dûment commissionnés, sont chargés, sous la direction des Préfets, et avec le concours des Autorités locales, de la surveillance relative à l'exécution des mesures prescrites par le présent règlement.

Article **22**. — Les contraventions au présent règlement seront constatées, poursuivies et réprimées, suivant les cas, conformément aux lois du 30 mai 1851 et du 21 juillet 1856, ainsi qu'aux dispositions de l'article 471 du Code pénal, sans préjudice de la responsabilité civile que les contrevenants peuvent encourir, aux termes des articles 1382 et suivants du Code Napoléon.

Fait à Paris, le 20 avril 1866.

Signé : Armand BÉHIC.

---

31 Décembre 1866.

DÉCRET CONTENANT UNE NOUVELLE CLASSIFICATION DES ETABLISSEMENTS DANGEREUX, INSALUBRES ET INCOMMODES. (Voir pages 149 et suivantes, la fin de l'art. 624, et la suite du décret du 15 octobre 1810, page 291.)

---

27 Juillet 1867.

LOI RELATIVE A LA RÉPRESSION DES FRAUDES DANS LA VENTE DES ENGRAIS.
(Voir le renvoi à l'article 981, page 215.)

2ᵉ PARTIE.

RÈGLEMENT

CONCERNANT LA POLICE DES RIVIÈRES DE ROBEC ET D'AUBETTE

dans la ville de Rouen.

27 Mai 1482.

SENTENCE DU BAILLIAGE DE ROUEN CONCERNANT L'ENTRETIEN DES TALUS ET LISSES DE LA RIVIÈRE DE ROBEC.

JACQUES DE CROISMARE, Lieutenant-Général de Noble Homme Guillaume Picart, Ecuyer, Seigneur d'Estellant et du Mesnil-Tate, Conseiller, Chambellan du Roy notre Sire, et son Bailly de Rouen; au premier Sergent ou Sous-Sergent Royal de ladite Ville qui sur ce sera requis : SALUT. Pour ce que en faisant la visitation du cours de la Riviere de Robec et des Moulins estans sur icelle, afin de faire mettre en estat deu et convenable les choses qui seroient nécessaires pour le bien et utilité de ladite Ville ; faire aussi corriger les nouvelles entreprinses qui y seroient trouvées, et pourvoir et remédier aux inconvéniens qui povoient advenir, eust cejourd'hui, en la *présence des Advocats et Procureur du Roi notredit Seigneur, et autres Officiers d'icelui Seigneur*, ET DES BOURGEOIS CONSEILLERS, PROCUREUR ET AUTRES OFFICIERS DE LADITE VILLE, DES ADVOCATS PENSIONNAIRES D'ICELLE VILLE, et des Maîtres et Jurés des Mestiers de Maçonnerie et Charpenterie, tant du Roy notredit Seigneur, que de ladite Ville, esté trouvé que au long de ladite Riviere entre le Moulin appartenant à nos sgeurs de la grant Eglise de Notre-Dame dudit lieu de Rouen, et le Moulin appartenant à ladite Ville, nommé le Moulin Raoul-l'Abbé(1), y avoit plusieurs lieux et endroits très-dangereux, tant pour enfans que autres gens qui povoient, en deffaut de ce qu'il n'y avoit aucuns talus, ne deffenses de pierres, ne de bois, cheoir et trebucher de jour et de nuit au cours de ladite Riviere qui est de grant hauteur et très-dangereux en l'estat qu'il estoit, au dangier des vies de ceulx qui y eussent pêu cheoir ; et combien que par plusieurs années passées eust esté commandé aux *tenans des maisons et héritages étans devant le cours de ladite Riviere, que chacun en droit soy y feist taluer, et y faire talu, lisses ou deffenses*, en maniere que les dangiers en feussent ostés ; ce nonobstant n'en avoit esté riens fait. Pour les

---

(1) Voir, à la fin de la sentence, la disposition concernant *toute la longueur de la Riviere*.

quelles causes, *eu sur ce l'advis et délibération des notables gens illec presens*, fu par Nous ordonné que lesdits taluages, lisses et deffenses seroient faits bien et convenablement par tous les lieux où besoing estoit entre lesdits deux Moulins; et commandasmes à Jehan Dumonstier, Sergent illec présent, et par ces Présentes mandons à chacun des autres Sergents de ladite Ville, qui sur ce seront requis, que ils facent commandement *aux tenans propriétairement des maisons et héritages estans au long et devant le cours de ladite Riviere de Robec*, que dedans ung mois prouchain venant ils facent chacun *en droit son héritage, et tant comme il se pourporte*, faire lesdits taluages, lisses et deffenses, fust de pierre ou de bois, ou des deux ensemble, en telle maniere que le dangier des inconvéniens en feust ôsté, en leur intimant et faisant savoir que se dedans ledit temps ils ou aucuns d'eulx ne le font faire, que on le fera faire par lesdits Jurés ou autres Ouvriers à leurs couts et despens; et s'il advient que ils soient délaïans, négligens ou reffusans de le faire, avons commandé audit Dumonstier, et mandons à chacun de vous autres Sergents qui requis en serez, le faire faire aux despens des *tenans desdits héritages propriétairement chacun en droit soy et en son regard*, en les contraignant par la prinse et venduë de leurs biens, et par toutes autres voies deuës et raisonnables, à païer les matieres et peine des Ouvriers incontinent et sans délay, chacun en son regard; et en cas de contredit ou opposition, adjournez les opposans ou contredisans à comparoir personnellement pardevant mondit sieur le Bailly ou son Lieutenant, pour sur ce répondre aux Procureurs du Roy, notredit Seigneur, ET DE LADITE VILLE, *à telles fins et Conclusions qu'ils vouldront vers eulx proposer et eslire*; et en outre **faites faire les curages et taluages par-tout au long de ladite Riviere**, *et vuider incontinent lesdits curages et immondices*, et les porter ès lieux qui sont ordonnés; et gardez que en ce n'ait par vous aucune deffaulte, en rapportant ou certiffiant ce mestier et ce que fait en aurez à fin deuë. DONNÉ audit lieu de Rouen *le Lundy des Festes de Penthecouste, vingt-septieme jour de May l'an mil quatre cent quatre-vingt-deux.*

Signé, GAYET, *avec paraphe.*

---

21 Décembre 1513.

ORDONNANCE DE POLICE FAITE EN L'HOTEL-DE-VILLE DE ROUEN, EN UNE ASSEMBLÉE GÉNÉRALE.

L'an de Grâce 1513, le mardi 21e jour de Décembre, en l'Hôtel commun de la ville de Rouen, devant nous Louis Davé, licencié-ès-lois, conseiller du Roi, notre Sire, Lieutenant général de noble et puissant Seigneur, Monseigneur le Baron de Monpipeau, Bailly de Rouen, en quel lieu par notre commandement et ordonnance, l'assemblée des 24 Conseillers, c'est à savoir : les Officiers du Roi, les anciens et modernes Conseillers pour pensionnaires et quarteniers de la dite ville de Rouen, ainsi commis en assemblée des vingt-quatre est accoutumée de faire, se comparurent les gardes, maîtres et ouvriers du métier de teinturier en garance de la dite ville de Rouen. . . .

. . . .

Nous avons ordonné et déclaré que désormais et pour le temps à venir, afin que les habitants en leurs états et métiers de la dite Ville, qui ont à faire du cours de la dite rivière de Robec, se puissent aider de la dite eau sans être brouillée, gâtée ni infectée des dits *voides* et autres infections, que les teinturiers en *voide*, tant de Darnétal qu'autres demeurant hors la dite Ville, jetteront leurs *voides* et autres infectious troublant et gâtant la dite eau ;

C'est à savoir : du jour de Pâques jusqu'à la Saint-Michel, qui est *temps d'été*, depuis sept heures du soir jusqu'à douze heures de nuit, et depuis la dite fête Saint-Michel jusqu'à Pâques, qui est *temps d'hiver*, depuis six heures du soir jusqu'à onze heures, en suivant pour ce qu'ils seront tenus et sujets de commencer à jeter leurs dits voides dans la troisième heure du plus tard en telle façon et manière que dans le temps des cinq heures à eux limitées et baillées, le dit voide ainsi jeté, puisse être passé et avancé outre la dite Ville ; et, pour le regard des dits voiderons, en cette ville de Rouen, il a été dit et ordonné, considéré qu'ils sont plus prochains, qu'ils videront leurs voides une heure après l'heure baillée au-dessus dits ; c'est à savoir : de Pâques jusqu'à la Saint-Michel, depuis huit heures jusqu'à une heure après minuit, et depuis la Saint-Michel jusqu'à Pâques, à sept heures jusqu'à onze, afin que les dits voides, tant dedans que dehors, se puissent évacuer et passer tous ensemble, et que les drapiers et autres d'icelle Ville se puissent aider de l'eau d'icelle rivière outre les dites heures, et le tout sous peine de dix livres tournois d'amende, et autre amende arbitraire à la volonté de justice, selon l'exigence du cas, et principalement contre ceux qui contemneraient cette présente ordonnance . . . .

2 Avril 1573.

EXTRAIT D'UNE SENTENCE DU BAILLIAGE DE ROUEN, CONCERNANT LA PROPRETÉ DES RIVIÈRES.

Article **1er**. — Défenses sont faites à toutes personnes de jeter par les rues, dans les ruisseaux, aucunes ordures ou immondices, ni même dans les rivières de *Robec et d'Aubette*, etc. . . . .

Article **4**. — Il est défendu à toutes personnes de faire leurs immondices par les rues, et est commandé et enjoint à tous propriétaires de faire clouaques en leurs maisons sous peine d'amende, saisie et confiscation des deniers provenant des louages d'icelles, mais sur lesquelles ne se trouveront aucuns clouaques, etc. . . . . .

---

18 Mai 1751.

EXTRAIT D'UNE ORDONNANCE DU MAIRE, DES ÉCHEVINS ET DES CONSEILLERS DE LA VILLE DE ROUEN, DÉFENDANT DE JETER DES IMMONDICES, ETC., DANS LES RIVIÈRES DE ROBEC ET D'AUBETTE.

Il est dit, faisant droit sur le réquisitoire du Procureur du Roi, qu'il est enjoint à toutes personnes de se conformer aux ordonnances et règlements rendus pour la police des dites rivières; que défenses sont réitérées (1) à tous riverains et autres d'y jeter aucunes ordures, et notamment des cendres de charbon de terre, qu'ils seront tenus de mettre contre leurs maisons, et non sur le bord des dites rivières; et aux tanneurs de laisser aller aucune chaux dans la rivière d'Aubette, sous peine de 50 livres d'amende, dont les pères, mères, maîtres ou maîtresses seront civilement prenables pour leurs enfants, ouvriers et domestiques, etc. . . . . .

---

21 Fructidor an IV.

EXTRAIT D'UNE DÉLIBÉRATION DE L'ADMINISTRATION MUNICIPALE DE ROUEN, DÉFENDANT DE RIEN JETER DANS LES RIVIÈRES DE ROBEC ET D'AUBETTE.

Article 1er. — Défenses sont faites à tous les riverains des rivières de Robec et Aubette, de jeter aucunes ordures, morceaux de poterie et cendres de charbon de terre, sous peine d'amende. . . . .

---

12 Messidor an VI.

EXTRAIT D'UNE DÉLIBÉRATION DE L'ADMINISTRATION MUNICIPALE DE ROUEN, SUR LE MÊME OBJET.

Article 1er. — Il est défendu à toutes personnes de jeter, dans les canaux des rivières de *Robec* et *d'Aubette*, aucunes matières ou immondices de quelqu'espèce que ce soit, capables d'encombrer leur lit ou de nuire à la qualité de leurs eaux.

---

(1) Cette défense avait déjà été faite par une précédente ordonnance du 15 mai 1727.

28 Vendémiaire an XII.

NOMINATION D'UN GARDE DES RIVIÈRES DE ROBEC ET D'AUBETTE.

Le Préfet du département de la Seine-Inférieure,

Vu :

La pétition présentée par les meuniers et propriétaires d'usines riveraines des rivières de *Robec et d'Aubette*, tendant à faire nommer un Garde-champêtre, pour surveiller les prises d'eau faites par plusieurs particuliers sur le cours des rivières qui alimentent les moulins qui y sont établis;

L'avis des Maires des communes de Rouen, Saint-Martin-du-Vivier, Fontaine-sous-Préaux, Roncherolles-sur-le-Vivier et Darnétal;

L'arrêté du 17 pluviôse an X, approuvé par le Ministre de l'Intérieur le 28 floréal suivant;

Considérant que les prises fréquentes des eaux que divers riverains font pour l'irrigation de leurs héritages, sans avoir égard aux règlements qui fixent les heures pendant lesquelles ils doivent faire usage de cette faculté, porte préjudice aux moulins et manufactures établis sur les rivières de Robec et d'Aubette;

Arrête ce qui suit :

Article 1er. — Le citoyen N...... est nommé garde des écluses établies sur le cours des rivières d'*Aubette et de Robec* depuis les communes de Saint-Martin-du-Vivier, Fontaine-sous-Préaux, Saint-Léger-du-Bourg-Denis, et Saint-Aubin-la-Rivière, lieux d'où partent les sources de ces rivières, en parcourant toutes les communes jusque et y compris la ville de Rouen.

Article 2. — Il veillera à ce que leur ouverture ait lieu conformément aux règlements et arrêtés rendus sur cette partie, et constatera par des procès-verbaux les prises d'eau et autres délits dont il pourra avoir connaissance.

Article 3. — Il veillera aussi à l'exécution de l'arrêté du 17 pluviôse an X, relatif à la fixation du niveau des eaux et au curage des rivières, en ce qui concerne celles dont il s'agit, et constatera également par des procès-verbaux les contraventions au dit arrêté, sur lesquelles il sera statué par les Autorités compétentes ce qu'il appartiendra.

Article 4. — Afin de donner à ses actes le caractère légal dont ils ont besoin, le citoyen N..... prêtera, devant le Juge-de-Paix de son arrondissement, le serment prescrit par la loi.

Article 5. — Il ne portera dans l'exercice de ses fonctions d'autres armes que celles permises aux Gardes-champêtres.

Article 6. — Son traitement annuel, qui ne pourra être moindre de quatre cents francs, sera payé par les propriétaires ou locataires des usines établies sur le cours des rivières de *Robec et d'Aubette*. L'état qu'il en fournira sera visé par les Maires des communes intéressées, et rendu exécutoire par le Préfet.

Fait à Rouen, en l'Hôtel, le vingt-huit vendémiaire an XII de la République française.

Pour le Préfet en tournée,

Le Secrétaire général,

Signé: GALLI.

16 Germinal an XII.

ARRÊTÉ PRÉFECTORAL FIXANT A 4 ^{m} 45 ^{c} LA LARGEUR DE LA RIVIÈRE D'*AUBETTE* DANS LA COMMUNE DE ROUEN.

Le Préfet du département de la Seine-Inférieure,

Vu :

La pétition des propriétaires et habitants de la rue et du faubourg Martainville de la ville de Rouen, par laquelle ils demandent qu'il soit pris des mesures pour prévenir les inondations qui résultent du refoulement des eaux de la rivière d'*Aubette*;

Le rapport fait le 27 frimaire dernier par les Commissaires chargés de rechercher les causes qui nuisent au libre cours des eaux de cette rivière, et de proposer les moyens que l'art peut offrir pour en arrêter l'effet;

La loi du 6 octobre 1791;

L'arrêté du Directoire exécutif du 19 ventôse an VI et l'instruction des 12 et 20 août 1790;

Considérant que, suivant le rapport ci-dessus visé, les inondations dont se plaignent les pétitionnaires, n'ont d'autres causes que les diverses entreprises faites tant sur le lit que sur le cours de la rivière d'*Aubette*;

Considérant que ce même rapport indique les auteurs de ces entreprises, qui se sont permis d'établir à leur gré des ponts, talus, vannes, etc., dont la dimension rétrécit et embarrasse plus ou moins le lit de la rivière;

Considérant que les lois précitées confient à l'Autorité administrative le soin de réprimer ces sortes de délits;

ARRÊTE CE QUI SUIT :

ARTICLE 1er. — Tous les propriétaires désignés au rapport des Commissaires, ci-dessus daté, seront tenus de détruire les ponts, talus, vannes, pieux, planches, etc., qui rétrécissent le canal et nuisent au libre cours des eaux de la rivière d'*Aubette*.

ARTICLE **2**. — Conformément à l'article 5 de l'arrêté du Directoire, cette mesure sera exécutée dans le délai d'un mois, à partir de la notification ou publication du présent arrêté qui sera faite par le Maire de la ville de Rouen.

Article 3. — Dans le cas où quelque propriétaire négligerait de se conformer à ce qui lui est ordonné, dans le délai prescrit, le Maire est autorisé à préposer des ouvriers à ses frais. Il lui sera accordé exécutoire du montant de la dépense sur le propriétaire du fonds qui sera contraint au paiement, suivant le mode adopté pour celui des contributions.

Article 4. — Le lit naturel de la rivière étant de *quatre mètres quarante-cinq centimètres*, il est expressément défendu de le rétrécir, sous quelque prétexte que ce soit.

Article 5. — Aucuns ponts, talus, vannes, etc., ne pourront être rétablis que sous la surveillance et la conduite de l'Architecte de la ville de Rouen, et après en avoir obtenu l'autorisation du Maire.

Article 6. — Il n'est rien dérogé aux anciens règlements et usages relatifs au curage de cette rivière.

Article 7. — Une expédition du présent sera adressée au Maire de la ville de Rouen qui demeure chargé de son exécution.

Fait à Rouen, en l'Hôtel, le 16 germinal an XII de la République française.

Signé BEUGNOT.

---

16 Septembre 1807.

ARRÊTÉ PRÉFECTORAL CONCERNANT L'IRRIGATION DES PRAIRIES RIVERAINES DES RIVIÈRES D'AUBETTE ET DE ROBEC.

Nous, Préfet du département de la Seine-Inférieure,

Vu :

La réclamation de divers propriétaires et manufacturiers, par laquelle ils se plaignent des pertes que leur fait éprouver l'usage de détourner les eaux des rivières de *Robec* et d'*Aubette*, tous les samedis, depuis 5 heures du soir jusqu'au dimanche, 5 heures du matin, pour arroser les prairies qui bordent ces rivières ;

Le rapport de M. Lambert, membre du Conseil d'arrondissement, en date du 29 août dernier, chargé par nous de réunir les Maires des communes intéressées, à l'effet de fournir les renseignements nécessaires pour régler l'irrigation des prairies, de manière à ne pas nuire aux intérêts de l'industrie ;

Vu les lois des 24 août 1790, 6 octobre 1791, et 21 septembre 1792 ;

Le règlement du 17 pluviôse an X, sur la police des eaux ;

Les articles 644 et 645 du Code civil, titre IV, chapitre 1er;

Considérant qu'il est reconnu par MM. les Maires des communes de Rouen, de Darnétal, de Saint-Martin-du-Vivier, de Fontaine-Sous-Préaux, de Saint-Léger-du-Bourg-Denis, et de Saint-Aubin-la-Rivière, que l'on peut, sans inconvénient, changer le jour et l'heure de l'irrigation des prairies qui existent dans ces communes;

Que, dans la nouvelle fixation, on doit concilier les intérêts de l'agriculture avec ceux de l'industrie, ainsi que le prescrivent les articles du Code civil ci-dessus cités;

ARRÊTONS CE QUI SUIT:

ARTICLE 1er. — L'irrigation des prairies qui bordent les rivières d'*Aubette* et de *Robec*, aura lieu dorénavant dans les communes de Rouen, Darnétal, Saint-Martin-du-Vivier, Fontaine-Sous-Préaux, Saint-Léger-du-Bourg-Denis, et Saint-Aubin-la-Rivière, tous les dimanches, de 6 heures du matin jusqu'à 6 heures du soir, depuis le 15 mars jusqu'au 15 septembre de chaque année, *temps consacré par l'usage.*

ARTICLE 2. — MM. les Maires de ces communes veilleront à ce que le présent reçoive son exécution; ils en donneront à cet effet connaissance aux Gardes-champêtres de leurs communes respectives. . . . .

Fait à Rouen, en l'Hôtel, le 16 septembre 1807.

Pour le Préfet en congé, et par délégation,

Le Conseiller de Préfecture,

Signé: CABISSOL.

---

19 Janvier 1813.

ARRÊTÉ PRÉFECTORAL CONCERNANT LE CURAGE PÉRIODIQUE DES RIVIÈRES DE ROBEC ET D'AUBETTE.

Nous, Préfet du département de la Seine-Inférieure,

Vu:

Le projet de règlement soumis le 13 décembre 1810, à S. Exc. le Ministre de l'Intérieur, et ayant pour objet de déterminer le mode à suivre pour le curage des rivières de *Robec* et d'*Aubette*, notamment dans les communes de Rouen et de Darnétal;

Les diverses observations faites par MM. les Maires de ces deux communes;

Les instructions données par S. Exc. le Ministre de l'Intérieur, dans ses lettres des 31 décembre 1810 et 5 octobre 1811, sur les dispositions qu'il serait convenable d'insérer dans le règlement à intervenir;

Les nouveaux renseignements donnés par M. le Maire de Rouen, le 28 novembre dernier ;

La loi du 14 floréal an XI ;

Considérant que le territoire de la ville de Rouen et celui de la commune de Darnétal n'ont point, au-dessous du moulin du Choc, de délimitation uniforme le long des bords des rivières de *Robec* et d'*Aubette*; mais qu'ils avancent plus ou moins l'un sur l'autre, en occupant tantôt la rive droite, tantôt la rive gauche de ces deux cours d'eau ;

Que cette disposition du territoire rend leur curage commun entre les communes de Rouen et de Darnétal, chacun pour la rive qui lui appartient ;

Que de là résultent, ainsi que les Autorités locales le reconnaissent, des altercations entre les cureurs agissant par des ordres divers, et, par conséquent une perte de temps plus ou moins considérable, un défaut d'ensemble dans le curage, un travail presque toujours mal fait ; enfin de doubles emplois dans la répartition des frais de curage, à l'égard des propriétaires des terrains placés à la ligne de division des deux territoires ;

Que chacune des communes précitées a intérêt à faire cesser d'aussi graves inconvénients ;

Que le seul moyen que l'on puisse employer efficacement pour atteindre ce but, est d'attribuer à la seule mairie de Rouen la surveillance du curage sur les rivières de *Robec* et d'*Aubette*, depuis le moulin du Choc jusqu'à leur embouchure ;

Que cet arrangement, qui ne porte que sur un seul point de police et sur une très-petite portion de terrain, est d'autant plus fondé en raison que la ville de Rouen, ayant fait construire, en 1608, le moulin du Choc sur son territoire et à ses frais, afin de se procurer la possibilité de déverser, selon les besoins, *Robec* dans *Aubette et vice versà*, et ayant entretenu seule cette usine depuis cette époque, elle a un regard particulier sur l'état du lit de ces deux cours d'eau depuis le moulin du Choc, puisque autrement elle pourrait ne pas recueillir les avantages qu'elle attend des sacrifices qu'elle a faits pour bien régler leur cours ;

Arrêtons ce qui suit :

Article 1er. — Le curage des rivières de *Robec* et d'*Aubette* se fera dans chaque localité, par les ordres et sous la surveillance du Maire, sauf l'exception dont il va être parlé.

Article 2. — M. le Maire de la ville de Rouen ordonnera et surveillera seul ce même curage sur l'une et l'autre rivière, depuis le moulin dit du Choc jusqu'à leur embouchure.

Article 3. — Les curages et avalans étant fixés dans la ville de Rouen, savoir : sur la rivière d'*Aubette*, le curage au lundi de la semaine de l'Ascension, les avalans au 15 des mois de septembre et de Décembre ; sur la rivière de *Robec*, le curage au lundi de la semaine de la Pentecôte, les avalans, aux lundis des semaines de Saint-Michel et de Noël; les curages et avalans devront être terminés, dans la commune de Darnétal, huit jours avant chacune des époques qui viennent d'être indiquées.

Article 4. — MM. les Maires de Saint-Aubin-la-Rivière, Saint-Léger-du-Bourg-Denis et Darnétal pour *Aubette*, ceux des communes de Fontaine-Sous-Préaux, Saint-Martin-du-Vivier et Darnétal pour *Robec*, régleront, d'après les bases déterminées par l'article 3, les curages et avalans qui seront à faire chaque année sous leur surveillance.

Article 5. — Les frais de curage seront répartis et acquittés ainsi qu'il suit, savoir: par les propriétaires d'usines, à raison des contributions foncières, mobilières et des patentes réunies, et pour les propriétés purement rurales ou n'étant point à l'usage d'usine, à raison de la contribution foncière seulement.

Article 6. — Il en sera de même pour le traitement du Garde chargé de la surveillance sur les rivières d'*Aubette* et de *Robec*.

Article 7. — Les rôles de répartition nous seront soumis pour être rendus exécutoires, s'il y a lieu; leur recouvrement sera fait selon le mode suivi pour les contributions publiques.

Article 8. — Si, pour effectuer le curage, il est indispensable de détourner le cours des eaux, le Maire de la localité en préviendra les riverains, huit jours à l'avance et par la voie d'affiche.

Article 9. — Les réclamations qui s'élèveraient relativement aux cotisations, à leur recouvrement ou à la confection des travaux, nous seront adressées, pour être soumises au Conseil de préfecture.

Article 10. — M. l'Auditeur Sous-Préfet dans l'arrondissement communal de Rouen, est spécialement chargé de tenir la main à l'exécution du présent arrêté qui sera soumis à S. Exc. M. le Ministre de l'Intérieur, pour solliciter, s'il y a lieu, l'approbation du Gouvernement.

Fait à Rouen, le 19 janvier 1813.

Signé: Stanislas GIRARDIN.

Cet arrêté a été approuvé par décret Impérial du 22 mars 1813.

---

23 Septembre 1833.

ARRÊTÉ DU MAIRE DE ROUEN, CONCERNANT L'ÉTABLISSEMENT DES PONTS SUR LA RIVIÈRE D'AUBETTE.

Nous, Maire de Rouen,

Après avoir pris lecture d'un rapport du Garde des Eaux en date du 2 août dernier, sur l'état de la rivière d'Aubette *intrà muros*,

Considérant que de ce rapport il appert que le lit de la rivière est obstrué par de forts pieux en bois, qui supportent des planches et des poutres dont font usage les riverains et plusieurs industriels ;

Que ces pieux nuisent au libre cours des eaux et au curage de la rivière ; que les refoulements de l'eau occasionnés par différents barrages paralysent l'action de l'usine établie près la porte Martainville ; qu'il est absolument nécessaire de faire disparaître tous ces pieux et barrages et de déterminer un mode régulier pour le support des ponts et planches dont font usage les riverains ;

Ordonnons :

Article 1er. — Tous les pieux qui existent dans le lit de la rivière d'Aubette seront arrachés sous le délai d'un mois à dater de la signification de la présente.

Article 2. — Tous propriétaires ou locataires qui voudront établir, soit des ponts entiers, soit des demi-ponts sur la rivière d'Aubette, seront tenus de les établir en forme de pont-levis. Ces ponts seront fixés, par un bout contre les talus, au moyen de colliers à scellement et de tourillons ; ils seront soutenus à l'autre extrémité par un chevalet ou tréteau adhérent aux ponts ; ce tréteau sera en bois ou en fer.

Il sera toutefois permis de s'affranchir de cette condition et d'établir un pont fixe sur toute la largeur de la rivière, en soutenant les deux bouts avec des étriers qui seront scellés dans le talus.

Article 3. — Aucuns ponts, quelles qu'en soient la longueur, la largeur ou la hauteur, ne pourront être supportés par des pieux fixes adhérents au sol gravier de la rivière.

Article 4. — Les ponts-levis qui seront, après autorisation, établis sur la rivière, ne pourront être baissés que pour les besoins momentanés de chaque propriétaire ; hors ce cas, ils resteront toujours levés et soutenus par des poulies.

Article 5. — Tout riverain qui voudra, pour son besoin, établir un pont vis-à-vis sa propriété, sera tenu de s'adresser à l'Administration, et de former à cet effet une demande spéciale ; il passera obéissance de payer une redevance annuelle au profit de la Ville, pour cause de tolérance.

Article 6. — La présente ordonnance sera signifiée, par le Garde des Rivières, à chaque propriétaire devant lequel existent les pieux et les ponts qui doivent disparaître en exécution de l'article 1er ci-dessus.

Rouen, le 23 septembre 1833.

Signé : JOURDAIN, Adjoint.

La présente ordonnance vue et approuvée par Nous, Conseiller d'État, Préfet de la Seine-Inférieure, pour être exécutée provisoirement jusqu'à promulgation d'un règlement définitif concernant la rivière d'Aubette.

Rouen, en l'Hôtel de la Préfecture, le 19 novembre 1833.

Signé : Baron DUPONT-DELPORTE.

---

6 Janvier 1835.

EXTRAIT D'UNE DÉLIBÉRATION DU CONSEIL MUNICIPAL DE ROUEN.

Tarif des redevances à payer pour ponts et autres objets établis sur les rivières.

ARTICLE 1er. — La délibération du 7 août 1832 est rapportée.

ARTICLE 2. — Sont et demeurent fixées ainsi qu'il suit, savoir,

Les redevances annuelles exigées par la Ville de Rouen, des propriétaires qui ont construit des ponts, ou qui obtiendront l'autorisation de faire construire des ponts, sur les rivières de Robec et d'Aubette et sur les fossés des boulevards de l'Hospice-Général, du Mont-Riboudet et du Grand-Cours, et de ceux à qui on permettra de placer des planches et baquets sur les dites rivières : . . . .

Pour la construction d'un pont d'un mètre trente centimètres de largeur et au-dessous. . . . . » f.50

Pour la construction d'un pont au-dessus d'un mètre trente centimètres, jusqu'à deux mètres trente centimètres . . . . . . » 75

Pour la construction d'un pont de deux mètres trente centimètres jusqu'à trois mètres de largeur. . . . . 1 »

Pour le placement d'une planche sur Robec et Aubette, pour le lavage des marchandises. . . . . » 50

Pour chaque baquet dans les talus des dites rivières. . . . . . » 50

Cette délibération a été approuvée par M. le Préfet, le 12 février 1835.

---

5 Novembre 1853.

ARRÊTÉ PRÉFECTORAL RELATIF AU CANAL DE DÉCHARGE DE LA RIVIÈRE D'AUBETTE.

Le Préfet du département de la Seine-Inférieure, Commandeur de la Légion d'honneur,

Vu :

La pétition présentée, le 21 avril 1853, par Mme veuve Fortier fils aîné, propriétaire de terrains et bâtiments bordant la rivière d'Aubette, dans la commune de Rouen, en amont du moulin dit le Marc-d'Argent, tendant à obtenir l'autorisation de construire au dit lieu un hangar ;

Le rapport de M. l'Ingénieur Marchal, en date du 13 juin, adopté le 16 par M. l'Ingénieur en chef des Ponts-et-Chaussées ;

Le plan des lieux ;

L'enquête à laquelle il a été procédé, du 16 août au 7 septembre dernier ;

L'avis de M. le Maire de Rouen, du 3 octobre ;

Le procès-verbal de visite des lieux, du 17 du dit mois d'octobre, contenant les observations des intéressés ;

Un deuxième rapport des Ingénieurs sus-nommés, en date des 22 octobre et 2 novembre courant ;

Considérant que l'instruction de la demande de la dame veuve Fortier a mis en présence des droits et des intérêts auxquels il a été complètement satisfait par les dispositions qui suivent ;

ARRÊTE :

ARTICLE 1er. — Le déversoir construit anciennement sur la rive gauche de l'Aubette, en amont du moulin du Marc-d'Argent, entre les propriétés de la dame Fortier et du sieur Jourdain-Yvart, sera conservé avec sa largeur actuelle de cinq mètres trente centimètres.

ARTICLE 2. — Le canal de fuite à la suite de ce déversoir formera un entonnoir, dont la largeur, à l'origine, sera de cinq mètres trente centimètres et de quatre mètres devant l'extrémité aval des bajoyers en pierre qui soutiennent la vanne des sources du sieur Jourdain-Yvart. La rive gauche de ce canal formera donc une ligne droite partant de l'extrémité amont du déversoir et aboutissant au sommet de ce bajoyer et prolongée en ligne droite jusqu'au point de tangence de la courbe ci-après définie, c'est-à-dire sur quarante mètres de longueur à partir de la tête du déversoir.

La courbe est un arc de cercle tangent à la ligne droite ci-dessus définie et dont le rayon est de dix mètres. La rive droite du canal sera une ligne symétrique avec la précédente, c'est-à-dire qu'elle partira de l'extrémité aval du déversoir, passera par un point situé sur une perpendiculaire à la rive gauche menée du bajoyer de la vanne et à quatre mètres de distance de ce bajoyer et prolongée jusqu'en face de l'origine de la courbe.

Cette berge sera prolongée par une courbe semblable à la précédente, partant de l'extrémité ci-dessus définie et se terminant en face de l'extrémité aval de la courbe gauche, à deux mètres de distance de cette extrémité.

ARTICLE 3. — Le ruisseau, dans toute la partie qui traverse la propriété Fortier et dans celles où il borde la propriété Delamare et Renaux, aura une largeur franche en gueule de deux mètres avec talus à quarante-cinq degrés. Il aura une profondeur de soixante-dix centimètres au moins.

Mme veuve Fortier pourra adopter à son gré, suivant les conventions faites ou à faire entre elle et ses voisins, les sieurs Delamare et Renaux, le tracé rouge, bleu ou vert du plan ci-joint, en aval de la courbe ci-dessus définie (1).

ARTICLE 4. — A l'avenir, le curage de ce ruisseau, depuis le déversoir où il prend naissance, jusqu'au point où il rejoint la rivière d'Aubette, en aval du pont Saint-Gilles, sera compris dans les travaux à la charge des entrepreneurs de curages.

Aucun dépôt, aucune plantation, aucune excroissance ne seront tolérés dans le lit du ruisseau ni sur les talus.

ARTICLE 5. — Mme veuve Fortier pourra faire construire autant de ponts qu'elle le jugera convenable, sur ce ruisseau, à la condition expresse que ces ponts auront au moins deux mètres d'ouverture franche et que le dessous des sommiers sera élevé de un mètre au moins au-dessus du fond.

ARTICLE 6. — Expédition du présent arrêté sera adressée à M. le Maire de Rouen et à M. l'Ingénieur en chef des Ponts-et-Chaussées, qui demeurent chargés d'en assurer l'exécution, chacun en ce qui le concerne.

Rouen, le 5 novembre 1853.

Le Préfet de la Seine-Inférieure,

Signé : E. LE ROY.

---

10 Février 1854 et 16 Avril 1858.

ARRÊTÉS PRÉFECTORAUX CONCERNANT L'ÉTABLISSEMENT DES LATRINES
SUR LES RIVIÈRES D'AUBETTE ET DE ROBEC ET LEURS AFFLUENTS.

NOTA. — *Ces deux arrêtés sont insérés à la suite de l'article 81 du règlement général de police de Rouen qui précède, pages 24 et suivantes.*

---

(1) C'est le tracé bleu qui a été suivi.

3ᵉ PARTIE

RECHERCHES

FAITES PAR LA CONFÉRENCE DES HUISSIERS

SUR LES USAGES LOCAUX

DE LA VILLE

ET DE L'ARRONDISSEMENT DE ROUEN

Relativement aux Congés,

POUR LOCATIONS SANS ÉCRIT

Séance du 20 juin 1846. — Mᵉ Le Fez, rapporteur.

Le Code civil, au titre du louage des choses, a posé des règles générales qui, à défaut de conventions écrites, indiquent quels sont les droits et les obligations réciproques du bailleur et du preneur.

Il a déterminé, relativement aux baux à ferme, la durée de l'engagement, par le temps nécessaire au preneur pour recueillir tous les fruits de l'héritage affermé. (V. art. 1774.)

Pour ces sortes de locations, quoique faites sans écrit, il n'est pas nécessaire de signifier de congé ni de remise, puisque le bail non écrit cesse de plein droit à l'expiration du temps pour lequel il est censé fait, suivant l'art. 1774. (V. art. 1775.)

Cependant la prudence veut qu'on ne laisse pas arriver le terme de la sortie sans faire connaître, soit le propriétaire, son intention de renvoyer le fermier, soit celui-ci, son intention de se retirer, parce qu'en cas de contestation sur la durée que devrait avoir le bail, par exemple, s'il y avait doute sur la manière dont les terres sont divisées, quant au nombre de soles ou saisons, les intéressés seraient exposés à de graves préjudices.

Mais la question se présente rarement, parce que, d'ordinaire, les locations de prés, de bois taillis, de terre et de corps de ferme, se font par écrit et pour un nombre d'années déterminé.

A l'égard des locations des maisons, la loi s'en réfère, quant à la durée du bail non écrit, aux usages des lieux. (V. art. 1736.)

Or, ces usages, que l'on ne trouve écrits nulle part et que chacun ne connaît que par tradition et d'une manière plus ou moins certaine, donnent lieu à des interprétations souvent controversées.

Les huissiers de l'arrondissement de Rouen ont pensé qu'il ne serait pas sans utilité de rechercher et de préciser ce qui se pratique le plus généralement, non pour en faire une loi qu'ils n'ont ni le droit ni la prétention de créer, mais pour établir au moins des antécédents positifs et certains, sur lesquels il fût possible de se baser.

ÉPOQUES ET TERMES DES LOCATIONS.

Comme les congés ont pour base les époques ordinaires d'entrée et de sortie des locataires, qui sont aussi celles du paiement des loyers, il convient d'abord de préciser les usages à cet égard.

Pour les *locations à l'année,* l'usage est, dans la *ville de Rouen,* de même que dans les autres *villes et bourgs* de l'arrondissement, à moins de conventions contraires, résultant de stipulations écrites ou de quittances déjà délivrées, de payer le loyer en quatre fractions ou termes.

Les termes sont :
Pâques (1) ;
Saint-Jean-Baptiste (24 juin) ;
Saint-Michel (29 septembre) ;
Noël (25 décembre).

L'usage, à la *campagne,* est de payer en deux termes qui sont :
Pâques et *Saint-Michel.*

Les expressions *trois mois* et *six mois*, s'entendent de l'intervalle de temps qui s'écoule d'un terme à un autre terme; ainsi, on considère comme une période de *trois mois*, quel que soit d'ailleurs le nombre de jours dont il se compose, l'intervalle existant :
De Pâques à Saint-Jean-Baptiste,
De Saint-Jean à Saint-Michel,
De Saint-Michel à Noël,
De Noël à Pâques.

On considère comme une période de *six mois* la réunion de deux termes de trois mois.

Le *demi-terme*, lorsqu'il s'agit de locations à l'année, payables en *quatre fractions*, s'entend de *six semaines*, ou quarante-deux jours, avant la fin du terme entier, quelle que soit d'ailleurs sa durée réelle.

A l'égard des locations payables en *deux fractions*, le demi-terme commence à l'époque du terme de trois mois, sans avoir égard au nombre de jours dont le terme de six mois peut se composer; ainsi, le demi-terme de *Noël* à *Saint-Jean* est fixé au jour de *Pâques.*

---

(1) Le terme de *Pâques* est fixé au jour de la célébration de la fête, qui varie du 22 mars au 24 avril ; il en résulte que le terme de Noël à Pâques peut avoir 121 jours, et celui de Pâques à la Saint-Jean une durée de 61 jours seulement.

Dans quelques localités on a cherché à égaliser les termes de Pâques et de Saint-Jean, en fixant celui de Pâques, soit au 25, soit au 29 mars; mais, quelque juste que paraisse être cette innovation, elle n'a pas encore prévalu sur les anciens usages, de sorte que c'est généralement la *fête de Pâques* que l'on prend pour point de départ.

Pour les *locations au mois ou à des termes périodiques plus courts*, les termes ou époques courent de jour à jour, en prenant pour point de départ celui de l'entrée en jouissance.

On prend les *mois* tels qu'ils sont fixés par le calendrier grégorien.

La *quinzaine* s'entend de deux semaines seulement, en y comprenant le jour de l'entrée et celui de la sortie; ainsi la quinzaine commencée le samedi expire le samedi subséquent.

La *huitaine* s'entend d'une semaine, soit, par exemple, du samedi au samedi suivant.

Lorsque le dernier jour du terme ou de la période se trouve être un dimanche ou une fête légale, le terme échoit la veille.

C'est à midi précis, le jour de l'échéance du terme, que les clés doivent être remises par le locataire sortant au propriétaire ou principal locataire, de manière que le nouveau locataire puisse entrer le même jour.

A défaut de remise volontaire des clés à midi, il est procédé le même jour à l'expulsion.

Toutefois, la *tacite reconduction* ne pouvant avoir lieu lorsqu'il y a *congé signifié* (art. 1739 du Code civil), il n'y a pas d'autre inconvénient que le retard dans l'entrée en jouissance du nouvel occupant, à remettre l'expulsion au lendemain du terme.

Mais il en est autrement si, au lieu d'un *congé signifié*, il y a simplement une *résiliation écrite*, ou si *le bail ou la jouissance expirent de plein droit*; dans ce cas l'expulsion doit être faite ou tentée le jour de l'échéance du terme.

Les réparations locatives doivent être faites avant la remise des clés; si elles ne sont pas terminées, le propriétaire doit réclamer dans l'année de la cessation de la jouissance, non de jour à jour, mais de terme à terme.

NATURE ET FORME DU CONGÉ.

On appelle congé la signification ou sommation faite par le propriétaire au locataire principal, ou par celui-ci aux sous-locataires, de cesser la jouissance des lieux loués pour une époque déterminée.

On appelle également congé ou remise de jouissance la déclaration signifiée par le locataire ou l'occupant au propriétaire ou au principal locataire, qu'il entend cesser sa jouissance et remettre les lieux au bailleur, aussi pour une époque déterminée.

Le propriétaire, s'il ne veut pas courir les chances d'une action en garantie contre le locataire principal qui n'aurait pas averti en temps les sous-locataires, peut donner congé directement à ces derniers (V. art. 1166 du Code civil); mais il ne serait pas fondé à réclamer les frais du congé contre le locataire principal, si celui-ci justifiait avoir lui-même donné un congé ou résilié les sous-locations.

Lorsqu'il existe une convention écrite relatant les conditions du bail, avec ou sans fixation de durée et qu'il est interdit au locataire de sous-louer, le propriétaire n'a aucunement à se préoccuper des sous-locataires; ils doivent se retirer en même temps que le locataire principal, sauf leur recours contre ce dernier, s'il ne les a pas avertis en temps utile.

Le congé est donné pour la fin d'un terme, ou pour l'expiration d'une période de temps fixée par la convention, ou sous-entendue, et en observant les délais établis, ainsi qu'on l'expliquera ci-après.

Pour les *locations à l'année*, qui comportent un délai de trois ou de six mois d'avertissement, le congé peut être signifié la *veille du terme*, soit que la sortie doive s'effectuer le jour ou la veille de l'expiration du terme.

Pour les locations qui comportent un délai de six semaines d'avertissement, le congé doit être signifié quarante-deux jours avant la fin du terme.

Lorsque le dernier jour du terme est férié, le congé est donné pour la veille; il en est toujours ainsi pour les termes de Pâques et de Noël.

Encore bien que l'heure de la sortie et de l'entrée des locataires soit fixée à midi pour la commodité de l'un et de l'autre, le congé peut néanmoins être signifié après midi.

Pour les locations *au mois*, le congé est donné *quinze jours francs* avant celui de l'expiration du mois de jouissance.

Pour les locations à *la quinzaine* ou à *la semaine*, il peut être donné seulement le jour correspondant à celui de la sortie; ainsi, lorsque la quinzaine ou la semaine finit le samedi, il suffit de donner l'avertissement le samedi pour le samedi suivant.

Les délais de dix et de cinq jours se comptent non compris le jour où le congé est donné, mais y compris celui où la sortie doit avoir lieu.

Il est convenable que le congé indique d'une manière précise le jour et l'heure de la sortie; cependant il est d'usage de considérer comme devant produire effet *la veille de l'expiration du terme, à midi*, le congé donné par exemple pour le jour de *Pâques*, pour le jour de *Noël*, ou pour tout autre terme, dont le dernier jour est férié, avec ou sans indication d'heure.

TEMPS NÉCESSAIRE ENTRE LE CONGÉ ET LA SORTIE.

Le délai du congé varie suivant la nature ou l'importance de l'objet loué.

Les locations se font *à l'année* ou à tant par an; *au mois* ou à tant par mois; *à la quinzaine, à la semaine*, ou *à la journée*, ou à tant par quinzaine, par semaine ou par jour.

Les locations à l'année se divisent en six catégories, qui sont :

1° Les maisons avec cour, jardin et plantations, ou avec cour ou jardin seulement;

2° Les maisons ordinaires, avec ou sans accessoires, meublées ou non meublées;

3° Les chantiers, magasins, caves, écuries, remises et hangars, composant une propriété entière ou séparée;

4° Les parties de maison;

5° Les magasins, boutiques, caves, écuries, remises et hangars, dépendant d'une habitation ou autre propriété, les parties de chantier et de magasin ;

6° Les chambres.

Les locations au mois, à la quinzaine, à la semaine ou à la journée ont ordinairement lieu pour :

Les chantiers, magasins, caves, écuries, remises, hangars et chambres.

Les appartements meublés et les meubles se louent, soit *à l'année*, soit *au mois*, soit *à des termes plus courts*.

LOCATIONS A L'ANNÉE.

§ Ier. — MAISONS AVEC COURS, JARDINS ET PLANTATIONS, OU AVEC COUR OU JARDIN SEULEMENT.

6 mois de congé, pour sortir à la Saint-Michel.

Les *cours* dont il s'agit ici sont celles en *herbage*, avec ou sans arbres fruitiers ou autres plantations.

Les *jardins* sont ceux en *culture* en pleine terre, aussi avec ou sans arbres fruitiers ou autres plantations.

Les cours pavées ne sont que des accessoires ou dépendances des maisons ordinaires.

Il en est de même des terrasses artificielles.

Si, eu égard à l'importance des cours, jardins et plantations, la maison d'habitation ne doit être considérée que comme un accessoire de la chose louée, le bailleur ne peut donner congé au preneur qu'en lui ménageant le moyen de recueillir les fruits de l'année.

Lorsque la maison forme l'objet principal de la location, si les cours, jardins et plantations ou autres accessoires, sont loués à cause de la profession de l'occupant, le bailleur doit également fixer la sortie de manière à ce que le locataire puisse approfiter la récolte.

On prend généralement pour époque le terme de Saint-Michel (29 septembre), parce qu'alors la majeure partie des fruits ou récoltes se trouve en maturité, et que d'ailleurs il est d'usage que le locataire vienne sur les lieux jusqu'à la Toussaint (1er novembre) pour les recueillir.

Le congé, en pareil cas, doit être donné au moins six mois d'avance, c'est-à-dire avant Pâques, à moins qu'il ne soit prouvé que la jouissance a commencé à une époque autre que la Saint-Michel, auquel cas on donne le congé pour sortir à la fin de l'année de jouissance, de manière à ce qu'il y ait autant de récoltes que d'années de loyer.

Lorsque la maison d'habitation n'est que l'accessoire des cours, jardins ou plantations, on peut considérer le congé comme inutile (V. art. 1775) ; cependant, il est prudent de le signifier, ne fût-ce que pour éviter la tacite reconduction, et les difficultés qui naîtraient de la prétention que pourrait élever à cet égard le locataire, s'il était laissé en possession, même un seul jour après la fin du terme. (V. art. 1738, 1739, 1774, 1775, 1776 du Code civil.)

Réciproquement, le locataire qui veut cesser sa jouissance, est tenu d'avertir le propriétaire, également six mois d'avance, et pour les mêmes époques.

Dans tous les cas, si le congé est donné ou si la remise est faite pour une époque autre que la Saint-Michel, c'est à celui qui veut faire cesser le bail verbal de prouver que la jouissance a commencé au terme pour lequel le congé ou la remise est signifiée, soit qu'il se porte demandeur en validité, ou qu'il soit défendeur à l'action en nullité, parce que la présomption est en faveur de la partie qui allègue que la location a pris cours à la Saint-Michel.

Si, au contraire, les *cours* et *jardins* dépendant d'une maison située *à la ville*, ne sont plantés que de quelques arbres fruitiers ou d'agrément, et si, à raison de la profession du locataire, la location ne paraît pas avoir eu lieu à cause de la cour ou du jardin, le congé ou la remise peut être donnée pour telle époque qu'il plaît au propriétaire ou au locataire de fixer, en prévenant toujours six mois d'avance et pour la fin d'un terme. (V. § II.)

Mais à *la campagne*, du moment où les *fruits* et *récoltes* sont de quelque importance, le congé se donne pour la Saint-Michel; néanmoins, s'il est établi que le bail verbal a commencé à une autre époque, le congé peut être donné pour le terme correspondant au jour de l'entrée en jouissance.

Un arrêt de la Cour royale de Rouen, du 7 octobre 1836, infirmatif d'un jugement du Tribunal de première instance, décide que l'on s'est conformé à l'usage établi pour les propriétés urbaines (1) des communes de l'arrondissement de Rouen en signifiant le congé six mois d'avance.

Voici dans quelles circonstances la contestation s'était élevée :

Un sieur H. avait loué verbalement à un sieur P. une propriété, située en la commune de Franqueville, canton de Boos, composée d'une maison d'habitation avec cour, jardins et arbres fruitiers.

Le 2 avril 1836, avant Pâques, H. signifia à P. un congé pour la Saint-Michel prochaine (29 septembre).

P. soutint que le congé, pour être valable, eût dû être signifié une année d'avance et manifesta l'intention de rester en jouissance.

Une instance s'engagea devant le Tribunal civil de Rouen qui, sur le vu de nombreux certificats obtenus par le sieur P. et attestant que, suivant l'usage, le congé devait être donné à un an d'intervalle, décida, le 12 septembre 1836, que le congé signifié à six mois de délai seulement, n'était pas valable, parce qu'il fallait une année entière, et en même temps ménager au locataire sortant les moyens de recueillir les fruits.

---

(1) On appelle propriétés urbaines, celles dont l'habitation et les bâtiments forment l'objet principal, soit qu'elles soient situées à la ville ou à la campagne; les propriétés dont les fonds de terre ou les récoltes font l'objet principal et où l'habitation n'est que l'accessoire, se nomment rurales. (V. art. 687 du Code civil.)

La conséquence de cette décision était que, pour une propriété urbaine, le congé n'aurait pu être donné, même le jour ou le lendemain de Saint-Michel 1835, que pour le terme de Saint-Michel 1837, ce qui eût pu entraîner un délai de deux ans, temps beaucoup plus long que s'il se fût agi d'une propriété rurale, puisqu'en pareil cas, s'il n'y a que des fruits ou des récoltes qui puissent s'approfiter dans une seule année, la jouissance expire tous les ans, sans avertissement.

Le sieur H. interjeta appel de ce jugement, et, le 7 octobre 1836, la Cour rendit son arrêt dans les termes suivants :

« Attendu que, s'il a été reconnu, en première instance, que les objets loués
» par le sieur H. au sieur P., constituent une propriété urbaine dont la loca-
» tion est subordonnée, après congé, à l'usage des lieux, il n'a pas été fait
» par les premiers juges une juste appréciation de cet usage, lequel, pour
» les propriétés urbaines des communes de l'arrondissement, n'admet que
» six mois de délai entre le congé signifié et la cessation de la jouissance ;
» — Attendu que, si l'opinion contraire a paru sortir de certificats invo-
» qués par les premiers juges, ce n'est que par une confusion dans laquelle
» sont tombés les certificateurs, qui, prenant en considération la nécessité
» d'approfiter les produits des jardins, vergers et herbages joints à une
» habitation, ont attesté, comme usage, ce qui n'est que l'exécution ordi-
» nairement donnée en pareille occurence aux articles 1774 et 1775 du Code
» civil, concernant les biens ruraux, et sans faire attention qu'alors il n'y a
» pas lieu à donner congé, puisque la jouissance cesse de plein droit à la fin
» de l'année, et que, s'il est donné congé, ce n'est, dans ce cas, qu'une mesure
» superflue. Réforme, Déclare P. mal fondé dans son action ; l'en déboute.
» Déclare, au contraire, *régulier et valable*, le congé signifié à la requête de
» H. à P., le 2 *avril* 1836 (1), pour le jour de Saint-Michel suivant; en consé-
» quence, *ordonne que l'intimé sera tenu de quitter les lieux*, à défaut de quoi
» autorise H. à l'expulser par toutes voies de droit; néanmoins accorde à P.
» jusqu'au jour de la Toussaint prochaine pour effectuer son déménagement.
» Condamne ce dernier aux dépens.
» M. Baroche, *président*.
» M. Justin, *substitut du procureur général*, conclusions conformes. »

§ II. — MAISONS.

6 *mois de congé.*

Pour une maison entière, avec ou sans accessoires, à la ville (2), le congé doit être donné ou la remise faite, six mois avant la sortie, et pour tel terme

---

(1) La fête de Pâques tombait, en 1836, au 3 avril.
(2) Voir pour les accessoires et dépendances § 1er, page 344.

qu'il plaît au bailleur ou au preneur de fixer. (V. cependant § VI pour les locations de 50 fr. par an et au-dessous.) (1)

Il en est de même à la campagne lorsque l'objet loué ne produit pas de fruits ou récoltes (2).

§ III. — CHANTIERS, MAGASINS, CAVES, ÉCURIES, REMISES, HANGARS, COMPOSANT UNE PROPRIÉTÉ ENTIÈRE OU SÉPARÉE.

6 mois de congé.

On assimile à une maison entière les chantiers de construction, les magasins pour le dépôt ou la conservation des marchandises, de même que les caves, écuries, remises, hangars ou autres emplacements, couverts ou non-couverts, formant une propriété entière ou séparée, et le congé est de six mois.

Il en est autrement si ces locaux ou emplacements ne forment qu'une division ou partie de propriété, ou si la location n'excède pas 50 f. par an. (Voir § IV et § VI.)

§ IV. — PARTIES DE MAISON (3).

3 mois de congé.

On appelle partie de maison le logement consistant en deux ou plusieurs chambres distinctes ; une chambre à feu avec un cabinet accessoire et contigu ne sont pas considérés comme formant une partie de maison, mais seulement comme une simple chambre.

Il en est autrement lorsque les deux pièces sont divisées de manière à pouvoir être occupées séparément et sans qu'il soit nécessaire de passer ou de communiquer de l'une dans l'autre ; dans ce cas, elles forment une partie de maison.

Une chambre avec une partie de cour, de cave ou de grenier est considérée également comme une partie de maison.

Le congé pour une partie de maison doit être donné trois mois avant la sortie. (V. cependant § VI, pour les loyers de 50 fr. et au-dessous.)

---

(1) *Une partie* de maison assez considérable pour constituer *un corps de logis* ou qui offre les avantages d'*une maison entière*, doit être considérée comme maison entière, et il faut six mois de congé. — Jugement du Tribunal civil de Rouen du 7 février 1852.

(2) Comme on l'a vu page 345, lorsque les fruits ou récoltes que produit une propriété, située à la campagne, sont de quelque importance, le congé ne peut être donné que pour le terme de Saint-Michel ; c'est là une appréciation laissée à la prudence des Magistrats, qui se prononcent suivant les circonstances ; toutefois, si le propriétaire était à même d'établir que la jouissance a commencé à une autre époque, il pourrait donner congé pour le terme correspondant ; mais, en cas de contestation, il lui incomberait de fournir la preuve du fait par lui allégué, parce que la présomption contraire, résultant de l'usage, serait en faveur du locataire.

(3) Voyez les notes du § II, pour les parties de maison.

§ V. — MAGASINS, BOUTIQUES, CAVES, ÉCURIES, REMISES ET HANGARS, DÉPENDANT D'UNE HABITATION OU AUTRE PROPRIÉTÉ ; — PARTIES DE CHANTIER ET DE MAGASIN.

3 *mois de congé.*

On assimile à une partie de maison les magasins de vente et les boutiques, lorsque la location a eu lieu pour cet usage; dès lors, un délai de trois mois est nécessaire entre le congé et la sortie, lors même qu'il n'y aurait qu'une seule pièce.

On assimile également à une partie de maison, les parties de chantier et les parties de magasin pour le dépôt ou la conservation des matériaux et marchandises, de même que les caves, écuries, remises et hangars dépendant d'une propriété divisée en plusieurs locations, occupations ou habitations, et lorsque la location excède 50 fr. par an; le délai du congé est donc de trois mois.

§ VI. — CHAMBRES. — LOCATIONS DE 50 FR. ET AU-DESSOUS.

6 *semaines de congé à la ville, exception pour la campagne.*

Comme on l'a vu plus haut, on considère comme une chambre seulement l'appartement composé de deux pièces adjacentes communiquant ensemble et dont l'une est l'accessoire de l'autre; mais deux pièces à feu ne sont pas regardées comme une seule chambre ; elles forment une partie de maison.

Dans la ville de Rouen et dans ses faubourgs, de même que dans les villes et bourgs de l'arrondissement, le congé pour les chambres ou chambres avec cabinet, doit être donné *six semaines* avant la sortie et pour la fin d'un terme; il en est de même *pour toute location dont le prix annuel n'excède pas 50 fr.*

Dans les *communes rurales*, on ne distingue pas entre une chambre et une partie de maison, et l'on n'a aucun égard à la quotité du loyer; dans l'un comme dans l'autre cas, *le délai du congé est de la moitié de la durée du terme.*

Ainsi, lorsque le loyer se paie en deux fractions ou termes par année, le congé est de trois mois; lorsque le loyer se paie en quatre termes, le congé est de six semaines.

LOCATIONS AU MOIS OU A DES TERMES PÉRIODIQUES PLUS COURTS.

CHANTIERS, MAGASINS, CAVES, ÉCURIES, REMISES, HANGARS, CHAMBRES.

Pour les chantiers, magasins, caves, écuries, remises, hangars, chambres ou autres aîtres et emplacements loués *au mois* ou à tant par mois, la durée du congé est de *quinze jours* pour sortir à la fin d'un mois de jouissance, telle qu'elle est fixée par les quittances ou autres documents.

Si la location est faite *à la quinzaine*, le délai du congé est de huit jours non francs, ou *une semaine*, soit du samedi au samedi ; il est également *d'une semaine* si la location est faite *à la semaine*, toujours du samedi au samedi, à moins qu'il ne soit reconnu que la location a commencé un autre jour. Pour les locations *à la journée,* le propriétaire ou locateur doit avertir *la veille*, mais le locataire peut sortir sans avertissement, en payant la journée commencée.

Si les locations, au lieu d'être faites au mois, à la quinzaine, à la semaine ou au jour, sont faites pour un mois, une quinzaine, une semaine ou un jour, la jouissance cesse de plein droit à l'expiration du terme fixé; mais c'est à celui qui allègue l'existence d'une convention de la prouver.

APPARTEMENTS MEUBLÉS.

Les usages ci-dessus indiqués, pour la durée du congé, s'appliquent aux appartements meublés comme à ceux non meublés; on prend pour base la nature ou l'importance de l'habitation et des accessoires immobiliers, sans avoir égard aux meubles. (V. art. 1758 du Code civil.)

LOCATIONS DE MEUBLES.

Suivant l'art. 1757 du Code civil, le bail des meubles fournis pour garnir une maison entière, un corps de logis entier, une boutique ou tous autres appartements, est censé fait pour la durée ordinaire des baux des maisons, corps de logis, boutiques ou autres appartements, selon l'usage des lieux.

Mais la nécessité de faire suivre aux meubles le sort des immeubles, a déterminé l'adoption d'un usage différent pour les congés, de manière à ne pas mettre le locataire dans l'obligation de conserver les meubles après qu'il serait dépossédé de la maison ou de l'appartement, ce qui arriverait forcément si, recevant la veille du terme un congé de son propriétaire, il devait observer le même délai pour l'avertissement à donner au locateur du mobilier.

Il est vrai que, suivant l'usage établi, le locateur des meubles peut les retirer au locataire avant que celui-ci puisse quitter son appartement, si la mise en demeure de les rendre lui est donnée seulement la veille du terme, et sans qu'il ait le temps d'avertir le propriétaire de l'appartement; mais il est moins préjudiciable de se trouver chargé d'un appartement sans meubles, parce que l'on peut en louer d'autres, que d'être chargé de meubles souvent importants, sans local pour les placer.

Ainsi *le locateur* ou propriétaire des meubles loués pour garnir une maison, une boutique ou tous autres appartements, *doit faire connaître son intention de reprendre les objets loués, en observant les délais fixés pour les congés des lieux où ils ont été placés.*

Mais *le locataire* qui veut en faire la remise ne doit avertir que *trois mois d'avance* pour les *meubles garnissant une maison entière*; *six semaines d'avance* pour ceux garnissant une *partie de maison*; *un mois d'avance* pour ceux garnissant une chambre, et *toujours pour la fin d'un terme*; — *le tout si la location est faite à l'année.*

Pour les *locations faites au mois*, la durée de l'avertissement est *d'une quinzaine*, ou deux semaines, *de la part du locateur,* et de dix jours *de la part du locataire.*

Pour les *locations faites à la quinzaine*, le délai de l'avertissement est *d'une semaine*, s'il est donné par *le locateur*, et de *cinq jours* seulement *s'il émane du locataire.*

Pour les *locations à la semaine,* il est aussi d'une *semaine* de la part du locateur, et de *cinq jours* de la part du locataire ; il est d'un *jour* de part et d'autre si la location est faite *à la journée.*

Si la location est faite pour un temps déterminé, elle cesse de plein droit au jour fixé.

TABLE CHRONOLOGIQUE.

TABLE CHRONOLOGIQUE

Des Edits, Ordonnances, Décrets, Lois, Sentences, Arrêts de Règlement, Arrêtés, etc., reproduits en tout ou partie dans le Règlement de Police qui précède, ou imprimés à la suite.

DATES.		TITRE ET OBJET DES ÉDITS, LOIS, ORDONNANCES, ETC.	Indication DES PAGES
1607	Décembre	Edit sur la police des rues et chemins et sur les constructions et réparations	272
1691	20 Nov.	Arrêt du Parlement de Normandie concernant la conservation des plantations	275
1693	16 Juin.	Ordonnance sur les alignements et permissions pour construire ou réparer.	276
1714	10 Avril.	Arrêt du Conseil obligeant à enfouir les animaux morts naturellement.	276
1726	28 Août.	Arrêt du Parlement de Normandie sur la construction des fours.	146
1729	18 Juillet.	Edit concernant les maisons et bâtiments menaçant ruine.	276
1733	22 Octob.	Lettres patentes et arrêt de parlement concernant la perception des droits de voirie et les autorisations pour bâtir ou réparer.	278
1735	11 Mai.		
1751	17 Août.	Arrêt de règlement concernant les plantations et l'élagage des arbres et haies	278
1754	29 Mars.	Ordonnance concernant la police générale des routes et des chemins.	279
1760	27 Juin.	Ordonnance accordant à l'entrepreneur des pavages le droit exclusif de faire les travaux sur les voies publiques.	40
1765	27 Févr.	Arrêt du Conseil sur les alignements et les constructions.	280
1765	6 Août.	Arrêt de règlement concernant les couvertures des bâtiments.	281
1771	17 Août.	Sentence du Lieutenant-général de police de Rouen, obligeant les orfèvres, brocanteurs, etc. à inscrire sur un registre les objets d'occasion qu'ils achètent.	230

DATES.		TITRE ET OBJET DES ÉDITS, LOIS, ORDONNANCES, ETC.	Indication des pages
1783	10 Avril.	Ordonnance défendant d'ouvrir de nouvelles rues sans autorisation.	54
1783	22 Octob.	Autorisation pour bâtir. (Voir 22 octobre 1733 et 11 mai 1735.)	278
1785	12 Août.	Arrêt du Parlement sur la construction des sécheries à air chaud.	147
1789	14-22 Déc.	Loi relative à la constitution des municipalités.	282
1790	16-24 Août	Loi sur l'organisation judiciaire et les corps municipaux.	282
1791	19-22 Juil.	Loi sur la police municipale.	283
An IX	7 Brum.	Arrêté des Consuls sur les bureaux de pesage et l'emplacement des marchés.	284
An XII	23 Prair.	Loi sur la police des cimetières.	260
1805	4 Fév.	Décret relatif au numérotage des maisons. . .	285
1807	25 Mars.	Avis du Conseil d'Etat, concernant les frais du pavage des rues.	41
1807	16 Sept.	Loi relative aux alignements et aux indemnités dues aux propriétaires pour cession de terrain.	286
1808	7 Mars.	Décret fixant la distance à observer pour les constructions à élever dans le voisinage des cimetières.	260
1810	15 Octob.	Décret sur les établissements industriels dangereux, insalubres et incommodes.	288
1815	14 Janv.	Ordonnance sur le même objet.	290
1836	21 Déc.	Délibération sur la répartition des frais du premier pavage des rues.	41
1837	18-22 Juil.	Loi sur l'administration municipale.	291
1838	6 Nov.	Délibération concernant la répartition du premier pavage des rues.	41
1839	4 Fév.	Autre délibération sur le même objet.	41
1839	29 Avril.	Ordonnance royale approuvant les plans d'alignement de la ville.	293
1842	24 Mai.	Loi relative aux portions des grandes routes délaissées par suite de changements de tracé ou d'ouvertures de nouvelles routes.	294
1844	19 Avril.	Arrêt du Conseil d'Etat déclarant les anciens règlements de voirie applicables à toute la France.	295

TABLE CHRONOLOGIQUE.

DATES.		TITRE ET OBJET DES ÉDITS, LOIS, ORDONNANCES, ETC.	Indication DES PAGES.
1845	7 Juin.	Loi concernant la construction et la réparation des trottoirs	32
1850	13-22 Avr.	Loi sur sur les logements insalubres.	296
1850	2 Juillet.	Loi sur les mauvais traitements exercés envers les animaux domestiques.	91
1851	10, 19-27 Mars & 1er Av.	Loi pour la répression des fraudes dans la vente des marchandises.	298
1851	12-30 Avr. 30 Mai & 8 Juin	Loi sur la police du roulage et des messageries.	299
1851	29 Déc.	Décret sur les cafés, cabarets et débits de boissons	158
1852	25 Mars.	Décret sur les établissements dangereux, insalubres ou incommodes.	291
1852	25 Mars.	Décret sur les bureaux de placement.	232
1852	26 Mars.	Décret relatif aux rues de Paris, rendu applicable à la ville de Rouen.	306
1852	10 Août.	Décret concernant la circulation des voitures. .	308
1853	5 Janv & 1er Fév.	Décret sur l'entretien des trottoirs.	33
1853	12 Mars.	Décret appliquant à Rouen plusieurs articles de celui du 26 mars 1852.	306
1858	27 Déc.	Décret sur les expropriations faisant suite à celui du 26 mars 1852.	317
1859	27 Juillet.	Décret sur la hauteur des constructions et des étages.	20
1864	6-18 Janv.	Décret sur la liberté des théâtres	318
1866	18 Avril.	Décret sur les dépôts et magasins d'huiles minérales, pétroles, etc.	319
1866	20 Avril.	Arrêté ministériel concernant la circulation des locomotives sur les routes ordinaires. . . .	322
1866	31 Déc.	Décret contenant une nouvelle classification des établissements dangereux, insalubres et incommodes.	291
1867	27 Juillet.	Loi relative à la répression des fraudes dans la vente des engrais	215

USAGES LOCAUX POUR LES LOCATIONS

Voir page 340.

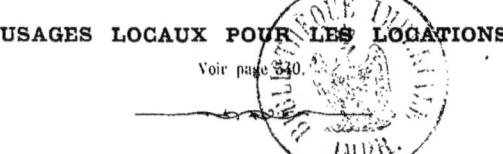

TABLE ALPHABÉTIQUE

DES MATIÈRES CONTENUES DANS LE RÈGLEMENT GÉNÉRAL DE POLICE DE ROUEN.

NOTA. — LES CHIFFRES INDIQUENT LES N^{os} DES ARTICLES.

A.

ABATTOIR, défense de tuer des animaux de boucherie ailleurs, 925 et suivants.
AFFICHAGE, 1183 et suivants.
AFFICHES, leur conservation, 1185, 1186.
AFFICHEURS, 1183 et suivants.
AISSANTAGE, — défendu, 21.
ALIGNEMENTS et NIVELLEMENTS, 5, 6, et 8.
ALLUMETTES CHIMIQUES, dépôts, 587 et suivants.
ANCIENNES CONSTRUCTIONS, travaux permis ou défendus, 137, 150.
ANIMAUX atteints de maladies contagieuses, 1172.
ANIMAUX DE BOUCHERIE, marché, 831.
— Conduits à l'entrée et à la sortie du marché, 834 et suivants.
— Allant à l'Abattoir ou traversant Rouen, 927 et suivants.
— Morts naturellement ou de maladie, ne peuvent être vendus comme denrée alimentaire, 936.
ANIMAUX DOMESTIQUES, mauvais traitements, défenses de les laisser divaguer, de les exciter à se battre, 331.
ANIMAUX MORTS, défense de les garder dans les habitations, et obligation de les enfouir, 270 et suivants.
ANIMAUX NUISIBLES, défense d'en avoir dans les habitations, 266.
APPLIQUES ou LANTERNES pour éclairer les travaux, 135.
APPROVISIONNEMENTS DES MARCHÉS, 717.
APPUIS DE CROISÉES, 82.
AQUEDUCS ET ÉGOUTS, obligation d'y conduire les eaux, 210 et suivants.
— Mesures pour leur conservation et leur propreté, 227, 255.
ARBRES ET HAIES, obligation de les élaguer et tondre, 340 et suivants.
ARBRES, marché pour la vente, 786 et suivants.
ARBUSTES, déposés sur les fenêtres, 316 et suivants.
ARMES A FEU, tir, 321, 591, 690.
ARMES, défense d'en laisser à la disposition du public pendant la nuit, 1133.
ARRÊTÉS PRÉFECTORAUX pour la voirie, 13.

ARROSEMENT des voies publiques, 279 et suivants.
ARTIFICIERS, 324 et suivants.
ATTRIBUTS pour enseignes, 82, 95.
AUBERGISTES, obligations qui leur sont imposées, 262, 643, 682.
AUTORISATIONS pour construire ou réparer, 1, 2, 10.
— Elles ne sont valables que pour un an, 11.
— Elles doivent rester déposées dans les chantiers, 14.
AUVENT, défense d'en établir et de réparer ceux existants, 93.

B

BAIES, à ouvrir ou à boucher, 1, 2, 143, 144.
BAIGNEURS, 664 et suivants.
BAINS DE RIVIÈRE, 664 et suivants.
BALADINS, 661, 769 et suivants.
BALANCES des débitants de denrées alimentaires; — doivent être tenues propres, 641.
BALAYAGE des rues, quais, places et boulevards, 246 et suivants.
— Des ruisseaux au moment où coule l'eau des bouches de lavage, 256.
— Cas où il doit être fait d'office, 268, 1201.
BALAYURES, — ne peuvent être déposées sur les voies publiques après le passage des voitures de nettoiement, 259.
BALCONS, petits et grands, 82.
— Ils sont établis sans préjudice du droit des tiers, 94.
BALLONS à foyer allumé, 692.
BALS PUBLICS, 646.
BANDEAUX, 82.
BANNEAUX OU TOMBEREAUX, servant au transport des fumiers, gravats etc.; — ne doivent rien laisser tomber de leur contenu, 260.
BAQUETS, pissoirs chez les cafetiers, aubergistes, etc., 651 et suivants.
— Ne peuvent être vidés sur les voies publiques, 652.
BARAQUES des spectacles forains, 769 et suivants.
BARRES DE FER, transport en voiture, 378.
— Défense d'en laisser à la disposition du public pendant la nuit, 1133.
BARRIÈRES; — ne peuvent développer sur la voie publique, 99, 101.
BARRIQUES, défense de les rincer sur la voie publique, 261.
BATARDEAU, sur la voie publique, défendu, 206.
BATEAUX, 677, 995 et suivants.
BATELEURS, 661.
BATELIERS PASSEURS, 995 et suivants.
BATIMENTS menaçant ruine: — doivent être démolis, 157 et suivants.

BATIMENTS, mesures à prendre par les propriétaires pour éviter les accidents, 314.
BESTIAUX allant au marché ou en sortant, 330.
— Marché aux bestiaux, 753, 831.
— Non vendus au marché, 864.
BEURRE, vente en gros, 724, 738.
— Vente à la criée, 869, 895.
BIBLIOTHÈQUE publique, 1105 et suivants.
BIÈRE, tuyaux servant à son débit, 638.
BŒUFS, défense d'en conduire plus de 25 à la fois, 330.
— Marché aux bœufs, 753.
BOIS, employé dans les façades; — doit être couvert de plâtre, 25.
— Des constructions; — doivent être éloignés des cheminées, 44 et suivants.
— De chauffage; chantiers, 621, 622 et suivants.
BONBONS, leur coloration, 637.
BORNES, saillie, pose, enlèvement, 82, 121 et suivants.
BOUCHERIE, (marché pour les animaux de), 831 et suivants.
— Etablissement de nouvelle, 944.
BOUCHERS; — ne peuvent conserver chez eux des peaux fraîches, des détritus d'animaux, etc., 267.
— Conduite des voitures des bouchers, 376.
— Sédentaires doivent tuer à l'Abattoir public, 925 et suivants.
— Et charcutiers; — leurs boutiques et étaux, 937 et suivants.
— Prescriptions pour l'établissement de nouvelles boucheries, 944.
— Forains, 909 et suivants.
BOUCLEMENT, cas où il entraîne démolition, 158.
BOUES, leur enlèvement, 257, 260 et suivants.
BOULANGERS, voitures, 376.
— Obligations qui leur sont imposées, 955 et suivants.
— Défense d'employer, pour chauffer les fours, des bois injectés de sulfate de cuivre, 959.
— Forains, 781, 957.
BOULEVARDS, police, 556 et suivants.
BOUTIQUES, devanture, 138, 140, leur fermeture, 319.
— De bouchers et charcutiers, 937.
BOYAUX des animaux de boucherie; — ne peuvent être grattés et lavés qu'à l'Abattoir, 925.
BRASSEURS, conduite de leurs voitures, 376.
BROCANTEURS, obligation d'inscrire leurs achats sur un registre, 1008.
— Crieurs de rue, 1003 et suivants.
BROUETTES, circulation sur la voie publique, 351 et suivants.
BUREAUX DE PLACEMENT, 1019 et suivants.
BUREAUX D'OCTROI, police intérieure, 1127 et suivants.
BUSTES pour enseignes, 82.

C

CABARETS, 644 et suivants.
CABINETS D'AISANCES, 79, 651.
CAFÉ, défense de le brûler sur la voie publique, 322, n° 7, 317, n° 4.
CAFÉS, défense d'en ouvrir sans autorisation et obligations imposées, 611.
CAFETIERS, 262, 644, 651.
— Défense de brûler le café sur la voie publique, 322.
CALORIFÈRES, 42, 618.
CARRIÈRES, exploitation, 595 et suivants.
CAVES, 16, 17, remblais des caves, 173.
CAVES D'AISANCES, 67, doivent être purgées avant démolition, 167, 173.
— Les terres pour les remblayer doivent être tassées, 173.
CHANDELLES ROMAINES, 690.
CHANTIERS DE BOIS DE CHAUFFAGE, 621, 622.
— Prescriptions pour les cheminées et tuyaux de poêle, 689.
CHANTEURS DE RUE, 661 et suivants.
CHANTS BRUYANTS, 660.
CHARBON DE BOIS, dépôts, 623.
CHARCUTIERS, défense de jeter les issues et eaux rousses sur les voies publiques, 261 ; autres obligations, 267.
— Leurs ustensiles, 641.
— Doivent tuer à l'Abattoir, 925.
— Leurs boutiques, étaux, laboratoires et ustensiles, 937.
— Défense d'employer des sels de morue, de varechs et de salpêtrière, 940.
— Défense de mélanger de la viande de cheval avec d'autres viandes, 953.
FORAINS, 909 et suivants.
CHARGEMENT ET DÉCHARGEMENT des voitures et obligation de balayer la place, 260, 367, 372.
CHARIVARIS, sont défendus, 323.
CHARRETIERS, doivent balayer après chargement ou déchargement, 260.
CHARRONS, 322, 657.
CHASSE-ROUES, 82, 121.
CHAUDIÈRES à vapeur, 580.
CHAUDRONNIERS, 657.
CHAUSSÉES, leur entretien, 114 et suivants.
CHAUSSURES, marché pour la vente, 793.
CHEMINÉES, 42 et suivants.
— Obligation de les faire ramoner et réparer, 681 et suivants.
— Il ne peut en être établi dans les chantiers à bois, qu'à la distance prescrite, 689.

CHEMINÉES à la prussienne, pierre à placer dessous, 693.
CHEMINS DE FER, police des gares, 555.
CHEVAL, vente de la viande, comme denrée alimentaire, 946.
CHEVAUX, défense de les laver et panser sur la voie publique, 261.
— Défense de les ferrer sur la voie publique, 322.
— Défense de les faire trotter ou galoper, sur la voie publique, en les tenant par la bride, 328 et suivants, 767.
— Lieu destiné à la vente, 748.
— Obligation de les faire visiter avant la vente, 749.
— Foires, 765. — Leur trotterie, 767.
— Visite annuelle, 1170.
CHÈVRES, défense d'en avoir chez les habitants, 266.
CHIENS, défense de les laisser errer et obligation de les museler, 333 et suivants.
— Défense de les exciter à attaquer ou à poursuivre les passants, 338, 339.
— Défense de les atteler aux voitures, 337.
— Défense d'en conduire dans les halles, 880.
CHIFFONNIERS AMBULANTS, 1003.
CHUTE DES MATÉRIAUX sur la voie publique, dispositions pour l'éviter, 314 et suivants.
CIMETIÈRES, 1187.
CIMETIÈRE MONUMENTAL, 1198.
CIRCULATION des brouettes et voitures à bras, 340 et suivants.
CIRCULATION sur les trottoirs, défenses s'y rattachant, 346 et suivants.
— Des voitures de toute espèce sur les voies publiques, 354 et suivants.
CIRCULATION des voitures, défenses et prescriptions s'y rattachant, 358 et suivants.
CIRCULATION des locomotives sur les routes ordinaires, page 322.
CITERNE, obligation de faire un contre-mur, 16.
CLOTURES, autorisation préalable, leur saillie, 131, 132.
— A établir avant de travailler le long de la voie publique, 101, 130 et suivants.
— Quand doivent-elles être enlevées, 134.
— Des rues non classées, 191.
— Des terrains longeant les voies publiques, 196.
— En planches; — ne sont permises que pour trois ans. (Voir alignements au tarif des droits de voirie.)
COCHERS des voitures de place; — doivent balayer les lieux de stationnement, 254.
— Autres obligations qui leur sont imposées, 471 et suivants.
COCHONS DE LAIT, vente en gros, 724, 738.
— Vente à la criée, 869, 895.

COLORATION des bonbons et des papiers pour enveloppes, 637.
COLPORTAGE des denrées alimentaires, 806 et suivants.
COMBATS D'ANIMAUX, sont défendus, 331.
COMBLES, hauteur, 66.
COMMERCE DES ENGRAIS, 969 et suivants.
COMMISSAIRES DE POLICE, visites à faire, 1200.
COMMISSAIRES-PRISEURS, (ventes mobilières), 982.
— Vente de denrées alimentaires corrompues, 828.
COMMISSIONNAIRES à la brouette ou avec voitures à bras, 350.
— avec ou sans brouettes, 1033 et suivants, tarif 1040.
COMMODITÉ de la circulation sur les voies publiques, 314 et suivants.
CONCESSIONS de terrain au Cimetière monumental, 1198.
CONDUCTEURS de voiture, âge minimum exigé. Défense de conduire en état d'ivresse et autres dispositions, 354 et suivants.
CONDUITE des chevaux, bêtes de trait, de charge, etc., 328 et suivants.
— Bestiaux allant au marché ou en sortant, 330, 834 et suivants.
— — Allant à l'Abattoir, 927, 928 et suivants.
— Défense de conduire plus de 25 vaches ou bœufs, à la fois, 330.
CONSERVATION DU RÈGLEMENT, 1206.
CONSOLES OU MODILLONS, 20.
CONSOLIDATIONS défendues, 138 et suivants, 152, 153, 154.
CONSTRUCTIONS, autorisations préalables, 1, 2, 10.
— En arrière de l'alignement ou sur des terrains longeant des rues non classées, 8, 9, 10.
— Anciennes, réparations et consolidations, 137 et suivants; 152, 153, 154.
CONSTRUCTIONS longeant des rues non classées, 195.
CONSTRUCTION des baraques de spectacles forains, 769.
CONTRAVENTIONS, exécution d'office en cas de contravention, 1201.
— Aux règlements, (plaintes à faire en cas de), 1203.
— Constatation des contraventions et répression, 1205.
CONTREVENTS, saillie 82; — doivent être attachés, 100.
CONVOIS FUNÈBRES, défense de les couper; (n° 7), 358.
COR DE CHASSE, 658.
CORNET A PISTON, 658.
CORNICHES, 19, 20.
CORROYEURS, 657.
CORTÉGES, défense de les couper, (n° 7); 358.
COURTIERS DE COMMERCE, vente de denrées alimentaires corrompues, 828.
COUVERTURES, défense d'en établir avec des matériaux combustibles et de réparer celles existantes, 24.
CRIÉE, vente de denrées alimentaires, 772 et suivants.
CRIEURS de rues, 1003.

CRIS, bruyants et nocturnes, 660.
CUISINIERS ET ROTISSEURS, leurs laboratoires, 642.
— Doivent faire ramoner leurs cheminées tous les 2 mois, 682.
CURAGE des fossés, 1164.
CUVETTES pour les eaux, ne peuvent être établies sur la voie publique, 98.

D

DANGER, résultant des travaux sur la voie publique; — doit être indiqué, 315.
DÉBITS DE BOISSONS, 644 et suivants.
— Tuyaux et ustensiles défendus, 638.
DÉBLAIS, ne peuvent séjourner sur la voie publique, 127.
DÉBRIS de poterie, défense de les déposer sur la voie publique, 261.
— Doivent être enlevés par les riverains, 264.
DÉBRIS ET RÉSIDUS du nettoyage du poisson, ne peuvent être jetés sur la voie publique, 252, 253.
DÉCHARGEMENT des voitures, obligation de balayer la place, 260, 372.
— Autres dispositions, 367.
DÉCLARATION des objets trouvés, 987.
DÉCOMBRES, défense de les déposer sur les voies publiques, 261.
— Doivent être enlevés par les riverains, 264.
DÉCOR EN BOIS, est interdit, 147.
DÉFENSES d'uriner contre les monuments et autres défenses dans l'intérêt de la salubrité et de la propreté, 261.
— Aux vidangeurs, 302 et suivants.
— Concernant la commodité et la sûreté de la circulation, 319, 320, 321, 324, 329, 347, 353, 358 et suivants.
— Aux cochers des voitures de place, 492, 495 et suivants.
— Concernant les jardins publics, 570.
DÉFENSES pour prévenir les incendies, 690.
DÉGUISEMENTS, 1097 et suivants.
DEMANDES pour construire ou réparer, 2, 3.
DÉMOLITION de bâtiments menaçant ruine, 157, 314.
— Précautions à prendre pour opérer les démolitions, 166.
DENRÉES ALIMENTAIRES, vente en gros, 724, 727, 780.
— Vente à la criée, 772, 869 et suivants.
— Vente au détail, 781 et suivants.
— Colportage des denrées alimentaires, 806 et suivants.
— Corrompues ou falsifiées, 824 et suivants.
DÉPOTS de matériaux, poteries, bouteilles cassées sur les voies publiques, 125, 135, 321.

DÉPOTS De pétrole, huile de schiste, essence, etc., 582 et suivants.
— D'allumettes chimiques et de matières fulminantes, 587.
— De charbon de bois, 623.
— D'objets incommodes, dangereux ou insalubres, 624.
— Des objets trouvés, 989 et suivants.
DÉPOTOIR PUBLIC, 985 et suivants.
DÉRASEMENTS, prohibés, 142.
DÉTACHEMENTS de troupe, défense de les couper, (n° 7.), 358.
DEVANTURES DE BOUTIQUES, 138, 140.
— Défenses de les laver à certaines heures, 261.
DILIGENCES et voitures de Messageries, 381 et suivants.
DISPOSITIONS TRANSITOIRES, 1207.
DROITS DE VOIRIE, doivent être payés avant les travaux, 12.
— Tarifs des droits de voirie, 231 et suivants, 243.
DROITS D'OCTROI sur les objets vendus à la criée, 872.

E

EAUX, leur écoulement sous les trottoirs, 109
— Des rues non classées, 190.
— Entraves à leur écoulement, 206.
— Dans les ruisseaux, 207 et 208.
— Tuyaux de descente des gouttières et des éviers, 208.
— Celles qui doivent être conduites dans les égouts et rivières, 210, 220.
— Des fabriques de colle et autres établissements, 222.
— Des machines à vapeur, 226.
— Des établissements industriels en temps de gelée, 277.
ECHAFAUDAGES, doivent être scellés sur le sol, 119.
— Autorisations préalables et prescriptions, 131, 133.
ECHELLES, défense d'en laisser à la disposition du public pendant la nuit, 1133.
ECHENILLAGE, 1167.
ECLAIRAGE des travaux sur la voie publique, 135.
— Des rues non classées, 192.
ECLAIR DE CAVE, ne peut être saillant sur la voie publique, 17.
ECOULEMENT DES EAUX sous les trottroits, 109, 209.
— Des constructions dans les rues non classées, 190.
— Sur la voie publique, 206 et suivants.
— Dans les rues et les égouts, 207 et suivants, 210.
— Des eaux pluviales et ménagères dans les rivières, 220.
— D'établissements industriels et des machines à vapeur, 222, 226, 277.
ECURIES. Lanterne de service, 691.

ECUSSONS, ne peuvent être attachés aux balcons, 95.
EDIFICES *menaçant ruine*, 157 et suivants.
— Obligations imposées aux propriétaires, 314.
EFFETS perdus et trouvés, 986 et suivants.
EGOUTS des rues non classées, 190.
EGOUTS ET AQUEDUCS (voir aqueducs).
— Les bouches doivent être dégagées par les voisins, 255.
EMBARRAS de la voie publique, doit être éclairé, 135.
— Diverses dispositions pour les empêcher, 320 et suivants.
— De la voie publique, 367, enlèvement d'office, 1201.
ENCORBELLEMENT, défenses s'y rattachant, 22, 138.
ENGRAIS (commerce des), 969 et suivants.
ENSEIGNES, 82, 95.
ENTREPRENEURS, doivent se conformer au règlement, 244.
— De vidanges, 284 et suivants.
ENTRETIEN des trottoirs, 113, — des chaussées, 114 et suivants.
EPICIERS, défense de brûler le café sur la voie publique, 322.
— Leurs ustensiles, 641.
ESCAMOTEURS, 661.
ESSENCES, dépôts, 582.
ETABLISSEMENTS DE TIRS, 591.
— Dangereux, insalubres ou incommodes, 624 et suivants.
ETALAGES sur la voie publique, 322.
— Sur les marchés, 796 et suivants.
ETALAGISTES, doivent balayer devant leurs étaux, 252.
ETAUX de boucher, prescriptions pour en établir à l'avenir, 911.
ETENTE de linge ou vêtements, défendue sur la voie publique, 261.
EXCAVATIONS sur la voie publique, 115, 118, 321.
EXÉCUTION D'OFFICE, en cas de contravention, 1201.
EXHAUSSEMENT de bâtiments, 3, 40, 48, 61, 148.
EXPLOITATION de carrières, 595 et suivants.

F

FAÇADES, les murs doivent avoir une épaisseur suffisante, 18.
— En bois ou en briques, 25, 26.
— Doivent être tenues en état de propreté, 27.
— Défense de les salir ou dégrader, 28, 261.
— Hauteur des façades, 59 et suivants.
FENÊTRES, jardinets sur les fenêtres, 316.
FERBLANTIERS, 657.
FERMETURE DE BAIES, cas où elle peut être autorisée et conditions, 143, 144.

FERMETURE DE BAIES de volets et magasins, 319 et suivants.
— De portes, le soir, 1131.
FERRAGE DES CHEVAUX sur la voie publique, 322.
FERRAILLE, marché pour la vente, 793.
FEUX, défense d'en allumer dans les halles et marchés et sur les voies publiques, 690.
FEU D'ARTIFICE, 324 et 690.
FILLES PUBLIQUES, 1138 et suivants.
FLEURS sur les fenêtres, 316 et suivants.
— Marché pour la vente, 788, 789.
FOIRES, 754 et suivants.
FONDATIONS, 15, 16 et 17.
FONTE DES GRAISSES des animaux de boucherie ; — doit avoir lieu à l'Abattoir, 925.
FORGERONS, 657.
FORGES, 604 et suivants, 613 et suivants.
FOSSES D'AISANCES, 67 et suivants.
— Doivent être purgées avant démolition, 167.
— Vidange des fosses d'aisances, 282 et suivants.
FOSSÉS, leur curage, 1164 et suivants.
FOUETS des conducteurs de voitures, 356, 485.
FOUILLES sur la voie publique, 115, 118, 321.
FOURNEAUX, 604 et suivants, 614.
— De cuisine, 617.
FOURRURES pour répaississements, 146.
FOURS, 604 et suivants, 614, 682.
FOUS, 321.
FOYERS DE CHEMINÉE, 43.
FRIPERIES, marché pour la vente, 693 et suivants.
FROMAGES, vente en gros, 724, 738, 869, 895.
FRUIT OU SURPLOMB, cas de démolition, 158.
FRUITS, vente en gros, 724, 744, 780.
FUMER (défense de), dans les magasins contenant des matières combustibles et dans les écuries, 690.
FUMIER, ne doit pas être conservé plus de 2 jours, 265.
— Ne peut être enlevé que par les adjudicataires, 257.
FUSÉES, 690.
FUTS, défense de les rincer et rebattre sur la voie publique, 261, 322.

G

GARDES-CHAMPÊTRES, 1202.
GARES DES CHEMINS DE FER, police, 555.
GARGOUILLES pour l'écoulement des eaux sur les trottoirs, 109, 209.

GARGOUILLES, leur entretien, 113, n° 13.
GELÉES. Il est défendu pendant les gelées de laisser couler, sur les voies publiques, les eaux des teintureries, blanchisseries, bains, etc., 277.
GENS IVRES sur la voie publique, 655, 656.
GIBIER, vente en gros 724, 738. — Vente à la criée, 869, 895.
GLACES ET NEIGES, 273 et suivants, 321, 1201.
— Défense de traverser la rivière sur la glace, 678.
— Prescriptions pour le patinage, 678 et suivants.
GLISSOIRES, défense d'en établir sur la voie publique, 321.
GOUTTIÈRES, 29, 30, 31.
GRAISSE des animaux de boucherie ; — ne peut être fondue qu'à l'Abattoir, 925.
GRÈVES, lieux de réunion pour embaucher les ouvriers, 323.

H

HAIES, obligation de les tondre, 340.
HALLES pour la vente à la criée, 772.
— Pour la vente à la criée de la viande, 881.
— Pour la vente à la criée du gibier, de la volaille, des cochons de lait, du beurre, du fromage et des œufs, 895 et suivants.
— Pour la vente à la criée du poisson, 900 et suivants.
— Défense d'y conduire des chiens et d'y déposer des immondices intérieurement ou extérieurement, 880.
HAUTEURS des constructions et des étages, 58, 59.
HERBES poussant dans les rues classées et non classées, 188, 193, 263.
HISTOIRE NATURELLE, Muséum, 1123.
HORLOGERS, doivent inscrire les objets d'occasion qu'ils achètent, renvoi à l'article 1008.
HOTELIERS, 643.
HUILE DE SCHISTE, dépôts, 582.

I

IMMEUBLES non loués, obligations imposées aux propriétaires, 1199.
IMMONDICES, ne peuvent être jetées dans les égouts, 230.
— Défense d'en déposer sur les voies publiques et contre les monuments, 261.
— Défense d'en déposer contre les édifices, 321, n° 8.
— Défense d'en déposer contre les halles, 880.
— Cas où l'enlèvement doit avoir lieu d'office, 276, 1201.
INCENDIES. Mesures pour les prévenir et les combattre, 681 et suivants, 689 et suivants.

INCENDIES. Mesures spéciales aux théâtres, 696 et suivants.
— Occasionnés par négligence ou infraction aux règlements, 708.
— Secours à porter dans les incendies, 709 et suivants.
— Mesures et secours pour les combattre, 709 et suivants.
INDUSTRIES A MARTEAU, 657.
INEXÉCUTION des règlements, plainte à faire, 1203.
INSCRIPTION du nom des rues et du numéro des maisons, 33, 34.
INSTRUMENTS BRUYANTS, 658, 659.
INSTRUMENTS dont les malfaiteurs peuvent abuser; défense d'en laisser à la disposition du public pendant la nuit, 1133.
ISSUES ROUGES ET BLANCHES des animaux de boucherie, ne peuvent entrer dans les pesées, 935.
IVROGNES sur la voie publique, 655, 656.

J

JALOUSIES, 82.
JARDINETS sur les fenêtres, 316 et suivants.
JARDINS PUBLICS, 564.
JET DE PIERRES et autres corps durs sur la voie publique, 321.
JEUX DANGEREUX, 320 et suivants.
— De hasard, 1131 et suivants.
JOINTOIEMENTS aux anciennes constructions, ne peuvent être faits qu'en plâtre, 146.
JOUEURS D'ORGUE, 661.

L

LABORATOIRES des cuisiniers, rôtisseurs, charcutiers, etc., 642.
LAIT, vente, 818.
LAITIERS, 818.
LANTERNES, leur saillie, 82.
— Ne peuvent être attachées aux balcons, 95.
— Pour éclairer les travaux, 135.
— A attacher aux voitures, 351, 370, 379, 381, 466.
— De service dans les magasins de spiritueux, 690, n° 3.
— De service dans les écuries, 691.
LAPINS, défense aux habitants d'en avoir chez eux, 266.
LATRINES, obligation d'en avoir dans toutes les habitations, 67 et suivants.
— Sur les rivières, 81 et suivants.
LAVAGE après l'enlèvement des ordures, 259.
— Des devantures de boutique, 261.
— Du linge et des vêtements, défendu sur les voies publiques et aux fontaines, 261.
LAYETIERS, 657.

LÉGUMES, vente, 724, 727, 780.
LIAISONS entre les anciennes et les nouvelles constructions, 155.
LIBERTÉ de la circulation sur les voies publiques, 314 et suivants.
LINGE, défense de le laver sur la voie publique et de l'étendre aux fenêtres, 261.
LOCATIONS. — Usages locaux, page 340.
LOCOMOTIVES, circulation sur les routes ordinaires, page 322.
LOGEMENT MILITAIRE, 1173.
LOGEMENTS, leur salubrité, 181 et suivants.
LOGES DE SPECTACLES FORAINS, 769.
LOGEURS, 643.
LOTERIES ET JEUX DE HASARD, 1134 et suivants.
LUMIÈRE, défense d'en avoir dans les magasins contenant des matières combustibles ou des spiritueux, 690 n° 3, et 691.

M

MACHINES A VAPEUR, 580.
MAGASINS de matières combustibles et de spiritueux, 690.
MAISONS en arrière de l'alignement, 101.
— Sujettes à reculement, travaux défendus, 137 et suivants.
— En encorbellement, travaux permis ou défendus, 138.
— Ayant deux façades, peuvent être retranchées sur une seulement, 156.
— Menaçant ruine, 157 et suivants, 314.
— Non louées, obligations incombant aux propriétaires, 1199.
— De tolérance, 1138, 1149 et suivants.
MANSARDES, comprises en partie dans la hauteur des constructions, 65.
MARCHANDS FRIPIERS, doivent avoir un registre pour leurs acquisitions, 1008.
MARCHES, ne peuvent être établies en saillie sur la voie publique, 91.
MARCHÉS, approvisionnements, 717 et suivants.
— Destination, 723.
— Vente en gros, dispositions générales, 724, 773, — des légumes 727, — du beurre, du fromage, des œufs, des cochons de lait, du gibier, de la volaille, 738, — des fruits, 744 et 780.
— Pour la vente des arbres, plantes et fleurs, 786.
— Pour la vente des chevaux, 748, — des bestiaux, 753.
— Vente à la criée, 772.
— Vente au détail des denrées alimentaires, 781 et suivants.
— Pour la vente de la friperie, des chaussures et de la ferraille, 793.
— Etalages, 796.
— Colportage, 806, en général; — vente du lait, 818.

MARCHÉS. Salubrité publique, dispositions applicables aux marchés, 824 et suivants.
— Aux bestiaux, 831.
MARCS DE POMMES, défense de les déposer sur les voies publiques, 261.
MARÉCHAUX-FERRANTS, 322, 657.
MAROQUINIERS, 657.
MARQUISES, 82.
MASQUES, 1097.
MATELASSIERS, 322.
MATÉRIAUX, déposés sur les voies publiques, 125, 135 et suivants, 1201.
— Dispositions pour éviter leur chûte sur la voie publique, 314 et suivants.
MATIÈRES FULMINANTES, dépôts, 587.
MATIÈRES COMBUSTIBLES, 690.
MAUVAIS TRAITEMENTS envers les animaux domestiques, 331.
MENDICITÉ, 1137.
MENUISIERS, 657.
MESSAGERIES (voitures de), 381, 385 et suivants.
MESURES ET POIDS PUBLICS, 983 et suivants.
MESURES servant au débit des boissons, 640, 641.
MESURES de salubrité et de propreté, 246 et suivants.
MEULES OU TAS DE PAILLE, 690.
MILITAIRES (logement des), 1173.
MONTGOLFIÈRES, 692.
MONTRES DE BOUTIQUES, 82.
MOUTONS (marché aux), 753.
MURAILLES, défense de les salir, 261.
MURS DE SOUBASSEMENT, ne peuvent servir pour une fosse d'aisances ou une citerne, 16.
MURS MITOYENS ET D'ENCADREMENT, 35, 36 et suivants, 153.
MURS DE CLOTURE, frappés d'alignement, ne peuvent être convertis en façades de bâtiments, 145.
MURS MITOYENS OU NON, sujets à reculement, ne peuvent être réparés, 153.
MUSÉE DE PEINTURE, 1116.
MUSÉUM D'HISTOIRE NATURELLE, 1123.
MUSICIENS AMBULANTS, 661.

N

NEIGES, 273 et suivants, dégagement d'office, 276, 1201.
NETTOIEMENT à faire d'office, 268, 1201.
NIVELLEMENT, 5, 8.
NUMÉROS des maisons, 33, 34.

O

OBJETS TROUVÉS, dispositions générales, 986 et suivants.
— En vidant les fosses d'aisances, 296 et suivants.
OCTROI, acquit des droits sur les objets vendus à la criée, 872.
— Police intérieure des bureaux et de l'hôtel de la Direction, 1127.
ŒUFS, ventes, 724, 738, 869, 893.
ORFÈVRES; — doivent avoir un registre pour inscrire les objets d'occasion qu'ils achètent, 1008.
OMNIBUS ET VOITURES PUBLIQUES, 385 et suivants.
— Les *Rouennaises*, 403 et suivants.
— Employés, 424.
— Contrôleurs, 430.
— Receveurs, 432, 440.
— Cochers et conducteurs, 438, 440.
— Pour le Théâtre-des-Arts, 519.
ORGUES (joueurs d'), 661.
OUVERTURES à boucher, 143, 144.
OUVERTURE DE RUES NOUVELLES, 184 et suivants.
OUVRIERS, emplacement des grèves, 323.

P

PAILLASSONS, défense de les secouer par les fenêtres, 261.
PAIN, taxe, 955, 956, autres dispositions, articles suivants.
PANSEMENT DES CHEVAUX, sur la voie publique, 329.
PAPIERS servant à envelopper les comestibles (leur coloration), 637.
PATINEURS, 678.
PAVAGES, établissement et entretien, 114 et suivants.
— Des terrains réunis aux voies publiques, 116.
— Des rues; — ne peuvent être déplacés sans autorisation, 118.
— A réparer par suite de travaux exécutés sous le sol des rues, 128.
PERSIENNES, 82, 100.
PÉTARDS, 690.
PÉTITION, pour alignement ou réparation, 1 et 2.
PÉTROLE, dépôt, 582.
PIGNON sur rue; — est défendu, 22.
— Sujet à reculement; — ne peut être réparé, 152, 153.
PINCES EN FER, défense d'en laisser à la disposition du public pendant la nuit, 1133.
PISSOIRS, chez les cafetiers, aubergistes, logeurs, etc., 651 et suivants.
PLACEMENT (bureaux de), 1019.

PLAFONDS DE REVERS, saillie, 19.
PLAINTES, à faire en cas d'inobservation des règlements, 1203.
PLAN, à fournir pour construire ou exhausser des bâtiments, 3 et 4.
— Pour les constructions dans les rues non classées, 8.
PLANCHERS; — doivent être solidement établis, 41.
PLANTES, marché pour la vente, 786.
PLAQUES, à mettre aux voitures, 380.
PLATES-BANDES; — ne peuvent être établies sur la voie publique, 91.
PLINTHES, 82.
POÊLES, tuyaux dans les loges des chantiers à bois, 689.
— Pierre à poser sous les poêles, 693.
— Distance pour la pose des tuyaux, 694.
POIDS ET MESURES, 983 et suivants.
POISONS (vente des), 630 et suivants.
POISSON (vente du), 901, 902 et suivants.
— Vidanges et résidus; — ne peuvent être jetés sur les voies publiques, 252, 253.
POLICE des gares des chemins de fer, 555.
— Des boulevards et promenades publiques, 556.
— Des jardins publics, 564.
PORCS, défense d'en élever ou nourrir en ville, 266.
— Cas où ils doivent être transportés en voiture, 330.
— Marché, 753.
PORTES; — ne peuvent développer sur les voies publiques, 99.
— (Ouvertures de); — ne peuvent être murées sans autorisation, 143, 144.
— Obligation de les fermer le soir, 1131.
PORTES COCHÈRES, entrée sur les trottoirs, 106, 107, 110.
POSTILLONS ET CONDUCTEURS de diligences et de voitures, 354 et suiv.
— De ménageries, 384.
— D'omnibus, 438, 440.
POULAINS et autres pièces de bois employées au chargement ou déchargement des voitures; — ne peuvent être placés en travers de la voie publique, 367.
POULETS VIVANTS, défense d'en conserver chez les habitants, 266.
PRÉCAUTIONS à prendre pour éviter les accidents lors des travaux longeant les voies publiques, 125 et suivants, 130.
PRIMES pour le marché aux bestiaux, 866.
PROCESSIONS, défense de les couper, 358.
PROFESSIONS A MARTEAU, 657 et suivants.
PROMENADES en bateau, 677.
— Publiques, 556.
PROPRETÉ, des rues classées et non classées, 188, 263.
— Des voies publiques, balayage, 246 et suivants.

PROPRIÉTAIRES d'immeubles non loués, obligations qui leur incombent, 1199.
PROSTITUTION, 1138.

R

RAMONAGE DES CHEMINÉES, 681, 682 et suivants.
RASSEMBLEMENTS sur la voie publique, 323.
RATISSURES DES JARDINS ; — ne peuvent être déposées sur les voies publiques, 261.
REFUS de porter secours dans un incendie, 715.
— D'obéir, exécution d'office, 1201.
REGISTRE des brocanteurs, fripiers, orfèvres et autres, 1008.
RÈGLEMENT, plaintes en cas d'inobservation, 1203 ; — sa conservation, 1206.
REJOINTOIEMENTS aux anciennes constructions, 146.
RÉPAISSISSEMENTS ET FOURRURES, défendus, 146.
RÉPARATIONS aux anciennes constructions, 1, 2, 137 et suivants, 150 et suiv.
— A faire au sol des rues à la suite de dégradations commises, 128.
— Aux cheminées, 686.
RESPONSABILITÉ DES PROPRIÉTAIRES, pour la propreté de la voie publique, 269, 1201.
RESTAURANTS, 646, 651.
RESTAURATEURS, défense de servir de la viande de cheval sans en prévenir les consommateurs, 953.
RETRANCHEMENT de l'une des façades d'une maison donnant sur deux rues, 156.
REVÊTEMENTS AUX DEVANTURES ;— 140. Ceux en bois sont défendus, 147.
RIVIÈRES (règlements sur les), page 326 et suivantes.
ROUES DE VOITURE DÉTACHÉES, défense de les pousser sur la voie publique, 322.
RUES, inscription du nom, 33, 34.
— Non classées, constructions à élever sur des terrains longeant ces rues, 8, 9 et 10.
— Ouvertes ou à ouvrir sur des terrains particuliers, 184 et suivants.
RUES CLASSÉES ET NON CLASSÉES, les habitants doivent faire enlever les herbes à leurs frais, 188, 193, 263.
RUISSEAU pour l'écoulement des eaux, 208.
RUISSEAUX ; — doivent être balayés au moment du lavage par les bouches des fontaines, 256.

S

SAILLIES des corniches et plafonds de revers, 19.

SAILLIES contraires aux règlements, 22.
— Fixes ou mobiles ; — ne peuvent être établies sans autorisation, 82, 89 et suivants.
SALLES DE SPECTACLE, mesures pour prévenir les incendies, 696 et suivants.
SALTIMBANQUES, 661, 769.
SALUBRITÉ DES LOGEMENTS, 181 et suivants.
SÉCHERIES, 604 et suivants, 619.
SECOURS à porter dans les incendies, 709 et suivants.
SENTENCE DU BAILLY DE ROUEN, obligeant les brocanteurs, orfèvres, horlogers, etc., à inscrire sur un registre les objets d'occasion qu'ils achètent, note 1008.
SÉRÉNADES ; — sont défendues, 323.
SERRURIERS, 322, 657.
SEUILS, 91.
SOUPIRAIL DE CAVE, défendu en saillie sur la voie publique, 17.
SPECTACLES FORAINS, construction des baraques, 769.
STATIONNEMENT des marchands sur la voie publique, 322.
— Des voitures sur la voie publique, 366.
STATIONS DES VOITURES DE PLACE, 521.
SUBSTANCES VÉNÉNEUSES (vente des), 630 et suivants.
SURETÉ DU PASSAGE sur les voies publiques, 314.
SURPLOMB OU BOUCLEMENT, cas de démolition, 158.
SURVEILLANCE pour l'exécution des règlements, 1204.

T

TABLEAUX pour enseignes, 82.
TAILLANDIERS, 657.
TAPAGE aux portes pendant la nuit, 321.
TAPIS, défense de les secouer par les fenêtres, 261.
TAPISSIERS, 322.
TARIF, des droits de voirie, 243.
— Des omnibus, 418 et suivants.
— Des voitures de place, 528, 529, 530, 531 et suivants.
— Des poids et mesures, 983, n° 9.
— Du dépotoir public, 985, n° 10.
— Des commissionnaires, 1040.
TAS DE PAILLE, 690.
TAXE DU PAIN, 955, 956.
TENDELETS ET TENTES, 82, 83 et suivants.
— Doivent être relevés pendant la pluie, 88.
TERRAINS réunis aux voies publiques par suite de démolition, 1er pavage, 116.
— Longeant les voies publiques ; — doivent être clos, 196 et suiv.

THÉATRES (règlement sur la police des), 1043 et suivants.
— Mesures propres à y prévenir et combattre les incendies, 696 et suivants.
THÉATRE-DES-ARTS, arrivée et départ des voitures, 515 et suivants.
THÉATRE-FRANÇAIS, arrivée et départ des voitures, 520.
THÉATRES FORAINS, construction des baraques, 769 et suivants.
TIR D'ARMES A FEU, 321, 591, 690.
TIR, école et établissement, 591 et suivants.
TOCSIN, ne doit être sonné que conformément à la consigne, 710.
TOITURES DES BATIMENTS, 23.
TOMBEREAUX, voyez banneaux, 260.
TONNELIERS, 322.
TRANCHÉES SUR LA VOIE PUBLIQUE, 115, 118.
TRANSPARENTS, 82, 95.
TRANSPORT des porcs et veaux sortant du marché, 330.
— Des viandes en ville, 931 et suivants, 950.
TRAVAUX, aux anciennes constructions, 1, 2, 146, 150, 154, 155, 245.
— Obligation de faire viser les autorisations et de prevenir les Architectes de la Mairie avant de commencer, 10.
— Sur le sol des voies publiques, 114, 115 et suivants.
— Leur éclairage sur la voie publique, 135.
— Confortatifs, leur désignation, 154.
— Défendus aux constructions sujettes à reculement, 146 et suivants.
— Défendus aux constructions en vétusté, 150.
— Pour relier d'anciennes constructions à des nouvelles, 155.
— Faits sans autorisation, doivent être démolis, 245.
TRIPES, ne peuvent être lavées qu'à l'Abattoir, 925.
TROMBONNE, 658.
TROMPE DE CHASSE, 658.
TROMPETTE, 658.
TROTTERIE DES CHEVAUX les jours de foire, 767.
TROTTOIRS, leur construction, 102 et suivants.
— Leur entretien, 113 et suivants.
— Sont réservés pour la circulation des piétons, 346.
— Défense de circuler avec des objets encombrants et de casser du bois sur les trottoirs, 347 et suivants.
TROU A BOUCHER dans une construction, 151.
TROUS ET EXCAVATIONS sur la voie publique sont défendus, 321.
TUYAUX DE CHEMINÉE sur la voie publique, défense d'en établir et de réparer ceux existants, 97.
— Ceux en tôle, en poterie, etc., ne peuvent être conservés à l'extérieur, 97.
TUYAUX de descente des égouts et des éviers, 82, 98, 208.

TUYAUX DE POÊLE; — ne peuvent déboucher sur la voie publique, 96.
— Doivent être établis au moins à 0ᵐ 16 des lambris, 694.
TUYAUX servant au débit de la bière, 638.

U

URINER, défense d'uriner contre les monuments et sur les trottoirs, etc., 261.
URINES, ne peuvent être répandues sur les voies publiques, 261.
URINOIRS, obligation à ceux qui reçoivent le public d'en avoir dans leurs établissements, 262 et 651.
USAGES LOCAUX pour les locations, page 340.
USTENSILES servant au débit des boissons, 638.
— Servant à la préparation des aliments, 641.

V

VACHERIE, établissement insalubre dans la ville, 624.
VACHES, défense d'en conduire plus de vingt-cinq à la fois, 330.
— Marché, 753.
VAGABONDAGE, 1137.
VEAUX, cas où ils doivent être transportés en voiture, 330.
— Marché, 753.
VÉLOCIPÈDES, 332.
VÉNÉNEUSES (substances), leur vente, 630.
VENTE de substances vénéneuses, 630.
En gros et en détail des denrées alimentaires, 724, 727, 772, 780 et 869.
— Du poisson, 772, 900, 901, 902 et suivants.
— Des fruits et des légumes, 780.
— Du lait, 818.
— De denrées alimentaires corrompues, 824 et suivants.
— A la criée de la viande provenant de bestiaux non vendus au marché, 865.
— A la criée de la volaille, du gibier, des cochons de lait, du beurre, du fromage et des œufs, 869, 895.
— A la criée de la viande, 881.
— De la viande de cheval, 946 et suivants.
VENTES MOBILIÈRES par autorité de justice, 982.
VERGLAS, précautions prescrites, 278.
VIANDES malsaines apportées sur les marchés, 879.
— Vente à la criée, 881, 882.
— Ne peuvent être transportées en ville que couvertes, 931, 950.
— Défense d'en vendre sur la voie publique, 934.
— De cheval (vente), 946 et suivants.

VIDANGES, 252, 253, 261, 1201.
VIDANGE DES FOSSES D'AISANCES, 282 et suivants.
— Obligation de désinfecter, 289.
VIDANGEURS, 284 et suivants.
VISA DES AUTORISATIONS par le Commissaire de police, 10.
VISITE ANNUELLE des chevaux, 1170.
VISITES à faire par les Commissaires de police, 1200.
VOCIFÉRATIONS, 660.
VOIE PUBLIQUE, interdiction d'y faire aucun travail sans autorisation, 118.
— Propreté, 246 et suivants.
— Liberté, sûreté et commodité de la circulation, 314 et suivants.
VOITURES DE NETTOIEMENT, heures de service, 257.
— Ne doivent rien laisser tomber de leur chargement, 260.
VOITURES ET CHEVAUX, défense de les laver sur la voie publique, 261.
VOITURES de toute espèce, leur circulation, 354 et suivants.
— A bras, circulation sur la voie publique, 350 et suivants.
— Non suspendues, ne peuvent être conduites qu'au pas, 373.
— De roulage, 377.
— Portant des barres de fer, 378.
— Obligation d'avoir des lanternes, 351, 370, 379, 381, 466.
— Rencontre de deux voitures, 362 et suivants.
— Défense de les placer en travers de la voie publique, 367.
VOITURES de boucher, boulanger, charcutier, brasseur, etc., — ne peuvent être conduites au galop, 376.
— De place et tout ce qui s'y rattache, 453 et suivants.
— Cochers, 471 ; — obligations qui leur sont imposées, 478.
— Stationnement et droit à payer, 521, 525.
— Tarif des voitures de place, 528 et suivants.
— Allant aux théâtres ou en partant, 515 et suivants, 520.
VOITURES-OMNIBUS, 385 ; les *Rouennaises,* 403, 411 et suivants.
— Tarif des omnibus, 418.
VOITURES publiques servant au transport des personnes et des messageries, 381 et suivants.
— Servant au transport des viandes de boucherie, 376, 932 ; — de la viande de cheval, 950.
VOLAILLE, vente en gros, 724, 738.
— Vente à la criée, 869, 895.
VOLETS ouvrant sur la voie publique, 100.
— leur fermeture, 319.

Rouen. — J. LECERF, imp. de la Cour impériale et de la Mairie, rue des Bons-Enfants, 46-48.

EN VENTE :
CHEZ J. LECERF, IMPRIMEUR-ÉDITEUR,
rue des Bons-Enfants, 46-48,
ROUEN.

www.ingramcontent.com/pod-product-compliance
Lightning Source LLC
Chambersburg PA
CBHW070454170426
43201CB00010B/1339